Der treffende Ausdruck

Texte, Themen, Übungen

Second Edition

Der treffende Ausdruck

Texte, Themen, Übungen

Second Edition

Brigitte M. Turneaure

Stanford University

W. W. NORTON & COMPANY
NEW YORK · LONDON

The text of this book is composed in Century Light
with the display set in Univers & Gills Sans
Composition by ComCom
Manufacturing by Haddon Craftsmen

Library of Congress Cataloging-in-Publication Data

Turneaure, Brigitte M.
    Der treffende Ausdruck : Texte, Themen, Übungen / Brigitte M.
Turneaure.—2nd ed.
        p.   cm.
    Includes index.
        1. German language—Grammar.   2. German language—Textbooks for
    foreign speakers—English.   I. Title.
PF3112.T87   1995
438.2'421—dc20   95-22763

Printed in the United States of America.

ISBN 0-393-96823-5

W. W. Norton & Company, Inc., 500 Fifth Avenue, New York, N.Y. 10110
W. W. Norton & Company Ltd., 10 Coptic Street, London WC1A 1PU

                        12 13 14 15 16 17 18 19 20

The author wishes to thank the following publishers for permission to use following copyrighted material.

Christa Reinig, "Skorpion," from *Orion trat aus dem Haus*. Copyright © 1969 by Verlag Eremiten-Presse, Düsseldorf.

Heinrich Böll, "Anekdote zur Senkung der Arbeitsmoral," from *Erzählungen 1950–1970*. Copyright © 1972 by Verlag Kiepenheuer and Witsch, Köln.

Ilse Aichinger, "Das Fenster-Theater," from *Der Gefesselte*. Copyright © 1954 by S. Fischer Verlag, Frankfurt am Main.

Viola Roggenkamp, "Diese Fremdheit hier," *Die Zeit, (Überseeausgabe)* Nr. 31, 1992. Copyright © *Die Zeit*, Hamburg.

Kurt Kusenberg, "Schnell gelebt," from *Gesammelte Werke*. Copyright © 1969 by Rowohlt Verlag, Reinbek.

Günter Seuren, "Das Experiment," *Frankfurter Allgemeine Zeitung*, Nr. 31, 1965. Copyright © Frankfurter Allgemeine Zeitung GmbH, Frankfurt am Main.

Hans Jonas, "Dem bösen Ende näher," *Der Spiegel*, Nr. 20, 1992. Reprinted by permission of the *New York Times* Syndicate.

Bertolt Brecht, "Wenn die Haifische Menschen wären," from *Gesammelte Werke*. Copyright © 1967 by Suhrkamp Verlag, Frankfurt am Main.

Reiner Kunze, "Element," from *Die wunderbaren Jahre*. Copyright © 1976 by S. Fischer Verlag, Frankfurt am Main.

Hans Eggers, "Veränderungen in der deutschen Sprache der Gegenwart," from *Universitas 35*, 1980. Copyright © 1980 by Wissenschaftliche Verlagsgesellschaft MBH, Stuttgart.

Günter de Bruyn, "Eines Tages ist er wirklich da," from *Babylon*. Copyright © 1992 by S. Fischer Verlag GmbH, Frankfurt am Main.

Ulrich Becker, Walter Ruhland, and Horst Becker, "Die Mauer im Kopf," from *Zwischen Angst und Aufbruch: Das Lebensgefühl der Deutschen in Ost und West nach der Wiedervereinigung*. Copyright © 1992 by Econ Verlag, 1992.

Table of Contents

Chapter 11   *Eines Tages ist er wirklich da*   Günter de Bruyn
259

Preface

The Second Edition of *Der treffende Ausdruck* has the same goals as the first: to help advanced-intermediate and advanced students learn to speak and write more precisely, idiomatically, and accurately and to read more fluently. The changes and additions to this new edition are intended to achieve these goals more effectively.

In the spirit of communicative language teaching and learning, much of the new content emphasizes oral proficiency, which I trust will be a welcome feature, since many third-year language courses stress both written and oral proficiency. *Kommunikative Situationen* encourage students working in small groups to express their views and opinions, to exchange their responses to various subjects touched on in the reading selections, and to engage in imaginative role play. *Sprechen Sie miteinander* exercises in the last section of the *Wiederholungsübungen* ask students to apply the structures and vocabulary presented in the chapter in partner conversations.

Another new feature of *Der treffende Ausdruck* are the *Redemittel*. In order to become effective communicators, students need to have at their fingertips useful idiomatic expressions and words. I have chosen to organize these expressions around common communicative functions, such as stating and defending one's point of view, drawing conclusions, and contrasting and comparing. The *Redemittel* are introduced early in each chapter and are followed by brief exercises that test for accuracy. They are included both in the *Wiederholungsübungen* and in the new *Zusätzliche Übungen*, and students are asked to use them in the communicative activities.

The communicative aspects of *Der treffende Ausdruck* have been strengthened further by the contextualization of all of the *Wiederholungsübungen* and *Zusätzliche Übungen* and of some of the exercises in the grammar and word study sections. The chapter tests—available to instructors who have adopted *Der treffende Ausdruck*—are contextualized as well. Finally, I have moved the modal particles to a separate and more prominent section. They now precede the grammar presentations and are reviewed in the various review exercises.

Three new reading selections focus on issues dominating public discourse in contemporary Germany—foreigners in Germany, environmental problems, and the strained relationship between East and West Germans. Two of the new texts are interviews (Chapters 4 and 7), which model authentic spoken German on different stylistic levels, from that of a teenager to that of journalists and a scholar. The third is an excerpt from a sociological study summarizing the results of polls in which East and West Germans were asked about their attitudes toward one another following reunification (Chapter 12).

Other changes include a clearer presentation of grammar topics, such as adjective endings, demonstrative pronouns, the subjunctive, the passive, and extended modifiers. I have refined word distinctions needing clarification and added a number of new word distinctions that students frequently are unsure about, such as *halten von* and *halten für*.

I have tried to make the Second Edition more user friendly throughout. Chapter numbers are indicated at the top of each left-hand page; active vocabulary items in the end vocabulary are followed by the number of the chapter in which they are introduced: the words from the chapter vocabulary lists are followed by boldface chapter numbers, and the words and expressions discussed in *Grammatik* and in *Das passende Wort* are followed by lightface chapter numbers. As in the First Edition, the index contains all the grammar and vocabulary items discussed in the sections *Grammatik* and *Das passende Wort*. While the grammar points are listed under the English terminology, both the English words and their various German equivalents are indexed. *Redemittel* topics are listed under *Redemittel*, and the modal particles are listed individually as well as under *Modalpartikel*. The index should prove helpful to instructors who want to refer students to relevant pages as they correct written work.

To the Instructor: Suggestions for Teaching *Der treffende Ausdruck*

Most language instructors find it helpful to know how the various learning activities are intended to be used. Therefore, I provide a number of suggestions, which instructors should feel free to modify according to their particular course goals and teaching philosophy.

It is preferable to study the chapters in sequence, since I have attempted to recycle active vocabulary and grammatical structures. The introductions to the readings are intended as quick previews of the texts, orienting students to the subject matter and supplying the necessary context. They are written in English so that students can move on quickly to the material in each chapter. The guiding questions in *Zur Diskussion des Textes* serve several purposes. As advance, prereading organizers, the questions help students structure material while they skim the text during their initial reading. Using the questions as a prereading tool is particularly valuable for the more puzzling texts, such as those by Christa Reinig, Ilse Aichinger, Günter Seuren, and Günter de Bruyn. You might want to assign several questions to groups of students, so that they become the "experts" during class discussion of the text. Students should of course be encouraged to formulate their own questions as well. I find it works well to ask them to discuss the questions in small groups and later compare their insights and conclusions with the other groups. To make effective use of class time and to ensure quality communication, I ask students to prepare these activities outside class by writing down key words and phrases to which they can refer in class.

As in the First Edition, content questions are not provided. I find these manipulative tasks to be counterproductive in a learner-centered environment, whereas responses to open-ended questions foster productive skills. Of course, students should be expected to understand the basic plot. I ask them to jot down *Stichworte* to answer *wer, was, wann, wo, wie,* and *mit wem* questions; such key words and phrases will help them recall the main elements of the plot as they paraphrase the story in small groups. An alternative strategy is to have students engage in small-group previewing activities aimed at establishing the main facts of the plot before the text is assigned for intensive reading.

The communicative activities suggested in *Zur Diskussion des Textes, Kommunikative Situationen,* and *Sprechen Sie miteinander* are intended to complement the exercises involving manipulative skills. To ensure regular opportunities for oral communication, I ask students to prepare several such exercises for each class meeting. The various activities in *Kommunikative Situationen* and *Sprechen Sie miteinander* should be assigned only after the *Redemittel,* modal particles, grammatical structures, and word distinctions that students are asked to use have been studied.

Rather than grouping the words in the *Wortschatz* according to word functions, they are listed alphabetically so that related vocabulary can be learned in groups. The *Stichworte zur Diskussion* are intended to supply students with vocabulary that will be useful for their oral activities and written assignments. Since not all instructors will want to assign these words as active vocabulary, they are included in the exercises only as recognition vocabulary.

Perhaps the most difficult material to master in *Der treffende Ausdruck* are the modal particles. The explanations, example sentences, and exercises will alert students to listen for their ubiquitous presence in spoken German and enable the students to begin using them in their own speech and writing. In the Second Edition, only those words that cannot be the first element in a sentence are described as modal particles. I find that I need to remind students frequently of the rules governing their position, as stated in Chapter 1, pages 5–6. The modal particles are included in the review exercises, and the communicative activities frequently call for their use.

The grammar and word usage exercises are most effective when written out. The decision of how the exercises are corrected depends on which course goals are emphasized and on the instructor's teaching philosophy. In my experience, self-correcting with the help of the answer key (available from the publisher) works well if students are asked to mark clearly and correct their errors before turning in their work and if they are encouraged to ask questions concerning the self-corrected work. Word substitution exercises, such as in *Wiederholungsübungen* E, are best corrected in class because in many sentences a number of substitutions are possible. The various answers will touch on shades of meaning, style, and register, which require the guidance of the instructor.

In the Second Edition, I have retained the principle of translating only those example sentences whose meanings are not readily accessible from the preceding explanation or in which an idiomatic equivalent of an English word or construction is illustrated. Relying on students to figure out the meaning of these sentences for themselves with the help of the preceding explanations is in the spirit of student-centered teaching and enables students to remember better the points illustrated in the example sentences and to apply them correctly in their own speech and writing. I encourage my students to ask regularly any questions they might have regarding the explanations or the example sentences.

Composition topics are suggested merely for the sake of convenience; I encourage my students to write on topics that occur to them as a result of the reading selections. Although topics are provided in every chapter, students in classes that are less advanced might be asked at the beginning of the course to write short paragraphs, then short compositions, and eventually longer essays. I have found that frequent, short writing assignments that are marked by the instructor and corrected by students allow for better progress than less frequent, longer essays. Brief plot summaries, the questions in *Zur Diskussion des Textes*, some of the topics in *Kommunikative Situationen*, as well as the review exercises, *Sprechen Sie miteinander*, are appropriate for short writing assignments. Students might occasionally be asked to write letters with the help of the examples contained in the *Kleine Briefschule* in the appendix.

As every instructor knows, students need more than a skilled teacher and effective materials and methods if they are to become successful advanced learners of a foreign language. Equally important is the motivation of the students. The materials contained in *Der treffende Ausdruck* presuppose a motivation that goes beyond merely wanting "to keep up one's German." At the beginning of the course, I point out to my students that their efforts will yield the best results if they are truly committed to unlearn their fossilized mistakes and to acquire a better grasp of structure and vocabulary. Those instructors who have worked with the First Edition of *Der treffende Ausdruck* already know that frequently students dismiss some of the material as already-acquired knowledge. This kind of attitude, of course, prevents optimal learning. I also point out to them that many of the vocabulary and grammar items are in the book precisely because many students at this level tend to use such items inaccurately and that they must pay close attention to details, such as specific word meanings, gender, plurals, prepositions required by certain verbs, case, n-noun or adjective noun endings, etc., in order to learn to communicate more accurately and thus more effectively in actual discourse. Students should be reminded that both the index and the end vocabulary are useful reference tools for looking up this kind of information. Those students who are not adequately prepared for an advanced course would be well advised to work with a concise reference grammar. Every student will need a good dictionary. Another way to help students in proficiency-oriented classrooms achieve greater accuracy is to teach them the important principle of peer correction during oral group work. An instructor obviously cannot act simultaneously as monitor in all the groups engaged in oral activities, nor is it desirable in a student-centered learning environment that the instructor be the only source of error correction. Thus, from the first class meeting, I establish the principle that students are responsible both for their own progress and the progress of the other class members. Initially, students shy away from monitoring the errors of their peers, but they begin to see the benefits of this practice after repeated reminders.

To the Student: How to Use This Book

Before beginning this book, familiarize yourself with the notational system explained on pages 315–16 and scan the index and end vocabulary to get an idea of how they can be of help as you complete the various assignments. All grammar topics, English words and their German equivalents presented in *Das passende Wort*, and the modal particles are included in the index. The various topics of the communicative strategies are listed under *Redemittel*. German words used in the grammar and word explanations, in the example sentences, and in the exercises are listed in the end vocabulary if they did not have glosses furnished in the text. Words that are part of the active vocabulary are followed by the numbers of the chapters in which they become active vocabulary; the words from the chapter vocabulary lists are followed by boldface chapter numbers, and the expressions discussed in

Das passende Wort are followed by lightface numbers. Except for the expressions that have glosses furnished, the words in the readings are also included in the end vocabulary. In the translation exercises, you undoubtedly will need to look up some of the German equivalents of English words that you have forgotten or are unfamiliar with. For this you will need a good dictionary.

I suggest you take the following approach to each chapter, unless your instructor directs you to proceed otherwise. First, after reading the introduction to the reading selection, look over the guiding questions in *Zur Diskussion des Textes*, which will alert you to important aspects of the plot or theme. Then skim the reading selection without looking up any words. Before you read the text a second time, examine the chapter vocabulary, paying close attention to detail information and marking the words that are unfamiliar to you. Carefully reread the text selection, noting how the words in the chapter vocabulary are used in context and consulting the end vocabulary as needed. Finally, familiarize yourself with the key words (*Stichworte für die Diskussion*) following the *Wortschatz* and answer the guiding questions using either key words and phrases or complete sentences depending on your instructor's directions. Before doing the grammar and word study exercises, I strongly urge you to go over the chapter vocabulary and the *Redemittel* once more, noting especially verb forms, plurals, cases, prepositions, articles, and spelling. Taking this extra step will enable you to complete the exercises more easily and accurately. The *Wiederholungsübungen* and *Zusätzliche Übungen* review the material presented in the *Wortschatz, Redemittel, Modalpartikel, Grammatik,* and *Das passende Wort*. You should ideally go over these again before doing the review exercises or at least refer to pertinent sections if you are having trouble completing an exercise. If you follow these helpful suggestions, you are sure to make great strides in your effort to learn to communicate confidently and effectively in German.

Acknowledgments

I wish to thank all those who helped me with the Second Edition of *Der treffende Ausdruck*. The detailed and thoughtful reviews of Ingeborg Baumgartner, Albion College, Franz P. Haberl, Dawson College and Concordia University, and Klaus-Dieter Hoffmann, Colorado State University, were most useful. My colleagues Walter F. W. Lohnes and William E. Petig gladly answered my questions that arose during the various stages of working on the Second Edition. I also benefitted from the comments and suggestions of my students who worked with the First Edition and with the manuscript of the Second. Their many intelligent questions prompted me to refine explanations, example sentences, and exercises. Their enthusiastic commitment to become proficient in German made my task pleasurable indeed. I am especially indebted to Ursula Berg-Lunk, Santa Clara University, who read the entire final version of the manuscript. The book profited greatly by her sure sense of both languages and her sharp eye for spotting inconsistencies. My husband, John P. Turneaure, provided me with state-of-the-art word processing tools and generously gave of his time whenever I needed help. At Norton, I would like to thank Marian Johnson, Carol Loomis, Kate Lovelady, Diane O'Connor, and Nancy Palmquist, for their help at various stages of the production process. It was a joy to work with Carol Hollar-Zwick, editor. Besides skillfully editing, she effectively coordinated all aspects of the publishing process.

Stanford, California
August 1995

Chapter 1

Before you begin working with *Der treffende Ausdruck*, be sure to read To the Student: How to Use this Book in the preface, page xviii. Also study the abbreviations preceding the Vocabulary on page 316. Knowing how the book is intended to be used will make working with it all the more profitable.

Christa Reinig (b. 1926) lived in the German Democratic Republic until 1964, when she defected to the West. Like much of her work, "Skorpion" (1969) reflects a special sensitivity toward society's outsiders. The ambiguities of the outsider's life are reflected in her use of ambiguity as a literary device. By leaving her readers puzzled as to why a mild-mannered person would return a kindness with a fatal sting, the author provokes the reader to reread the story in search of clues that might explain its paradoxical end. One of these clues is the shifting narrative perspective from which the story is told.

Skorpion
Christa Reinig

Er war sanftmütig und freundlich. Seine Augen standen dicht beieinander. Das bedeutete Hinterlist. Seine Brauen stießen über der Nase zusammen. Das bedeutete Jähzorn. Seine Nase war lang und spitz. Das bedeutete unstillbare Neugier. Seine Ohrläppchen
5 waren angewachsen. Das bedeutete Hang zum Verbrechertum. Warum gehst du nicht unter die Leute? fragte man ihn. Er besah sich im Spiegel und bemerkte einen grausamen Zug um seinen Mund. Ich bin kein guter Mensch, sagte er. Er verbohrte sich in seine Bücher.[1] Als er sie alle ausgelesen hatte, mußte er unter die
10 Leute, sich ein neues Buch kaufen gehn. Hoffentlich gibt es kein Unheil, dachte er und ging unter die Leute. Eine Frau sprach ihn an und bat ihn, ihr einen Geldschein zu wechseln. Da sie sehr kurzsichtig war, mußte sie mehrmals hin- und zurücktauschen. Der Skorpion dachte an seine Augen, die dicht beieinander
15 standen und verzichtete darauf, sein Geld hinterlistig zu verdoppeln. In der Straßenbahn trat ihm ein Fremder auf die Füße und beschimpfte ihn in einer fremden Sprache. Der Skorpion dachte an seine zusammengewachsenen Augenbrauen und ließ das

sanftmütig gentle

die Hinterlist cunning

der Jähzorn violent temper

spitz pointed

Seine . . . angewachsen his earlobes were attached
Hang . . . Verbrechertum criminal tendencies

sich verbohren to bury oneself

das Unheil disaster, calamity

hin . . . tauschen to trade back and forth

[1]This is an allusion to the *Bücherskorpion*, a type of spider that resembles a scorpion and often lives in old books.

Geschimpfe, das er ja nicht verstand, als Bitte um Entschuldigung
gelten. Er stieg aus, und vor ihm lag eine Brieftasche auf der
20   Straße. Der Skorpion dachte an seine Nase und bückte sich nicht
und drehte sich auch nicht um. In der Buchhandlung fand er ein
Buch, das hätte er gern gehabt. Aber es war zu teuer. Es hätte
gut in seine Manteltasche gepaßt. Der Skorpion dachte an seine
Ohrläppchen und stellte das Buch ins Regal zurück. Er nahm ein
25   anderes. Als er es bezahlen wollte, klagte ein Bücherfreund: Das
ist das Buch, das ich seit Jahren suche. Jetzt kaufts mir ein
anderer weg. Der Skorpion dachte an den grausamen Zug um
seinen Mund und sagte: Nehmen Sie das Buch. Ich trete zurück.
Der Bücherfreund weinte fast. Er preßte das Buch mit beiden
30   Händen an sein Herz und ging davon. Das war ein guter Kunde,
sagte der Buchhändler, aber für Sie ist auch noch was da. Er zog
aus dem Regal das Buch, das der Skorpion so gern gehabt hätte.
Der Skorpion winkte ab: Das kann ich mir nicht leisten.—Doch,
Sie können, sagte der Buchhändler, eine Liebe ist der anderen
35   wert. Machen Sie den Preis. Der Skorpion weinte fast. Er preßte
das Buch mit beiden Händen fest an sein Herz, und, da er nichts
mehr frei hatte, reichte er dem Buchhändler zum Abschied
seinen Stachel. Der Buchhändler drückte den Stachel und fiel
tot um.

gelten lassen (ä,ie,a) to let pass

kaufts . . . weg someone else buys it
  from under my nose
Ich . . . zurück never mind my wish

davon away

was = **etwas**

ab·winken to say no

eine . . . wert one good turn deserves
  another

der Stachel,- stinger
drücken to press

Wortschatz

der **Abschied,-e**	departure, leave-taking, farewell
zum Abschied	on parting
sich verabschieden von	to say goodbye to
an·sprechen (i,a,o)	to speak to, address
aus·lesen (ie,a,e)	to finish reading a book
bemerken	to remark; notice, observe
bemerkenswert	remarkable
die **Bemerkung,-en**	remark, comment
eine Bemerkung machen über (*acc.*)	to remark about, comment on
beschimpfen	to insult, swear at
die **Bitte,-n**	request
bitten (bat, gebeten) um	to ask for, request, beg
die **Brieftasche,-n**	billfold
der **Buchhändler,-**	bookseller, bookdealer
die **Buchhandlung,-en**	bookstore
sich bücken	to bend (down), stoop
denken (dachte, gedacht) an (*acc.*)	to think of / about, have in mind, call to mind
die **Entschuldigung,-en**	apology, excuse
entschuldigen	to excuse
sich entschuldigen bei	to apologize to
der (ein) **Fremde(r)**	stranger
fremd	foreign, unfamiliar, strange
gelten (i,a,o) als (*nom.*) *v.i.*	to be regarded as, be considered

grausam	cruel; terrible, awful, dreadful
die **Grausamkeit,-en**	cruelty
das **Herz,-en (des Herzens, dem Herzen, das Herz)**	heart
klagen über (*acc.*)	to complain / lament about
die **Klage,-n**	complaint, lamentation
sich bei jemandem beklagen über (*acc.*)	to complain to s.o. about, make a complaint to s.o. about
ich kann mich nicht beklagen	I can't complain
der **Kunde(n)**; (*f.*) die **Kundin,-nen**	customer
sich (*dat.*) **leisten**	to afford
die **Leute**	people
unter die Leute kommen / gehen	to mix with people
der **Mensch(en)**	human being, person; *pl.*: people
der **Mitmensch(en)**	fellow human being
die **Neugier**	curiosity, inquisitiveness
neugierig auf (*acc.*)	curious about, inquisitive, nosy
passen in (*acc.*)	to fit into
passen zu	to go with, match
passen (*dat.*)	to fit, suit, be appropriate / suitable / to o.'s liking
das **Regal,-e**	shelf
der **Skorpion,-e**	scorpion
um·drehen	to turn around
das **Unheil**	disaster, calamity, mishap
verzichten auf (*acc.*)	to forgo, do without
wechseln	to change (money, clothes)
ziehen (zog, gezogen)	to pull
der **Zug,-e**	feature, trait, characteristic

Stichworte für die Diskussion

das **Aussehen,-**	appearance, looks
der **Außenseiter,-**	outsider
die **Bedeutung,-en**	meaning
die **Eigenschaft,-en**	characteristic, quality, attribute
der **Erzähler,-**	narrator
die **Hauptgestalt,-en**	main character
das **Opfer,-**	victim
das **Thema, Themen**	theme, subject
voreilige Schlüsse ziehen (zog, gezogen)	to jump to conclusions
prägen	to shape, mold, leave its / their mark on
hinterlistig	crafty, cunning; deceitful

Zur Diskussion des Textes

1. Was wird im ersten Satz über die Hauptgestalt gesagt? Aus wessen Perspektive stammt diese Feststellung (*comment, observation*)? Von wem stammen dagegen (*in contrast*) die Schlüsse über das Aussehen des Skorpions? Schauen Sie sich

Zeilen 1–5 genau an. Wie sind sie strukturiert? Was will Reinig Ihrer Meinung nach mit dem Stil dieser Sätze andeuten (*suggest*)?

2. Warum wohl hat der Skorpion keine gute Meinung von sich, und warum liest er immer?

3. Wie erklären Sie sich, daß der Skorpion auf seinem Weg in die Buchhandlung immer an sein Aussehen denkt?

4. Wie fühlt sich der Skorpion, als ihm der Buchhändler das Buch schenkt? Warum wohl denkt er in diesem Augenblick nicht daran, was die Leute über ihn sagen? Warum kann er dem Buchhändler nicht die Hand reichen (*to hold out*), sondern nur den Stachel? Erklären Sie die tiefere Bedeutung des Wortes „frei" in diesem Kontext. Inwiefern ist der Skorpion nicht frei, ein Unheil zu vermeiden (*avoid*)?

5. Warum hat der Mann einen Stachel? Ist der Stachel Ihrer Ansicht nach angeboren (*innate*) oder anerzogen (*acquired*)?

Kommunikative Situationen

1. Dramatisieren Sie die Geschichte. Bestimmen Sie, wer die handelnden Personen (*characters*) sind. Dann teilen Sie sich in Gruppen auf, schreiben sich Stichworte für jede Person auf und spielen die Szene. Anschließend trägt jede Gruppe ihren Sketch der ganzen Klasse vor.

2. Zusammen mit zwei Partnern erzählen Sie die Geschichte weiter, und denken Sie sich ein neues Ende aus.

3. In einer kleinen Gruppe diskutieren Sie über die gesellschaftlichen Implikationen der Geschichte.

Aufsatzthemen

1. Interpretieren Sie die Geschichte.

2. Schreiben Sie ein neues Ende für die Geschichte.

3. Beschreiben Sie eine Situation, in der Sie sich als Außenseiter/in empfinden oder empfunden haben.

Redemittel

Knowing typical *Redemittel*, phrases and expressions Germans use to communicate their agreement and disagreement, certainty and doubts, suggestions and intentions, to name but a few of the many communicative functions a language has, will enable you to speak and write more effectively. It is well worth your time to make these useful communicative strategies part of your active vocabulary. For the sake of accuracy, pay close attention to gender, case, prepositions, and verb position. The *Redemittel* are included in the review exercises at the end of each chapter.

Expressing and eliciting opinions

Ich / denke / meine / glaube
I think

Ich finde
I feel

Ich bin der (*gen.*) **Meinung / Ansicht**
I am of the opinion / I take the view / I feel

Meiner (*dat.*) **Meinung / Ansicht nach**
In my opinion / view

Ich halte es für richtig / falsch.
I consider it right / wrong.

Was ist Ihre Meinung dazu?
What's your opinion about / on that?

Wie denken Sie über . . . **/ darüber**?
What do you think about . . . / it?

Was hältst du von . . . **/ davon**?
What do you think about . . . / that? / How do you feel about . . . / that?

Vervollständigen Sie die Sätze.

1. Wie denken Sie __über__ den Skorpion? Sind seine Eigenschaften
   Ihr_e_ Meinung __dazu__ angeboren oder anerzogen?

2. Mein_er_ Meinung __nach__ sind sie nicht angeboren. Ich
   __bin__ d_es_ Ansicht, daß sie anerzogen sind. Ich __denke__,
   die Menschen haben ihn zum Außenseiter gemacht.

3. Und Sie? Was ist Ihre Meinung da_zu_?

4. Ich __bin__ auch __der__ Meinung, daß die Leute voreilige Schlüsse wegen seines Aussehens gezogen haben.

5. Sie halten ihn also auch __von__ ein Opfer der Gesellschaft?

6. Ja, ich __halte__ es für falsch, daß seine Mitmenschen ihn wegen
   seines Aussehens grausam behandeln.

7. Und was halten die anderen _____ d____ Hauptgestalt dieser
   Geschichte?

Die Modalpartikel ja

Modal particles, also called flavoring words, are very characteristic of conversational German. They express shades of meaning by revealing the speaker's attitude toward a statement. Modal particles can express surprise or annoyance, as well as offer reassurance or soften commands and questions. They are normally unstressed and can never be the first element in a sentence. They follow the inflected verb and unstressed elements, such as pronouns and unstressed nouns, but they precede nouns that are stressed because they contain the news the speaker wants to convey. Nouns modified by an indefinite article always carry news value and are therefore preceded by the modal particle. Keep these rules in mind as you study the uses of the various particles and do the exercises. The English equivalents given suggest the flavor these words impart to the German sentence. As you listen to authentic German, pay close attention to how they are used, and try to use them in your own conversations. Your German will sound much more idiomatic when you freely use modal particles such as *ja, doch, denn,* and *mal.*

In statements, the modal particle **ja** signals that the speaker assumes that the facts of the statement are familiar or self-evident. Approximate English equivalents are (*as*) *you know, you see, of course,* or *no wonder.*

> Henrik, du kommst doch morgen abend?—Leider nicht. Ich fahre **ja** wieder zum Skilaufen.
> *Unfortunately not. You see, I'm going skiing again.*

> Wir haben **ja** öfters Partys.
> *You know, we have parties pretty often.*

> Das weiß ich **ja**.
> *Of course, I know that.*

In exclamations, **ja** heightens the emotion of surprise, joy, sadness, etc.

> Tag, Klaus.—Da bist du **ja** schon, Eva!
> *Hi there, Klaus.—Oh! You are here already, Eva!*

> Das ist **ja** wunderbar!
> *That's really great!*

In commands, **ja** is stressed; this is an exception to the rule that modal particles are unstressed. It introduces a tone of urgency and can make the command sound like a warning or a threat. English equivalents are *be sure to, you'd better (not), I warn you,* or *don't you dare.*

> Fahr ja vorsichtig!
> *You'd better drive carefully!*

> Spielt ja nicht wieder so laute Musik!
> *Don't you dare play such loud music again. / I warn you, don't play such loud music again.*

Setzen Sie die Modalpartikel **ja** ein, und drücken Sie den Satz auf englisch aus. Achten Sie dabei auf den Ton.

Hinweis: Die Modalpartikeln stehen nach den unbetonten und vor den betonten Satzelementen.

1. Martin hat sehr über unsere schwere Mathematikprüfung geklagt.—Der klagt immer.

2. Sag ihm nicht, daß du mir das gesagt hast!

3. Wenn wir Probleme haben, lassen wir uns von Frau Professor Krämer helfen. Die kann schwierige Sachen so gut erklären.

4. Das ist prima!

5. Sie gilt als ausgezeichnete Professorin.

Grammatik

A. Verb in second position

In German statements the verb is always in second position. Unlike English, the verb can be preceded by one syntactic element only. A single element contains no more information before the verb than the answer to one question. If more than one question can be asked about the information preceding the verb, the verb-second rule is violated.

Compare the word orders in the following German sentences with those of their English equivalents. Note that in the German sentences only one of the elements precedes the verb and only one question can be asked, while the English sentences contain two elements, and more than one question can be asked about the information preceding the verb. The first element is not set off by a comma (for exceptions see p. 14).

In dieser Buchhandlung **kaufe ich** fast alle meine Bücher. (Wo kaufe ich . . .?)
*In this bookstore **I buy** almost all my books. (Where do I buy . . . / Who buys . . .?)*

Im Sommer **arbeite ich** hier.
*During the summer **I will** work here.*

Meiner Meinung nach **ist das** ein guter Job.
*In my opinion **that is** a good job.*

Natürlich **bin ich** immer auf die neuen Bücher neugierig.
*Of course **I am** always curious about the new books.*

To acquire the habit of putting the verb second, it is important to be aware of what "counts" as an element.

Coordinating conjunctions (**und, oder, aber, doch, jedoch, sondern, denn**) do not count as far as word order is concerned. They precede the first element and do not affect word order.

Wir haben uns entschuldigt, **denn** wir wollten nicht unhöflich sein.

Denn means *for* or *because*. The verb-second word order required by **denn** must not be confused with the final position of the verb in clauses introduced by the subordinating conjunction **weil**.

English and German sentences are frequently connected by adverbial conjunctions. Unlike coordinating conjunctions, these adverbs do count as elements. They may precede or follow the verb. When a sentence begins with an adverbial conjunction, the verb must immediately follow the adverb. The adverbial conjunctions listed below are frequently used in the exercises of this book:

also	so, therefore, thus
außerdem	besides, moreover
darum / daher / deshalb / deswegen	therefore, for that reason, that's why, because of that
dann	then
dennoch	nevertheless, yet
folglich	consequently
seitdem, seither	since then
statt dessen	instead
sonst	otherwise
trotzdem	nevertheless, inspite of that

Er wollte sich ein neues Buch kaufen. **Also ging** er in eine Buchhandlung.

Ich kann nicht mitkommen, denn ich habe zu viel zu tun. **Außerdem bin** ich zu müde.

Bitte hilf mir. Ich werde **sonst** nicht fertig.

Sentence adverbs express the attitude of the speaker toward the content of the whole sentence. They also count as elements. When a sentence adverb precedes the verb, the verb must immediately follow it. When a sentence adverb is not the first element, it follows pronouns and precedes elements with news value. Common sentence adverbs are:

hoffentlich	I hope, hopefully
leider	unfortunately
natürlich	of course
normalerweise	normally
offenbar	apparently
offensichtlich	clearly, evidently, obviously
sicher / sicherlich	certainly, surely
übrigens	by the way
vielleicht	perhaps
wahrscheinlich	probably

The sentence adverb **bestimmt** (*certainly, for sure*) is an exception; it cannot precede the verb.

Übrigens ist Erika wieder da.

Sicherlich wissen die anderen das schon.

Uschi kann sich **bestimmt** nicht beklagen.

Bilden Sie Sätze. Verwenden Sie die angegebenen Zeitformen. Beginnen Sie jeden Satz mit dem ersten aufgelisteten Wort.

1. in dieser Geschichte / die Hauptgestalt / sein / ein Außenseiter (Präsens)

2. die Leute / nicht nett sein zu / er / / dennoch / er / sich beklagen / nicht (Präteritum: *simple past*)

3. leider / die Leute / grausame Bemerkungen machen / über / er (Präteritum)

4. offenbar / der Skorpion / sein / sehr schüchtern (Präteritum)

5. deshalb / er / nicht gern / unter die Leute gehen (Präteritum)

6. statt dessen / er / lesen / viel (Präteritum)

7. aber / heute morgen / er / gehen / in / eine Buchhandlung (Präteritum)

8. wahrscheinlich / er / auslesen / alle seine / Bücher (Plusquamperfekt: *past perfect*)

9. eine Kundin / er / zeigen / ein / interessant / Buch / / aber / er / es / nicht / kaufen / / denn / er / es / sich leisten / können / nicht (Präteritum)

10. also / er / sich verabschieden / von / Buchhändler / und / gehen / wieder / nach Hause (Präteritum)

B. The coordinating conjunctions **aber, sondern**

Both **aber** and **sondern** mean *but*. **Sondern**, not **aber**, is used after a statement containing a negation and then only when *rather* or *on the contrary* can be used in the equivalent English sentence. **Sondern** is used in the two-part conjunction **nicht nur . . ., sondern auch** (*not only . . ., but also*). **Aber** and **sondern** are always preceded by a comma.

Viele Menschen sind zwar nicht richtig glücklich, **aber** sie sind zufrieden.
Many people may not be really happy, but they are content.

Helmut jedoch ist nicht zufrieden, **sondern** er ist richtig unglücklich.
Helmut, however, is not content. On the contrary, he is really unhappy.

Er geht nie aus, **sondern** sitzt immer zu Hause herum.
He never goes out, but always sits around the house.

Er ist **nicht nur** unglücklich, **sondern** er klagt **auch** fortwährend.
He is not only unhappy, but he also complains continually.

Setzen Sie **aber** oder **sondern** ein.

1. Der Bücherfreund ging nicht gern unter die Leute, _____ er vertiefte sich lieber in seine Bücher.

2. Er hatte die Bücher noch nicht alle ausgelesen, _____ er wollte sich dennoch neue kaufen.

3. Ein Fremder sah ihn nicht nur unfreundlich an, _____ er beschimpfte ihn auch.

4. Er sprach den Fremden nicht an, _____ er ging einfach weiter.

C. Nominative after **sein, werden, bleiben**

The linking verbs **sein, werden,** and **bleiben** are always followed by nouns and pronouns in the nominative. This nominative is called the predicate nominative.

Der Buchhändler **war ein freundlicher Mensch**.

Der **wird** hoffentlich **ein guter Kunde** unseres Geschäftes.

Der Skorpion **blieb ein Außenseiter**.

When **sein, werden,** and **bleiben** are used as dependent infinitives of modals and verbs such as **werden** and **scheinen**, the infinitive determines the case of the words following the inflected verb.

Karl kann bestimmt **ein ausgezeichneter Rechtsanwalt** (*lawyer*) **werden**.

Hans **wird mein treuer** (*loyal*) **Freund bleiben**.

Dr. Krüger **scheint ein guter Arzt zu sein**.

The nominative is also required after **als** (*as a*) meaning *in the role / capacity of* and after the intransitive verb **gelten als**. In German the indefinite article is omitted after **als**.

Als Student kann man sich teure Bücher nicht leisten.
As a student one cannot afford expensive books.

Günter Grass **gilt als wichtiger Gesellschaftskritiker**.
Günter Grass is considered to be an important social critic.

Setzen Sie die Endungen ein. Setzen Sie ein X ein, wenn keine Endung erforderlich ist.

1. Frank ist ein____ jung____ Deutscher.

2. Er ist ein____ gut____ Freund von mir.

3. Er wollte kein____ Außenseiter sein.

4. Deshalb hat er schon als klein____ Junge Fußball gespielt.

5. Er ist ein____ toll____ Fußballer geworden.

6. Er gilt als d____ best____ Spieler unsrer Mannschaft (*team*).

7. Frank wird wohl immer ein____ gut____ Sportler bleiben.

D. **N**-nouns

Some masculine nouns have the ending **-en** not only in the plural but in all cases of the singular, except the nominative. **N-nouns** are indicated in the vocabulary of this book as follows: **der Mensch(en), der Spezialist(en), der Junge(n)**.

Commonly used **n**-nouns include all masculine nouns ending in:

> **-e: Kollege, Franzose, Türke, Soziologe**
> **-ist: Sozialist, Extremist, Polizist**
> **-ent: Präsident, Student**
> **-ant: Repräsentant, Demonstrant, Asylant** (*asylum seeker*)

The corresponding feminine nouns end in -**in** (*sg.*) and -**innen** (*pl.*): **die Französin,-nen, die Repräsentantin,-nen**

> Ich habe den Artikel einem Kolleg**en** von mir, einem Türk**en**, gezeigt.
> Der Extremist hat den Polizist**en** beschimpft.
> Deshalb hat der Polizist den Extremist**en** verhaftet (*taken into custody*).

Other frequently used **n**-nouns are: **Bauer, Christ, Held** (*hero*), **Herr, Katholik, Nachbar**.

Herr adds only -**n** in the singular, -**en** in the plural.

Nachbar adds only -**n** in both the singular and plural.

Gedanke, Glaube, Name, and **Wille** add -**s** to the -**n** in the genitive singular.

> Von einem Christ**en** hätte ich so etwas nicht erwartet.
> Der Porsche gehört meinem Nachbar**n**.
> Trotz seines guten Wille**ns** passierte ein Unheil.

Setzen Sie die Endungen ein. Wo ein Wort bereits vollständig ist, setzen Sie ein X ein.

1. Kennen Sie dies____ Mensch____ da? Ich habe ihn schon mehrmals in Ihrer Buchhandlung gesehen.

2. Ach der da, das ist ein____ Asylant____, und zwar ein____ bekannt____ Theologe____ aus der Türkei.

3. Wegen seines berühmten Name____ spricht man dies____ Kund____ oft an.

4. Mit dem Herr____ möchte ich eine Sache des Glaube____ besprechen.

5. Ich habe schon mit einem Jude____, einem Protestant____, einem Katholik____ und einem Marxist____ darüber diskutiert.

E. The indefinite pronoun **man**

The indefinite pronoun **man** (*you, they, one, people*) must be used consistently. It is incorrect to mix personal and indefinite pronouns when referring to the same subject. For the accusative and dative of **man**, the indefinite article **einen, einem** is used. The possessive (*one's*) is expressed by the possessive adjective **sein**.

> **Man** sollte eigentlich nur das kaufen, was **einem** gefällt. Es freut **einen** ja immer, wenn **man** das Richtige findet. Dafür gibt **man sein** Geld doch gern aus.

Setzen Sie die unbestimmten Pronomen ein.

1. Wenn _____ neugierig ist, dann will _____ immer alles wissen.

2. Es kann _____ aber passieren, daß _____ nicht immer Antworten auf alle _____ Fragen erhält.

3. Manchmal klagt _____ über Dinge, die _____ im Augenblick sehr wichtig erscheinen. _____ vergißt sie dann aber bald wieder.

F. The spelling **ss** versus **ß**

ß is used much more frequently than **ss**; **ss** is used only between vowels if the preceding vowel is short.

Fluß, Flüsse
Kuß, küssen
läßt, lassen
muß, müssen
vermißt, vermissen
weiß, wissen

When the preceding vowel is long, the **s**-sound between two vowels is spelled **ß**.

heißen, fließen, Füße, süße, große

Setzen Sie **ß** oder **ss** ein.

1. Alle Studenten mü____en immer ein bi____chen über die viele Arbeit klagen.

2. Manchmal bekommt man kalte Fü____e, wenn man daran denkt, was man für die Prüfung alles wi____en mü____te.

3. Aber eigentlich wei____ man ja, da____ es grö____ere Probleme als Prüfungen gibt.

G. Rules regarding the comma

German punctuation rules frequently differ from English.

1. Main clauses connected by the coordinating conjunctions **und** and **oder** are set off by a comma if the second main clause is complete, that is, contains an expressed subject and verb. Clauses, phrases, and words linked by **aber** and **sondern** are always set off by a comma. Clauses introduced by the coordinating conjunction **denn** are set off by a comma. Frequently a period separates the **denn**-clause from the preceding sentence.

Beide Kunden wollten das letzte Exemplar (*copy of a book*) kaufen, **und der Buchhändler gab es dem älteren.**

Er las gern, **aber ging nicht gern in Buchhandlungen**.

Er war nicht reich, **sondern arm**.

Er war schüchtern, **denn die Leute reagierten nicht positiv auf ihn**.

Er ging nicht gern unter die Menschen. **Denn er hatte nur schlechte Erfahrungen mit ihnen gemacht**.

2. All dependent clauses introduced by a subordinating conjunction are set off by a comma, unless a coordinating conjunction precedes the subordinating conjunction.

    Ich weiß ja**, daß meine Eltern recht haben**.

    Als (weil) er alle seine Bücher ausgelesen hatte, kaufte er sich neue.

    Er sagte, daß sie ein netter Mensch sei **und daß er ihr gern helfen möchte**.

3. All clauses introduced by a relative pronoun are set off by a comma.

    Dieser Buchhändler, **der seine Kunden stets freundlich bedient,** ist ein guter Geschäftsmann.

    Ich kenne die Autorin, **die diese Geschichte geschrieben hat**.

4. Indirect discourse clauses are set off by a comma even if the conjunction has been omitted.

    Die Erzählerin sagt, **daß der Skorpion ein netter Mensch ist**.

    Sie impliziert, **seine Mitmenschen machen ihn zum Außenseiter**.

5. Infinitive clauses are set off by a comma.

    Er ging in die Buchhandlung, **um sich ein neues Buch zu kaufen**.

    Ohne es zu wollen, tötete er den Buchhändler.

    Note: Infinitive clauses without objects and modifiers are not set off by a comma.

    Viele versuchten **zu helfen**.

6. Items in a series are set off by a comma, but there is no comma in front of the last item of the series.

    Die Leute hielten ihn für **neugierig, hinterlistig und grausam**.

    Heute abend gehen wir **in die Disko, ins Kino oder zu einer Party**.

7. Elements preceding the inflected verb, such as prepositional phrases and adverbs, are <u>not</u> set off by a comma.

    Nach vielen Monaten ging der Bücherwurm zum ersten Mal wieder in eine Buchhandlung.

    Zum Glück (*luckily*) geschah kein Unheil.

Exceptions are infinitive and subordinate clauses.

> **Um das teure Buch kaufen zu können,** brauchte er mehr Geld.
>
> **Weil er auf das Buch verzichtet hatte,** schenkte ihm der
> Buchändler ein anderes.

Setzen Sie die fehlenden Kommas ein.

> Als der Bücherfreund alle seine Bücher ausgelesen hatte fuhr er in die
> Stadt um sich neue Bücher zu kaufen. Leider ging er sehr ungern unter
> die Leute. Auf dem Weg zur Bushaltestelle begegnete er einer Nachbarin
> einem Kollegen und einem alten Freund. Die Nachbarin grüßte ihn kurz
> und ging ihres Weges aber der Kollege unterhielt sich mit ihm während
> sie auf den Bus warteten. Der Freund den er lange nicht gesehen hatte
> fuhr mit demselben Bus. Der Freund sagte er freue sich ihn nach so langer
> Zeit mal wiederzusehen. Der Bus hielt in der Stadtmitte und beide Männer
> stiegen aus.

Das passende Wort

A.   People: **Menschen, Leute**

Menschen: people, human beings

Menschen stresses the individuals in a group and has a more formal, weighty ring to
it than **Leute**. Unlike English, German uses the definite article when referring to
people in general.

> So sind **die Menschen**.
>
> *People / human beings are like that.*
>
> In den Industriegesellschaften klagen viele **Menschen** über das stressige
> Leben.

Leute: people

Leute is a plural noun and adds an **-n** only in the dative.

> **Die Leute** reden immer noch davon.
>
> Heute waren besonders viele **Leute** auf dem Markt.
>
> Was halten Sie von solchen **Leuten?**

When **die Leute** is the topic of discussion, the equivalent of *some* or *many people*
is idiomatically expressed by an indefinite adjective, such as **einige, manche, viele**
(*many people*), or **die meisten** (*most people*).

> **Einige / manche** sind grausam gegen ihre Mitmenschen.
>
> **Viele** können sich so etwas ja gar nicht leisten.
>
> **Die meisten** haben das gar nicht bemerkt.

Very often the appropriate equivalent for *people* is the indefinite pronoun **man**
rather than **Leute**.

Man bemerkt solche Züge sehr schnell.
People notice such traits very quickly.

Natürlich ist man auf solche Sachen neugierig.
Of course people are curious about such matters.

Do not use **Leute** or **Menschen** when referring to the people of a particular country, e.g., *the American people*. See page 84 for the formation of names designating nationality.

Die **Amerikaner** gelten ja als sehr offen.

Die **Deutschen** sind wichtige Partner der US.

Auf deutsch.

1. People are curious by nature (*von Natur aus*).

2. Most people complained about the weather. (Perfekt)

3. What will people say about that (*dazu*)?

4. American people are considered to be friendly.

5. People are cruel sometimes.

B.   To think of / about: **denken an / über, nachdenken über**

denken (dachte, gedacht) an (*acc.*): to think of / about, have in mind, call to mind, remember

Denken an is never used to express or elicit an opinion nor as the equivalent of *to think deeply / seriously about something*.

Der Skorpion **dachte** immer **an** sein Aussehen.

Wor**an denkst** du gerade?

Denken Sie zum Beispiel **an** die Außenseiter unserer Gesellschaft.

Dar**an** habe ich noch gar nicht **gedacht**.

Denk dar**an**, die Bücher mitzubringen. Ich hoffe, du vergißt sie nicht wieder.

denken über: to think of, judge, have an opinion regarding the value of something

Denken über is used primarily in questions beginning with **wie**.

Wie **denkt** ihr **über** den Vorschlag?
What do you think about the suggestion?

Wie **denken** Sie dar**über**, Frau Simonis?
What do you think (about it), Mrs. Simonis?

nach·denken (über) (*acc.*): to think carefully / seriously about, ponder, reflect upon

Denk mal gut / scharf **nach**.
Think hard for a moment.

Dar<ins>über</ins> muß ich erst mal **nachdenken**.
I have to think about it.

Wir haben lange **über** dieses Problem **nachgedacht**.
We pondered this problem for a long time.

Auf deutsch.

1. What do the students think of this story?

2. They thought a long time about its meaning. (Perfekt)

3. While reading (*beim Lesen*) some thought of another story. (Perfekt)

4. They thought about the message (*die Botschaft*). (Perfekt)

C. To think about: **(sich) überlegen**

(Sich) überlegen rather than **nachdenken** is used when *to think about* is used in the sense of *to consider carefully, to deliberate* something that requires a judgment or a decision.

sich (*dat.*) **überlegen**: to think about, ponder, consider, give something some thought

Ich **überlege mir** schon lange, was ich studieren soll.
Überleg dir mal, wie wir das machen sollen.
Das muß ich **mir** noch **überlegen**.
Wir haben **uns** noch nicht **überlegt**, wen wir zur Party einladen wollen.
Sie wollen **sich** den Plan / Vorschlag **überlegen**.

The non-reflexive use of **überlegen** is possible in infinitive constructions or when the object is a clause. It suggests more superficial thought in the sense of *to stop to think* and sounds less weighty than **sich überlegen**.

Ohne zu **überlegen**, gab er dem Buchhändler seinen Stachel.
Der Skorpion **überlegte**, ob er unter die Leute gehen sollte.
Überleg doch mal, welches Buch ich Vater schenken könnte.

Auf deutsch.

1. We want to think about it some more (*noch etwas*).

2. Without thinking, he spoke to / addressed the woman. (Perfekt)

3. I am just thinking how I can do that.

4. She thought / stopped to think about what she should do next (*als nächstes*). (Präteritum)

D. To think (of), have an opinion: **halten (ä, ie, a) von, halten für**

Note the irregular forms du **hältst**, er / sie / es **hält**.

halten von: to think of, have an opinion regarding the value of someone or something

Halten von is used primarily in questions beginning with **was**. In statements, it can be followed only by indefinite pronouns such as **viel, nichts,** and **wenig**.

> Was **hält** die Chefin **von** dem Plan?
>
> Was **hältst** du **von** diesen Leuten?
>
> Wir **halten** nichts / wenig da**von**.
>
> Ich **halte** viel **von** ihnen.

halten für: to think / consider / take something or someone to be + adjective or noun

> Mein Vater **hält** meinen Plan **für** verrückt / Wahnsinn.
> *My father thinks my plan is crazy / madness.*
>
> **Hältst** du ein positives Ergebnis **für** möglich?
> *Do you think a positive outcome is possible?*
>
> **Halten** Sie den Mann **für** einen guten Menschen?
> *Do you think / consider the man to be a good person?*
>
> Ja, wir **halten** ihn **für** gut.
> *Yes, we take him / consider him to be a good person.*

Ergänzen Sie die Sätze.

1. Was _____ ihr _____ dies____ Geschichte?

2. Wir _____ sie _____ merkwürdig.

3. Die Leute _____ den Skorpion _____ein____ grausamen Menschen.

4. Deshalb _____ er sich auch _____ schlecht.

5. Was _____ du _____ mein____ Interpretation?

E.   Very much: **sehr, sehr viel**

The equivalent of *very much* is **sehr** when the verb it modifies expresses a condition that can exist in different degrees of intensity. **Sehr** is used when an emphatic *really* can be substituted for *very much*.

> Wir bewundern diese Politikerin **sehr**.
> *We admire this politician very much.*
>
> Unsere Freunde haben uns **sehr** geholfen.
> *Our friends helped us very much. / Our friends really helped us.*
>
> Katrins Bemerkung hat mich nicht **sehr** überrascht.
> *Katrin's remark did not surprise me very much. / Katrin's remark did not really surprise me.*

Sehr viel is used when a measurable quantity is involved. Frequently one can ask *how often* or *how much*.

Sie haben uns damals **sehr viel** geholfen.
They helped us a lot (frequently) in those days.

Wir haben **sehr viel** Interessantes gesehen.

Uwe hat nicht **sehr viel** von seiner Urlaubsreise erzählt.

Auf deutsch.

1. That interests me very much.

2. Jan misses (*vermissen*) Tanja very much, for he loves her very much.

3. The doctor did not say very much.

4. We are very much for the plan.

5. We hope very much that you can come, Mrs. Schubert.

6. Some people don't think very much of their fellow human beings.

F. To be happy about: **sich freuen über**; to look forward to: **sich freuen auf**

sich freuen über (*acc.*): to be happy / glad / pleased about

Wir **haben uns** sehr **über** euren Brief **gefreut**.

Wor**über freust** du **dich** denn so?

Ich **freue mich über** den freien Tag.

Sich freuen über implies a stronger emotion than the idiom **es freut mich** (*I am happy, pleased*).

Es freut mich sehr, daß Sie gekommen sind.

Es freut uns, Sie wiederzusehen.

sich freuen auf (*acc.*): to look forward to

Ich **freue mich** ja schon so **auf** die Reise.

Vervollständigen Sie die Sätze.

1. _____ _____ mich zu hören, daß es Tina wieder besser geht.

2. Allerdings! Wir _____ _____ alle dar_____ .

3. Tina _____ _____ schon sehr _____ deinen Besuch morgen abend.

4. Ganz besonders hat sie _____ dar_____ _____, daß ihr Freund Jens sie gestern besucht hat.

G. To live: **wohnen, leben**

wohnen (**bei, in**): to live / reside (with, on)

> Claudia **wohnt** zur Zeit **bei** Freunden.
>
> Sie **wohnen in** der Goethestraße 14, im dritten Stock (*floor*).
>
> Wer **wohnt** denn in dem neuen Haus?

When a town, region, or country is referred to, either **wohnen** or **leben** can be used.

> Ich **wohne / lebe** seit drei Jahren in Frankfurt / Bayern / Österreich.

Vervollständigen Sie die Sätze.

1. Jürgen hat lange in Amerika _____, doch jetzt _____ er in München.

2. Wir _____ in einem kleinen Haus _____ d___ Bach-straße.

3. Angelika _____ im vierten Stock.

4. Ich _____ damals _____ Verwandten.

H. To say (in a written or printed text): **stehen**

It says: (**es**) **steht** (**stand, gestanden**)

The **es** is used only if a syntactical filler is needed for first position, but the sentence must contain a prepositional phrase or an adverb of place.

> In der Geschichte (dem Artikel / dem Buch) **steht**, daß der Pessimismus ein Zug der Deutschen ist.
>
> Dort / da **stand** auch, daß diese Eigenschaft geschichtliche Ursprünge hat. *It also said that this trait has historical causes.*
>
> Woher weißt du das?—**Es / das stand** gestern in der Zeitung.

Auf deutsch.

1. Here it says that the scorpion was friendly.

2. Where does it say that?

3. It says so in the first sentence. (Omit *so*.)

4. In the story it says that he nevertheless killed (*töten*) the bookdealer.

Wiederholungsübungen

Note: Before doing the review exercises at the end of each chapter, be sure to go over again the various sections of the chapter, including the *Wortschatz*. Pay special attention to articles, plurals, prepositions, cases, and principal parts of verbs.

A. Setzen Sie die in Klammern stehenden Wörter in ihrer richtigen Form ein. In manchen Sätzen ist ein bestimmter oder unbestimmter Artikel hinzuzufügen.

1. Gisela, darf ich dich um _____ _____ Gefallen (*m.*, *favor*) bitten? (klein)

2. Könntest du mal eben sehen, ob _____ _____ Bücher in _____ _____ Regal passen? (dies-, neu, hoch)

3. Übrigens möchte ich dir für die Einladung danken. Leider paßt es _____ Freund am Samstag nicht. (mein)

4. Aber ich freue mich sehr auf _____ _____ Abend! (interessant)

5. Du wohnst doch noch in _____ _____ Schubertstraße? (romantisch)

6. Richtig. Mitten vor dem Haus steht _____ _____ Lindenbaum (*m.*). (alt)

7. Ich habe noch ein bißchen über Martins _____ Bemerkungen über Thomas Mann nachgedacht. (originell)

8. Ich finde, sie passen gut zu _____ Interpretation. (unser)

9. Ich dachte auch an Manns _____ _____ Roman (*m.*) „Der Zauberberg". (ander-, groß)

10. Thomas Mann gilt mit Recht als _____ Schriftsteller des 20. Jahrhunderts. (wichtig)

B. Setzen Sie die fehlenden Präpositionen ein oder die Zusammenziehungen (*contractions*) von Artikel und Präposition.

1. Tag, Peter. Ich habe gerade _____ dich gedacht.

2. Was hältst du denn _____ unserem Plan? — Ich halte ihn _____ gut.

3. Meiner Meinung _____ paßt Matthias gut _____ Sabine.

4. Sabine hat sich _____ unsere Einladung gefreut.

5. Außerdem freut sie sich dar____, Matthias am Samstag kennenzulernen.

6. Wie immer hat Sabine _____ die viele Arbeit geklagt.

7. Aber sie hat dar____ verzichtet, mich _____ Hilfe zu bitten.

8. Hast du schon gehört, daß Anja sich _____ Professor Götschke _____ seinen Assistenten, Hans Harms, beklagt hat? Der hat sich dann _____ Anja entschuldigt.

9. Hans Harms kenne ich ja noch nicht. Ich bin schon richtig neugierig _____ ihn.

10. Er wohnt ja _____ einem Bekannten von mir _____ der Kielerstraße.

C. Vervollständigen Sie die Sätze.

1. Ich möchte _____ von Ihnen verabschieden, Frau Niemeyer.

2. Leider muß ich jetzt gehen, _____ ich habe einen Termin (*appointment*).

3. In Ordnung, Herr Schwarz. Sagen Sie mir nur noch schnell, was Ihre Meinung _____ dieser Sache ist. Sollen wir diese Autorin zu einer Lesung einladen?

4. Es würde mich interessieren zu hören, wie Sie dar____ denken?

5. Ich _____ _____ Meinung, daß _____ _____ (*people*) sie zu radikal finden werden.

6. Das ist _____ Unsinn!

7. Ich meine nicht, denn die Menschen in unserer Stadt sind oft nicht nur voreingenommen (*prejudiced*), _____ auch sehr konservativ.

8. Wir können es _____ nicht leisten, daß man uns für zu radikal hält.

9. Unsere Buchhandlung gilt ja _____ ziemlich konservativ.

10. Ich hoffe _____ (*very much*), daß wir diese Sache morgen noch einmal besprechen können. Paßt es _____ morgen um zehn, Herr Schwarz?

D. Auf deutsch. In Sätzen 5 bis 10 verwenden Sie das Präteritum.

1. Boris is considered a bookworm (*der Bücherwurm*) among (*unter + dat.*) his friends.

2. Clearly he cannot afford many books.

3. He often complains about it (*dar-*).

4. But he doesn't want to do without new books.

5. So today he went to the bookstore.

6. Apparently another customer insulted him.

7. Therefore he complained to the bookdealer about that customer.

8. The bookdealer thought about what he should do.

9. Then he apologized to Boris and gave him an expensive book.

10. Of course, Boris was happy / pleased about it (*dar-*) and thanked him very much.

E. Ersetzen Sie das kursiv Gedruckte (*italicized words*) durch sinnverwandte Ausdrücke, und machen Sie die erforderlichen Änderungen.

1. Der Kritiker *sagte*, Brecht gälte als einflußreichster Dramatiker des 20. Jahrhunderts.

2. Meiner *Meinung* nach ist „Mutter Courage" eins seiner besten Dramen.

3. Ich *habe* das Stück gerade *zu Ende gelesen*.

4. *Sicherlich* würde es dir auch gefallen.

5. Ich freue mich *wirklich* darauf, es auf der Bühne (*stage*) zu sehen.

6. *Ich hoffe*, es wird in Berlin gespielt, wenn ich dort studiere.

7. Ich gehe ja selten ins Theater. *Mir sind* die Karten *zu teuer*.

8. Was *hältst* du eigentlich *von* Brechts „Dreigroschen Oper"?

9. Ich *halte* die Musik *für* wunderbar.

10. *Deshalb* würde ich gern eine Aufführung (*performance*) von der „Dreigroschen Oper" sehen.

F. Sprechen Sie miteinander.

1. Unterhalten Sie sich darüber, was Sie von einer zur Zeit (*at the moment*) viel diskutierten Sache auf Ihrem Campus oder in der Politik halten. Verwenden Sie die Redemittel dieses Kapitels.

2. Erzählen Sie jemandem von einem großen Plan, den Sie für die Zukunft haben. Verwenden Sie möglichst viele adverbiale Konjunktionen und Satzadverbien, die auf Seite 8 aufgelistet sind, und das Verb **sich freuen auf**.

3. Sie möchten mehr über die Person wissen, mit der Sie sich unterhalten. Stellen Sie ihr Ja-Nein Fragen (sie beginnen mit dem Verb). Der / die Gefragte verneint die Frage und gibt dann die richtige Information mit einem Satz, der durch **sondern** eingeleitet wird.

4. Suchen Sie sich einen prominenten Musiker, Sportler, Filmstar, usw. aus. (Es muß ein Mann sein, damit der Prädikatsnominativ nach den Verben **sein, werden** und **gelten** geübt werden kann.) Jemand anderes versucht, die Identität des Mannes zu erraten (*to guess*). Ist er ein + Adjektiv + Nomen? Sie antworten: Nein, er ist kein + Adjektiv + Nomen, sondern er ist ein + Nomen. Dann wird weiter gefragt, bis der Name erraten worden ist.

5. Unterhalten Sie sich darüber, wie man sich fühlt, wenn man in ein fremdes Land kommt, dessen Sprache man nicht sehr gut spricht. Verwenden Sie das unbestimmte Pronomen **man** oder die Formen **einem, einen** oder **sein**.

6. Besprechen Sie, wie die Leute im allgemeinen auf Außenseiter reagieren. Verwenden Sie **die Leute** und die unbestimmten Pronomen **einige, manche, viele, die meisten** und **man**.

7. Fragen Sie einander, woran Sie lieber denken, wenn Sie keine richtige Lust haben, Hausaufgaben zu machen.

8. Unterhalten Sie sich darüber, worüber Sie dieser Tage viel nachdenken und was Sie sich überlegen, weil Sie bald eine Entscheidung treffen müssen. Verwenden Sie die Verben **nachdenken über** und **sich überlegen** möglichst oft.

9. Erzählen Sie einander, worüber Sie manchmal klagen / was Ihnen hilft, wenn Sie zu viel Arbeit haben. Verwenden Sie **sehr** mit jedem dieser Verben.

10. Sprechen Sie darüber, was Sie heute / gestern alles in der Zeitung gelesen haben. Verwenden Sie **steht** oder **stand** möglichst oft.

Zusätzliche Übungen

A. Ersetzen Sie die kursiv gedruckten Ausdrücke durch ähnlich bedeutende, und machen Sie die notwendigen Änderungen.

1. Ich *finde*, daß wir uns gegenseitig helfen sollten.

2. Was *haltet ihr davon*?

3. *Unserer Meinung nach* ist das eine prima Idee.

B. Wiederholen Sie die Regeln für die Stellung der Partikel auf Seite 6. Setzen Sie die Modalpartikel **ja** ein, und drücken Sie den Satz auf englisch aus. Achten Sie dabei auf den Ton.

1. Tag, Annegret. Wie geht's dir denn?—Ach, Peter. Urs und ich haben Schluß gemacht (*broke off*).

2. Das ist aber schade, Annegret! Urs ist so ein netter Kerl.

3. Peter, sprich nicht mit ihm darüber! Du kennst ihn. Er spricht nicht gern über sein Privatleben.

C. Setzen Sie die Kommas und **ss**, **ß** oder **s** ein.

Der Mann war sanftmütig doch die Leute wu____ten da____ nicht. Denn seine Brauen stie____en zusammen. Sie meinten da____ bedeutete Jähzorn. Weil seine Nase lang und spitz war dachte man da____ der Mann neugierig war. Da____ mu____te so sein denn es konnte kein bi____chen anders sein. Au____-erdem hatte er zu gro____e Fü____e. Man wu____te einfach da____ da____ ein Zeichen für Faulheit (*laziness*) war. Da____ der Mann nicht unter die Leute gehen wollte war also verständlich. Wie ist es zu erklären da____ ein sanftmütiger Mensch zum Mörder wurde? Da____ lä____t sich so erklären. Man hatte dem Skorpion die Freiheit genommen eine freundliche Tat freundlich zu vergelten (*to repay*). Seine Mitmenschen mü____en verstehen da____ sie mit schuld an dem Tod des Buchhändlers sind.

D. Bilden Sie Sätze mit den angegebenen Elementen.

1. Ich habe heute noch viel zu tun. Also / ich / müssen / sich verabschieden / jetzt

2. Schade, daß Sie schon gehen müssen. Vielleicht / Sie / können / bleiben / noch / etwas länger

3. Das würde ich zwar gern tun, aber / leider / das / nicht / gehen. Sonst / ich / nicht / fertig werden

4. Heute kann ich wirklich nicht länger bleiben. Statt dessen / ich / wiederkommen / nächste Woche

E. Setzen Sie passende Äquivalente für *people* ein, unter anderem (*among other things*) auch das unbestimmte Pronomen **man** (*you / one*), **einen** oder **einem**.

1. _____ hier an der Universität interessieren sich im allgemeinen sehr für Fremdsprachen.

2. _____ (*most people*) können mindestens eine Fremdsprache.

3. _____ (*many people*) waren schon mal länger in einem Land, wo diese Sprache gesprochen wird.

4. _____ lernt eine Fremdsprache ja viel schneller, wenn _____ sie täglich hört und spricht.

5. Dann kann es _____ (*dat.*) gelingen, die Sprache in verhältnismäßig kurzer Zeit gut zu sprechen.

6. Es freut _____ ja sehr, wenn _____ sich mit den _____ eines Landes unterhalten kann.

F. Vervollständigen Sie die Sätze. Wenn keine Endung erforderlich ist, setzen Sie ein X ein.

1. Gretchen freut sich _____ (*very much*) _____ ihr____ Reise (*f.*) nächsten Sommer.

2. Sie freut _____ dar____, daß es jetzt nicht mehr lange dauert, bis sie in die Schweiz fährt.

3. Gretchen will nicht nur nach Bern zu Verwandten, _____ auch nach Genf.

4. Dort besucht sie einen Mensch____, der ihr sehr wichtig ist. Urs Widmer ist sein Name____, und er ist Student____ .

5. Dies____ Student____ hat sie an ihrer Universität in Wisconsin kennengelernt.

6. _____ freut Urs natürlich sehr, daß er Gretchen jetzt seine Heimat zeigen kann.

G. Ersetzen Sie die kursiv gedruckten Ausdrücke durch verwandte Wörter. Machen Sie alle notwendigen Änderungen.

1. Am Ende des Semesters mußte Gretchen *von* ihrem Schweizer Freund Urs *Abschied nehmen*.

2. Sie *machte eine Bemerkung* darüber, daß dieser Abschied *grausam* für sie sei.

3. *Ihre Gedanken waren* nur *bei* Urs, und sie klagte immer darüber, wie sehr sie ihn vermißte. Das mochten ihre Freundinnen gar nicht.

4. Als Gretchen das merkte, *bat* sie sie *um Entschuldigung* und hörte auf zu klagen.

5. Wenn man sie fragte, wie es ihr gehe, sagte sie immer fröhlich: „Ich *habe keinen Grund* (reason) *zum* (for) *Klagen*. Ich fahre nämlich bald in die Schweiz."

H. Auf deutsch. Jeder Satz soll ein Äquivalent von *to think* enthalten.

1. Corinna, what do you think about this movie (*der Film*)?

2. I think it's good, but my boyfriend doesn't think much of it.

3. I thought a lot about its meaning. (Perfekt)

4. I thought of you, when I saw the movie. (Perfekt, Präteritum)

5. Would you see (*sich* [*dat.*] *ansehen*) it again (*noch einmal*)?—I have to think about that.

Chapter 2

Recipient of the Nobel Prize for literature in 1972, **Heinrich Böll** (1917–1985) was a tireless advocate of humanistic values. His stories, novels, radio plays, and essays address Germany's need to deal with its traumatic past and complex present. Among his finest works are the moving and masterfully crafted satires aimed at the feverish activity of the "Wirtschaftswunderzeit," the era of Germany's miraculous recovery following the Second World War. In "Anekdote zur Senkung der Arbeitsmoral" (1963), a typical member of a "Leistungsgesellschaft," an achievement-oriented society, gains a new perspective on the costs of a life spent "getting ahead."

Anekdote zur Senkung der Arbeitsmoral
Heinrich Böll

In einem Hafen an der westlichen Küste Europas liegt ein ärmlich
gekleideter Mann in seinem Fischerboot und döst. Ein schick
angezogener Tourist legt eben einen neuen Farbfilm in seinen
Fotoapparat, um das idyllische Bild zu fotografieren: blauer Him-
5 mel, grüne See mit friedlichen, schneeweißen Wellenkämmen,   **der Wellenkamm,**⁼**e** crest of a wave
schwarzes Boot, rote Fischermütze. Klick. Noch einmal: klick,
und da aller guten Dinge drei sind und sicher sicher ist, ein   **aller . . . sind** good things always come in threes
drittes Mal: klick. Das spröde fast feindselige Geräusch weckt den   **spröde** brittle
dösenden Fischer, der sich schläfrig aufrichtet, schläfrig nach
10 seiner Zigarettenschachtel angelt, aber bevor er das Gesuchte
gefunden, hat ihm der eifrige Tourist schon eine Schachtel vor
die Nase gehalten, ihm die Zigarette nicht gerade in den Mund
gesteckt, aber in die Hand gelegt, und ein viertes Klick, das des
Feuerzeuges, schließt die eilfertige Höflichkeit ab. Durch jenes   **schließt . . . ab** concludes the hasty
15 kaum meßbare, nie nachweisbare Zuviel an flinker Höflichkeit ist   **nachweisbar** demonstrable
eine gereizte Verlegenheit entstanden, die der Tourist—der Lan-   **flink** quick
desssprache mächtig—durch ein Gespräch zu überbrücken ver-   **gereizt** strained
sucht.   **mächtig** in command of
„Sie werden heute einen guten Fang machen." Kopfschütteln des
20 Fischers.
„Aber man hat mir gesagt, daß das Wetter günstig ist."
Kopfnicken des Fischers.
„Sie werden also nicht ausfahren?"
Kopfschütteln des Fischers, steigende Nervosität des Touristen.   **am Herzen liegen** to be very concerned
25 Gewiß liegt ihm das Wohl des ärmlich gekleideten Menschen am   about

Herzen, nagt an ihm die Trauer über die verpaßte Gelegenheit.   **nagen** to gnaw
„Oh, Sie fühlen sich nicht wohl?"
Endlich geht der Fischer von der Zeichensprache zum wahrhaft   **wahrhaft** actually
30 gesprochenen Wort über. Ich fühle mich großartig", sagt er. „Ich
habe mich nie besser gefühlt." Er steht auf, reckt sich, als wollte   **sich recken** to stretch
er demonstrieren, wie athletisch er gebaut ist. „Ich fühle mich
phantastisch."
Der Gesichtsausdruck des Touristen wird immer unglücklicher,
35 er kann die Frage nicht mehr unterdrücken, die ihm sozusagen
das Herz zu sprengen droht: „Aber warum fahren Sie dann nicht   **sprengen** to burst
aus?"
Die Antwort kommt prompt und knapp „Weil ich heute morgen   **knapp** tersely
schon ausgefahren bin."
40 „War der Fang gut?"
„Er war so gut, daß ich nicht noch einmal auszufahren brauche,
ich habe vier Hummer in meinen Körben gehabt, fast zwei   **der Hummer,-** lobster
Dutzend Makrelen gefangen . . . " Der Fischer, endlich erwacht,   **die Makrele,-n** mackerel
taut jetzt auf und klopft dem Touristen beruhigend auf die Schul-   **auf·tauen** to thaw
45 tern. Dessen besorgter Gesichtsausdruck erscheint ihm als ein   **dessen** his (see p. 166)
Ausdruck zwar unangebrachter, doch rührender Kümmernis.   **unangebracht** inappropriate
   rührend touching
   die Kümmernis concern
„Ich habe sogar für morgen und übermorgen genug", sagt er, um
des Fremden Seele zu erleichtern. „Rauchen Sie eine von
meinen?"
50 „Ja, danke."
Zigaretten werden in Münder gesteckt, ein fünftes Klick, der
Fremde setzt sich kopfschüttelnd auf den Bootsrand, legt die
Kamera aus der Hand, denn er braucht jetzt beide Hände, um
seiner Rede Nachdruck zu verleihen.   **der Nachdruck** emphasis
   verleihen to give
55 „Ich will mich ja nicht in Ihre persönlichen Angelegenheiten mischen", sagt er, „aber stellen Sie sich mal vor, Sie führen heute
ein zweites, ein drittes, vielleicht sogar ein viertes Mal aus und
Sie würden drei, vier, vielleicht gar zehn Dutzend Makrelen fangen . . . stellen Sie sich das mal vor."
60 Der Fischer nickt.
„Sie würden", fährt der Tourist fort, „nicht nur heute, sondern
morgen, übermorgen, ja, an jedem günstigen Tag zwei-, dreimal,
vielleicht viermal ausfahren—wissen Sie, was geschehen würde?"
Der Fischer schüttelt den Kopf. „Sie würden sich in spätestens
65 einem Jahr einen Motor kaufen können, in zwei Jahren ein
zweites Boot, in drei oder vier Jahren könnten Sie vielleicht einen
kleinen Kutter haben, mit zwei Booten oder dem Kutter würden
Sie natürlich viel mehr fangen—eines Tages würden Sie zwei
Kutter haben, Sie würden . . . ", die Begeisterung verschlägt ihm
70 für ein paar Augenblicke die Stimme, „Sie würden ein kleines   **verschlägt . . . Stimme** leaves him
     speechless
Kühlhaus bauen, vielleicht eine Räucherei, später eine Mari-   **die Räucherei** smokehouse
nadenfabrik, mit einem eigenen Hubschrauber rundfliegen, die   **die Marinadenfabrik,-en** cannery
   der Hubschrauber,- helicopter
Fischschwärme ausmachen und Ihren Kuttern per Funk
Anweisung geben. Sie könnten die Lachsrechte erwerben, ein   **per . . . Anweisung** directions over radio
   die Lachsrechte fishing rights for
75 Fischrestaurant eröffnen, den Hummer ohne Zwischenhändler   salmon

direkt nach Paris exportieren—und dann . . . ", wieder verschlägt
die Begeisterung dem Fremden die Sprache. Kopfschüttelnd, im
tiefsten Herzen betrübt, seiner Urlaubsfreude schon fast verlustig, blickt er auf die friedlich hereinrollende Flut, in der die
80   ungefangenen Fische munter springen.

betrübt saddened

seiner . . . verlustig barely enjoying his vacation any more
munter merrily

„Und dann", sagt er, aber wieder verschlägt ihm die Erregung die
Sprache. Der Fischer klopft ihm auf den Rücken, wie einem Kind,
das sich verschluckt hat. „Was dann?" fragt er leise.

die Erregung agitation

sich verschlucken to swallow the wrong way

„Dann", sagt der Fremde mit stiller Begeisterung, „dann könnten
85   Sie beruhigt hier im Hafen sitzen, in der Sonne dösen—und auf
das herrliche Meer blicken."

„Aber das tu ich ja schon jetzt", sagt der Fischer, „ich sitze
beruhigt am Hafen und döse, nur Ihr Klicken hat mich dabei
gestört."

90   Tatsächlich zog der solcherlei belehrte Tourist nachdenklich von
dannen, denn früher hatte er auch einmal geglaubt, er arbeite,
um eines Tages einmal nicht mehr arbeiten zu müssen, und es
blieb keine Spur von Mitleid mit dem ärmlich gekleideten Fischer
in ihm zurück, nur ein wenig Neid.

von dannen ziehen (o,o) to go away

die Spur trace

Wortschatz

die **Angelegenheit,-en**	matter, business, affair
die **Arbeitsmoral**	work ethic
die **Begeisterung**	enthusiasm
begeistert von	enthusiastic / excited about, thrilled by
blicken auf (*acc.*)	to look at
der **Blick,-e**	look, glance
der **Blick auf** (*acc.*)	view of
auf den ersten Blick	at first glance
das **Boot,-e**	boat
dösen	to doze, drowse
drohen (*dat.*) *v.i.*	to threaten
die **Drohung,-en**	threat
eifrig	eager, enthusiastic
erwerben (i,a,o)	to obtain, acquire
feindselig	hostile
der **Fotoapparat,-e**	camera
früher	at one time, in the past
früher mal + a past tense	used to + infinitive
früher mal wohnte ich	I used to live
die **Gelegenheit,-en**	opportunity, chance; occasion
bei Gelegenheit	when there is a chance, some time
bei passender Gelegenheit	when the opportunity arises
gelegentlich	occasional, some time
das **Geräusch,-e**	noise
geschehen (ie,a,e;ist)	to happen
der **Gesichtsausdruck,-̈e**	facial expression

der **Ausdruck,**-e	expression
der **treffende Ausdruck**	the appropriate expression
aus·drücken	to express
großartig	wonderful, great, fantastic
günstig	favorable; advantageous; convenient
der **Hafen,**-	port, harbor
legen	to lay (laid, laid), put
liegen (a,e)	to lie (lay, lain), be situated, located
die **Lage**	location; situation
das **Meer,**-e	ocean
sich mischen in (*acc.*)	to meddle, interfere in
das **Mitleid**	pity, compassion
Mitleid haben mit	to pity, have compassion for
die **Mütze,**-n	cap
der **Neid auf** (*acc.*)	envy of
neidisch sein auf (*acc.*)	to be envious of
beneiden	to envy
die **See,**-n	ocean, sea
der **See,**-n	lake
die **Senkung,**-en	lowering
senken	to lower
spätestens	at the latest
stören	to disturb, bother
eines Tages	some / one day
tatsächlich	really, in fact, believe it or not
die **Tatsache,**-n	fact
der **Tourist(en)**	tourist
unterdrücken	to suppress; oppress
die **Unterdrückung**	suppression; oppression
die **Verlegenheit**	embarrassment
verlegen	embarrassed
verpassen	to miss, waste (opportunity)
sich (*dat.*) **vor·stellen**	to imagine, think, envision, conceive of
die **Vorstellung,**-en	idea, notion, mental picture; performance
bei der Vorstellung	at the thought of
wecken *v.t.*	to wake (up)
zwar	(al)though, admittedly, to be sure, certainly, it may be true that

Stichworte für die Diskussion

die **Botschaft,**-en	message
der **Erfolg,**-e	success
die **Handlung,**-en	plot
die **Klischeevorstellung,**-en	stereotype
der **Leistungsdruck**	pressure to achieve
die **Satire,**-n	satire
der **Schauplatz,**-e	scene

im Süden	in the South
der Wert,-e	value
herablassend behandeln	to patronize
kritisieren	to criticize
spielen	to take place (plot)
um·gehen (ging um, ist umgegangen)	
mit	to interact with
klischeehaft	stereotyped
zufrieden	content, happy

Zur Diskussion des Textes

1. Wie geht der Tourist mit dem Fischer um? Finden Sie, daß er ihn herablassend behandelt? Sind die Gestalten Ihrer Ansicht nach klischeehaft gezeichnet?

2. Wo könnte die Handlung Ihrer Meinung nach spielen, und woher stammt der Tourist? Warum wohl sagt Böll nichts Näheres (*no details*) über den Schauplatz der Handlung und das Herkunftsland (*country of origin*) des Touristen?

3. Was für eine Rolle spielen der Fotoapparat und das Fotografieren in der Anekdote?

4. Wie unterscheiden sich die Werte der zwei Männer?

5. Welche Figur ist Ihnen sympathischer? Warum? Mit welcher Gestalt identifizieren Sie sich mehr? Auf wessen Seite scheint der Erzähler zu stehen?

6. Mit was für anderen Gefühlen außer Neid verläßt der Tourist wohl den Fischer? Was halten Sie für die Botschaft der Geschichte?

Kommunikative Situationen

1. Spielen Sie mit jemandem das Gespräch des Touristen mit dem Fischer nach (*nach·spielen: to reenact*). Verwenden Sie die Modalpartikel **mal.**

2. Rollenspiel in kleinen Gruppen. Stellen Sie sich vor, der Fischer sitzt am Abend mit einigen anderen Fischern zusammen und erzählt von der Begegnung mit dem Touristen. Er gebraucht dabei viele Adjektive. Die anderen Fischer hören zu, stimmen ihm oft zu mit den Redemitteln dieses Kapitels und stellen Fragen.

3. Diskutieren Sie miteinander über Ihre Werte in bezug auf (*with respect to*) Erfolg. Was bedeutet Erfolg für Sie persönlich? Drücken Sie Ihre Zustimmung mit den Redemitteln dieses Kapitels aus.

Aufsatzthemen

1. Freizeit (*leisure hours*)—lebensnotwendig oder verschwendete (*wasted*) Zeit? Wie verbringen Sie Ihre Freizeit? Was bedeutet sie Ihnen? Verwenden Sie möglichst viele Adjektive und Adjektivnomen im Neutrum, z.B. **das Wichtigste ist, das Gute daran ist** usw. Unterstreichen Sie die Endungen der Adjektive und Adjektivnomen.

2. So stelle ich mir das Alltagsleben des Touristen vor. Beschreiben Sie einen typischen Tagesablauf, und verwenden Sie möglichst viele attributive Adjektive und Adjektivnomen im Neutrum, die Sie unterstreichen.

3.   Schildern Sie ein ungewöhnliches Reise- oder Urlaubserlebnis, wobei Sie viele
     attributive Adjektive und Adjektivnomen verwenden. Unterstreichen Sie sie.

Redemittel

Agreeing with a statement

Genau!
Exactly!

Allerdings!
Most certainly! / You can say that again. / I couldn't agree more!

Richtig!
Right you are!

Ganz recht!
Quite right! / I agree.

Da hast du recht.
You are right.

Das stimmt. Es stimmt, daß
That's true. It's true that

Das ist richtig / wahr.
That's correct / true.

Das finde / meine ich auch.
I feel the same (way).

Ich stimme dir / Ihnen zu.
I agree with you.

Ich stimme mit Ihnen überein.
I agree with you.

Der (*gen.*) **Meinung / Ansicht bin ich auch**.
I agree. / I am of the same opinion.

Ich bin derselben (*gen.*) **Meinung**.
I am of the same opinion.

Ich bin auch / ganz / völlig / absolut Ihrer (*gen.*) **Meinung**.
I too / quite / completely / totally agree with you.

Vervollständigen Sie die Sätze.

1.   Der Fischer versteht zu leben!—Da _____ du recht.

2.   Er lebt nicht, um zu arbeiten, sondern er arbeitet, um zu leben.—Das
     meine ich _____ .

3.   Ich stimme _____ _____ Fischer im großen und
     ganzen _____ .

4. Aber der Tourist hat teilweise auch _____ . Man sollte Pläne und Ziele haben.

5. _____ Ansicht bin ich auch.

6. Wir stimmen euch beiden _____ .

7. Wir _____ also alle d___selb___ Meinung.

Die Modalpartikel mal

The modal particle **mal** is used frequently in commands, requests, and questions to lend a softer, more casual note to the command or request. Equivalents are *just, quickly, it'll take a second / minute*, and *would you mind*. Frequently **eben** is used together with **mal**, either preceding or following it. **Eben** strengthens the flavor of "it won't take long," "I'm asking a small favor," or "it's no trouble."

Zeigen Sie mir bitte **mal** den Fahrplan!
Would you mind showing me the train schedule?

Sagen Sie **mal**, wann fährt der nächste Zug nach Göttingen?
Tell me, when is the next train for Göttingen leaving?

Ich schau' **mal eben** nach, wann der Zug abfährt.
I'll just quickly check when the train is leaving.

Passen Sie **eben mal** auf meinen Rucksack auf?
Would you mind watching my backpack for a minute?

In commands the **mal** is frequently preceded by **doch**.

Geh du **doch mal** ans Telefon!
Would you please get the phone?

Besuch mich **doch mal**!
Come and see me sometime!

Setzen Sie die Modalpartikel **mal** ein, und drücken Sie den Satz auf englisch aus. Achten Sie dabei auf den Ton.

1. Hallo, Dirk. Rat (*guess*), wer hier war.—Renate?—Richtig!

2. Stell dir vor, was sie uns gebracht hat!—Na was denn?

3. Geh doch in die Küche und guck unter den Tisch!

4. Mausi, Renates Kätzchen! Sag, wie lange bleibt Mausi denn bei uns?—Ich weiß nicht genau.

5. Ich ruf' eben Renate an und frag' sie, wann sie Mausi wieder abholt.

Grammatik

A. Adjective endings

Attributive adjectives, which precede the noun they modify, require an ending. There are two sets of endings: strong (primary) and weak (secondary).

The strong adjective endings are identical with the endings of the **der**-words (**der, dieser, jeder, jener, mancher, solcher,** and **welcher**). Note the following exceptions. In the singular, the genitive masculine and neuter have the weak ending **-en** instead of the strong **-es**.

	Masculine	Neuter	Feminine	Plural
Nominative	-er	-es	-e	-e
Accusative	-en	-es	-e	-e
Dative	-em	-em	-er	-en
Genitive	**-en**	**-en**	-er	-er

Unpreceded adjectives

Unpreceded adjectives take the strong **der**-word endings, since every adjective-noun phrase must contain at least one strong ending to indicate gender, number, and case.

Das ist ein schönes Bild: blau**er** Himmel, schwarz**es** Boot, grün**e** See.

Wir blickten auf weiß**en** Sand, blau**es** Wasser und schwarz**e** Boote.

Der Tourist sprach mit groß**er** Begeisterung.

Auch bei schön**em** Wetter fährt der Fischer nicht zweimal aus.

Das waren wunderbar**e** Tage.

*Adjectives preceded by **der**-words*

Adjectives preceded by **der**-words have weak endings. The weak endings are either **-e** or **-en**. Note the key shape outline of the **e**-endings.

	Masculine	Neuter	Feminine	Plural
Nominative	-e	-e	-e	-en
Accusative	-en	-e	-e	-en
Dative	-en	-en	-en	-en
Genitive	-en	-en	-en	-en

Der dösend**e** Fischer lag in dem klein**en**, schwarz**en** Boot.

Die groß**e** Begeisterung des aufgeregt**en** Touristen verwunderte den schläfrig**en** Fischer.

Der eifrig**e** Tourist wollte diese wichtig**e** Angelegenheit unbedingt mit dem zufrieden**en** Fischer besprechen.

Solche großartig**en** Gelegenheiten sollte man nicht verpassen.

*Adjectives preceded by **ein**-words*

Ein-words—**ein, kein,** and the possessive pronouns—like **der**-words, have strong endings, except in three cases where they have no ending at all (nominative masculine singular and nominative and accusative neuter singular). Remember that **-er** of **unser** and **euer** is part of the stem; it is not an ending. Adjectives preceded by an **ein**-word with an ending take weak endings. Adjectives preceded by an **ein**-word without an ending take strong endings. Note that the endings of adjectives preceded by **ein**-words are the same as the endings of adjectives preceded by **der**-words except in the nominative masculine singular and in the nominative and accusative neuter singular.

> Das ist ein wunderbar**er** Blick.
>
> Wir hatten einen wunderbar**en** Blick auf das Meer.
>
> Der Fischer will kein groß**es** Kühlhaus haben.
>
> Am Ende ändert der Tourist seine komisch**e** Vorstellung vom Leben des Fischers.

Adjectives in a series take the same endings.

> Das waren schön**e**, entspannt**e** (*relaxing*) Ferien.
>
> Nachts gab es keine laut**en**, irritierend**en** Geräusche.

Setzen Sie die Endungen ein.

1. In einem südländisch_____ Hafen liegt ein ärmlich gekleidet_____ Fischer in seinem klein_____ schwarz_____ Boot.

2. Ein eifrig_____ Tourist fotografiert das idyllisch_____ Bild: blau_____ (*nom.*) Himmel, grün_____ (*nom.*) See, schwarz_____ (*nom.*) Boot.

3. Das feindselig_____ Geräusch weckt den dösend_____ Fischer.

4. Dann steckt sich der schläfrig_____ Fischer eine der teur_____ amerikanisch_____ Zigaretten in den Mund.

5. Eine gereizt_____ Verlegenheit ist entstanden. Einen Moment lang sagt keiner ein einzig_____ (*single*) Wort.

6. Sein besorgt_____ Gesichtsausdruck erscheint dem erstaunt_____ Fischer als ein ehrlich_____ Ausdruck rührend_____ (*gen.*) Interesses (*n.*).

7. Der freundlich_____ Fischer möchte die Seele des betrübt_____ Touristen erleichtern.

8. Mit wenig_____ freundlich_____ Worten macht der zufrieden_____ Fischer dem verwundert_____ Touristen klar, daß er bereits glücklich ist.

9. Auf einmal hat er kein groß_____ Mitleid mehr mit dem zufrieden_____ Mann.

10. Der reich_____ Tourist ist fast ein wenig neidisch auf das erfüllt_____ Leben des zufrieden_____ Fischers.

11. Eines schön_____ Tages möchte er auch mal so glücklich sein.

12. Amüsant_____ Geschichten wie diese lesen deutschlernend_____ Studenten gern.

B. Adjectives that drop the final **e**

Adjectives ending in -**el** always drop the -**e** if an attributive ending is added.

Dieses Zimmer ist aber dunk**el**! In diesem dunk**len** Zimmer möchte ich nicht wohnen.

Der Vorschlag ist respektab**el**. Das ist ein respektab**ler** Vorschlag.

Adjectives ending in -**er** after **eu** and **au** always drop the -**e**. Other adjectives ending in -**er** usually keep it, especially in written German.

Dieser Wagen ist sehr teu**er**. Meine Schwester hat sich auch ein teu**res** Auto gekauft.

Setzen Sie die Adjektive ein.

1. Michael hat _____ Gründe. (*plausibel*)

2. Maria ißt gern _____ Gurken (*pickles*). (*sauer*)

3. _____ Menschen kaufen sich gern _____ Kleidung. (*eitel: vain, teuer*)

4. Wenn man sich in einer _____ Lage befindet, dann macht das Leben überhaupt keinen Spaß. (*miserabel*)

C. Indefinite adjectives

The indefinite adjectives, the so-called WAVEM words—**wenige**, **andere**, **viele**, **einige**, and **mehrere**—are not **der**- or **ein**-words. They are treated as attributive adjectives and receive either strong or weak endings. If a WAVEM word is unpreceded, it requires a strong ending. The adjective following it takes the <u>same</u> ending.

Wenige amerikanisch**e** Touristen kennen diese Gegend.

Das haben wir von **mehreren** informiert**en** Gästen gehört.

Das Leben **vieler** jung**er** Leute ist zu stressig.

Meine Freundin hat **einige** hübsch**e**, teur**e** Sachen von der Reise mitgebracht.

If preceded by a definite article or by an **ein**-word with an ending, the indefinite adjective and the following attributive adjective require weak endings (-**e** or -**en**).

Die **vielen** erstaunt**en** Gäste hörten ihr aufmerksam zu.

Ihre **wenigen** kurz**en** Bemerkungen waren recht interessant.

If **viel** or **wenig** are not preceded by a **der**- or **ein**-word in the singular, they are undeclined. Adjectives following them take strong endings. **Vielen Dank** is an exception.

Wir haben **viel** Zeit verloren.

Er hatte **wenig** deutsch**es** Geld bei sich.

Setzen Sie die Endungen oder ein X ein, wo keine Endung erforderlich ist.

1. Am besten gefielen uns dort die viel____ gemütlich____ Gasthäuser.

2. Dort unterhielten wir uns mit mehrer____ freundlich____ Leuten.

3. Für einig____ persönlich____ Fragen hatten sie aber nicht viel____ Verständnis (*n.*).

4. Von ander____ enttäuscht____ Reisenden haben wir dasselbe gehört.

5. Wir haben mehrer____ hübsch____ Häfen fotografiert.

6. Die Fotos einig____ begeistert____ Touristen waren sehr schön.

7. Zu Hause haben wir nur wenig____ Zeit, um über unser eigen____ Leben (*sg.*) nachzudenken, aber im Urlaub haben wir dann viel____ Zeit zum Nachdenken.

D. **All-**

All- takes a **der**-word ending, and the adjective immediately following **all-** takes a weak ending.

Die Erlebnisse all**er** enthusiastisch**en** Reisend**en** waren ähnlich.

Sie sind in **alle** größer**en** und kleiner**en** Küstenorte gefahren.

Dort haben sie in **allen** schön**en** Geschäften eingekauft.

All- generally takes no ending when followed by a **der**- or **ein**-word. The ending is optional when **all-** and the **der**- or **ein**-word modify feminine singular nouns in the nominative or accusative and plural nouns of all genders and cases.

All das sentimentale Mitleid irritiert uns.

All ihr grausamer Haß (*m.*) ist gegen ihre Feinde gerichtet.

Wie komme ich nur mit **all meinem** schweren Gepäck (*n.*) zum Bahnhof?

Wir sind noch nicht mit **all der** Arbeit fertig.

Trotz **all der** vielen Arbeit gehen wir ins Kino.

Ich habe **all(e) meine** kostbare Zeit verschwendet.

Wo sind **all(e) unsre** neuen Fotos?

Wir haben mit **all(en) diesen** interessanten Leuten gesprochen.

With singular nouns, **ganz** is frequently used instead of **all**.

Leider habe ich schon **all** mein / mein **ganzes** Geld ausgegeben.

When **all-** modifies collective nouns, time expressions, and the names of continents, countries, and towns, **ganz** must be used. When **ganz** is unpreceded, it is used without an ending.

Meine **ganze Familie** war bei dem Familientreffen.

Kevin hat das **ganze Jahr** in Berlin verbracht.

Ganz Südamerika / Deutschland / Frankfurt war begeistert von dem Fußballspiel.

The use of **all-** in the singular followed by an adjective noun is discussed on page 39.

a. Setzen Sie die Endungen ein. Wo keine Endung erforderlich ist, setzen Sie ein
   X. Wo man die Wahl (*choice*) hat, setzen Sie die Endung in Klammern (*parentheses*).

   1. All____ d____ viel____ Arbeit liegt noch vor uns.

   2. Trotz all____ unsr____ groß____ Mühe (*f., effort*) waren wir bisher nicht
       erfolgreich.

   3. All____ unsr____ älter____ Kollegen arbeiten schon während all____
       dies____ Zeit daran.

   4. Wir haben bereits all____ wichtig____ Angelegenheiten mit ihnen
       besprochen.

   5. Sie finden all____ unsr____ neu____ Ideen gut.

   6. Und sie sind auch mit all____ dies____ intelligent____ Vorschlägen
       zufrieden.

   7. Woher nimmt die Firma nur all____ d____ nötig____ Geld?

   8. Mit all____ ihr____ Intelligenz (*f.*) wird die Chefin wohl erfolgreich sein.

b. Auf deutsch.

   1. I dozed all morning.

   2. All his life he was envious of his brother.

   3. All America pitied this man.

E. **Ein**-words used as pronouns

Ein-words used as pronouns are declined as **der**-words. They require
strong endings in the three instances where they do not take endings when
modifying a noun (masculine, nominative singular and neuter, nominative
and accusative singular). The -**e** of the neuter ending is usually omitted in
spoken German.

> **Keiner** scheint das zu wissen. Aber **einer** muß es doch wissen.
>
> Wenn du kein Auto hast, nimm doch **meins / unsers / unsres**.
>
> Dieses Buch gilt als **eins** ihrer besten.

Vervollständigen Sie die Sätze.

   1. Ich habe mein Buch verloren. Darf ich dein____ benutzen?

   2. Kein____ weiß, wo es ist.

   3. Selbstverständlich kannst du dir mein____ leihen.

   4. Wo hast du eigentlich deinen Fotoapparat gekauft? Ich habe nämlich
       kein____ und will mir auch so ein____ kaufen.

F.   Adjective nouns

In German, adjectives are frequently used as nouns (**Adjektivnomen**). They are capitalized and declined as attributive adjectives. But when an adjective refers to a noun that is understood, it functions as an adjective and is not capitalized.

> **Der / die Alte** döste in der Sonne.
> *The old man / woman dozed in the sun.*

> Sowohl **Arme** als auch **Reiche** erleben das.
> *Both the rich and the poor experience that.*

> Welche Schuhe soll ich kaufen? Die **braunen** oder die **schwarzen**?

Many adjectives as well as participles used as nouns have come to be thought of as nouns. Nevertheless, they take adjective endings. Some frequently used adjective nouns are listed below. They are listed the same way in the chapter and end vocabulary.

der (ein) **Angestellte(r)**	employee, white-collar worker
der (ein) **Arbeitslose(r)**	unemployed (person)
der (ein) **Beamte(r)**	official, civil servant
der (ein) **Bekannte(r)**	acquaintance, (casual) friend
der (ein) **Deutsche(r)**	German (national)
der (ein) **Erwachsene(r)**	adult
der (ein) **Fremde(r)**	stranger, foreigner
der (ein) **Gefangene(r)**	prisoner
der (ein) **Intellektuelle(r)**	intellectual
der(ein) **Jugendliche(r)**	young person; (*pl.*) young people
der (ein) **Konservative(r)**	conservative
der (ein) **Kranke(r)**	sick (person)
der (ein) **Liberale(r)**	liberal
der (ein) **Radikale(r)**	radical
der (ein) **Reisende(r)**	traveler
der (ein) **Tote(r)**	dead (person)
der (ein) **Verlobte(r)**	fiancé
der (ein) **Verwandte(r)**	relative
der (ein) **Vorgesetzte(r)**	superior, boss
der (ein) **Vorsitzende(r)**	chairperson, president

The corresponding feminine forms are **die / eine Fremde**, etc. The feminine form of **der Beamte, die Beamtin,-nen,** is an exception.

Of the nouns denoting nationality **Deutsch**- is the only adjective noun (see p. 84).

> **Ein Deutscher** war gestern bei uns.
> Gestern haben wir **einen Deutschen / eine Deutsche** kennengelernt.
> **Die Deutschen** haben auch wirtschaftliche Probleme.
> **Deutsche** reisen durch die ganze Welt.

Überall in der Welt begegnet man deutschen **Reisenden**.

Jugendliche hören viel Musik.

Kristens **Verlobter** ist **Deutscher**.

Konservative und **Liberale** haben dagegen gestimmt (*voted*).

In German, adjectives are frequently used as neuter adjective nouns, taking strong neuter, singular endings. These neuter nouns are normally abstractions or collectives. Unlike English, the singular may refer to plural concepts as well, but the verb is always in the singular. The equivalent of about, in phrases such as the beautiful thing about, is **an** (*dat.*).

Das **Gute / Interessante an der** Angelegenheit ist, daß . . .
The good / interesting thing about the matter is that . . .

Das **Komische** dar**an** ist, daß . . .
The funny thing about it is that . . .

Das Beste kommt noch.
The best thing/s is/are yet to come.

Das Wichtigste hast du uns aber noch gar nicht erzählt.
The most important thing/s you haven't told us yet.

Neuter adjective nouns are frequently preceded by **etwas**, **nichts**, **viel**, and **wenig**. They are capitalized and take strong neuter endings. If a preposition precedes **etwas**, **nichts**, etc., it determines the case of the adjective noun.

Die Biologin hat **etwas Wichtiges** entdeckt.
The biologist discovered something important.

Diese Leute tun **viel Gutes**.
These people do a lot of good.

Die Vorsitzende ist **mit nichts Neuem** zurückgekehrt.
The chairperson came back with nothing new.

Since **all-** takes a **der**-word ending, the adjective noun following **all-** takes a weak ending.

Ich wünsche Ihnen **alles Gute**.
I wish you all the best. / Best wishes. / Good luck.

Die Touristen waren begeistert von **allem Neuen**.
The tourists were thrilled by all the new things.

When the adjective **ander-** follows one of these words, it is not capitalized. In fact, no form of **ander-** is capitalized. Be sure not to omit the -**e** of the adjective ending -**es**. The form **anders** is a predicate adjective or an adverb (see p. 275).

Bitte zeigen Sie mir **etwas anderes**.
Please show me something else / different.

Alles andere muß warten.
Everything else has to wait.

Unser Vorgesetzter hat **von nichts anderem** gesprochen.
Our boss spoke of nothing else.

Some adjective nouns occur in set phrases and are not capitalized.

bei weitem by far
im allgemeinen in general, generally
im großen und ganzen by and large

Bilden Sie Sätze in der angegebenen Zeitform. Jeder Satz soll ein Adjektivnomen enthalten.

1. wir / hören / nichts / neu- (Perfekt)

2. ich / tun / mein / best- (Perfekt)

3. ein / bekannt- / schenken / mir / das (Präteritum: *simple past*)

4. das / teuerst- / gefallen / einem / immer / am besten (Präsens)

5. die / Touristinnen / sprechen / mit / ander- / reisend- (Präteritum)

6. Karla / zeigen / uns / noch / viel / ander- (Perfekt)

7. Frau Stade / sein / vorsitzend- / des Sportvereins (Präsens)

8. Karl / finden / nicht / das / gesucht- / / aber / er / finden / etwas / ander- (Präteritum)

9. eine / amerikanisch / verwandt- / uns / besuchen (Perfekt)

10. Frau Bogners Mann / sein / deutsch- / / aber / sie / sein / kein / deutsch- (Präsens)

11. wir / sein / an (*dat.*) etwas / ander- / interessiert (Präteritum)

12. ich / erzählen / das / interessantest- / noch gar nicht (Perfekt)

G. Attributive adjectives ending in -**er**

Attributive adjectives ending in -**er** that are derived from the names of cities, some countries, and numbers referring to decades have no declensional endings.

Das ist der berühmte **Berliner** Humor.
Schweizer Uhren sind weltberühmt

The -**er** suffix of adjectives referring to decades corresponds to the English suffix -*ties*. These adjectives can be used as nouns; -**n** is added to form the dative plural of the noun.

Die Autorin ist in den **vierziger** (**40er**) Jahren geboren.
Unser Professor ist in den **Dreißigern**.

Ergänzen Sie die Sätze.

1. Böll schrieb viele seiner Geschichten in _____.
   (*the fifties*)

2. In einer Geschichte wird der Köln___ Dom erwähnt.

3. Seine letzten Geschichten spielen in _____ .
   (*the seventies*)

4. Die späten _____ werden in einem seiner Romane dargestellt.
   (*forties*)

5. Böll hat auch viele Schweiz___ Leser.

Das passende Wort

A. To put: **legen**, **stellen**, **setzen**, **stecken**

Legen, **stellen**, and **setzen** are weak, transitive verbs. They must not be confused with the strong, intransitive verbs **liegen**, **lag**, **gelegen** (*lie, lay, lain*); **stehen**, **stand**, **gestanden**; and **sitzen**, **saß**, **gesessen**. **Stecken** is used both transitively and intransitively. These intransitive verbs have the general meaning of *be* whereas their transitive counterparts express the meaning *put*. If a prepositional phrase with a two-way (*dat.* / *acc.*) preposition is used with these verbs, the transitive verbs **legen**, **stellen**, **setzen**, and **stecken** require the accusative (*wohin?*), and the intransitive verbs **liegen**, **stehen**, and **sitzen** require the dative (*wo?*).

stellen: to put, place upright or on its broadest base so that it stands

Die Buchhändlerin hat das Buch ins Regal **gestellt**.

Stell das Glas / den Teller bitte neben die Flasche.

Wohin soll ich mein Fahrrad **stellen**?

legen: to put (down), lay flat so that the person or object lies

Legen is used if the object does not have one side or surface that is perceived as the top or is not able to support itself standing.

Ich habe die Karte auf den Tisch **gelegt**.

Soll ich die Löffel in die Schublade (*drawer*) **legen**?

Leg die Zeitung doch bitte neben die Lampe.

Der Gastgeber (*host*) **legte** die Mäntel aufs Bett.

setzen: to put, set

Setz die Kleine doch auf den Kinderstuhl.

stecken: to put, stick into a narrow opening

Die Touristin **steckte** das Buch wieder in die Tasche.

Vielleicht hast du den Brief zwischen die Bücher **gesteckt**.

Vervollständigen Sie die Sätze.

1. Hast du das Buch wieder in d____ Regal _____?—Ja, es
    _____ wieder im Regal.

2. Peter, _____ doch bitte die Löffel auf d____ Tisch.

3. Wohin hast du denn die Tasse _____?

4. Soll ich den Brief in d____ Briefkasten (*m.*) _____?

5. Monika, _____ den Wagen bitte in d____ Garage (*f.*).

6. Käthe _____ die Hände immer in d____ Hosentaschen.

7. Jan hat die Mütze neben d____ Mantel _____ .

8. Deine Jacke _____ auf d____ Stuhl da.

B. To imagine: **sich vorstellen, sich einbilden**

sich (*dat.*) **vor·stellen**: to imagine, picture, envision

Ich kann **mir** das gut / schlecht / kaum **vorstellen**.

Wie **stellen** Sie **sich** die Sache **vor**?

Ihr könnt **euch** nicht **vorstellen**, wie enttäuscht wir sind!

Stell dir das mal **vor**! Das ist doch eine verrückte Idee!

Sich vorstellen used with the reflexive pronoun in the accusative means *to introduce oneself*.

Hast du **dich** schon den Gästen **vorgestellt?**

sich (*dat.*) **ein·bilden**: to imagine, have a false idea, be under an illusion

Vielleicht stimmt das alles gar nicht. Wir **bilden** es **uns** wahrscheinlich nur **ein**.

Anja **bildet sich ein**, alles besser zu wissen als wir.

Das stimmt, was ich dir sage. Meinst du etwa, ich **bilde mir** alles nur **ein**?

Auf deutsch.

1. The doctor found nothing. Perhaps I am imagining the illness (*die Krankheit*).

2. I cannot imagine that.

3. How do you (*fam. sg.*) imagine the future (*die Zukunft*)?

4. I would like to introduce myself.

5. Just imagine that, Gisela!

C.   To feel: **sich fühlen**, **fühlen**, and other equivalents

sich fühlen: to find oneself in a certain emotional or physical state

> Sie **fühlen sich** nicht wohl?
> Doch, ich **fühle mich** großartig.

fühlen: to feel through one's senses or to feel an emotion

The non-reflexive verb is used if it is followed by a noun or pronoun object.

> Die Skiläufer **fühlten** die Kälte.
> Peter **fühlt** Liebe für Katrin.

Fühlen is not used to express a belief or an opinion. Note the various equivalents.

> Wir **finden** / **meinen** / **glauben** das auch.
> *We feel the same way.*

> Was **halten** Sie **von** ihm / **davon**?
> *How do you feel about him / that?*

> Der Tourist **hielt es für** notwendig, den Fischer zu stören.
> *The tourist felt it necessary to bother the fisherman.*

> **Glauben** Sie bitte nicht, Sie müßten uns helfen.
> *Please don't feel you need to help us.*

> Was **meint** ihr **zu** dieser Entwicklung?
> *How do you feel about this development?*

> Wir **sind** genau **derselben Meinung**.
> *We feel exactly the same way.*

The equivalent of the idiom *I (don't) feel like* is (**keine**) **Lust haben** + **zu** + infinitive. Infinitive nouns (see p. 267) are preceded by **zum,** and with food and drink, the preposition **auf** (*acc.*) is used.

> **Hast** du **Lust** mitzukommen? Ja, ich **habe** große **Lust** dazu.
> *Do you feel like coming along? Yes, I really feel like doing that.*

> Ich **habe** heute **keine Lust zum** Arbeiten.
> *I don't feel like working today.*

> Erich **hat** keine **Lust auf** Eis.
> *Erich doesn't feel like having / eating ice cream.*

The equivalent of *I feel as if / though* is expressed by **mir ist, als (ob)**. The **ob** may be omitted, and the inflected verb following **als (ob)** normally is in the subjunctive (see p. 189).

> **Mir ist, als ob** die anderen neidisch auf mich **wären**.
> Als sie dort ankam, **war ihr, als wäre** sie dort schon mal gewesen.

Auf deutsch.

1.   We feel oppressed.

2.   How do you feel about that, Matthias?

3.   Does Karoline feel like doing that?

4.   We feel that is a good opportunity.

5.   My girl friend feels the same way.

6.   Do you feel better?

7.   Veronika, can you imagine how I feel?

8.   I felt as though I had seen him before (*schon mal*).

D.   To wake (up): (**auf**)**wecken, aufwachen**

Auf·wecken and **wecken** are transitive verbs, and **auf·wachen** is an intransitive verb (and therefore cannot be followed by a direct object). **Aufwecken** rather than **wecken** tends to be used if the waking is unscheduled and against the will of the sleeping person.

Das Geräusch **weckte** den Fischer **auf**.

Mein Wecker **weckt** mich jeden Morgen um sieben.

Bitte **weck** mich um acht.

Ich **wache** jeden Tag um dieselbe Zeit **auf**.

A synonym for **aufwachen** is **wach werden** or **erwachen** (elevated register). The equivalent of *to be awake* is **wach sein**.

Auf deutsch.

1.   When should I wake you?

2.   I woke up at ten.

3.   A strange noise woke me.

4.   Claudia, are you awake already?

E.   The uses of **zwar**

Zwar expresses concession in the sense of (*al*)*though, admittedly, to be sure, certainly, it may be true that, but . . . .* **Zwar** generally follows the verb. The clause following **zwar** must be introduced by **aber**, **doch**, or **jedoch**.

Helga sah **zwar** traurig aus, **aber** sie war nicht wirklich unglücklich.

Der Ring ist **zwar** sehr schön, **doch / jedoch** er ist zu teuer.

Und zwar introduces a phrase that clarifies or enlarges on the preceding statement. It is always set off by a comma. English equivalents are *namely, in fact, and that, and moreover,* and *and what is more.*

Ich lerne Deutsch, **und zwar** schon seit drei Jahren.

Meine Eltern sind verreist, **und zwar** nach Italien.

Er hat alles organisiert, **und zwar** ohne jede (*any*) Hilfe.

Auf deutsch.

1. It may be late, but I still have to call (*anrufen*) Andreas.

2. I saw her yesterday, in fact twice.

3. Admittedly, it was not nice of me, but I had to do it.

4. The story takes place in the South (*spielt im Süden*), in fact in Spain (*Spanien*).

Wiederholungsübungen

A. Setzen Sie die in Klammern stehenden Wörter in ihrer richtigen Form ein. In manchen Sätzen ist ein bestimmter oder unbestimmter Artikel hinzuzufügen.

1. _____ _____ reisen gern. (viel, Deutsch-)

2. Deshalb haben _____ _____ _____ Mitleid mit denen, die _____ Gelegenheit zum Reisen haben. (manch-, Deutsch-, groß, wenig)

3. _____ _____ Reiseziel (*n.*) ist bei _____ _____ _____ Süden (*m.*). (ihr, beliebtest-, weit-, sonnig)

4. _____ _____ sind von _____ _____ _____ Klima begeistert (*n.*). (all-, Deutsch-, angenehm, südländisch)

5. Im _____ und _____ verbringen sie ihren Urlaub am liebsten am _____ Meer. (groß, ganz, blau)

6. _____ _____ ist _____ _____ Blick auf _____ _____ Meer. (Schönst-, wunderbar, ruhig)

7. _____ _____ Touristen sind neidisch auf _____ _____ Leute, die immer im Süden leben. (einig-, deutsch, glücklich)

8. _____ _____ Tages möchten _____ _____ Touristen dorthin ziehen (*to move*). (ein, schön, manch, ausländisch-)

9. Bei _____ _____ Vorstellung werden sie ganz begeistert. (dies- großartig)

10. Das ist zwar nur _____ _____ Traum (*m.*), aber vielleicht wird er manchen doch in Erfüllung gehen. (schön)

B. Setzen Sie die fehlenden Präpositionen ein oder die Zusammenziehungen von Artikel und Präposition.

1. Wir waren _____ dem Städtchen begeistert.

2. Das Schöne _____ (*about*) dem Ort (*place*) ist seine Lage.

3. Man hat einen herrlichen Blick _____ das Meer.

4. _____ allgemeinen geht es den Menschen dort gut.

5. Die Einheimischen (*locals*) sind also _____ großen und ganzen mit ihrem Leben zufrieden.

6. Es gibt natürlich auch einige sehr Arme da. Man hat natürlich Mitleid _____ diesen Leuten.

7. Die Armen sind wahrscheinlich ein bißchen neidisch _____ die Reichen.

8. Wir haben _____ die Arbeitsmoral dieser Leute nachgedacht.

9. Natürlich wollten wir uns nicht _____ ihre Angelegenheiten mischen.

10. _____ Gelegenheit wollen wir wieder dorthin reisen.

C. Vervollständigen Sie die Sätze.

1. Ich fühle _____ richtig wohl hier in Marburg.

2. Früher _____ wollte ich ja lieber in Berlin studieren.

3. Damals bildete ich _____ ein, daß ich nur dort glücklich werden könnte.

4. Kannst du _____ das vorstellen, Katrin?

5. Das kann ich _____ gut vorstellen, Jutta. Ich war ja auch mal ganz dein____ Meinung.

6. Aber dann habe ich in Berlin keinen Studienplatz bekommen. Und du hast wohl auch kein____ bekommen?

7. Genau! Ich war richtig neidisch _____ mein____ Freunde, die dort studieren konnten.

8. Dann kam ich nach Marburg, und ein____ Tag____ stellte ich fest, daß ich hier zufrieden bin.

9. Hier gibt es so viel Interessant____. Und das Gut____ _____ den Vorlesungen (*lectures*) ist, daß sie nicht ganz so überfüllt sind wie in Berlin.

10. Ja, Jutta. Ich stimme _____ d____ überein. Wer würde uns nicht zustimmen? Das Studentenleben ist doch toll hier in Marburg!

D. Auf deutsch.

1. Peter, all my relatives are going to be at (*bei*) the family reunion (*das Fami-lientreffen*).

2. As my fiancé you should be there (*dabei sein*) too.

3. How do you feel about that?

4. It's something different for a change (*for a change: mal*).

5. That may be true, but I don't really feel like it, Andrea.

6. Besides, we have to wake up too early.

7. You'll certainly wake me before seven, won't you?

8. But Peter, the good thing about it (*da-*) is that you can meet all my family.

9. Can you imagine how I'd feel without you?

10. All right then (*na gut*). I am not exactly (*gerade*) thrilled about it (*da-*), but you are right. It's a convenient opportunity to meet all your relatives.

E. Ersetzen Sie das kursiv Gedruckte durch sinnverwandte Ausdrücke, und machen Sie die erforderlichen Änderungen.

1. Darf ich dich eben mal bei der Arbeit *unterbrechen*, Ulf?

2. Stefan will heute mit uns ans Meer fahren. Das ist doch eine *wunderbare* Idee. Kommst du mit?

3. Nein, Bianca, *dazu habe* ich heute *keine Lust*.

4. Warum denn nicht, am *Meer* wird es bestimmt ganz warm sein.

5. Ich habe *tatsächlich* keine Lust. Außerdem muß ich arbeiten.

6. Nun, das ist deine *Sache*.

7. Ich *meine* aber trotzdem, es würde dir guttun, mal 'rauszukommen.

8. Eigentlich *stimme* ich dir ja *zu*, Bianca. Aber ich habe einfach zuviel zu tun.

9. Bei *dem Gedanken*, daß du den ganzen Tag arbeiten wirst, wird mir ganz schlecht (*I get sick*)!

10. *Genau*! Mir auch. *Ich habe das Gefühl*, als ob ich nur noch lebe, um zu arbeiten.

F. Sprechen Sie miteinander.

1. Beschreiben Sie das Aussehen und das Wesen von jemandem, den / die Sie gut kennen. Verwenden Sie attributive Adjektive in jedem Satz.

2. Angenommen Sie sind ein erfolgreicher Kapitalist. Beschreiben Sie die Dinge, die Sie sich anschaffen (*acquire*) wollen. Die Person, mit der Sie sprechen, spielt die Rolle des Nachahmers (*copy cat*) und sagt immer, daß sie sich das gleiche anschaffen wird, aber es wird irgendwie anders sein. Verwenden Sie attributive Adjektive und **ein**- Wörter, die als Pronomen benutzt werden.

3. Sprechen Sie ein paar Minuten nur über Deutsche, wobei Sie das Adjektivnomen im Singular und Plural und in allen Fällen (*cases*) zusammen mit WAVEM-Wörtern wiederholt verwenden.

4. Unterhalten Sie sich über den Leistungsdruck an Ihrem College oder Ihrer Universität. Verwenden Sie möglichst viele Adjektivnomen im Neutrum.

5. Rollenspiel: Sie und Ihr/e Mitbewohner/in sind gerade in Ihr Zimmer im Studentenheim eingezogen, und jetzt wollen Sie sich das Zimmer gemütlich machen. Führen Sie ein Gespräch, in dem Sie die deutschen Äquivalente für *to put* verwenden.

6. Beginnen Sie ein Gespräch, in dem Sie Ihren Gesprächspartner bitten, sich mal vorzustellen, wie es wäre, wenn wir alle wie der Fischer in Bölls Satire lebten. Gebrauchen Sie **sich vorstellen** wiederholt in verschiedenen Satzarten, also in Imperativ-, Frage- und Aussagesätzen.

7. Unterhalten Sie sich darüber, was Sie sich in bestimmten Situationen manchmal **einbilden**, zum Beispiel wenn man Sie nicht zu einer Party eingeladen hat, wenn Sie an den Mann / die Frau Ihrer Träume denken, usw.

8. Unterhalten Sie sich über das Reisen in fremden Ländern. Verwenden Sie verschiedene Äquivalente für *to feel*.

9. Erzählen Sie einander, wann und wie Sie heute aufgewacht sind. Verwenden Sie das transitive und intransitive Äquivalent von *to wake* (*up*).

10. Sprechen Sie über die Werte des Fischers und des Touristen. Jemand stimmt Ihren Meinungen entweder zu oder qualifiziert Ihre Behauptungen mit **zwar**.

Zusätzliche Übungen

A. Drücken Sie Ihre Zustimmung anders aus. Ersetzen Sie das kursiv Gedruckte durch einen sinnverwandten Ausdruck. Verwenden Sie in jedem Satz ein anderes Synonym.

1. Tag, Jens. Du warst doch kürzlich (*recently*) auch in den USA, nicht?—*Allerdings*!

2. Tolles Land, was?—*Richtig*!

3. Aber daß es so viele Obdachlose (*homeless*) gibt, ist doch schlimm!—Da *stimme* ich *dir zu*!

4. Es ist doch grausam, daß so viele auf den Straßen leben müssen!—Natürlich *bin* ich *ganz deiner Ansicht*.

B. Setzen Sie die Modalpartikel **mal** ein, und drücken Sie den Satz auf englisch aus. Achten Sie dabei auf den Ton.

    1. Guck, Petra schläft ja noch!

    2. Ich wecke sie auf.

    3. Petra, darf ich dir 'was ins Ohr flüstern (*whisper*)? Es ist Zeit zum Aufwachen.

C. Setzen Sie die fehlenden Endungen oder ein X ein, wo keine Endungen erforderlich sind.

    1. Ulrich Engelbrecht, ein____ alt____ Bekannt____ von uns, hat uns gestern besucht.

    2. Er ist gebürtig____ Deutsch____, aber er ist amerikanisch____ Staatsbürger (*m.*) geworden.

    3. Er ist ein____ langjährig____ Angestellt____ bei Siemens in Kalifornien.

    4. Einmal im Jahr fährt er zusammen mit sein____ amerikanisch____ Vorgesetzt____ (*sg., m.*) nach München.

    5. Er benutzt dann natürlich die Gelegenheit, all____ sein____ viel____ alt____ und jung____ Verwandt____ in Bayern zu besuchen.

    6. Dann gibt es immer ein____ groß____ Familienfest (*n.*) mit viel gut____ Essen.

    7. Einig____ sein____ jünger____ Verwandt____ haben ihn auch schon mal in Kalifornien besucht.

    8. Die bayrisch____ Besucher waren im allgemein____ begeistert von der schön____ Küstenlandschaft und den viel____ hübsch____ Orten am Pazifisch____ Ozean.

    9. Sie meinten, dies____ herrlich____ Meer sei ja etwas ganz ander____ als die deutsch____ Nordsee.

  10. Das Best____ waren die lang____ oft leer____ Strände (*beaches*).

  11. Ein dreitägig____ Aufenthalt (*m.*) in der märchenhaft____ Traumstadt San Franzisko war der absolut____ Höhepunkt ihr____ phantastisch____ Reise.

  12. So etwas Schön____ meinten sie noch nie gesehen zu haben.

  13. Auf ihrer Reise haben sie manch____ ander____ Deutsch____ getroffen.

  14. Sie sind mit viel____ unvergeßlich____ Erinnerungen und wunderschön____ Fotos nach Bayern zurückgekehrt.

  15. Natürlich werden sie noch oft an dies____ schön____ Zeit denken.

D. Ergänzen Sie die Sätze. Verwenden Sie die Verben **stellen**, **stehen**; **legen**, **liegen**; **setzen**, **sitzen** und **stecken**.

   1. Hör mal Niko, warum _____ die Lampe denn auf einmal so weit weg vom Sofa?—Wo sollen wir sie denn sonst hin____, Andrea?—Sie hat doch immer hinter d____ Sofa (*n.*) _____! Das war doch gut so.

   2. Und warum _____ du eigentlich die Zeitung in letzter Zeit immer auf d____ Fußboden (*m.*), Niko? _____ sie doch gefälligst (*kindly*) in d____ Zeitungskorb (*m.*), wo sie hingehört!—Ach was Andrea, die kann ruhig auf d____ Boden _____ bleiben.

   3. Sag mal, Niko, warum mußt du dich eigentlich immer in d____ grünen Sessel (*m. armchair*) _____? Du weißt doch, daß ich gerade in d____ Sessel am liebsten _____!

   4. Andrea, jetzt werde ich total verrückt! Wo ist denn nur der „Spiegel" (*a newsmagazine*)? Hast du ihn vielleicht schon wieder in dein____ Tasche _____?

E. Ersetzen Sie das kursiv Gedruckte durch ähnlich bedeutende Ausdrücke, und machen Sie alle notwendigen Änderungen.

   1. Ein Fischer lag in einem Boot und *döste* ein bißchen.

   2. Doch *etwas Lautes* weckte ihn auf.

   3. Er richtete sich auf und *blickte auf* den Hafen.

   4. Eigentlich war nichts *geschehen*.

   5. Ein *Fremder* machte Fotos.

   6. Der Fremde *sprach* den Fischer *an*.

   7. *Mit großer Begeisterung* erklärte er dem Fischer, wie er reich werden könnte.

   8. Bei dem *Gedanken*, daß der Fischer in ein paar Jahren eine Marinadenfabrik *erwerben* könnte, wurde der Tourist ganz aufgeregt.

   9. Der Fischer aber blieb ganz ruhig. Der eifrige Tourist *tat ihm* fast *leid*.

   10. Die Zufriedenheit des Fischers *erregte* ein bißchen *Neid bei* dem Touristen. (*Neid erregen bei: to make s.o. jealous*)

F. Ergänzen Sie die Sätze mit Äquivalenten von *to wake*.

   1. Wir Studenten fühlen uns nicht gerade großartig, wenn wir morgens _____ .

   2. Wir haben es nicht gern, wenn uns Mitbewohner mit ihrer lauten Musik _____ .

   3. Manchmal sind wir noch so müde, daß wir die Radiouhr, die uns _____ soll, nicht hören.

Chapter 3

Ilse Aichinger (b. 1921), one of Austria's finest contemporary writers, has been awarded numerous literary prizes for her poems, stories, radio plays, and essays. She has also written a novel. In "Das Fenster-Theater" (1954), she develops several of her major themes: isolation, communication, and play. A woman desperately craving excitement to relieve her inner emptiness is disappointed that "no one has done her the favor of being run over in front of her house." Chancing upon a novel scene, she manages to turn it into the kind of sensational spectacle she has been longing for. The key to understanding the subtly told story is its point of view; events are narrated from the woman's perspective, which is flawed at a crucial point. A change of perspective gives her a chance to reassess the scene before her.

Das Fenster-Theater
Ilse Aichinger

Die Frau lehnte am Fenster und sah hinüber. Der Wind trieb in leichten Stößen vom Fluß herauf und brachte nichts Neues. Die Frau hatte den starren Blick neugieriger Leute, die unersättlich sind. Es hatte ihr noch niemand den Gefallen getan, vor ihrem
5 Haus niedergefahren zu werden. Außerdem wohnte sie im vorletzten Stock, die Straße lag zu tief unten. Der Lärm rauschte nur mehr leicht herauf. Alles lag zu tief unten. Als sie sich eben vom Fenster abwenden wollte, bemerkte sie, daß der Alte gegenüber Licht angedreht hatte. Da es noch ganz hell war, blieb dieses
10 Licht für sich und machte den merkwürdigen Eindruck, den aufflammende Straßenlaternen unter der Sonne machen. Als hätte einer an seinen Fenstern die Kerzen angesteckt, noch ehe die Prozession die Kirche verlassen hat. Die Frau blieb am Fenster. Der Alte öffnete und nickte herüber. Meint er mich? dachte die
15 Frau. Die Wohnung über ihr stand leer und unterhalb lag eine Werkstatt, die um diese Zeit schon geschlossen war. Sie bewegte leicht den Kopf. Der Alte nickte wieder. Er griff sich an die Stirne, entdeckte, daß er keinen Hut aufhatte und verschwand im Innern des Zimmers.
20 Gleich darauf kam er in Hut und Mantel wieder. Er zog den Hut und lächelte. Dann nahm er ein weißes Tuch aus der Tasche und begann zu winken. Erst leicht und dann immer eifriger. Er hing über die Brüstung, daß man Angst bekam, er würde vornüber-

Der . . . herauf there was a light breeze coming up from the river
unersättlich insatiable

rauschte . . . herauf was muffled up here

blieb . . . sich this was the only light burning
aufflammende . . . Sonne streetlights just coming on when the sun is still shining
Kerzen an'stecken to light candles

die Werkstatt workshop
sich greifen (i,i) an to touch

darauf afterward

die Brüstung,-en window ledge

fallen. Die Frau trat einen Schritt zurück, aber das schien ihn nur
25 zu bestärken. Er ließ das Tuch fallen, löste seinen Schal vom
Hals—einen großen bunten Schal—und ließ ihn aus dem Fenster
wehen. Dazu lächelte er. Und als sie noch einen weiteren Schritt
zurücktrat, warf er den Hut mit einer heftigen Bewegung ab und
wand den Schal wie einen Turban um seinen Kopf. Dann kreuzte
30 er die Arme über der Brust und verneigte sich. Sooft er aufsah,
kniff er das linke Auge zu, als herrschte zwischen ihnen ein
geheimes Einverständnis. Das bereitete ihr so lange Vergnügen,
bis sie plötzlich nur mehr seine Beine in dünnen, geflickten
Samthosen in die Luft ragen sah. Er stand auf dem Kopf. Als sein
35 Gesicht gerötet, erhitzt und freundlich wieder auftauchte, hatte
sie schon die Polizei verständigt.
Und während er, in ein Leintuch gehüllt, abwechselnd an beiden
Fenstern erschien, unterschied sie schon drei Gassen weiter über
dem Geklingel der Straßenbahnen und dem gedämpften Lärm
40 der Stadt das Hupen des Überfallautos. Denn ihre Erklärung
hatte nicht sehr klar und ihre Stimme erregt geklungen. Der alte
Mann lachte jetzt, so daß sich sein Gesicht in tiefe Falten legte,
streifte dann mit einer vagen Gebärde darüber, wurde ernst,
schien das Lachen eine Sekunde lang in der hohlen Hand zu hal-
45 ten und warf es dann hinüber. Erst als der Wagen schon um die
Ecke bog, gelang es der Frau, sich von seinem Anblick
loszureißen.
Sie kam atemlos unten an. Eine Menschenmenge hatte sich um
den Polizeiwagen gesammelt. Die Polizisten waren abgesprungen,
50 und die Menge kam hinter ihnen und der Frau her. Sobald man
die Leute zu verscheuchen suchte, erklärten sie einstimmig,
in diesem Hause zu wohnen. Einige davon kamen bis zum letzten
Stock mit. Von den Stufen beobachteten sie, wie die Männer,
nachdem ihr Klopfen vergeblich blieb und die Glocke allem
55 Anschein nach nicht funktionierte, die Tür aufbrachen. Sie arbei-
teten schnell und mit einer Sicherheit, von der jeder Einbrecher
lernen konnte. Auch in dem Vorraum, dessen Fenster auf den Hof
sahen, zögerten sie nicht eine Sekunde. Zwei von ihnen zogen die
Stiefel aus und schlichen um die Ecke. Es war inzwischen finster
60 geworden. Sie stießen an einen Kleiderständer, gewahrten den
Lichtschein am Ende des schmalen Ganges und gingen ihm nach.
Die Frau schlich hinter ihnen her.
Als die Tür aufflog, stand der alte Mann mit dem Rücken zu ihnen
gewandt noch immer am Fenster. Er hielt ein großes weißes
65 Kissen auf dem Kopf, das er immer wieder abnahm, als bedeutete
er jemandem, daß er schlafen wolle. Den Teppich, den er vom
Boden genommen hatte, trug er um die Schultern. Da er schwerhörig war, wandte er sich auch nicht um, als die Männer schon
knapp hinter ihm standen und die Frau über ihn hinweg in ihr
70 eigenes finsteres Fenster sah.
Die Werkstatt unterhalb war, wie sie angenommen hatte,
geschlossen. Aber in die Wohnung oberhalb mußte eine neue

bestärken to encourage

wehen flutter

heftig impetuous

sich verneigen to bow

das Auge zu-kneifen (i,i) to wink
als herrschte as if there were

nur mehr nothing but
geflickt patched
ragen to stick up

auf-tauchen to appear

in . . . gehüllt wrapped in the bedsheet
abwechselnd alternately

das Hupen honking

streifte . . . darüber brushed over it
  with a vague gesture
hohl cupped

biegen (o,o) to turn

verscheuchen to disperse
einstimmig unanimously

ihr . . . blieb knocking in vain

schleichen (i,i) to sneak

stoßen an (ö,ie,o) to bump into
gewahren to notice

bedeuten to indicate

knapp closely

Partei eingezogen sein. An eines der erleuchteten Fenster war
ein Gitterbett geschoben, in dem aufrecht ein kleiner Knabe

75 stand. Auch er trug sein Kissen auf dem Kopf and die Bettdecke
um die Schultern. Er sprang und winkte herüber und krähte vor
Jubel. Er lachte, strich mit der Hand über das Gesicht, wurde
ernst und schien das Lachen eine Sekunde lang in der hohlen
Hand zu halten. Dann warf er es mit aller Kraft den Wachleuten

80 ins Gesicht.

schieben (o,o) to push

krähte vor Jubel was squealing with delight

Wachleute policemen

Wortschatz

der **Anblick**	sight
die **Angst, ⸚e**	fear, anxiety
Angst bekommen	to get scared
Angst haben vor (*dat.*)	to be afraid of
vor Angst	out of fear
an·nehmen (nimmt an, nahm an, angenommen)	to assume, suppose; accept
die **Annahme,-n**	assumption; acceptance
der **Anschein**	appearance, impression
es hat den Anschein, als ob	it appears as if
allem Anschein nach	apparently, it looks as if
anscheinend	apparently
beobachten	to observe, watch
die **Beobachtung,-en**	observation
der **Eindruck, ⸚e**	impression
einen Eindruck machen auf (*acc.*)	to make an impression on
beeindrucken	to impress
beeindruckt sein von	to be impressed by
ein·ziehen (zog ein, eingezogen;ist)	to move in (a residence)
aus·ziehen	to move out
ziehen / um·ziehen in / nach	to move into / to
die **Ecke,-n**	corner
entdecken	to discover
die **Entdeckung,-en**	discovery
erst	first; only (so far); not until
erst als / wenn	not until, only when
finster	dark
der **Gefallen,-**	favor
gegenüber (*adv.*)	opposite, across the street
der Alte gegenüber	the old man across the street
gegenüber (*dat. prep.*)	across / opposite from; toward
ihr / ihrem Haus gegenüber	opposite from her / her house
sie ist ihm gegenüber höflich	she is polite toward him
gelingen (a,u;ist) (*dat.*)	to succeed, be successful, manage
es ist mir gelungen, . . . zu + infinitive	I succeeded in + verb + *-ing* / I managed to
mißlingen (*dat.*)	to fail, be unsuccesful
das **Kissen,-**	pillow

klingen (a,u)	to sound
der **Klang,-e**	sound
der **Lärm**	noise, racket, din
lehnen an (*dat.*)	to be leaning against
die **Menge,-n**	crowd
eine Menge	lots, plenty of
merkwürdig	strange, odd, peculiar
die **Polizei** (*sg. noun only*)	police
der **Polizist(en)**	policeman
sobald (*sub. conj.*)	as soon as
sooft (*sub. conj.*)	whenever
der **Stock,** *pl.* **die Stockwerke**	floor, story
im zweiten Stock wohnen	to live on the <u>third</u> floor
das **Vergnügen,-**	pleasure, enjoyment, fun
Vergnügen machen / bereiten (*dat.*)	to give pleasure, enjoy
das macht mir kein Vergnügen	I don't enjoy it
Viel Vergnügen!	Enjoy yourself / yourselves!
verlassen (ä,ie,a)	to leave, depart
verschwinden (a,u;ist)	to disappear
verständigen	to inform, notify
wenden (wandte, gewandt)	to turn
sich ab·wenden (wandte ab,	
abgewandt)	to turn away from
die **Wohnung,-en**	apartment
zögern	to hesitate

Stichworte für die Diskussion

der **Abschnitt,-e**	paragraph
die **Einsamkeit**	loneliness
die **Einstellung zu**	attitude toward
Langeweile haben	to be bored
kommunizieren	to communicate
nach·ahmen	to imitate
übertrieben reagieren auf (*acc.*)	to overreact to
unterhalten (ä,ie,a)	to entertain
voreilig urteilen	to be rash in o.'s judgment
einsam	lonely, lonesome
sensationslüstern	sensation / thrill seeking

Zur Diskussion des Textes

1.   Warum ist der erste Abschnitt so wichtig für das Verständnis der Geschichte? Was erfahren wir dort über die Frau? Warum bleibt sie am Fenster stehen, nachdem der Alte gegenüber das Licht angedreht hat?

2.   Wann erfahren die Leser, daß die Feststellung der Frau: „Die Wohnung über ihr stand leer ..." (Zeile 15) nicht den Tatsachen entspricht (*corresponds to*)? Zu welchen Konsequenzen führt diese falsche Annahme der Frau?

3. Wie kommuniziert der Alte mit dem Kind? Wie unterscheidet sich die leichte, spielerische Art (*way*) des Alten und des Kindes von der Einstellung der Frau, der Polizisten und der Menge? Inwiefern entwaffnet (*disarm*) der Junge die Polizisten und Menschen wie die Frau und möglicherweise auch die Leser mit dem Lachen, das er ihnen ins Gesicht wirft?

4. Wie gebraucht Aichinger die Motive von Licht und Dunkel? Meinen Sie, daß die Frau etwas aus diesem Erlebnis lernt?

5. Besprechen Sie die Funktion der Theater-Metapher. Wie und warum wird hier Theater gespielt? Beachten Sie den Doppelsinn der Wörter „Theater" und „Zuschauer". Welche Rolle spielt die Redensart „ein großes Theater um etwas machen" (*to make a great to-do about*)? Inwiefern ist die Frau im doppelten Sinne Zuschauerin (*member of the audience; onlooker*)?

6. Worin liegt für Sie die Botschaft dieser Erzählung?

Kommunikative Situationen

1. In kleinen Gruppen erzählen Sie die Handlung der Geschichte im Präteritum (*simple / narrative past*) nach. Verwenden Sie möglichst viele subordinierende und adverbiale Konjunktionen (siehe Kapitel 1, Seite 8), und achten Sie auf die richtige Stellung des Verbes.

2. Spielen Sie die Rollen des Alten und der Frau. Nachdem die Polizei die Wohnung des Alten wieder verlassen hat, kommen die beiden ins Gespräch. Die Frau klagt über ihr langweiliges Leben. Der Alte widerspricht der Frau häufig, denn er hat eine ganz andere Einstellung zum Leben. Verwenden Sie die Redemittel aus diesem Kapitel und das Wort **doch** (siehe Seiten 57 und 71) in seinen verschiedenen Bedeutungen.

3. Diskutieren Sie darüber, inwiefern das Fernsehen für viele das Fenster zur Welt geworden ist. Was ist Ihrer Meinung nach das Positive und das Negative daran? Inwiefern sind die Fernsehzuschauer, die sich regelmäßig die Regionalnachrichten, z.B. die zehn-Uhr-Nachrichten anschauen, auch „neugierig" und „unersättlich" wie die Frau in der Geschichte? Verwenden Sie subordinierende und adverbiale Konjunktionen.

Aufsatzthemen

1. Interpretieren Sie die Geschichte. Schreiben Sie im Präsens, und verwenden Sie adverbiale und subordinierende Konjunktionen. (Seiten 8 und 59). Bitte unterstreichen Sie sie.

2. Gehen Sie auf # 5 der Diskussionsfragen näher ein. Schreiben Sie im Präsens, und verwenden Sie adverbiale und subordinierende Konjunktionen. Bitte unterstreichen Sie sie.

3. Beschreiben Sie eine glückliche Beziehung eines Kindes zu einem alten Menschen. Schreiben Sie im Präteritum, und verwenden Sie adverbiale und subordinierende Konjunktionen. Bitte unterstreichen Sie sie.

Redemittel

Disagreeing with a statement

Quatsch / Unsinn! (*coll.*)
Nonsense!

Ich finde nicht.
I don't think so.

Ich bin da anderer (*gen.*) **Meinung**.
I take a different view. / I am of a different opinion.

Es stimmt nicht.
It's not true.

Das trifft nicht zu.
That's not true / correct.

Da hast du unrecht.
You're wrong.

Da irren Sie sich.
You are mistaken.

Ich bin nicht davon überzeugt.
I'm not convinced of that.

Ich muß Ihnen widersprechen.
I disagree with you. / I have to contradict you.

Ich würde direkt das Gegenteil behaupten.
I'd say exactly the opposite.

Im Gegenteil! Ganz im Gegenteil!
On the contrary! Quite the opposite!

Vervollständigen Sie die Sätze.

1. Die meisten Leute sehen doch nur aus Langerweile fern.—Nein Katrin, ich
   _____ nicht. Ich _____ da ander____ Meinung.

2. Aber es gibt doch fast nichts Interessantes im Fernsehen.—
   _____ ! Da hast du aber _____ ! Ich würde direkt
   _____ _____ behaupten. Man lernt doch viel im
   Fernsehen.

3. Ich bin keineswegs _____ überzeugt. Ich lerne viel mehr aus
   Büchern.

4. Da irrst du _____, Katrin, wenn du meinst, das Fernsehen hat
   nichts Positives zu bieten.

5. Katrin, ich muß _____ leider auch widersprechen. Deine

Behauptung trifft wirklich nicht _____ . Das Fernsehen ist nicht
nur schlecht. _____ Gegenteil! Es gibt auch sehr gute Programme.

Die Modalpartikel doch

Doch can function as a modal particle, a coordinating conjunction, and an adverb. The
uses of **doch** as a conjunction and an adverb are discussed on pages 71–72. Like **ja**, the
modal particle **doch** has persuasive force: The speaker reminds the listener of something
that he or she should know. **Doch** differs from **ja** in that **doch** implies that the speaker
believes the listener might not agree with her or him, whereas **ja** always assumes agreement between speaker and listener. Approximate English equivalents of the modal particle **doch** are: *don't / didn't you know, did you forget, don't forget, come on, you
should know better,* or stressing the inflected verb.

Wieso müssen wir so früh los?—Der Film beginnt **doch** schon um sieben.
Why do we have to leave so early?—Don't you know the movie starts at seven?

Ich habe mir eine neue Jacke gekauft.—Aber du hast **doch** schon so eine schöne
Jacke.
I bought a new jacket.—But you already <u>have</u> a beautiful jacket.

Ich werde das Studium aufgeben.—Das ist **doch** reiner Unsinn!
I am going to quit college.—Come on, that's pure nonsense!

Doch is frequently used in commands; it weakens the command and turns it into a casual
request or encouragement. Equivalents are *why don't you, I'd suggest,* or *go ahead.*

Kommt **doch** heute abend zum Abendessen!
Why don't you come for dinner tonight?

Geh **doch** morgen zum Arzt!
Go and see the doctor tomorrow.

Doch is frequently followed by **mal**, which gives requests an even more casual, tentative
note. **Mal** would not be appropriate in the above sentences because each refers to a specific time.

Kommt **doch mal** zu uns.
Why don't you come over sometime?

Geh **doch mal** zum Arzt.
I'd suggest you go to the doctor's one of these days.

In intonation questions, i.e., statements turned into questions by using question intonation, **doch** expresses the speaker's assumption or hope that the opposite is not true. It is
frequently followed by **wohl**. English equivalents are expressed with a stressed inflected
verb and a question, such as *don't we* or *right,* or the sentence can be introduced by a
stressed *I hope.*

Ich bin furchtbar durstig. Wir haben **doch** Cola im Haus?
I'm terribly thirsty. We <u>do</u> have Cola in the house, don't we?

Wolfgang wird **doch wohl** daran denken?
I hope / do hope Wolfgang will think of it. Wolfgang will remember it, won't he?

Setzen Sie die Modalpartikel **doch** ein, und drücken Sie den Satz auf englisch aus. Achten Sie dabei auf den Ton.

1. Klaus, du kommst zur Fete?—Ich kann nicht. Ich fahre zur Hochzeit (*wedding*) meines Bruders.

2. Dann komm heute abend vorbei!—Das würde ich zwar gern tun, Karin, aber du weißt, daß ich mich auf das Examen vorbereiten muß.

3. Besuch mich mal nach der Prüfung!

4. Du machst dir wohl keine Sorgen? Du bist schon so gut vorbereitet.

Grammatik

A. The uses of the present, past, and perfect tenses

The present (**das Präsens**), simple past (**das Präteritum**), and perfect tenses (**das Perfekt, das Plusquamperfekt**) are not always used identically in German and English. In German, the present is used when speaking about a situation or an event that began in the past and is continuing into the present.

Ich **arbeite** schon seit acht Uhr morgens.
I've been working since eight o'clock this morning.

Wir **warten** schon seit einer Stunde.
We have been waiting for an hour.

When discussing a literary text, the present is required.

Im „Fenster-Theater" **wird** die Einsamkeit eines Menschen dargestellt. Am Ende der Geschichte **erkennt** die Frau, daß sie voreilig geurteilt hat.

When a story is being told or retold, not interpreted, the past is used. The past and the past perfect are the tenses used for narration.

Die Frau **lehnte** am Fester und **sah** hinüber. Der Wind **trieb** in leichten Stößen vom Fluß herauf und **brachte** nichts Neues. Die Frau **hatte** den starren Blick neugieriger Leute, die unersättlich sind.

The past forms of **sein**, **haben**, and the modals are usually preferred even in conversational situations in which past events are described in the perfect.

Wir haben dich gestern abend vermißt. Wo **warst** du denn? Ich **hatte** einfach keine Zeit. Ich **mußte** arbeiten.

The perfect is used in conversation and in letter writing to refer to events that occurred prior to the moment of speaking or writing. English normally uses the simple past in such situations. As you work through the English-to-German exercises of this book, you can generally assume a conversational context and use the present perfect.

Christa **hat** letztes Jahr in Wien **studiert**.

Davon **habe** ich Dir doch schon **geschrieben**, nicht wahr?

When writing paragraphs or compositions, <u>be careful to use the appropriate tense</u> <u>consistently. Do not switch tenses indiscriminately</u>. Use another tense only when it is warranted.

Auf deutsch.

1. We've been studying (*lernen*) German for three years.

2. This year we've been reading interesting stories.

3. But I didn't understand the last story.

4. Gerhard, my German neighbor, was not able to help me.

5. He had no time, and he was too tired.

B. Dependent clauses

Dependent clauses (**Nebensätze**) are introduced by subordinating conjunctions (**subordinierende Konjunktionen**), and they are set off by commas. Frequently used subordinating conjunctions are:

als	when
als ob	as if
bevor	before
bis	until
da	since (in the causal sense), as, seeing that
damit	so that
daß	that
ehe	before (more formal than **bevor**)
falls	in case
nachdem	after
obwohl / obgleich	although, even though
seitdem	since, ever since
sobald	as soon as
solange	as long as
sooft	whenever, every time (that)
soweit	as far as
während	while
weil	because
wenn	when, if

Dependent clauses can also be introduced by interrogative words when these function as subordinating conjunctions in indirect questions. In contrast to direct questions, for example *Wann kommst du?*, indirect questions are preceded by an introductory clause.

> Die Frau fragte, **wann** du kommst.
>
> Sie wußte nicht, **warum** der Alte herübernickte.

The inflected verb of the dependent clause is placed at the very end of the clause.

> Sie blieb am Fenster stehen, weil der Alte sie **unterhielt**.

There is one exception to the rule of the inflected verb in last position. When there is a double infinitive construction (see p. 138), the inflected verb precedes the double infinitive and the complete predicate.

> Später erkannte sie, daß sie die Polizei nicht **hätte** verständigen sollen.
> *Later she realized that she shouldn't have informed the police.*
>
> **Wenn** sie ihr Spiel doch nur **hätte** verstehen können.
> *If only she could have understood their game.*

A dependent clause may follow or precede the main clause. When it precedes the main clause, it functions as the first element and is followed by the inflected verb of the main clause.

> Weil die Frau vom Alten beeindruckt **war**, **blieb** sie am Fenster stehen.

Unlike English, where another conjunction may follow the subordinating conjunction *that*, **daß** is not immediately followed by another subordinating conjunction. Instead, the entire **daß**-clause should precede the second dependent clause.

> Sie sah, **daß** eine Menschenmenge wartete, **als** die Polizei ankam.

Ändern Sie die Satzpaare in Haupt- und Nebensatz um. Verwenden Sie die angegebenen Konjunktionen.

1. (*because*) Der Alte hatte einen merkwürdigen Eindruck auf die Frau gemacht. Sie hatte die Polizei verständigt.

2. Es überrascht einen. (*that*) Sie hat das getan.

3. (*as far as*) Sie wußte es. Niemand wohnte im oberen Stock. (Omit *es*.)

4. Sie verstand es nicht. (*why*) Der Alte gegenüber lächelte immer. (Omit *es*.)

5. (*since* [causal]) Sie hatte keinen Kontakt mit den Nachbarn. Sie konnte nicht wissen, daß oben eine Familie eingezogen war.

6. (*as soon as*) Seine Beine ragten in die Luft. Sie bekam Angst.

7. Sie wartete am Fenster. (*until*) Der Polizeiwagen erschien.

8. (*although*) Der Alte wohnte im vierten Stock. Einige folgten den Polizisten.

C. When: **als**, **wenn**, **wann**

The subordinating conjunction **als** introduces dependent clauses referring to one single event or one single uninterrupted stretch of time in the past. **Als** can only be used as the equivalent of *when* if it can be replaced by *at the time when* followed by the past tense. **Als** is generally used with the past tense instead of the present perfect.

> **Als** die Frau den Polizeiwagen **hörte**, lief sie hinunter.
>
> Ist sie den Polizisten gefolgt, **als** sie in die Wohnung des Alten **gingen**?

Wenn corresponds to *when* in the sense of *whenever*. German never omits this conjunction when it is used together with **immer** or **jedesmal**.

> **Wenn** sie Langeweile hatte, schaute sie auf die Straße hinunter.
>
> **Immer / Jedesmal wenn** die Frau aus dem Fenster schaut, hofft sie, etwas Interessantes zu sehen.

Wenn introduces clauses referring to present or future time in which *when* means *at the time when*.

> **Wenn** der Kleine größer ist, wird er gerne an den lustigen Alten zurückdenken.

Wann introduces direct and indirect questions. **Wann** can only be used in situations where *when* can be replaced by *at what time*.

> **Wann** ist die Polizei erschienen?
>
> Ich weiß nicht genau, **wann** sie gekommen ist.

Vervollständigen Sie die Sätze.

1. _____ ich in Tübingen studierte, habe ich fast jeden Tag eingekauft.

2. Jedesmal _____ ich eine Verkäuferin um etwas bat, hatte sie Schwierigkeiten, mich zu verstehen.

3. Manchmal wußte ich nicht, _____ die Geschäfte schließen.

4. _____ die Geschäfte früh schlossen, mußte ich morgens einkaufen.

5. Einmal, _____ das Geschäft früh geschlossen hatte, kam ich zu spät. Ich hatte das ganze Wochenende nichts zu essen.

D. If: **wenn**, **ob**

The equivalent of *if* is **wenn**, unless *if* can be replaced by *whether*, in which case **ob** is used.

> Ich wäre Ihnen dankbar, **wenn** Sie mir diesen Gefallen täten.
>
> Sie fragte mich, **ob** ich ihr helfen könnte.

A sentence beginning with *I wonder if* is frequently expressed by a dependent clause introduced by **ob**.

> **Ob** Markus wohl noch kommt?
> *I wonder if Markus is still coming.*

> **Ob** es schon zu spät ist?
> *I wonder if it is too late.*

Vervollständigen Sie die Sätze.

1. Als mein Professor wissen wollte, _____ ich Lust hätte, in Freiburg zu studieren, war ich von der Idee begeistert.

2. Na klar, sagte ich, _____ ich ein Stipendium bekommen könnte.

3. _____ es mir wohl gelingen wird?

4. _____ ich wirklich Fortschritte machen möchte, ist ein Aufenthalt in Deutschland eben notwendig.

E. After: **nach, nachdem, danach**

Nach is a preposition and can only be the equivalent of *after* when a preposition is required.

> **Nach** den Vorlesungen joggen viele Studenten.

> Hoffentlich können wir uns **nach** der Arbeit treffen.

The subordinating conjunction **nachdem** is the equivalent of *after* when *after* introduces a dependent clause containing a verb in the simple past or in the present perfect tense. The verb of the **nachdem**-clause must be in the past perfect if the verb of the main clause is in the simple past tense, or in the present perfect if the verb of the main clause is in the present tense.

> **Nachdem** Reiner Tennis gespielt **hatte**, ging er nach Hause.
> *After Reiner had played Tennis, he went home.*

> Ich komme kurz vorbei, **nachdem** ich mit dem Hund **spazierengegangen bin**.
> *I'll stop by, after I have taken the dog for a walk.*

The equivalent for the adverb *after* is **danach**.

> Am Tag **danach** spielte der Alte wieder mit dem Jungen.
> *The day after, the old man played with the boy again.*

> Kurz **danach** trafen sich die Nachbarn zum Kaffee.
> *Shortly after, the neighbors met for coffee.*

> Die Woche **danach** lud die Frau ihren Nachbarn ein.
> *The week after, the woman invited her neighbor.*

Equivalents for *afterward* are the adverbs **danach** and **nachher** (*afterward, later on*).

> Wir waren im Kino. **Danach / Nachher** sind wir in eine Kneipe gegangen.
>
> Jetzt muß ich noch arbeiten. Aber **danach / nachher** würde ich gern mit dir joggen.

Auf deutsch. Verwenden Sie das Präteritum oder das Plusquamperfekt.

1. After a year, the Schumanns moved to Hamburg.

2. The year after, they went to London.

3. After they left England, they lived in Berlin.

4. Soon after, Mr. Schumann lost his job (*die Stelle*).

5. Soon after our new neighbors had moved in, we met them.

6. Afterward / later on, we didn't see them often.

7. After several months, they moved out again.

8. After they had moved out, we never saw them again.

F. Before: **bevor**, **ehe**, **vor**, **vorher**

bevor / ehe (elevated register) (*sub. conj.*): before

> **Bevor / Ehe** Inge frühstückt, läuft sie meistens eine halbe Stunde.

vor (*prep. + dat.*): before

> **Vor** dem Frühstück ist Inge eine halbe Stunde gelaufen.

Vor can also mean *ago.*

> **Vor** einer Stunde war es noch zu heiß zum Laufen.

vorher: (*adv.*) before, beforehand, previously, earlier

> Inge frühstückt gerade. **Vorher** ist sie gelaufen.
>
> Warum hast du mir das nicht **vorher** gesagt?

Auf deutsch.

1. I'll be coming soon. I'll call (*anrufen*) you beforehand.

2. I'll call you before I leave the office.

3. I'll call you before dinner.

4. We met at six. Before that I had another appointment (*der Termin*).

G. Since: **seitdem**, **seit**, **da**

Seitdem refers to a period of time. It is used both as a subordinating conjunction (*since*) and as an adverb (*since then*). The shortened form of the conjunction **seit-dem** is **seit**. When the conjunction **seit(dem)** and the adverb **seitdem** refer to a continuing action, the present tense must be used.

> **Seit(dem)** Britta bei Siemens arbeitet, **verdient** sie viel mehr.
> *Since Britta has been working at Siemens, she has been earning much more.*

> Mein Freund ist letztes Jahr nach Bonn gezogen. **Seitdem sehen** wir uns öfter.
> *My boy friend moved to Bonn last year. Since then we have been seeing each other more often.*

The perfect is used when *since* or *since then* refers to a past action.

> Karsten hat erst einmal geschrieben, **seit(dem)** er uns **besucht hat**.
> *Karsten has only written once since he visited us.*

> Birgit hat eine Stelle in Kiel angenommen. **Seitdem** haben wir sie erst einmal gesehen.
> *Birgit accepted a job in Kiel. Since then we have seen her only once.*

The preposition **seit** is used in time expressions and means *for* or *since*. The object of the preposition **seit** requires the dative. Frequently **schon** is added for emphasis. **Schon** may also be used without **seit**. Without the preposition, the noun following **schon** is in the accusative. Remember that the present tense must be used when referring to a continuing action.

> Ursula **studiert** (**schon**) **seit** drei Monaten an der Universität München.
> *Ursula has been studying at the University of Munich for three months.*

> Sie **studiert schon einen** Monat hier.
> *She's been studying here for one month.*

The equivalent of the subordinating conjunction *since / as* used to express a causal relationship is **da**. It means *seeing / given the fact that*. **Da** states the causal connection less strongly than **weil** because it is assumed to be known or understood.

> **Da** Trudi kein Geld hat, wird sie das Auto nicht kaufen.
> *Since / as / seeing that Trudi has no money, she will not buy the car.*

> Sie kann es nicht kaufen, **weil** ihr einfach das Geld dazu fehlt.
> *She cannot buy it, because she simply lacks the money.*

Auf deutsch.

1. The Kellers moved to a new apartment on (*in der*) Dresdner Straße. Since they have been living there, we see them often.

2. They have been living there for several months.

3. Since then they have been very happy.

4. We have not yet seen the Müllers since they came back from Freiburg.

5. Since / as the Brauns aren't living here any more, we see them seldom (*selten*).

H. The uses of **hin** and **her**

Hin indicates motion away from the speaker; **her** indicates motion toward the speaker. Unlike English, German differentiates between positional adverbs (**hier, wo, da, dort**) and directional adverbs (**hierher, wohin, woher, dahin, daher, dorthin, dorther, überallhin** *everywhere*). Directional adverbs rather than positional adverbs must be used when the verb expresses motion toward or away from the speaker. **Her**, implying motion toward the speaker, is primarily used with **kommen**, whereas **hin** is used with **gehen, fahren**, and other verbs that imply motion away from the speaker. **Hin** and **her** can be attached to **wo, da, dort**, etc., as suffixes, or they can stand at the end of the sentence. The separated forms are much more common in spoken German.

Bring es doch **hierher**.

Wohin geht Henning denn? **Wo** geht er denn **hin**?

Geh nicht **dahin / dorthin**! Wir gehen **da / dort** nicht **hin**.

Woher kommt Marie denn? **Wo** kommt Marie denn **her**?

Sebastian fährt **überallhin**.

Anja geht **überall** alleine **hin**.

Woher haben Sie das? **Wo** hast du das **her**?
Where did you get that?

Hin and **her** also function as separable prefixes of verbs of motion. **Hin** corresponds to *there* or *down*, and **her** to *here*. For greater emphasis, **hierher** is used instead of **her**.

Komm mal eben **her**.

Wir sind nicht zu unseren Verwandten gefahren, sondern sie sind **hierhergekommen**.

Unsere besten Freunde wohnen in Köln. Wir **fahren** morgen **hin**.

Christian ist **hingefallen**.

Ich **lege** mich noch eine Weile **hin**.

Hin and **her** are frequently combined with prepositions used as verbal prefixes to emphasize the direction. Note the frequent use of the verbal prefixes **hinüber-** and **herüber-** in the chapter reading.

Der Junge kam aus dem Haus **heraus**.

Die Kleine lief ins Haus **hinein**.

Der Nachbar kam gerade die Treppe **herunter**.

Die Frau lehnte am Fenster und sah **hinüber**.

Auf deutsch.

1. Where did Max go?

2. He went over there.

3. When we were in Hamburg, we went everywhere.

4. Are you going there too?

5. Where are you coming from?

6. They are coming here.

Das passende Wort

A. Another: **noch ein**, **ein ander-**

The equivalent of *another* in the sense of *an additional one* or *one more* is **noch ein**.

Die Frau trat **noch einen** Schritt zurück.
Darf ich Ihnen **noch eine** Tasse Kaffee geben?

Another in the sense of *not the same as before* is expressed by **ein ander-**.

Dieses Glas ist schmutzig. Ich gebe Ihnen **ein anderes**.

Vervollständigen Sie die Sätze.

1. Bitte geben Sie uns _____ _____ Beispiel. Eins genügt nicht.

2. Dieses Beispiel veranschaulicht (*illustrate*) die Sache nicht gut. Geben Sie uns bitte _____ _____ .

3. Den Film kennen wir schon. Wir möchten uns _____ _____ ansehen.

4. Ich habe schon mehrere Geschichten von Aichinger gelesen. Jetzt will ich _____ _____ von ihr lesen.

B. Strange: **merkwürdig**, **fremd**

merkwürdig: strange, odd, peculiar

Synonyms for **merkwürdig** are **seltsam**, **sonderbar**, and **komisch** (*coll.*).

Das Licht machte einen **merkwürdigen** Eindruck auf die Frau.
Das ist eine **merkwürdige / seltsame / sonderbare** Angelegenheit.
Findest du das nicht auch **komisch**?

fremd: strange, unfamiliar, foreign, alien

Wenn man zuerst in ein **fremdes** Land kommt, fühlt man sich **fremd**, weil einem alles so **fremd** ist.

„**Fremde** Länder, **fremde** Sitten" (*customs*) lautet (*goes*) ein bekanntes Sprichwort.

Im Flugzeug unterhielt ich mich mit einem **Fremden**.

Setzen Sie das passende Wort ein.

1. Ich bin noch nicht lange in Berlin. Deshalb fühle ich mich noch etwas _____ hier.

2. In der S-Bahn hat ein _____ ganz laut eine _____ Bemerkung über mich gemacht.

3. Das war echt _____ .

4. Das _____ daran war, daß der Fremde gar nicht verlegen zu sein schien.

C. To leave: **lassen**, **verlassen**, and other equivalents

lassen (**ä, ie, a**): to leave (behind), allow to remain in place, leave undisturbed

Wir **lassen** den Hund zu Hause.

Ich habe das Auto dort **stehenlassen**.

For other meanings of **lassen**, see page 193.

verlassen: to leave, depart from

Barbara hat das Haus um sieben **verlassen**.

Verlassen can only be used with a direct object. If there is no direct object, verbs such as **gehen**, **weggehen**, **losgehen**, **losfahren**, or **abfahren** must be used. The prefixes **weg** and **los** are frequently used by themselves if the inflected verb is a modal.

Ich **muß** jetzt **gehen / los / weg**.

Sie **sind** schon **weggegangen / losgefahren**.

Wann **fährt** der Zug **ab**?

Auf deutsch.

1. When are you leaving the office (*das Büro*)?

2. I am leaving at six.

3. Antonia had already left when I called her.

4. She had to leave early.

5. We are leaving again tomorrow.

D. To like: **gern** + verb, **gefallen**, **gern haben**, **mögen**, and **sympathisch sein**

gern + verb: to like to do / enjoy doing an activity

The form **gerne** is used less frequently than **gern**.

> Ich spiele **gern** Tennis.
> *I like to play / playing tennis. I enjoy playing tennis.*

> Siehst du dir auch **gern** alte Filme an?
> *Do you also like to watch / watching old movies? / Do you too enjoy watching old movies?*

> In Wien ist Mara immer **gerne** in die Oper gegangen.
> *In Vienna Mara always liked / enjoyed going to the opera.*

gefallen (**ä, gefiel, a**) (*dat.*): to like, be pleased with, appeal to

Gefallen is the equivalent of *to like* when expressing a reaction to an encounter with someone or something. The subject of **gefallen** is the person or thing that is liked or disliked. The person experiencing the liking or disliking is in the dative. The equivalent of the preposition *about* is **an** (*dat.*).

> Der Film (das Buch / das Konzert / der Abend / die Reise) hat ihnen sehr **gefallen**.
> Was hat dir denn am besten **an** dem Stück **gefallen**?
> Wie **gefällt** dir der Plan?
> Die Idee **gefiel** mir gar nicht.
> Franziskas neues Kleid **gefällt** ihrem Freund gut.
> Wir haben gestern Stefans Freundin kennengelernt. Sie **gefällt** uns sehr.
> Wie hat euch denn Berlin **gefallen**?

When referring to people one likes, the expression **sympathisch sein** is commonly used. As with **gefallen**, the person liked is the subject, and the person doing the liking is in the dative.

> Meine Mitbewohnerin **ist mir sympathisch**.
> *I like my roommate.*

> **Sind Ihnen** diese Leute **sympathisch**?
> *Do you like these people?*

gern haben: to like (persons, things, situations), to be fond of

> Niels **hat** seinen Freund Mark echt **gern**.
> Ich **habe** die frühen Morgenstunden **gern**.

Es gern haben, **wenn** is used to express *I like it when*.

> Ich **habe es gern**, **wenn** du mir hilfst.
> Die Professorin **hat es nicht gern**, **wenn** wir zu spät kommen.

mögen: to like, have a liking for (especially people)

Mögen is a synonym of **gern haben**. In negative sentences, **mögen** is used more frequently than **gern haben**.

> **Magst** du Peter eigentlich?—Oh ja, er ist mir sehr sympathisch.
>
> Wir **mögen** unsere Nachbarn nicht.
>
> Kaffee habe ich noch nie **gemocht**.

Auf deutsch.

1. My little sister does not like to read.

2. We liked the lecture (*der Vortrag*).

3. Monika likes Klaus very much.

4. How did you like Vienna? I liked it there very much.

5. Lisa likes to sing.

6. Why didn't you like the movie?

7. Franz liked Barbara at first glance.

8. My father likes to help us. I like it when he helps us.

9. Do you like my new car?

10. They do not like it when we leave so early.

E. To have / be fun: **Spaß haben**, **Spaß machen**

Spaß (*m.*) **haben (an)** (*dat.*): to have fun / a good time / enjoy oneself

> Wir **haben** immer viel **Spaß** zusammen.
> *We always have a lot of fun / a good time together.*
>
> Wir **haben Spaß daran**, Deutsch zu lernen.
> *We have fun / enjoy learning German.*
>
> Karin und Peter **haben Spaß am** Wandern.
> *Karin und Peter have fun / enjoy hiking.*
>
> Viel **Spaß**!
> *Have fun / a good time! Enjoy yourself / yourselves!*

A synonym of **Spaß haben** in the sense of *amusing oneself* is **sich amüsieren**.

> Wir haben **uns** auf der Party echt **amüsiert**.
> *We really had fun / a good time at the party. / We really enjoyed ourselves at the party.*

Amüsiert euch (gut / schön)!
Have fun / a good time! / Enjoy yourself / yourselves!

The transitive verb **genießen (o,o)** (*to enjoy very much, love*) is never an equivalent of *to enjoy <u>oneself</u>*.

Wir haben das lange Wochenende **genossen**.
We enjoyed the long weekend very much. / We loved the long weekend.

Spaß machen (*dat.*): to be fun

Es **macht** richtig **Spaß**, uns auf deutsch zu unterhalten.
It's really fun to converse in German.

Skifahren **macht** unserer Familie viel / großen **Spaß**.
Skiing is great fun for our family.

Das Ganze hat ihnen überhaupt keinen **Spaß gemacht**.
The whole thing was no fun at all for them.

As the equivalent of *to be fun*, **Spaß machen** can only be used with a nonpersonal subject, as in the above examples. When the subject is a person, **Spaß machen** means *to joke / kid*.

Das habe ich nicht ernst gemeint. Ich habe doch nur **Spaß gemacht**.
I wasn't serious. I was only joking / kidding.

The equivalent of *that sounds like fun / a fun idea* is **das klingt gut** or **das hört sich gut / prima** (*coll.*) **an**.

Auf deutsch.

1.   The evening wasn't any fun.

2.   Are you kidding?

3.   It is fun to read such stories.

4.   Hella's work is fun for her.

5.   That sounds like a fun idea!

6.   Have fun!

7.   Matthias has fun cooking.

8.   Singing is fun for my brother.

F.   First: **erstens, erst, zuerst**

erstens: first of all, in the first place (in a list). It is followed by **zweitens, drittens,** etc.

Ich komme nicht mit. **Erstens** ist mir das Wetter zu schlecht, und zweitens habe ich keine Zeit.

erst: first

Erst is used when an emphatic contrast is implied, as in *first . . . then* or *first . . . before*. In this context **erst** is frequently followed by **(ein)mal**.

> **Erst** die Arbeit, dann das Vergnügen. (Sprichwort)
>
> Mach **erst (ein)mal** das fertig, bevor du mit etwas Neuem anfängst.
>
> **Erst mal** wollen wir uns die neuen Vokabeln anschauen, und dann lesen wir die Geschichte.

zuerst: first, at first (in a sequence)

In spoken, informal German **zuerst** is frequently shortened to **erst**.

> Wer erschien **zuerst**?
>
> Frau Dr. Kümmerle sprach **(zu)erst**.
>
> **(Zu)erst** hatten wir Schwierigkeiten, doch jetzt ist alles viel leichter.

Setzen Sie das passende Wort ein.

1. Ich glaube, ich spreche _____ mal mit dem Professor, bevor ich mit dem Referat (*seminar paper*) anfange.

2. Es gibt mehrere Gründe für die Wahl meines Themas: _____ interessiere ich mich für den modernen Roman, und zweitens möchte ich mehr über die deutsche Geschichte im 20. Jahrhundert erfahren.

3. _____ werde ich einen Roman von Böll lesen und danach einen von Grass.

4. _____ fiel es mir recht schwer, deutsche Bücher zu lesen. Jetzt geht's schon viel besser.

G. The uses of **doch**

In addition to its use as a modal particle, **doch** can function as a coordinating conjunction and as an adverb. When used as a conjunction, **doch** precedes the front field. It means *but* or *yet*.

> Wir haben es versucht, **doch** es ist uns nicht gelungen.
> *We tried it, but we didn't succeed.*
>
> Die Radtour war anstrengend, **doch** sie hat Spaß gemacht.
> *The bicycle tour was strenuous, yet it was fun.*

The stressed adverb **doch** means *after all*. It follows the verb, a pronoun, or an unstressed noun. It is frequently preceded by **also**.

> Irene wollte uns das Buch mitbringen. Nun hat sie es **doch** vergessen.
> *Irene was going to bring the book along. Now she forgot it after all.*
>
> Markus ist also **doch** gekommen! Das überrascht mich.
> *Markus came after all! That surprises me.*

The stressed adverb **doch** contradicts a negative statement or answers a negative question in the affirmative. English equivalents are *yes I do / it does*, *oh yes we did*, *I do / did too*, etc.

> Das steht aber nicht in der Anekdote.—**Doch**, es steht im letzten Satz.
> *But it doesn't say that in the anecdote.—Yes it does! It says so in the last sentence.*

> Freust du dich nicht auf morgen?—**Doch**, sogar sehr!
> *Aren't you looking forward to tomorrow?—Oh yes, very much so!*

> Habt ihr keinen Spaß gehabt?—**Doch**.
> *Didn't you have fun?—Oh yes, we did.*

> Du hast ja kein Brot gekauft.—**Doch!**
> *You didn't buy bread.—I did too!*

Übersetzen Sie den zweiten Satz ins Deutsche.

1. Hast du jetzt keine Zeit? Yes, I do have time.

2. Der Alte verschwand. But then he appeared again.

3. Jens hatte versprochen, er würde mich abholen. Now he didn't come after all!

4. Findest du das etwa nicht merkwürdig? Oh yes, very much so (*sogar sehr*)!

5. Zuerst wollte Gertrud die Stelle nicht annehmen. But now she did accept it.

Wiederholungsübungen

A. Setzen Sie die in Klammern stehenden Wörter in ihrer richtigen Form ein. In manchen Sätzen ist ein bestimmter oder unbestimmter Artikel hinzuzufügen.

1. _____ _____ Ausländer ist im _____ Stock eingezogen. (jung, dritt-)

2. Er ist _____ _____ Arbeiter. (türkisch)

3. Zuerst hatten die Nachbarskinder ein bißchen Angst vor _____ _____ _____ mit _____ _____ Akzent (*m.*). (merkwürdig, Fremd-, komisch)

4. Doch er ist sehr kinderlieb, und es macht ihm _____ Spaß, mit den _____ zu spielen. (groß, Klein-)

5. Seine Spiele machen besonders _____ _____ _____ Vergnügen. (Jüngst-, viel)

6. Aber auch zu _____ _____ Nachbarn ist er nett, insofern als (*in as much as*) er _____ _____ öfter _____ _____ Gefallen tut. (älter-, einig-, Alt-, klein)

7. Offensichtlich sind sie beeindruckt von _____ _____ Hilfsbereitschaft (f.). (sein, großzügig: *generous*)

8. Alle mögen _____ _____ Türken gern. (freundlich)

9. Man hört nur _____ über _____ _____
_____ Mann. (Positiv-, hilfsbereit, jung)

10. Es ist _____ _____ _____ gelungen, sich mit
_____ _____ und _____ _____ zu
befreunden. (sympathisch, Fremd-, viel, jung, alt, Deutsch-)

B. Setzen Sie die fehlenden Präpositionen ein oder die Zusammenziehungen von
Artikel und Präposition.

1. Die Frau wohnte _____ der Mozartgasse, und zwar _____
vorletzten Stock.

2. Allem Anschein _____ war sie einsam.

3. Sie wartete schon _____ Wochen auf etwas Sensationelles.

4. Eines Tages lehnte ein Alter _____ Fenster in der Wohnung ihr
_____.

5. Zuerst hatte die Frau Angst _____ dem Mann.

6. Er stand _____ dem Kopf.

7. Das Licht gegenüber machte einen merkwürdigen Eindruck _____
sie.

8. Doch nachdem Sie erfahren hatte, daß er mit dem Kleinen gespielt hatte, war
sie beeindruckt _____ dem Alten.

9. Nun hielt sie ihn nicht mehr _____ verrückt.

10. _____ Gegenteil! Sie fand es toll, daß er so viel Spaß mit dem Jungen
hatte.

C. Vervollständigen Sie die Sätze.

1. Meine neue Kollegin Heike Weber ist _____ sympathisch.

2. Sie arbeitet schon _____ mehrer____ Monate____ in unserer Firma.

3. Ihr Labor (n.) liegt mein____ direkt gegenüber.

4. _____ Anschein nach ist sie eine gute Chemikerin.

5. Ihre Arbeit scheint _____ Vergnügen zu machen.

6. Leider _____ ihr das erste Experiment nicht gelungen, sondern es
_____ _____ total mißlungen.

7. Folglich halten die anderen Kollegen wohl nicht viel _____ ihr?

8. Im _____! Sie halten sogar sehr viel von ihr.

9. Aber _____ seitdem sie mit ihrem zweiten Experiment großen Erfolg hatte.

10. Jetzt sind alle _____ ihr___ Fähigkeiten (*abilities*) beeindruckt.

D. Auf deutsch. Verwenden Sie das Präteritum für Sätze 2-10.

1. Apparently a new family moved in across from the old man.

2. The old man liked playing with their little boy.

3. Whenever they played together, they had a lot of fun.

4. As soon as the man appeared at the window, the boy laughed.

5. But he made a strange impression on a neighbor lady.

6. She assumed that he was doing something bad (*schlimm*).

7. Therefore she notified the police.

8. When the police arrived, a crowd was waiting in (*auf*) the street.

9. The boy got scared when he saw all the people.

10. Only when the woman saw the boy, did she discover something important.

E. Ersetzen Sie das kursiv Gedruckte durch sinnverwandte Ausdrücke, und machen Sie die erforderlichen Änderungen.

1. Wir *haben gehört*, daß Meiers bald umziehen.

2. Sie wohnen *schon* viele Jahre nebenan.

3. Herr und Frau Meier *sind uns* recht *sympathisch*.

4. *Es macht uns* auch immer *Spaß*, ihren Kindern beim Spielen *zuzuschauen*.

5. *Sooft* sie draußen spielen, hören wir ihre fröhlichen Stimmen.

6. Die Familie *auf der anderen Seite der Straße* plant ein Abschiedsfest für die Meiers.

7. Alle Nachbarn *sind* schon *verständigt worden*.

8. Frau Schönler, Sie und Ihr Mann kommen *doch wohl* auch?

9. Ja, ich *nehme an*, daß wir dabei sein werden.

10. Das Fest wird uns allen *viel Vergnügen* machen.

F. Sprechen Sie miteinander.

1. Machen Sie einige provozierende Bemerkungen, denen jemand anders mit Redemitteln aus diesem Kapitel widerspricht.

2. Beschreiben Sie, was Sie als Kind mit jemandem gemacht haben, mit der / dem Sie immer viel Spaß hatten. Verwenden Sie dabei die Konjunktionen **als, wenn** und **wann**.

3. Erzählen Sie sich gegenseitig, was Sie letztes Wochenende alles gemacht haben. Verwenden Sie die Adverbien **danach, nachher** und **vorher**; die Konjunktionen **nachdem** und **bevor**; und die Präpositionen **nach** und **bevor**.

4. Unterhalten Sie sich über eine Sache oder eine Person, die Sie merkwürdig finden. Verwenden Sie die verschiedenen Äquivalente für *strange*.

5. Erzählen Sie einander, was Sie besonders gern tun. Verwenden Sie Verben zusammen mit **gern**.

6. Sprechen Sie darüber, auf wen oder worauf Sie in den letzten paar Tagen besonders positiv oder negativ reagiert haben. Verwenden Sie das Verb **gefallen**.

7. Erzählen Sie einander, wer Ihnen besonders sympathisch ist. Gebrauchen Sie die Worte **sympathisch**, **mögen** und **gern haben**.

8. Unterhalten Sie sich darüber, was Ihnen dieser Tage viel oder keinen Spaß macht. Verwenden Sie die Ausdrücke **Spaß haben (an)** und **Spaß machen**.

9. Machen Sie ein Rollenspiel, in dem Sie jemanden einladen, mit Ihnen ins Kino zu gehen. Der / die andere lehnt (*refuses*) die Einladung ab, mit Begründungen, die mit **erstens** und **zweitens** eingeleitet werden.

10. Sprechen Sie darüber, was Ihnen nicht immer gelingt, worüber Sie sich freuen, weil es Ihnen gelungen ist und worauf Sie hoffen, daß es Ihnen gelingen wird.

Zusätzliche Übungen

A. Setzen Sie die Modalpartikel oder das Adverb **doch** ein, und drücken Sie den Satz auf englisch aus. Achten Sie dabei auf den Ton.

1. Hilf mir bitte mit dieser Mathematikaufgabe, Jürgen.—Im Moment geht's leider nicht.

2. Warum denn nicht?—Peter holt mich gleich ab. Wir spielen immer Montag nachmittags Tennis.

3. Du hast heute abend etwas Zeit für mich, oder?—Moment mal. Mal sehen, wer da anruft.

4. Das war Peter am Telefon. Er kann heute nachmittag nicht. Nun kann ich dir also helfen.

5. Zeig mal. Ach, die Aufgabe ist nicht schwer.—Ich finde sie sehr schwer.

B. Setzen Sie die passenden Äquivalente für *when, if, after, afterward, before (that), ago* und *since* ein.

1. Ich weiß nicht genau, _____ ich heute aufgewacht bin.

2. _____ ich aufwachte, wurde es gerade hell.

3. _____ ich noch zehn Minuten im Bett liegen geblieben war, stand ich auf und duschte mich.

4. _____ wollte ich gleich frühstücken.

5. _____ einer Viertelstunde war ich bereits in der Küche.

6. Doch noch _____ ich mich an den Tisch setzen konnte, geschah etwas Merkwürdiges.

7. Meine Mitbewohnerin hatte _____ ein paar Minuten das Küchenfenster aufgemacht.

8. Das macht sie jeden Morgen, _____ es draußen nicht zu kühl ist.

9. Aber was heute morgen geschah, war noch nie passiert, _____ wir hier wohnen. Auf einmal kam ein Vogel durchs Fenster geflogen.

10. _____ war es ganz still gewesen in der Küche, doch nun hörten wir das Flattern seiner Flügel.

11. Wir fragten uns, _____ das Vögelchen den Weg in die Freiheit finden würde.

12. _____ es schon mehrmals gegen eine Wand geflogen war, beschlossen wir, es zu fangen, um es wieder ins Freie (*outdoors*) zu bringen. Doch gleich _____ flog der unerwartete Gast durchs Fenster in den Garten hinaus.

C. Ergänzen Sie die Sätze mit **hin** oder **her**.

1. Tag, Klaus, sieht man dich auch mal wieder! Wo____ kommst du denn gerade?— Aus der Mensa.

2. Ich bin auf dem Weg da____. Ich muß unbedingt 'was essen.

3. Und wo gehst du denn jetzt _____, wenn ich fragen darf?

4. Ach, ich humple (*hobble*) so langsam nach Hause. Ich bin nämlich eben ____gefallen und hab' mir das Knie verletzt (*hurt*).

5. Setz dich doch da____ und wart so lange, bis ich ein Auto aufgetrieben habe (*gotten hold of*). Dann fahren wir dich nach Hause.

D. Ergänzen Sie die Sätze mit dem passenden Äquivalent von *another*.

1. Herr Ober, ich hätte gern ein anderes Glas St. Pauli.—Wieso denn, was gefällt Ihnen denn nicht an diesem Glas?—Das Glas ist ganz in Ordnung, aber leider ist es leer.—Ach so, Sie möchten _____ _____ Glas Bier haben. Ich bring's Ihnen sofort.

2. Dürfte ich bitte eine andere Portion Sauerbraten haben, Frau Wurstmeier?— Eine andere Portion?! Besseren Sauerbraten gibt's doch gar nicht!—Deshalb

möchte ich doch eine andere, gerade weil's mir so gut schmeckt.—Aha! Sie
möchten _____ _____ Portion. Die bringe ich Ihnen gern.

3. Wir Deutschlernende haben's doch schwer. _____ _____
   Regel, die zu lernen ist!

E. Ergänzen Sie die Sätze mit Äquivalenten von *to like* im Präsens.

1. Sag mal Nicole, _____ dir die Geschichte „Das Fenster-Theater"
   denn nicht?

2. Doch, ich _____ sie sehr.

3. Ich lese diese Art von Geschichten ausgesprochen (*really*) _____ .

4. Du mußt wissen, ich habe es nicht _____, wenn eine Geschichte
   keine tiefere Bedeutung hat, über die man nachdenken muß.

5. Außerdem sind mir der Alte und der Junge ausgesprochen _____ .

F. Vervollständigen Sie das Gespräch mit Äquivalenten von *first*.

1. Sebastian, was hast du eigentlich heute abend vor?—Das kann ich dir wirklich
   noch nicht sagen, Tobias. _____ habe ich es mir noch nicht überlegt, und zweitens bin ich im Augenblick zu müde, um einen Entschluß zu
   fassen.

2. _____ mal will ich mich ein bißchen hinlegen, und dann kann der
   Spaß beginnen.

3. _____ das Ausruhen, dann das Vergnügen, nicht wahr?—Richtig!

4. [Eine Stunde später.] So, jetzt beginnt der Spaß. _____ rufe ich mal
   Kirsten an.

G. Vervollständigen Sie die Sätze.

1. Was macht _____ eigentlich am meisten Spaß, Bettina?—Nun, ich
   habe viel Spaß _____ Sport (*m.*).

2. _____ dir Tennisspielen denn auch Spaß, Bettina?

3. Nein, überhaupt nicht!—Schade!—Ach, Jörg! _____
   doch nur Spaß (*I'm kidding*). Ich habe sogar großen Spaß _____
   Tennisspielen!

4. Na gut, dann werden wir zwei hoffentlich noch viel _____ auf dem
   Tennisplatz _____ .

Chapter 4

Ausländer in Deutschland

The number of immigrants into Germany has risen sharply in the second half of this century. While in 1951 only half a million non-Germans lived in the Federal Republic, close to seven million foreigners were living there by 1994, making up 8 percent of the population. Turks constitute the largest group, followed by Bosnians, Croats, Serbs, Italians, and Greeks. Foreigners in Germany can be divided into three groups: asylum seekers and refugees, ethnic Germans,[1] and foreign workers. The latter were recruited between 1955 and 1968 from Italy, Spain, Greece, Turkey, Morocco, Portugal, Tunisia, and Yugoslavia to relieve labor shortages in Germany, particularly for unskilled labor. For many years foreign workers were called *Gastarbeiter* because they were expected to return eventually to their native countries. Today, about 47 percent of Germany's foreign residents have been there for ten years or longer and plan to stay. More than two-thirds of their children were born in the Federal Republic.

Germany's policy on foreigners adheres to three principles: the cultural and linguistic integration of those who live there legally, restriction of further immigration from countries not members of the European Union, and encouragement of foreign workers to return to their native countries.[2]

In the following interview, the daughter of a Turkish *Gastarbeiter* talks about her life among and her perceptions of the Germans.[3]

Diese Fremdheit hier

Viola Roggenkamp

Neše, siebzehn Jahre alt, geboren in der Bundesrepublik, möchte in zwei, drei Jahren Abitur machen. Ihre Eltern kamen vor zwanzig Jahren als Gastarbeiter aus Istanbul.

Nešes Thema ist ihre Fremdheit hier.

Du möchtest keine Deutsche sein?

Ich wäre nicht begeistert, wenn ich einfach durch meine Geburt hier Deutsche geworden wäre.[4] Ich habe die türkische Staatsangehörigkeit, denn ich bin Türkin und fühle auch so.

Abitur machen to graduate from the Gymnasium

[1]Ethnic Germans are not considered foreigners in the eyes of the law. These *Umsiedler*, resettlers, are persons of German descent, primarily from eastern Europe, whose ancestry entitles them to German citizenship under the "right of return" provision.

[2]*Focus on . . . Foreigners in Germany and the New German Asylum Law* (German Information Center, June 1994), pp. 1, 4–5.

[3]Viola Roggenkamp, "Diese Fremdheit hier," *Die Zeit*, 31 Juli, 1992, p. 22.

[4]Naturalization of foreigners is a continuing subject of debate in Germany. Relatively few foreign residents apply for German citizenship; the result of this is that their children remain foreigners into the second and third generations, even if they were born and grew up in Germany. Inheriting the German nationality of one's parents is the only way to become a German citizen automatically. Citizenship is based on nationality, not place of birth as in the United States. (*Foreigners in Germany and the New German Asylum Law* [German Information Center, June 1994], p. 3.)

Wie fühlst du denn, daß du Türkin bist?

10 Ich jetzt? O Gott! Also, mein Land, da sind wirklich freundliche Menschen. Die würden niemals auf den Gedanken kommen, irgend jemand erst mal zu verfluchen und zu sagen, ey, du bist ein Deutscher, verpiß dich! Das würden sie nicht mal denken. Obwohl, was jetzt hier passiert bei den Deutschen, das hört man 15 ja in der Türkei auch.[5] Meine Großmutter, wenn sie anruft, voll Schock ist sie jedesmal. Seid vorsichtig! Diese ätzenden Deutschen!

Und du?

Also, okay, als das anfing 1989, mit der Mauer und so, da dachte 20 ich auch, o geil! Und als sie es im Fernsehen gezeigt haben, da war ich wirklich sehr gerührt, wie sich die Menschen umarmt haben. Da dachte ich auch: Endlich sind sie zusammen, die Deutschen.

Und jetzt?

25 Ja. Die Freude ist fort. Hier sind die Menschen nur auf eines aus. Arbeiten gehen. Geld verdienen. Und die Kinder gehen zur Schule. Abends kommen alle nach Hause. Dann wird gegessen. Dann räumt man sofort den Tisch ab. Es ist echt alles automatisch. Alle wissen genau, was sie zu tun haben. Es ist nichts spon30 tan, und man muß alles strikt einhalten. Bei uns ist das nicht so. Man besucht sich, trifft sich zufällig und bleibt zusammen, ißt, trinkt gemeinsam. Man sagt nicht, ich habe einen Termin, ich kann jetzt nicht, du mußt gehen. Wenn man jemanden mit nach Hause nehmen will, also bei den Deutschen, dann muß man 35 vorher Bescheid sagen, daß jemand mitkommt und wer es ist, und ob er oder sie etwa mit essen will. Und dann sagen die Eltern: Okay, oder aber auch: Nein, das geht nicht. Wenn ich eine Freundin mitbringe, ganz spontan, meine Eltern sagen nie: Nein laß sie nicht rein. Sie freuen sich, es ist ein Gast am Tisch.

40 *Warst du schon bei einer deutschen Freundin zu Hause?*

Ja. Ja?

Na?

Ich muß überlegen.

Zum Essen?

45 Nein. Nie. Echt. Irgendwie traurig, nicht?[6]

Für wen?

Wenn man nicht spontan sein kann, keine Freude hat an Menschen, die man noch nicht kennt.

Wie ist das? Kennt ihr eure Nachbarn im Haus?

50 Vom Sehen kennen wir alle, aber daß sie zu uns kommen und wir zu denen, nein. Da sind vielleicht zwei Familien, die wir besser kennen.

Das ist in der Türkei ganz anders?

verfluchen to curse

ätzend (sl.) terrible

geil (here) cool
gerührt moved, touched

alles ... einhalten to keep strictly to one's schedule

rein=herein in

Vom Sehen by sight

---

[5]She is referring to the general antiforeigner sentiments and attacks of right extremists against *Asylbewerber* and *Gastarbeiter*. These attacks occurred with increasing frequency and brutality after unification of the two Germanies in October 1990. They reached a peak in 1992 and 1993. By May 1994, over 6000 far-right attacks had occurred and 30 people had been killed.
[6]This remark needs to be understood in the context of the lives of Turkish girls in Germany. They are generally encouraged by their families to stay at home after school, whereas boys are allowed more freedom. Consequently, many more Turkish boys than girls have German friends.

In der Türkei? Aber ganz bestimmt.

55 *Du lachst?*

Ja, wirklich. Weil das so völlig anders ist bei uns. Wenn man morgens aus der Wohnung kommt, man grüßt sich, fragt, wie geht's, und man redet miteinander. Die Frauen, die zu Hause bleiben, treffen sich jeden Morgen bei einer anderen Nachbarin zum Früh-

60 stück und halten da so'n Klönchen, bevor sie an ihre Hausarbeit **halten ... Klönchen** have a cosy little chat
gehen. Meine Mutter hat viel davon erzählt. Sie ist richtig traurig, daß es hier nicht so ist. Sie arbeitet hier als Pflegerin in einem Altenheim. Daß die Leute dort kaputt sind und daß sie so schnell fertig sind mit der Welt, das bedrückt meine Mutter sehr. Die

65 Menschen dort sind erst 60 oder sogar 55 Jahre alt und legen ihre Köpfe auf den Tisch und können nicht mehr. **können nicht mehr** can't go on

Woran liegt das?

Hier sind die Menschen viel mehr isoliert, denke ich. Auch in der Familie. Meine Eltern zum Beispiel. Ich kann nicht einfach mit

70 irgendeinem Jungen in irgendeine Disco gehen. Es ist ihnen wichtig zu wissen, mit wem ich zusammen bin. Und wann ich nach Hause komme. Nicht so spät. Sie passen auf. Die Deutschen halten uns deswegen für total rückständig. Aber ich finde es ganz **rückständig** backward
gut so. Ich kenne auch das Gefühl: Ich möchte aber doch, und

75 warum darf ich nicht. Und doch: So weiß ich, daß ich meinen **ich ... bin** my parents are not indifferent to me
Eltern nicht egal bin. Sie vernachlässigen mich nicht, und ich **vernachlässigen** to neglect
spüre es.

Wortschatz

der **Ausländer,-**; *(f.)* die **Ausländerin, -nen**	foreigner, alien
das **Ausland**	foreign countries
ins / im Ausland	abroad
bedrücken	to depress
drücken	to press
der **Druck**	pressure
Bescheid sagen *(dat.)*	to let s.o. know, to tell s.o.
die **Bundesrepublik (BRD)**	Federal Republic
echt	really; genuine
egal	
das ist egal	that doesn't matter, that doesn't make any difference
das ist mir ganz egal	it's all the same to me, it doesn't make any difference to me; I don't care, I couldn't care less
das ist ihnen nicht egal	they do care
ich bin ihnen nicht egal	they care about me
das **Fernsehen**	television
im Fernsehen	on TV
fern·sehen (ie, a, e)	to watch TV
der **Fernseher,-**	TV set

die **Freude,-n**	pleasure, joy, delight
Freude haben an *(dat.)*	to get / derive pleasure from, enjoy
der **Gedanke(n)**	thought, idea, reflection
auf einen Gedanken kommen	to have / get an idea
wie kommst du auf diesen Gedanken	what gives you that idea, what makes you think that
halb	half, halfway
die **Hälfte,-n**	half
liegen an (a,e) *(dat.)*	to be because of s.th.
woran liegt das?	what is the reason for that?
das liegt daran, daß	that is because, the reason for that is
mindestens	at least (used with amounts only)
die **Nachricht,-en**	news
Nachrichten hören	to listen to the news
benachrichtigen	to inform
nicht (ein)mal	not even
notwendig	necessary
die **Pflegerin,-nen**; *(m.)* der **Pfleger,-**	practical nurse
die **Sicht**	view; visibility
aus meiner Sicht	as I see it, from my point of view
spüren	to feel, sense
die **Staatsangehörigkeit**	citizenship, nationality
der (ein) **Staatsangehörige(r)**	national, citizen (of a nation)
der **Staat,-en**	state, country, government
steigen (ie,ie;ist)	to rise, climb
die **Tätigkeit,-en**	work, job, occupation; activity
der **Termin,-e**	appointment; deadline, delivery date
treffen (i, traf, o)	to meet
die **Türkei**	Turkey
völlig	complete(ly)
vorsichtig	careful, cautious
die **Vorsicht**	caution
zufällig	(by) chance, coincidentally
zufällig + verb	to happen to + verb
der **Zufall,-e**	chance, accident, coincidence
durch Zufall	by chance / accident

Stichworte für die Diskussion

die **Bevölkerung,-en**	population
in **Berührung kommen mit**	to come into contact with
die **Fremdenfeindlichkeit**	antiforeigner sentiments, xenophobia
die (**ethnische**) **Herkunft**	(ethnic) origin / background
die **kulturelle Identität**	cultural identity
die **Lebensbedingungen**	living conditions
die **Mehrheit,-en**	majority
die **Minderheit,-en**	minority
der **Schmelztiegel,-**	melting pot

der **Staatsbürger,-**	citizen of a nation
die **Staatsbürgerschaft**	citizenship
das **Stereotyp,-en**	stereotype
die **kulturelle Vielfalt**	cultural diversity
aus·grenzen	to exclude (people)
verfolgen	to persecute
ausländerfeindlich / fremdenfeindlich	hostile to foreigners / xenophobic
multikulturell	multicultural

Zur Diskussion des Textes

1. Was für Unterschiede zwischen Türken und Deutschen betont Neše?

2. Finden Sie, daß Nešes Bild von den Deutschen stereotype Ansichten enthält?

3. Wie integriert in die deutsche Gesellschaft scheinen Neše und ihre Familie zu sein? Ist diese eine Familie Ihrer Ansicht nach repräsentativ für die meisten Türken in Deutschland?

4. Vergleichen Sie Nešes Beobachtungen mit Ihren eigenen Eindrücken von der Einstellung der Deutschen Ausländern gegenüber.

Kommunikative Situationen

1. Rollenspiel: Angenommen Sie haben eine junge Türkin / einen jungen Türken in Deutschland kennengelernt und möchten von ihr / ihm mehr über das Leben der Türken in Deutschland erfahren *(learn)*. Verwenden Sie die Redemittel dieses Kapitels und die Modalpartikel **denn**.

2. Diskutieren Sie darüber, warum die meisten von uns dazu neigen, mit Menschen derselben Herkunft zusammen zu sein. Was sind die Vor- und Nachteile davon? Verwenden Sie die Redemittel dieses Kapitels.

3. In kleinen Gruppen diskutieren Sie die Frage, ob man die Vereinigten Staaten heute noch als Schmelztiegel oder vielmehr *(rather)* als Mosaik verschiedener Kulturen bezeichnen *(describe)* kann. Wie stellen Sie sich die Zukunft der USA vor? Verwenden Sie die Redemittel dieses Kapitels.

Aufsatzthemen

1. Nešes Lesart *(reading)* von Christa Reinigs „Skorpion". Versetzen Sie sich in Nešes Lage und beschreiben Sie Nešes Gedanken und Gefühle nach der Lektüre der Geschichte. Schreiben Sie im Präsens in der ersten Person.

2. Gehen Sie auf Thema # 2 oder 3 der Kommunikativen Situationen näher ein.

3. Auf dem Weg zu einer multikulturellen Gesellschaft. Beschreiben Sie Ihre Vorstellungen von der idealen multikulturellen Gesellschaft. Verwenden Sie den Indikativ.

Redemittel

Asking for and giving explanations

Können Sie das näher erklären?
Can you explain that more precisely?

Kannst du das an einem Beispiel klarmachen / veranschaulichen?
Can you clarify / illustrate that with an example?

Zum Beispiel (z.B.)?
For example / for instance?

Ich hätte gern gewußt
I'd like to know

Mich interessiert zu hören / erfahren
I'd be interested in hearing / finding out

Ich frage mich
I wonder

Woran liegt es
Why is it that / what is the reason for

Wie kommt es, daß
How come

Es ist / war so:
It is / was like this:

Das läßt sich so erklären.
That can be explained this way.

Vervollständigen Sie die Sätze.

1. _____ kommt _____ eigentlich, daß es heute viel mehr Ausländer in Deutschland gibt als in der ersten Hälfte dieses Jahrhunderts?

2. Das _____ _____ so erklären. Zur Zeit des Wiederaufbaus brauchte die Bundesrepublik viele Arbeiter und Arbeiterinnen.

3. Was meinen Sie damit? Können Sie das _____ erklären?

4. Es war _____: Es gab nicht genug deutsche Arbeiter und Arbeiterinnen. Also lud man Gastarbeiter aus anderen Ländern ein.

5. Ich _____ auch _____ gewußt, wieviele Ausländer zur Zeit in der Bundesrepublik leben.

6. Und _____ liegt _____ eigentlich, daß die meisten Ausländer Türken sind?

7. _____ interessiert zu _____, warum verhältnismäßig wenige Ausländer deutsche Staatsangehörige werden.

8. Man _____ sich, ob Deutschland auf dem Wege ist, ein multikulturelles Land zu werden.

Die Modalpartikel denn

Denn is used very frequently in questions. It makes the question sound less abrupt, or it indicates that the speaker is reacting with interest, surprise, disbelief, or disappointment to the previous statement and would like to hear a more detailed explanation. Approximate English equivalents are *tell me, say, well, I wonder, I'd like to know, I don't / can't believe it,* and *don't tell me.*

Woran liegt das **denn**?
Tell me / Say, what's the reason for that?

Warum antwortet sie mir **denn** nicht?
I wonder why she doesn't answer me?

Trinkst du **denn** grundsätzlich keinen Kaffee?
I don't believe it! Do you absolutely never drink coffee?

Setzen Sie die Modalpartikel **denn** ein, und drücken Sie dann den Satz auf englisch aus. Achten Sie dabei auf den Ton.

1. Meine Eltern mögen Hella leider nicht.—Warum nicht? Was haben sie gegen Hella? Hella ist doch so sympathisch.

2. Ich habe ein Problem, Bernd.—Was ist?—Es geht mal wieder um Michael.

3. Begreift Michael immer noch nicht, daß er in einer Wohngemeinschaft mithelfen muß?

Grammatik

A. Nouns and adjectives of nationality

In English, the same word is normally used to designate both the noun and adjective of nationality, e.g., the American, the American psyche. In contrast to English, German with but one exception differentiates between the noun designating nationality and the corresponding adjective. The exception is the adjective noun **der / die Deutsche** and the adjective **deutsch**. For the formation of names of languages, see page 247).

The nouns of nationality fall into two categories: masculine nouns ending in **-er** and **n**-nouns. The corresponding feminine nouns are formed with the suffix **-in** and **-nen** for the plural.

der **Amerikaner,-** die **Amerikanerin,-nen**
der **Engländer,-** die **Engländerin,-nen**
der **Italiener,-** die **Italienerin,-nen**
der **Japaner,-** die **Japanerin,-nen**
der **Österreicher,-** die **Österreicherin,-nen**
der **Schweizer,-** die **Schweizerin,-nen**
der **Spanier,-** die **Spanierin,-nen**
der **Chinese(n)** die **Chinesin,-nen**

der **Däne(n)** die **Dänin,-nen**

der **Franzose(n)** die **Französin,-nen**

der **Grieche(n)** die **Griechin,-nen**

der **Russe(n)** die **Russin,-nen**

der **Türke(n)** die **Türkin,-nen**

The corresponding adjectives of these nouns add the suffix **-isch** to the stem of the noun, e.g., **amerikanisch, türkisch, französisch,** and **russisch**. Unlike English, the adjectives are not capitalized. Remember to use the noun rather than the adjective when referring to someone's nationality. The equivalents of the *American / Russian, etc., people* are **die Amerikaner, die Russen,** etc.

Ich bin **Amerikaner**, und Galina ist **Russin**.
I am American, and Galina is Russian.

Die Deutschen sind anders geworden.
The German people have changed.

Auf deutsch.

1. Many Turks, Italians, and Greeks work in Germany.

2. Today I met a German woman. (Use the adjective noun.)

3. She is married to *(verheiratet sein mit)* a Turk.

4. Her friend Lisette is French, but Victor is Russian.

5. They think the German language is difficult.

6. The American people are by and large tolerant *(tolerant)* toward foreigners.

B.   Articles before geographical names

The gender of most geographical names is neuter. Neuter names are used without the article, unless the name is used with an attribute.

Deutschland hat eine schwierige Vergangenheit.
Ich interessiere mich für **das heutige Deutschland**.

The definite article is used with feminine, masculine, and plural geographical names.

die Schweiz, die Türkei, die Slowakei

die Niederlande, die Vereinigten Staaten, die USA

der Balkan, der Irak, der Iran, der Sudan, der Libanon

Auch in **der Schweiz** gibt es Gastarbeiter.
Die Nachrichten aus **dem Balkan** sind nicht gut.
Der Iran und **der Irak** sind Moslemländer.
Die Chefin fliegt schon wieder in **die USA**.

Names of countries containing the word **Republik** *(f.)* always use the article.

In **der Bundesrepublik Österreich** gibt es viele Flüchtlinge *(refugees)* aus dem Balkan.

Die Deutsche Demokratische Republik existierte von 1949 bis 1990.

Vervollständigen Sie die Sätze.

1. In _____ Niederlande____ gibt es viele Ausländer.

2. Die Firma hat eine Zweigstelle _____ Irak.

3. Der Kongreß wird in _____ USA stattfinden.

4. In _____ Amerika der Kennedy Ära gab es viel Idealismus.

5. Das Produkt kommt aus _____ Schweiz.

6. Ob es wohl auf _____ Balkan je Frieden geben wird?

7. Diese Produkte stammen aus _____ Bundesrepublik.

C. Equivalents of the directional preposition *to*

There are various equivalents of the preposition *to* to express direction. Because movement from one place to another is involved, the accusative is required when a two-way *(dat. / acc.)* preposition is used.

Nach is used with geographical names that are not preceded by an article.

Wir fliegen **nach** Hamburg / Bayern / Kanada / Europa.

In is used with geographical names preceded by an article and with such destinations as **die Stadt, die Berge, das Gebirge, die Sierras, die Alpen, das Land, der Osten, der Süden, der Westen, der Norden**, and **das Ausland**.

Meine Schwester geht für ein Jahr **in die USA**.

Viele Amerikaner ziehen **in den Südwesten**.

UN-Soldaten werden **in verschiedene Länder** geschickt.

Wir fahren **ins Gebirge / in die Alpen** zum Skifahren.

In is also used with **das Bett, das Büro, das Kino, die Kirche, das Konzert, das Museum, die Schule, das Theater, die Vorlesung**, and **der Vortrag**.

Several of the above nouns can also be used with **zu: zur Kirche / Schule, zum Vortrag**, and **zu Bett** gehen.

An means *up to, to the edge of.* It is used with destinations such as der **Fluß**, die **Grenze**, das **Meer**, der / die **See**, der **Strand** *(beach)*, and names of rivers.

In Hamburg gehe ich gerne **an die Elbe**.

Hast du Lust, **ans Meer / an die See / an den See / an den Strand** zu fahren?

Bis an / nach means *as far as.*

Wir sind nur **bis an die** Grenze gekommen.

Wir fahren heute **bis nach** Basel, und morgen geht's weiter nach Zürich.

Zu is used when *to* refers to people.

> Ich fahre am Wochenende **zu** meinen Eltern.

Aufs Land fahren is the equivalent of *to go to the country*.

The same prepositions are used when location, instead of destination, is designated. The dative is required when a two-way preposition is used.

> **In den Bergen** hat es geschneit.
>
> Wir wurden **an der Grenze** angehalten.
>
> Ich bin **auf dem Land** aufgewachsen.

Vervollständigen Sie die Sätze.

1. Wir sind _____ mehrer_____ Länder gereist.

2. Viele Osteuropäer gehen _____ _____ Westen.

3. Seid ihr _____ _____ Berge gefahren?

4. Wir waren nicht direkt im Wald, sondern wir sind nur _____ _____ den Wald gegangen, und dann sind wir umgekehrt.

5. Gelegentlich gehen wir auch sonntags _____ die Bibliothek.

6. Gehst du jetzt _____ _____ Vorlesung?

7. Wir haben vor, _____ Schwarze Meer zu fahren.

8. Hella und Hans wollen heute _____ Konzert gehen.

9. Am liebsten zögen wir _____ Land.

10. Gehen wir doch noch ein Weilchen _____ den Rhein.

D.   The gender of **Teil**

The gender of **Teil** is normally masculine. The neuter **das Teil** refers to a detached part of a technical or mechanical object.

> **Der** erste **Teil** des Artikels ist schwer verständlich.
>
> Nur **der** vordere **Teil** des Hauses wurde gemalt.
>
> **Das** defekte **Teil** muß ersetzt werden.
>
> Der Mechaniker hat **jedes Teil** des Motors überprüft.

Nouns compounded with -**teil** are either masculine or in some instances neuter. The plural forms always end in -**e**.

der Anteil,-e	part, portion, share
der Bestandteil,-e	component, element, part
der Nachteil,-e	disadvantage
der Vorteil,-e	advantage
das Ersatzteil,-e	spare / replacement part

das **Gegenteil**,-e	opposite
das **Urteil**,-e	judgment, verdict, opinion
das **Vorurteil**,-e	prejudice

The prepositional phrase **zum Teil** and the adverb **teilweise** are the equivalents of *partly*. The phrase **zum großen / größten Teil** is the equivalent of *for the most part / mostly*.

Setzen Sie den bestimmten Artikel oder die Zusammenziehung von Artikel und Präposition ein.

1. _____ Großteil der Türken in Deutschland ist beschäftigt *(employed)*.

2. _____ Vorurteil ist ein Feind der Gerechtigkeit *(justice)*.

3. Sie behauptet immer _____ genaue Gegenteil von dem, was ich meine.

4. Das ist _____ Nachteil der Sache, aber _____ Vorteil ist wichtiger.

5. Ich halte _____ Urteil für ungerecht.

6. _____ Teil der Maschine ist defekt. Dies ist _____ Ersatzteil.

7. Das ist _____ größten Teil nicht notwendig.

E. Plural forms of masculine and neuter nouns ending in **-er** and **-el** add no ending.

    der **Amerikaner**,-

    der **Arbeiter**,-

    der **Ausländer**,-

    der **Lehrer**,-

    der **Artikel**,-

    der **Mangel**,-

    der **Onkel**,-

    der **Spiegel**,-

    das **Kapitel**,-

    das **Fenster**,-

    das **Messer**,-

Auf deutsch.

1. Many foreign workers come from the South.

2. We read several interesting articles about foreigners in Germany.

3. These two chapters are difficult.

4. We've noticed their faults.

F.   Noun endings in the dative plural

Nouns add -**n** in the dative plural unless the plural nominative ends in -**n** or -**s**.

>   Die Gastarbeiter sprachen von ihren Eindrücke**n**.

Bilden Sie Sätze in der angegebenen Zeitform.

1.   wir / haben / Mitleid / mit / dies- / Kinder *(Präsens)*

2.   wir / nichts / wissen / ja / von / die Termine *(Präteritum)*

3.   die / Leute / sein / es / egal *(Präsens)*

4.   Ilse / erzählen / es / nur / ihr / best- / Freunde *(Perfekt)*

Das passende Wort

A.   The same: **derselbe**, der **gleiche**

d____selb____: the (very) same

D____selb____ is written as one word unless the article is contracted with a preposition. Both the article and **selb**- are declined. Since **selb**- follows a **der**-word, the ending of **selb**- is always weak.

>   Wir haben **denselben** Professor.
>   Das steht **im selben** Kapitel.

der gleiche: the same (kind)

>   Die Ausländer in Deutschland haben die **gleichen** Probleme.

The tendency, especially in spoken German, is to use **d____selb____** to express both identity and similarity, but it is preferable to keep the distinction, especially in writing.

Ergänzen Sie die Sätze.

1.   Wir haben anscheinend _____ Interview *(n.)* gelesen.

2.   Handelt es sich um _____ Türken *(sg.)*?

3.   Die Ausländer sind alle in _____ Lage *(f.)*.

4.   Andere Ausländer haben _____ Erfahrungen gemacht wie die Türken.

B.   Half: **halb, die Hälfte**

The equivalents of *half* are **die Hälfte** and **halb**. **Die Hälfte** is used when *half* is followed by the genitive with *of* or if *of* is implied. When a plural noun follows **Hälfte**, the verb normally is singular because the grammatical subject, **Hälfte**, is in the singular.

Ungefähr **die Hälfte** dieser Italiener kommt aus dem Süden Italiens.

Wir haben nur **die Hälfte** des Kuchens gegessen.

Halb is used both as an adjective and adverb. **Halb** can mean *half, half a / the, half as,* or *halfway.*

Senioren zahlen nur den **halben** Preis.

Ich hätte gern ein **halbes** Pfund Butter.

Das **halbe** Stück ist mir zu wenig.

Die Sache ist nur **halb** so schlimm wie du meinst.

Das habe ich leider nur **halb** verstanden, weil ich nur **halb** zugehört habe.

Auf deutsch.

1. In the second half of summer I'll be in Berlin.

2. I am only half(way) convinced of it *(davon überzeugt).*

3. They told us only half the story.

4. We lived in Turkey for half a year.

5. Only half as many *(so viele)* Greeks as Turks live in our town.

C.   According to: **nach** and other equivalents

According to generally is expressed by the preposition **nach** *(dat.)* when the prepositional object is an author, public figure, book, article, report, dogma, etc. **Nach** must precede proper names. With other nouns, **nach** may precede or follow the prepositional object. If it follows, the tone is more formal. The prepositional phrase is not set off by a comma.

Nach Christa Reinig prägt die Gesellschaft die Menschen sehr stark.

Nach dem Minister liegt das Problem bei den Ausländern.

Dem Artikel nach gibt es noch keine Lösung.

When one repeats what one has heard someone else say, **nach** is not used. Rather, verbs such as **sagen, meinen** *(to say, be of the opinion),* **behaupten** *(to assert, maintain),* or **bemerken** *(to say, remark)* are appropriate equivalents of *according to.*

Meine Vorgesetzte **sagt / meint**, alle sollten mithelfen.

Unsere Lehrerin **behauptete**, wir hätten unrecht.

Frau Wessel **hat bermerkt**, ihre Chefin gehe für ein Jahr ins Ausland.

Auf deutsch.

1. According to Böll, people think too much of money.

2. According to my sister, many Germans are not hostile to foreigners *(ausländerfeindlich).*

3.   According to our teacher, the story is easy to read.

4.   According to the article, half these foreigners come from Turkey.

D.   To decide: **sich entscheiden, sich entschließen, beschließen**

sich entscheiden (ie, ie) (für / gegen): to decide (on / against) various options, choose

Sich entscheiden must be used if a choice between alternatives is implied.

Ich kann **mich** nicht **entscheiden**, ob ich mitgehen oder zu Hause bleiben soll.
Wir haben **uns für / gegen** die Reise nach Mexiko **entschieden**.
Haben Sie **sich** schon **für** einen Kandidaten **entschieden**?

The corresponding noun is **die Entscheidung**. The equivalent of *to make a decision* involving alternatives is **eine Entscheidung treffen (trifft, traf, getroffen)**.

Haben Sie bereits **eine Entscheidung getroffen**?—Nein, wir haben uns noch nicht **entschieden**, welches Haus wir kaufen wollen.

Ich muß bald **eine Entscheidung treffen**. Ich werde wohl den interessanteren anstatt den besser bezahlten Job annehmen.

sich entschließen (o, o) (zu): to decide (on), make up one's mind, resolve firmly

Sich entschließen is used when a decision involves a course of action. The **da**-compound preceding the infinitive clause is optional (see p. 219).

Ich habe **mich entschlossen**, Karl die Wahrheit zu sagen.
Mit siebzehn **entschloß sich** Heide (**dazu**), Krankenpflegerin zu werden.
Wir **haben uns zu** einer Reise in die USA **entschlossen**.

The noun corresponding to **sich entschließen** is **der Entschluß**. The equivalent of *to make a decision* is **einen Entschluß fassen**.

Ich habe endlich einen **Entschluß gefaßt**.
I've finally come to a decision.

Mein **Entschluß ist gefaßt**.
My mind is made up.

beschließen (o, o): to decide, reach a decision to do something; resolve by virtue of authority

The non-reflexive verb **beschließen** does not imply the strong determination of **sich entschließen**.

Frau Becker hat **beschlossen**, ihre Stelle aufzugeben.
Die Regierung **beschloß**, das Gesetz *(law)* zu ändern.

Note the following equivalents of *to decide.*

zu der Ansicht kommen: to decide, come to the conclusion

Ich **bin zu der Ansicht gekommen**, daß Sie recht haben, Frau Sommer.

bestimmen: to decide, determine

Dorle will immer alles selbst **bestimmen**. Ihren Freund läßt sie kaum etwas **bestimmen**.

Auf deutsch.

1. We made a big decision.

2. We decided to move.

3. Have you decided already whether you are moving now or not until summer?

4. Hans will decide (determine) that.

5. Margot has finally made a decision.

6. She decided to study in Freiburg instead of Göttingen.

7. Her friend Gisela has decided to go abroad for a year.

8. Her parents have decided / come to the conclusion that Gisela will profit from that *(davon profitieren)*.

E.   Thing: **das Ding, die Sache**, and other equivalents

das **Ding,-e:** thing, concrete object

Was hast du da für ein **Ding**?

The plural **Dinge** means *matters*.

Das sind **Dinge**, die uns alle betreffen *(concern)*.
Die Erwachsenen sprachen von **Dingen**, die die Kinder nicht verstanden.
Ich sehe die **Dinge** anders.

die **Sache,-n:** thing; affair, matter, business; cause

Die **Sache** ist die: wir müssen ihnen die Wahrheit sagen.
The thing is: we have to tell them the truth.
Ich sehe die **Sache** anders.
Das ist eine gefährliche **Sache**.
Wir kämpfen für eine gerechte *(just)* **Sache**.

The plural **Sachen** means *matters, affairs*.

Das sind **Sachen**, die nicht jeder versteht.

Sachen can also mean *things* in the sense of personal belongings, such as clothing or small objects used for a specific purpose.

Sind deine **Sachen** schon gepackt?

Diese **Sachen** brauche ich zum Reparieren des Fahrrads.

Very often the German equivalent of *thing* is not **Ding** or **Sache**. Rather, a neuter singular adjective noun, a pronoun, or an adjective is used. Note that the adjective nouns are capitalized, whereas the pronouns and adjectives are not.

Das Schöne daran ist, daß es den Studenten Spaß macht.
The nice thing about that is that the students enjoy it.

Ich möchte **eins** klarmachen.
I'd like to clarify one thing.

Mir ist **dasselbe / das gleiche** passiert.
The same thing happened to me.

Beides ist richtig.
Both things are right.

Ellen hat **das meiste** gekauft.
Ellen bought the most things.

Das ist **das einzige**, was Max dazu gesagt hat.
That's the only thing / those are the only things Max said about the matter.

Das ist **das erste / letzte**, was ich davon gehört habe.
That is the first / last thing I've heard about it.

Das andere wäre, eine neue Methode auszuprobieren.
The other thing would be to try out a new method.

Karin hat mir **verschiedenes** erzählt.
Karin told me various / some things.

Mir ist **folgendes** passiert.
The following thing happened to me.

Note the following idiomatic expressions:

Nur gut, daß man **Bedrückendes** vergessen kann.
It's a good thing that one can forget depressing things.

Unter anderem möchte ich einige Türken kennenlernen.
Among other things, I would like to meet some Turks.

Auf deutsch.

1. I want to say one thing only.

2. The strange thing is, she forgot our appointment.

3. That is the only thing we can do.

4. That is the good thing about this job.

5. That was the first thing we did.

6. Where are your things, children?

7. It's a good thing you came early.

8. Both things are important.

9. That is the strange thing about this matter.

10. The thing is: we have to make a decision (between alternatives).

11. Anna said the same thing.

12. I bought various things, among other things, a book about Turks in the Federal Republic.

F.   To meet: **(sich) treffen, begegnen, kennenlernen**

treffen (trifft, traf, getroffen): to meet by chance or arrangement

Note that the simple past is spelled with only one **f**.

Gestern **traf** Karin ihren ehemaligen Freund Günther.

Ich habe heute einen alten Freund in der Kaufhalle **getroffen**.

sich treffen (mit): to meet (with) by arrangement

The reflexive verb is used more frequently with respect to an arranged meeting than the non-reflexive verb.

Max **trifft sich** einmal die Woche mit seinem Freund Moritz.

Wir **haben uns** um vier bei Christian **getroffen**.

begegnen *(dat.):* to meet by chance, encounter

Begegnen takes **sein** as an auxiliary and a dative object. **Begegnen** is more formal than **treffen**.

In der Stadt **bin** ich Frau Reuter **begegnet**.

Inges und Martins Blicke **begegneten** sich.

kennen·lernen: to meet for the first time, get to know

Der junge Mann sieht interessant aus. Den möchte ich **kennenlernen**.

Wo **habt** ihr euch eigentlich **kennengelernt**?

Vervollständigen Sie die Sätze.

1. Stell dir vor, Barbara, wem ich heute zufällig _____!

2. Ich _____ Cornelia beim Einkaufen _____ .

3. Sie schlug vor, daß wir _____ morgen um vier im Kaffeehaus _____ .

4. Woher kennt ihr euch denn? Wir haben uns auf einer Party _____ .

G.   Even: **sogar**, **selbst**

Either **sogar** or **selbst** is used to emphasize sentence units. The equivalent of
even in this emphatic sense can never be **eben**.

Sogar / **selbst** die Lehrerin hat das gesagt.

Ruth hat **sogar / selbst** ihren Eltern nichts davon erzählt.

When *even* modifies the verb and its complement, only **sogar** can be used because
selbst can also mean *him / herself.*

Sabine ist **sogar** in die Schweiz gefahren.

Selbst in this sentence would mean that Sabine herself drove to Switzerland.

The equivalent of *not even* is **nicht (ein)mal** or **auch . . . nicht**.

So etwas würden die Türken über deutsche Besucher **nicht (ein)mal** denken.

Nicht einmal Nešes Eltern sind dagegen.

Auch die junge Türkin hat **nicht** darauf reagiert.

The equivalent of *without even* + verb + *-ing* is **ohne auch nur . . . zu** + infinitive.

Ohne auch nur eine Minute **zu** warten, fuhr der Bus los.

Auf deutsch.

1.   The Turk even laughed about it.

2.   Even the Italian couldn't care less.

3.   Not even the Germans hesitated.

4.   Without even saying a word, the Turkish woman left the room.

H.   Only: **nur, erst**

The equivalents of *only* are **nur** or **erst** depending on the meaning intended. **Nur**
means *only* with the implication *that is all there is / was / will be.* A colloquial synonym of **nur** is **bloß.**

Försters haben **nur** ein Kind.

Wir waren **nur / bloß** einmal am Meer.

Ich werde **nur / bloß** drei Tage bei meinen Eltern sein.

Erst means *only so far,* implying that more will follow or is expected.

Försters haben **erst** ein Kind. (Sie wünschen sich noch eins.)

Wir waren **erst** einmal am Meer. (Wir haben aber vor, bald wieder ans Meer
zu fahren.)

Ich war **erst** drei Tage im Urlaub, **als** ich krank wurde. (Ich hatte erwartet,
daß ich die ganze Zeit gesund bleiben würde.)

Natürlich hat Karla noch keinen Führerschein *(driver's license)*. Sie ist doch **erst** siebzehn. (Man muß warten, bis man achtzehn ist.)

Es ist ja **erst** sieben. (Ich dachte, es wäre schon später.)

With reference to a point of time, **erst** means *not before / until*.

Der Film beginnt ja **erst** um halb acht.

Heutzutage heiraten viele **erst** um die Dreißig herum.

Das habe ich ja eben **erst** erfahren, als ich Nachrichten hörte.

Setzen Sie das passende Wort ein.

1. Die Amerikanerin Christa Walters war _____ zweiundzwanzig, als sie bei Siemens zu arbeiten anfing. Die meisten deutschen Ingenieurinnen sind älter, wenn sie ihre erste Stelle beginnen.

2. Wie lange arbeitet Christa jetzt schon bei Siemens? _____ seit drei Monaten.

3. Sie hat vor, _____ ein paar Jahre bei der Firma zu bleiben.

4. Sie wird also _____ in einigen Jahren nach Amerika zurück-kehren.

Wiederholungsübungen

A. Setzen Sie die in Klammern stehenden Wörter in ihrer richtigen Form ein. In manchen Sätzen ist ein bestimmter oder unbestimmter Artikel hinzuzufügen.

1. Rüdiger und ich haben _____ _____ Entschluß gefaßt. (groß)

2. Wir reisen _____ Sommer nach Deutschland, und zwar in _____ _____ Bundesländer. (nächst-, neu)

3. Wir wollen auf _____ _____ Insel *(f.)* Rügen fahren. (bekannt)

4. Unter _____ wollen wir uns dort _____ Kirchen anschauen. (ander-, alt)

5. Selbstverständlich fahren wir auch in _____ _____ Teil von Ostdeutschland. (südlich)

6. Wir haben vor, in _____ _____ Elbsandsteingebirge *(n.)* zu wandern. (berühmt)

7. Wir werden bestimmt _____ Freude an _____ _____ Landschaft *(f.)* haben. (groß, herrlich)

8. Rüdiger ist auf _____ _____ Gedanken gekommen, an einem der _____ _____ Seen in Mecklenburg ein Kajak zu mieten. (toll, viel, schön)

9. Im Harz, dem Gebirge, durch das früher _____ _____ Vorhang *(m. curtain)* lief, werden wir zwei _____ Tage verbringen. (Eisern, ganz)

10. Nach _____ _____ Reiseführer soll es in der Stadt Wernigerode _____ _____ Fachwerkhäuser *(half-timbered houses)* geben. (unser, neu, wunderbar, alt)

B. Setzen Sie die Präpositionen ein oder die Zusammenziehungen von Artikel und Präposition.

1. _____ Zufall habe ich ein Programm _____ Ausländer in der BRD _____ Fernsehen gesehen.

2. _____ anderem wurden einige Türken interviewt.

3. _____ ihrer Sicht hört sich das Leben in Deutschland nicht so gut an.

4. Sie haben das _____ verschiedenen Beispielen veranschaulicht.

5. Obwohl die meisten _____ vielen Jahren in Deutschland leben, ist vielen immer noch, als ob sie _____ Ausland lebten.

6. Wor____ liegt es Ihrer Meinung _____, daß sie sich nach so langer Zeit immer noch wie Fremde fühlen?

7. Das liegt _____ Teil dar____, daß nur relativ wenige Türken die deutsche Staatsangehörigkeit haben.

8. Viele Türken reisen jedes Jahr _____ die Türkei, und sie wollen die türkische Staatsangehörigkeit nicht aufgeben.

9. Auch diejenigen Ausländer, die _____ anderen Ländern stammen, klagen _____ die Fremdenfeindlichkeit der Deutschen.

10. Trotzdem entscheiden sich die meisten Ausländer da____, in der Bundesrepublik zu bleiben, weil es ihnen in Deutschland finanziell besser geht als in der Heimat.

C. Vervollständigen Sie die Sätze.

1. Die Länder der Europäischen Gemeinschaft haben sich nicht dagegen, sondern da____ entschieden, eine Europäische Union zu bilden.

2. Das wird es den Staatsangehörig____ dieser Länder erleichtern, _____ anderen Ländern der EU zu leben und zu arbeiten.

3. _____ Beispiel war es früher sehr schwer, in _____ Niederlanden eine Arbeitserlaubnis zu bekommen.

4. Einer Regierungssprecherin _____ werden immer mehr Osteuropäer _____ Westeuropa kommen.

5. Sie wollen _____ den Westen, weil die Lebensbedingungen _____ Westen günstiger sind als _____ Osten Europas.

6. Ein___ Artikel nach, den ich vor kurzem gelesen habe, wird diese neue Freizügigkeit *(freedom of movement)* viel___ Problem___ verursachen *(to cause)*.

7. Der Verfasser meinte, _____ Beste wäre, die entwickelten Länder unterstützten Osteuropa finanziell.

8. Und _____ andere wäre, Wirtschaftsexperten _____ Osteuropa zu schicken.

9. Beid___ würde den Osteuropäern helfen.

10. Die Problem___ scheinen so groß zu sein, daß nicht _____ die Experten sicher sind, wie sie sich lösen lassen.

D.   Auf deutsch.

1. I met a young Turkish woman.

2. Although she is only seventeen, she is well informed.

3. Apparently she listens to the news on TV.

4. It depresses her that foreigners don't have it easy in Germany.

5. Half her family lives in Germany. The other half lives in Turkey.

6. The strange thing is, they still don't feel at home in Germany.

7. I'd be interested in finding out what the reasons for that are.

8. I also wonder whether Germans can really know how many Turks feel.

9. It's a good thing that a dialogue *(der Dialog)* between Turks and Germans has begun.

10. Only when the Germans understand them better will they give up *(ab·legen)* their prejudices.

E.   Ersetzen Sie das kursiv Gedruckte durch sinnverwandte Ausdrücke, und machen Sie die erforderlichen Änderungen.

1. Ich habe *beschlossen,* nächsten Sommer nach Österreich zu fahren.

2. Mich interessiert zu *erfahren,* warum du nach Österreich willst und nicht nach Deutschland.

3. *Der Grund dafür ist,* daß ich mich besonders für die österreichische Kultur interessiere.

4. Ich habe *durch Zufall* ein Buch über österreichische Kulturgeschichte gelesen.

5. Dem Autor *nach* ist die Kultur der Jahrhundertwende besonders interessant.

6. Er *illustriert* seine Behauptungen *mit* wunderbaren Beispielen.

7. Beim Lesen kam ich auf den Gedanken, für *nicht weniger als* vier Wochen nach Wien zu fahren.

8. Der Gedanke, daß mir das nicht gelingen würde, *bedrückte* mich manchmal. Doch jetzt geht mein Traum tatsächlich in Erfüllung!

9. *Was ich schön daran finde,* ist, daß ich einen ganzen Monat in Wien sein werde.

10. Das ist *echt* toll!

F. Sprechen Sie miteinander.

1. Sprechen Sie über die Menschen verschiedener Länder. Sie möchten wissen, wie gewisse stereotypische Ansichten und Vorurteile entstanden sind *(came about)*. Verwenden Sie dabei die Redemittel dieses Kapitels und die Äquivalente für *the Germans, American people,* etc.

2. Unterhalten Sie sich darüber, wohin Sie gern fahren würden, wenn Sie genug Zeit und Geld hätten. Verwenden Sie die Präpositionen **in / nach / an / auf / zu**.

3. Beschreiben Sie die Ähnlichkeiten im Aussehen und Charakter zwischen Ihnen und einem / einer Verwandten. Verwenden Sie Formen von **d___selb___** und **d___ gleich___** .

4. Spielen Sie die Rollen eines Kunden und einer Verkäuferin in einem kleinen deutschen Lebensmittelgeschäft. Sie verlangen von allem immer nur **ein**(-) **halb-** oder **die Hälfte**.

5. Erzählen Sie, was Sie durch einen Zeitungsbericht, einen Professor, eine Fernsehmoderatorin, einen Freund usw. kürzlich erfahren haben. Verwenden Sie die verschiedenen Äquivalente für *according to*.

6. Sprechen Sie darüber, was für Entscheidungen sie demnächst *(soon)* treffen müssen. Verwenden Sie die verschiedenen Äquivalente für *to decide*.

7. Sie haben ein Problem, das Sie gern lösen möchten. Besprechen Sie es mit jemandem, und verwenden Sie verschiedene Äquivalente für *thing,* wie z. B. **das Beste, das Schlimme daran, das einzige, das andere,** usw.

8. Erzählen Sie einander, welche bekannten Persönlichkeiten oder besonders interessanten Menschen Sie kennengelernt haben. Verwenden Sie die verschiedenen Äquivalente für *to meet*.

9. Unterhalten Sie sich über schwierige / peinliche *(embarrassing)* / absurde etc. Situationen, in denen man sich manchmal befindet. Sie kommen zu dem Schluß *(conclusion),* daß selbst die stärksten, klügsten, erfahrensten usw. Menschen es schwierig fänden, diese Situationen zu bewältigen *(come to terms with)*. Verwenden Sie die Äquivalente für *(not) even*.

10. Sprechen Sie über Dinge, die Sie einmal erlebt / gesehen / gemacht / gekauft usw. haben. Mit den passenden Äquivalenten von *only* bringen Sie zum Ausdruck, ob Sie (nicht) erwarten oder hoffen, dasselbe wieder zu erleben, sehen, usw.

Zusätzliche Übungen

A. Setzen Sie die passende Modalpartikel–**ja, mal, doch, denn**–ein, und drücken Sie den Satz auf englisch aus. Achten Sie dabei auf den Ton.

    1. Die Rechtsradikalen sind wirklich gefährlich.

    2. Was meinst du, wie sich die Ausländer bei uns fühlen?

    3. Stell dir vor, wie es wäre, wenn du als Ausländerin hier lebtest.

    4. Das wäre bestimmt nicht leicht.

B. Ergänzen Sie die Sätze.

    1. Viele Leute haben Freude _____ d____ filmisch____ Reiseberichten (*travelogues*) _____ Fernsehen.

    2. _____ Gut____ _____ dies____ Programm____ ist, daß sie es einem ermöglichen, sozusagen _____ Ausland zu reisen, und zwar _____ Länder, die man sonst wahrscheinlich nie zu sehen bekäme.

    3. Wer entschließt _____ schon da____, _____ d____ Iran oder _____ die Slowakei zu reisen? Doch _____ Fernsehen konnte man diese Länder kürzlich kennenlernen.

    4. Und wer wäre schon _____ d____ Gedank____ gekommen, _____ das ehemalige Ostpreußen *(former East Prussia)* zu reisen, und zwar bis _____ die ehemalige russisch-deutsche Grenze?

    5. Neulich haben wir _____ Zufall einen Reisebericht über dieses Gebiet gesehen.

    6. Die Kommentatorin beschrieb die Geschichte der deutsch-russischen Beziehungen sowohl _____ deutsch____ als auch _____ russisch____ Sicht.

    7. _____ der Kommentatorin versucht man heute, die Geschichte beider Kulturen in dieser Gegend *(area)* gleichermaßen zu betonen *(to stress equally)*.

    8. Der Kommentatorin _____ liegt das _____ den besseren Beziehungen zwischen _____ heutigen Rußland und _____ Bundesrepublik.

    9. _____ dies____ Beispiel____ läßt sich klar machen, wieviel man durch Reiseberichte _____ Fernsehen lernen kann.

C. Vervollständigen Sie die Sätze.

    1. Immer mehr Ausländ____ aus all____ Teil____ der Welt, besonders aus nicht-europäisch____ Länder____, kommen _____ d____ Vereinigt____ Staaten.

    2. Viele von ihnen werden wahrscheinlich ein____ Tag____ amerikanisch____ Staatsangehörig____ .

3. _____ Interessant_____ dar_____ ist, daß Amerikaner auf diese Weise mit viel_____ verschieden_____ Kulturen in Berührung kommen.

4. _____ offensichtlich_____ Vorteil einer multikulturellen Gesellschaft ist, daß das Land durch die Energien verschiedener Kulturen bereichert wird.

5. Andere behaupten allerdings _____ Gegenteil.

6. Die sehen hauptsächlich ein_____ Nachteil in dem Nebeneinander (*juxtaposition*) ganz verschiedener Kulturen.

7. Man fragt _____ natürlich, wie diese große Zuwanderung (*immigration*) die Zukunft Amerikas beeinflussen wird.

8. Man _____ gern gewußt, ob Amerika ein Schmelztiegel bleiben wird oder ob ein Mosaik verschiedener Kulturen entstehen wird.

9. Viele sind _____ Meinung, daß die USA nicht mehr als Schmelztiegel bezeichnet werden können.

10. Das _____ sich ihrer Meinung _____ so erklären: In d_____ USA treffen heutzutage mehr unterschiedlich_____ Kulturen als früher zusammen, und sie alle wollen an ihren ethnischen Besonderheiten (*special characteristics*) festhalten.

D. Ergänzen Sie die Sätze.

1. _____ vielen amerikanischen Schulen und Hochschulen ist die multikulturelle Schüler- und Studentenschaft (*student body*). (*the best thing about*)

2. Im Vergleich zu heute waren die Schüler und Studenten vor einer Generation _____ europäischer Herkunft (*f.*). (*for the most part*)

3. Damals gab es wahrscheinlich _____ so viele junge Menschen nicht-europäischer Herkunft wie heute. (*not even half*)

4. Nach Bevölkerungsexperten wird zum Beispiel in Kalifornien bald _____ der Bevölkerung zu Minderheiten gehören. (*half of*)

5. _____, Studenten verschiedener ethnischer Herkunft näher _____, hat man heutzutage an vielen Schulen und Universitäten Gelegenheit dazu. (*If one decides, to meet*)

6. Es ist natürlich auch wichtig, daß junge Leute die Gelegenheit haben, mit Menschen _____ Herkunft (*f.*) Kontakt zu haben. (*of the same*)

7. Sicherlich _____ wichtig, wenn man auf der Suche nach der eigenen Identität ist. (*both things are*)

8. _____ man keine engen Bindungen an (*ties to*) andere ethnische Gruppen hat, profitiert _____ von dem multikulturellen Charakter der Schulen. (*even if, one*)

9. _____ steht fest *(is sure)*. *(one thing)*

10. _____ stehen _____ am Anfang ihrer Entwicklung zu einer echten multikulturellen Gesellschaft. *(the American people, only)*

E. Ersetzen Sie das kursiv Gedruckte durch sinnverwandte Ausdrücke, und machen Sie die erforderlichen Änderungen.

1. Mich interessiert folgendes zu *hören*.

2. *Wie kommt es*, daß es immer mehr ausländische Studenten in den Vereinigten Staaten gibt?

3. *Der Grund dafür ist*, daß amerikanische Universitäten einen sehr guten Ruf *(reputation) in anderen Ländern* haben.

4. Nach Abschluß ihres Studiums müssen diese Studenten *etwas Wichtiges entscheiden*, nämlich ob sie in diesem Land bleiben oder in ihre Heimat zurückkehren wollen.

5. Das sind *Angelegenheiten*, die sie sich lange überlegen müssen.

6. Aber selbst wenn sie die *Chance* haben, in den USA zu arbeiten, fällt ihnen die Entscheidung sicherlich nicht leicht.

F. Auf deutsch.

1. I met an interesting Russian recently *(neulich)*.

2. He was talking with several foreigners.

3. At least two of them were Chinese.

4. They were discussing various *(verschieden)* newspaper articles about rightist radicals *(Rechtsradikal- adj. noun)*.

5. According to the Russian, it doesn't make any difference to him what these Germans think of foreigners.

6. But I sensed that he was depressed.

7. He obviously does care.

Chapter 5

The entertaining stories of **Kurt Kusenberg** (1904–1983) focus on life's incongruities. Their popularity with German readers can be explained in part by the fact that humor is not standard fare in German literature. In "Schnell gelebt" (1954), Kusenberg satirizes the breakneck pace of modern life.

Schnell gelebt
Kurt Kusenberg

Schon als Kind erregte er Verwunderung. Er wuchs wie aus der Pistole geschossen und gab das Wachsen ebenso plötzlich wieder auf. Beim Sprechen verhaspelte er sich, weil die Gedanken den Worten entliefen; er war blitzschnell in seinen Bewegungen und wurde oft gleichzeitig an verschiedenen Orten gesehen. Alljährlich übersprang er eine Schulklasse; am liebsten hätte er sämtliche Klassen übersprungen.

Aus der Schule entlassen, nahm er eine Stellung als Laufbursche an. Er war der einzige Laufbursche, der je gelaufen ist. Von seinen Botengängen kehrte er so rasch wieder zurück, daß man nicht annehmen konnte, er habe sie wirklich ausgeführt, und ihn deshalb entließ. Er warf sich auf die Kurzschrift und schrieb bald fünfhundert Silben in der Minute. Trotzdem mochte kein Büro ihn behalten, denn er datierte die Post um Wochen vor und gähnte gelangweilt, wenn seine Vorgesetzten zu langsam diktierten.

Nach kurzem Suchen, das ihn endlos dünkte, stellte man ihn als Omnibusfahrer ein. Mit Schaudern dachte er später an diese Tätigkeit zurück, die darin bestand, einen fahrenden Wagen fortwährend anzuhalten. Vor ihm winkten Straßenfluchten, die zu durcheilen genußvoll gewesen wäre. An den Haltestellen aber winkten Leute, die einsteigen wollten, und ihnen mußte er folgen.

Eines Tages aber achtete er der Winkenden nicht, sondern entführte den Omnibus in rasender Gangart weit über das Weichbild der Stadt; so fand auch diese Betätigung ein Ende. Der Fall kam in die Zeitungen und erregte die Aufmerksamkeit sportlicher Kreise. Seine Laufbahn vom Sechstagefahrer bis zum Rennfahrer war ein einziger Triumphzug. Große Firmen rissen sich um seine Gunst; die geldkräftigste obsiegte, sie machte ihn zum Teilhaber.

Marginal glosses:

erregen to cause

sich verhaspeln to get muddled

Aus . . . entlassen after graduating
der Laufbursche,-n errand boy

der Botengang,⸚e errand

entlassen (ä,ie,a) to dismiss

gähnen to yawn

dünken to seem

bestehen (a,a) in to involve
winkten Straßenfluchten rows of streets beckoned

in . . . Stadt at top speed well beyond the city limits

erregen to attract
die Laufbahn,-en career
rissen . . . Gunst competed to hire him
obsiegen to win out

30 In leitender Stellung bewährte er sich und war ein gefürchteter
Verhandlungsführer, der seine Gegner verwirrte und überrannte.
Wenige Stunden nach dem Entschluß, einen Hausstand zu gründen, hielt er um die Olympiasiegerin im Hundertmeterlauf an,
jagte mit ihr vom Stadion in das Standesamt und erzwang eine
35 Notheirat. Gleiche Neigungen verbanden sich zu einzigartigen
Leistungen. Die junge Frau setzte alles daran, hinter ihm nicht
zurückzustehen. Sie erledigte ihre häuslichen Pflichten mit dem
Zeitraffer, trug im Winter schon Sommerkleidung und gebar vor
der Zeit, nämlich mit fünf Monaten, ein Fünfmonatskind, das
40 schon in der Wiege fließend sprach und das Laufen noch vor dem
Gehen erlernte. Sie erfand neue Schnellgerichte, die man im Flug
einnahm und sogleich verdaute. Die Dienstboten wechselten
täglich, später stündlich; endlich geriet sie an einen Speisewagenkoch und zwei Flugzeugkellner, die das Zeitmaß begriffen und
45 blieben. Sie war ihrem Gatten in jeder Hinsicht eine Stütze.
Der fuhr fort, sein Leben zu beschleunigen. Da er viel schneller
schlief als andere Leute, benötigte er weniger Schlaf. Wenn er
sich ins Bett warf, träumte er schon, und bevor ihn der Traum
recht umfangen hatte, war er bereits wieder wach. Er frühstückte
50 in der Badewanne und las beim Anziehen die Zeitung. Eine eigens
erbaute Rutschbahn beförderte ihn aus der Wohnung in das Auto,
das mit angelassenem Motor vor der Haustür hielt und sofort
davonschoß.
Er sprach so knapp, als telegraphiere er, und wurde von
55 langsamen Menschen selten verstanden. Er versäumte keine
sportliche Veranstaltung, bei der es um Schnelligkeit ging, und
setzte Preise für Höchstleistungen aus; sie kamen nie zur
Verteilung, weil die Bedingungen unerfüllbar waren. Einen Teil
seines schnell erworbenen Vermögens steckte er in den Raketen-
60 bau. Die erste bemannte Rakete, die abgeschossen wurde,
enthielt ihn. Es war die schönste Fahrt seines Lebens. Die Folgen eines so hastigen Daseins blieben nicht aus. Er alterte bedeutend rascher als seine Umwelt, war mit fünfundzwanzig Jahren
silbergrau und mit dreißig ein gebrechlicher Greis. Ehe die Wis-
65 senschaft sich des seltsamen Falles annehmen konnte, starb er
und zerfiel, da er die Verbrennung nicht abwarten wollte, im glei-
chen Augenblick zu Asche. Es blieb ihm erspart, die Enttäuschung zu erleben, daß die Nachrufe einen Tag zu spät in den
Zeitungen erschienen. Seitdem er gestorben ist, kriecht die
70 Minute wieder auf sechzig Sekunden dahin.

sich bewähren to prove oneself

einen Hausstand gründen to settle down
an·halten um (ä,ie,a) to ask someone to marry you
jagte . . . das Standesamt raced to the marriage license bureau
erzwang eine Notheirat forced them to perform an emergency wedding

mit dem Zeitraffer in fast motion

die Wiege,-n cradle
im Flug einnahm ate in a flash
verdauen to digest
geraten (ä,ie,a) an to meet up with, find

der Gatte(n) husband
Stütze help, support
beschleunigen to accelerate

um·fangen to envelop

eine . . . ihn a slide especially built for this purpose transported him

knapp tersely

kamen . . . Verteilung were never awarded
das Vermögen fortune

blieben . . . aus were inescapable

gebrechlich infirm
der Greis,-e old man

der Nachruf,-e obituary
dahin·kriechen (o,o) to creep by

Wortschatz

ab·warten   to wait (and see)
achten auf *(acc.)*   to pay attention to, heed, make sure
die **Aufmerksamkeit**   attention
  aufmerksam   attentive
  aufmerksam machen auf *(acc.)*   to call attention to
bedeutend   important, significant, considerable

die **Bedingung,-en**	condition
unter der **Bedingung**	under the condition
die **Lebensbedingungen**	living conditions
begreifen (begriff, begriffen)	to understand, grasp, comprehend, realize
der **Begriff,-e**	concept, idea
durcheilen	to hurry through
eilen	to hurry (from one place to another)
sich beeilen	to hurry up
die **Eile**	hurry
in **Eile** sein / es **eilig** haben	to be in a hurry
einzig	only (one), sole, single
einzigartig	unique
die **Enttäuschung,-en**	disappointment
enttäuschen	to disappoint
enttäuscht sein von	to be disappointed by
erfinden (a,u)	to invent
die **Erfindung,-en**	invention
erledigen	to take care of (a task, duty)
der **Fall,-̈e**	case
auf jeden **Fall**	in any case, at any rate
auf keinen **Fall**	by no means, on no account
falls *(sub. conj.)*	in case
die **Firma,** *pl.* **Firmen**	firm, company, business
die **Folge,-n**	consequence
folglich	consequently
fortwährend	continually, continuously, constantly
frühstücken	to eat breakfast
der **Gegner,-**	opponent, adversary
gehen (ging, gegangen;ist) um	to be about, concern, be at stake
es geht darum . . . zu	it is a matter of + verb + -*ing*
gelangweilt	bored
langweilen	to bore
sich langweilen	to be bored
langweilig	boring
die **Hinsicht,-en**	regard, respect
in dieser / jeder **Hinsicht**	in this / every respect
in mancher **Hinsicht**	in many / some respects
hinsichtlich *(gen. prep.)*	with regard to; in view of
die **Höchstleistung,-en**	best performance
leisten	to achieve, accomplish
die **Leistung,-en**	achievement
der **Leistungsdruck**	pressure to achieve
das **Jahr,-e**	year
mit fünfundzwanzig **Jahren**	at the age of twenty-five
je(mals)	ever
die **Neigung,-en** zu	inclination, tendency toward
neigen zu	to be inclined, tend toward
der **Ort,-e**	place, village, town
die **Pflicht,-en**	duty, task, responsibility
pflichtbewußt	conscientious

das Pflichtbewußtsein	sense of duty
die **Rakete,-n**	rocket
rasch	quick, fast
rennen (rannte, gerannt;ist)	to run, race
sämtlich	all
die **Stelle,-n**	job, position; place, spot
der **Verhandlungsführer,-**	chief negotiator
die **Verhandlung,-en**	negotiation
verhandeln	to negotiate
versäumen	to miss, neglect / fail to do
verwirren	to confuse
die **Verwirrung**	confusion
die **Verwunderung**	astonishment, amazement
verwundern	to amaze, astonish

Stichworte für die Diskussion

die **Geschwindigkeit**	pace, speed
die **Konkurrenz**	competition
die **Lebensart,-en**	way of life
der **Lebensstil,-e**	life style
das **Merkmal,-e**	characteristic, feature
die **Schnelligkeit**	speed, speediness, quickness
die **Übertreibung,-en**	exaggeration
sich ab·hetzen	to rush around to the point of exhaustion
satirisch darstellen / beschreiben	
(ie,ie)	to satirize
sich *(dat.)* **Zeit lassen**	to take one's time
Zeit vergeuden / verschwenden	to waste time
übertreiben (ei,ie,ie)	to exaggerate
schnellebig	fast-moving (time)
halsbrecherisch	breakneck
konkurrenzfähig	competitive
unterhaltsam	entertaining
die **Geschichte ist eine Satire auf** *(acc.)*	the story satirizes

Zur Diskussion des Textes

1. Verfolgen Sie die verschiedenen Lebensstadien des Helden. Inwiefern bedeuten sie eine ständige Steigerung *(constant intensification)* seines schnellebigen Daseins *(existence)?* Wie lesen Sie den letzten Satz im Kontext der Satire?

2. In welcher Weise zeigt das Schicksal *(fate)* des Helden, daß seine Schnelligkeit letzten Endes lebensverneinend anstatt lebensbejahend ist?

3. Warum wohl hat Kusenberg seinem Helden keinen Namen gegeben?

4. Inwiefern sehen Sie sich und die Menschen um Sie herum in dem Spiegel, den Kusenberg uns vorhält?

5.   Analysieren Sie den Stil. Finden Sie, daß er zum Thema der Satire paßt?

6.   Vergleichen Sie die Satiren von Böll und Kusenberg. Welche halten Sie für gelungener? Warum?

Kommunikative Situationen

1.   Bilden Sie Vierergruppen für ein Rollenspiel, in dem sich Herr und Frau Schnellgelebt mit Herrn und Frau Schneckentempo *(Snailspace)* über die Vor- und Nachteile eines schnellebigen Lebensstiles unterhalten. Alles was die Schnellgelebts behaupten, verneinen die Schneckentempos und umgekehrt *(vice versa)*.

2.   Unterhalten Sie sich über die Manifestationen, Ursachen und Folgen unserer schnellebigen Zeit. Verwenden Sie die Redemittel dieses Kapitels.

3.   Diskutieren Sie darüber, ob die technischen Erfindungen *(inventions)* und wissenschaftlichen Entdeckungen Ihrer Meinung nach das Leben verbessert oder verschlechtert haben. Verwenden Sie die Redemittel dieses Kapitels.

Aufsatzthemen

1.   Die Minute kroch heute nicht auf sechzig Sekunden dahin. Beschreiben Sie einen typischen Tag in Ihrem Leben als Student/in.

2.   Beschreiben Sie das Leben eines außergewöhnlichen Menschen.

3.   Schreiben Sie eine Geschichte, die lauter *(nothing but)* Übertreibungen enthält.

Redemittel

Referring to observations and experiences and drawing conclusions

Ich habe beobachtet / bemerkt
I've noticed

Mir ist aufgefallen
I've noticed

Ich habe den Eindruck
I get the impression

Ich weiß aus Erfahrung
I know from experience

Ich habe die Erfahrung gemacht
I've had the experience / I've found

Daraus folgt
From that it follows

Daraus läßt sich schließen
We can conclude from that

Vervollständigen Sie die Sätze.

1. Als ich in Deutschland war, _____ _____ der
    schnellebige Lebensstil der Deutschen aufgefallen.

2. Hast du auch die halsbrecherische Geschwindigkeit _____?

3. Auf den Autobahnen schon. Ich weiß _____ Erfahrung, daß auf
    den Autobahnen gerast wird.

4. Aber sonst habe ich die _____ _____, daß es überall
    noch viel Gemütlichkeit gibt.

5. Ich habe den _____, daß sich die Deutschen nicht so abhetzen
    wie die Amerikaner.

6. Zum Beispiel habe ich _____, daß man gern in Cafés sitzt und
    miteinander plaudert *(chat)*.

7. Daraus _____ sich doch wohl _____, daß die
    Deutschen immer noch einen Sinn für Gemütlichkeit haben.

8. Du hast wohl recht. _____ deinen Beobachtungen folgt, daß
    der Lebensstil der Deutschen wahrscheinlich nicht so hektisch ist, wie ich
    zuerst gemeint habe.

Die Modalpartikel aber

The modal particle **aber** indicates strong feelings of surprise, unexpected satisfaction,
admiration, or displeasure in exclamatory sentences. In English the flavor of **aber** is best
expressed by stressing the word following the particle. Frequently *really* or *so* conveys
the forcefulness of **aber**.

Ihr seid **aber** früh angekommen!
You got here so _early_!

Ihr seid **aber** tolle Freunde!
You're / You really are _great_ friends!

Leider ist Hans krank.—Das ist **aber** schade!
Unfortunately Hans is sick.—That is _too bad!_

Setzen Sie die Modalpartikel **aber** ein, und drücken Sie den Satz auf englisch aus. Achten
Sie dabei auf den Ton.

1. Tag, Peter. Ich hab' dir ein paar Blumen aus unserem Garten mitge-
    bracht.—Das ist lieb von dir, Ulla!

2. Dir schmeckt's, Ulla!—Und wie! Du hast ja mal wieder phantastisch
    gekocht, Peter!

3. Der Wein ist phantastisch!

Grammatik

A. Relative pronouns

Relative pronouns have the same forms as the definite article, except in the dative plural and in the genitive.

denen *(dat. pl.)*

dessen *(m.* and *n.* sg. *gen.)*

deren *(f. sg.* and *pl. gen.)*

> Das sind Leute, **denen** wir vertrauen können.
>
> Karl Hennings, **dessen** Eltern Deutsche sind, spricht am besten Deutsch.
>
> Meinen Sie die Firma / Firmen, **deren** Angestellte streiken?

Relative clauses are dependent clauses. Hence, the inflected verb comes last and the relative clause is set off by a comma from the main clause. Unlike English, German never omits the relative pronoun. The gender of the relative pronoun is determined by its antecedent, and the case by its function within the clause. When a relative pronoun is the object of a preposition, its case is determined by the preposition. A relative pronoun and a preposition are never combined into a **da**-compound.

> Claudia ist die einzige, für **die** sich Christof interessiert.
>
> Nimm doch das Messer, mit **dem** du am besten schneiden kannst.

A preposition that precedes a relative pronoun in the genitive has no effect on the relative pronoun but determines the case of the noun following it.

> Thomas Mossberg, durch **dessen** Freund ich die Stelle bekommen habe, arbeitet nicht mehr hier.
>
> Die Frau, mit **deren** Brüdern ich studiert habe, leitet die Firma.

A relative clause follows its antecedent immediately. However, it is stylistically better not to cut off a participle, an infinitive, or a separable prefix from the main clause by inserting a relative clause. Therefore the participle, infinitive, or prefix is placed between the beginning of the relative clause and its antecedent.

> Wir haben die Vorstellung **versäumt**, die um sieben begonnen hat.
>
> Ich möchte den Schriftsteller **kennenlernen**, der dieses Buch geschrieben hat.
>
> Er liest sich gerade den Brief **durch**, den er eben erhalten hat.

Was is used as a relative pronoun when the antecedent is:

> a neuter indefinite pronoun indicating quantity: **alles, einiges, etwas, manches, nichts, vieles,** or **weniges;**
>
> > **Alles / nichts / einiges, was** wir suchten, war zu haben.
>
> **das, dasselbe,** or a neuter superlative used as adjective noun;

Das, was er eben gesagt hat, stimmt nicht.

Die Kleine möchte immer **dasselbe** tun, **was** ihre älteren Geschwister tun.

Das Beste, was wir tun können, ist schweigen.

an entire clause.

Wir gehen diesen Sommer nach Österreich, was uns sehr freut.

The relative pronoun **was** must be replaced by a **wo**-compound if it is the object of a preposition.

Das ist **alles, worauf** wir geachtet haben.

Das ist **etwas, wozu** viele von uns neigen.

Unser Deutsch wird immer besser, **worüber** wir uns sehr freuen.

Bilden Sie Relativsätze.

1. Eva hat eine neue Tätigkeit. Sie gefällt ihr sehr.

2. Die Stelle ist mit Pflichten verbunden *(involves)*. Sie interessieren Eva.

3. Udo ist von seiner Geschäftsreise zurück. Eva freut sich darüber.

4. Seine Firma schickt ihn ja oft nach Japan. Ihre Tochterfirma ist in Tokio.

5. Die Firma hat ein Produkt entwickelt. Viele haben darauf gewartet.

6. Udo hält es für das Beste. Die Firma hat (es) bisher produziert.

7. Das ist eine Firma. Man sollte auf sie achten.

8. Ich habe einige ihrer Aktien *(stocks)* gekauft. Udo hat mich darauf aufmerksam gemacht.

B. Negation

German sentences are negated either by **kein** or **nicht. Kein** is used to negate nouns preceded by the indefinite article or by no article.

Sie haben eine Enttäuschung erlebt. Sie haben **keine** Enttäuschung erlebt.

Hast du Lust zum Tennisspielen? Hast du **keine** Lust zum Tennisspielen?

Predicate nouns expressing professional status or membership in a group (nationality, religious or political affiliation) can be negated either by **kein** or by **nicht. Kein** is the preferred negation.

Mein Verlobter ist **kein / nicht** Deutscher / Katholik / Demokrat / Lehrer.

Christa ist **keine / nicht** Ärztin geworden.

The verb-noun combination **Deutsch / Englisch,** etc., **sprechen** can be negated either by **kein** or **nicht**.

Ich spreche leider **kein / nicht** Französisch.

Nicht is used to negate all other elements of a sentence. **Nicht** follows:

the inflected verb;

> Hanno klagt **nicht**.

dative and accusative noun and pronoun objects;

> Ich habe dein Buch / es **nicht**.
>
> Das Rad gehört dem Jungen / ihm **nicht**.

adverbs of specific time, such as **heute, jetzt**, and **im Augenblick**, and sentence adverbs, such as **hoffentlich, leider, natürlich**, and **glücklicherweise**.

> Wir arbeiten heute / im Augenblick **nicht**.
>
> Sie kommen leider / natürlich / glücklicherweise **nicht**.

Nicht precedes:

predicate adjectives and predicate nouns;

> Ich bin **nicht** müde.
>
> Herr Stehle wird **nicht** unser Vorgesetzter.

adverbial expressions of general time and place (place phrases that answer the question **wo** and **wohin**);

> Wir sehen uns **nicht** oft.
>
> Er antwortet mir **nicht** immer.
>
> Maria ist **nicht** zu Hause.
>
> Wir fahren **nicht** nach Oberammergau.

separable prefixes, dependent infinitives, past participles, and most prepositional phrases.

> Fritz und Karl kommen **nicht** mit.
>
> Warum kannst du denn **nicht** kommen?
>
> Bodo ist **nicht** gerannt.
>
> Er bat uns **nicht** um Entschuldigung.

If the sentence contains several elements that are preceded by **nicht, nicht** stands before the first one.

> Wir gehen **nicht** oft ins Kino.

Certain direct noun objects are so closely tied to the verb that they are not treated as regular direct objects, but rather as part of the verbal idea. They are negated by **nicht. Nicht** precedes the noun.

Examples of such bounded verb-noun combinations are:

> **Klavier / Karten / Tennis**, etc., **spielen**
>
> **Mathematik / Geschichte / Physik**, etc., **studieren**

Ski laufen / fahren, Auto fahren *(to be licensed to drive)*

Deutsch / Englisch / Japanisch lernen

Bescheid sagen, in Eile sein

Wir **laufen** leider **nicht Ski**.

Mein Bruder **studiert nicht Medizin**.

Karin **spielt nicht Tennis**.

In Deutschland dürfen Jugendliche unter achtzehn **nicht Auto fahren**.

Unsere Freunde haben uns **nicht Bescheid gesagt**.

The idiom **recht haben** *(to be right)* is negated by **nicht**, since **recht** is part of the verbal idea.

In dieser Hinsicht **hat** Robert aber **nicht recht**.

When **nicht** negates a specific word, it precedes that word.

Mein Onkel kommt **nicht** heute, sondern erst morgen.

Ich habe das Bild **nicht** meiner Mutter geschenkt, sondern meiner Schwester.

Verneinen Sie die Sätze.

1. Julias Freund weiß das hoffentlich.

2. Warum willst du denn Französisch lernen?

3. Marie konnte ihre Neugier unterdrücken.

4. Meine Freundin ist Amerikanerin.

5. Wir sehen uns oft.

6. Rita studiert Geschichte.

7. Jürgen hat Interesse an Geschichte.

8. Die neue Angestellte arbeitet sehr gut.

9. Das Hotel liegt direkt am Hafen.

10. In diesem Hotel ist ein Zimmer frei.

11. Meiner Meinung nach hat der Autor recht.

12. Ping ist Chinesin.

13. Das Geschenk ist für meine Schwester.

14. Wir laufen Ski.

15. Ingo hat sich neue Skier *(skis)* gekauft.

16. Stefanie spielt Golf.

17. Alexandra ist zu Hause.

18. Wir fahren am Wochenende nach Hannover.

19. Sechzehnjährige dürfen Auto fahren.

20. Unsere Freunde konnten uns Bescheid sagen.

C. Negation of **schon** and **noch**

Schon *(already)* is negated by **noch nicht** or **noch kein** *(not yet)*.

> Die neuen Mitbewohner sind **schon** eingezogen. Sie sind **noch nicht** eingezogen.
>
> Monika hat **schon** ein Auto gekauft. Sie hat **noch kein** Auto gekauft.

Schon (ein)mal *(ever)* is negated by **noch nie** *(never [before])*.

> Wir waren **schon (ein)mal** in Berlin. Wir waren **noch nie** in Berlin.

Noch *(still)* is negated by **nicht mehr** *(not anymore, no longer)* or **kein** + noun + **mehr** *(no more)*. Note that **mehr** follows the noun.

> Susanne ist **noch** zu Hause. Sie ist **nicht mehr** zu Hause.
>
> Jochen hat **noch** Geld. Er hat **kein** Geld **mehr**.
>
> Hast du **noch** Lust zum Laufen? Nein, ich habe **keine** Lust **mehr**.

Verneinen Sie die Sätze.

1. Max ist schon hier.

2. Wir haben noch Papier.

3. Die Wedels haben schon Kinder.

4. Ich habe noch Zeit.

5. Das haben wir schon mal gemacht.

6. Patrick und Petra wohnen noch in Bonn.

D. Uses of the definite article

Unlike English, German uses the definite article before the names of days, months, seasons, and meals.

> Mein Lieblingsmonat ist **der** Mai.
>
> **Der** Herbst ist auch sehr schön.
>
> Wir sehen uns dann also **am** Montag.
>
> Das Semester beginnt **im** September.
>
> **Im** Winter wird es hier sehr kalt.
>
> **Das** Frühstück wird um acht serviert.

In contrast to English, German abstract nouns use the definite article when the idea or concept in general is under discussion.

So ist **das** Leben!

Die Gesellschaft muß sich ändern.

Der Kapitalismus / Sozialismus / Kommunismus hat seine Nachteile.

Die Amerikaner glauben an **die** Demokratie.

Die Treue *(loyalty)* ist ein wichtiges Thema in der Weltliteratur.

But when the idea is referred to with respect to a particular manifestation in specific circumstances, no article is used.

Treue ist mir die wichtigste Eigenschaft bei meinen Freunden (loyalty as exhibited by my friends as opposed to loyalty in general).

In jedem Land ist **Demokratie** nur eine Annäherung an *(approximation to)* das Ideal (a particular manifestation of democracy as opposed to the general concept of democracy).

Frequently used prepositional phrases that require the article are:

beim / vorm / zum / nach dem Essen

zur / von der Arbeit

mit dem Auto / Bus / Zug / Rad

ins / im Bett

in die / in der Schule / Kirche

aus der Schule / Kirche

Die Kinder gehen gern **in die Schule / Kirche**.

Eva liegt noch **im Bett**.

Bilden Sie Sätze im Präsens.

1. ich / lesen / viel / in / Sommer

2. wir / müssen / gleich / nach / Frühstück / weg

3. die Kinder / fahren / mit / Rad / in / Schule

4. Niko / zurückkommen / erst / an / Sonntag

5. Was / geben / es / zu / Abendessen

6. Michael / sich langweilen / in / Schule

7. Gesellschaft / sein / daran / schuld

8. Liebe / sein / doch / Schönst- / in / Leben

Das passende Wort

A. Experience: **die Erfahrung, das Erlebnis**

die Erfahrung,-en: experience implying acquired knowledge and skills

Durch **Erfahrung** wird man klug. (Sprichwort)
One learns by experience.

Nach meiner Erfahrung verwirrt diese Erklärung die Studenten.
In my experience, / I have found this explanation confuses students.

Das weiß ich **aus** (eigener) **Erfahrung**.
I know that from (personal) experience.

Haben Sie **Geschäftserfahrungen**?
Do you have business experience?

Haben Sie **Erfahrung im** Verkaufen?
Do you have experience in selling / sales experience?

Die Firma hat gute / schlechte **Erfahrungen** mit diesen Kunden **gemacht**.
The company had good / bad experiences with these customers.

Hoffentlich **mache** ich einige nützliche **Erfahrungen** während des Praktikums.
I hope I'll gain some useful experience during the internship.

The primary meaning of the verb **erfahren** is *to find out, learn.*

Ich habe eben **erfahren**, daß ich ein Stipendium bekommen habe.

das Erlebnis,-se: an experience which has a definite, often intense effect

Zu den schönsten **Erlebnissen** meines Lebens gehört die Reise nach Alaska.
Was für ein **Erlebnis**!

The corresponding verb is **erleben**.

Wir haben ja so viel Großartiges auf der Reise **erlebt**.

Vervollständigen Sie die Sätze.

1. In meinem Teilzeitjob habe ich wertvolle _____ gemacht.

2. Der Flug über die Alpen war ein____ beeindruckend____ _____ .

3. Wir wissen das aus _____ .

4. Dies____ unvergeßlich____ _____ hat mein Leben verändert.

5. Haben Sie _____ in dieser Methode?

6. Ihm fehlen praktische _____ .

B. To marry: **heiraten**; to be married: **verheiratet sein**

Because *to be married* can mean both *to get married* (ceremony) and the resulting state of being married, it is difficult for English speakers to appreciate the difference between **heiraten** and **verheiratet sein**.

heiraten: to marry, be / get married, wed

Julie hat einen Deutschen **geheiratet**.
Simon und Christine **heiraten** im Sommer.
Als Renate und Tim **heirateten**, waren alle ihre Freunde dabei.

verheiratet sein (**mit**): to be married (to), being in the <u>state</u> of matrimony

> Wie lange **sind** Jan und Heide eigentlich schon **verheiratet**?
> Kurt **ist mit** einer Amerikanerin **verheiratet**.
> **Mit** wem **ist** Eva **verheiratet**?

Auf deutsch.

1. Helga and Fritz got married in June.

2. We have been married for two years.

3. My uncle never married.

4. To whom is their daughter married?

C. A few: **einig-**; own: **eigen-**

einig-: some, a few

> **Einige** hielten ihn für verrückt.
> Mit **einigen** Studenten haben wir schon gesprochen.

eigen: own

> Jeder hat sein **eigenes** Zimmer.

Auf deutsch.

1. Renate has her own car now.

2. I don't understand some of the sentences.

3. I know that from personal experience.

4. Some people were bored.

D. The uses of **einzig**

The attributive adjective **einzig** is the equivalent of *one* when *one* is stressed and means *single, only, sole.*

> Ich sehe nur eine **einzige** Möglichkeit.
> *I see but / only one possibility.*

> Karl hat mir keinen **einzigen** Brief geschrieben.
> *Karl did not write me one / a single letter.*

> Ich bin sein **einziger** Freund.
> *I am his one / only / sole friend.*

Used with a definite article but without a noun, **einzig** means *only one(s), only thing.* It is not capitalized.

> Klaus war **der einzige**, der vorbereitet war.
> *Klaus was the only one who was prepared.*

Simone und Krista sind **die einzigen**, die das wissen.
Simone and Krista are the only ones who know that.

Das ist **das einzige**, was uns an Jürgen stört.
That is the only thing that bothers us about Jürgen.

Auf deutsch.

1. Hans is the only one who believes Tina's story.

2. Gisela didn't say a single word.

3. That is the only thing we can do.

4. Kai is their only son.

E. Place: **der Ort, die Stelle, der Platz**

der Ort,-e: place in general; town or village; place in the sense of proper context in which to do something

Im Studentenheim gibt es keinen **Ort**, wo man ungestört ist.

Hamburg ist sein **Geburtsort**.

Liesel stammt aus einem kleinen **Ort** in der Nähe von Salzburg.

Dies ist nicht der **Ort**, darüber zu diskutieren.

die Stelle,-n: place that is pinpointed, precise spot in relation to the larger surroundings

Unser Zelt *(tent)* stand an der schönsten **Stelle**.

Können Sie mir die **Stelle** im Text zeigen, wo das steht?

Während des Filmes haben die Leute oft an der falschen **Stelle** gelacht.

An welcher **Stelle** genau tut es weh?
Just exactly where does it hurt?

Stelle is also used in the idiom **an deiner / ihrer** / etc. **Stelle** *if I were in your / her / their place / position, if I were you, she, they.*

An deiner **Stelle** würde ich es versuchen. / Ich an deiner **Stelle** würde es versuchen.

der Platz,ᵉe: place, room to do something specific, e.g., place for sitting, standing, parking, playing; place / vacancy at work, in a school; place won in a competition

Ist da noch ein **Platz** frei? Da ist sogar noch **Platz** für drei.

In diesem Regal ist kein **Platz** mehr für Bücher.

Unsere Stadt hat weder genug **Tennisplätze** noch **Parkplätze**.

In unserer Firma ist noch ein **Platz** für jemanden mit guten Deutschkenntnissen.

Steffie ist auf den ersten **Platz** gekommen.

Vervollständigen Sie die Sätze.

1. Das ist genau d_____ _____, wo der Tote gefunden wurde.

2. Da ist noch _____ für zwei Personen.

3. Henning stammt aus ein____ klein____ _____ in Schleswig-Holstein.

4. Hier ist nicht d____ _____, die Frage zu besprechen.

5. Wer ist auf den zweit____ _____ gekommen?

6. Was würdest du an mein____ _____ machen?

F. To miss: **vermissen, verpassen**, and other equivalents

vermissen: to miss, notice or regret the absence of

> Man **vermißt** ein Pflichtbewußtsein bei diesem Kollegen.
> **Vermißt** du deine Freundin sehr?

A synonym of **vermissen** is **fehlen** *(dat.)*. The subject of the English sentence becomes the dative object, and the direct object becomes the subject.

> Du **fehlst** mir sehr.
> *I miss you very much.*
>
> Karins Bücher **fehlen** ihr.
> *Karin misses her books.*

verpassen: to miss, fail to catch, e.g., a plane, fail to reach / meet with / attend / take advantage of

> Wenn ich nicht früh genug aufstehe, **verpasse** ich den Zug.
> Ich habe Anja **verpaßt**. Sie war schon weg, als ich anrief.
> Schade. Wir haben das Konzert **verpaßt**.
> Wir dürfen den richtigen Zeitpunkt / die Gelegenheit / die Chance nicht **verpassen**.

versäumen: to miss, neglect / fail to do

Versäumen and **verpassen** are interchangeable in many contexts.

> Leider habe ich zu viele Vorlesungen **versäumt / verpaßt**.
> Wie war der Film? Habe ich 'was **versäumt**?—Du hast nichts **verpaßt**.
> Ich habe die Gelegenheit **versäumt / verpaßt**, mich mit den deutschen Besuchern zu unterhalten.
> Hast du wieder mal **versäumt**, Tante Gerda zu Weihnachten zu schreiben?

Setzen Sie das passende Verb ein.

1. Ich habe es leider _____, dem Chef zum Geburtstag zu gratulieren.

2. Obwohl es bereits mehrere Jahre her ist, daß seine Frau gestorben ist, _____ er sie immer noch.

3. Sie _____ ihm wirklich sehr.

4. Wir _____ einen Sinn für Humor beim Chef.

5. Leider haben wir die Chance _____, ihn darauf aufmerksam zu machen.

6. Ich hoffe, wir _____ die nächste Gelegenheit nicht wieder.

7. Heute verlassen wir das Büro Punkt sechs. Sonst _____ wir noch den Anfang des Films.

G. To wait: **warten, abwarten, erwarten**

warten (**auf**) *(acc.)*: to wait (for)

Warte mal!

Wir **warten** jetzt schon zwei Wochen **auf** Post von Kirsten.

Karl **wartete auf** einen Anruf von Thomas.

ab·warten: to wait (and see), wait for the right moment / the results / an opportunity, etc.

Warten wir mal **ab**.
Let's wait and see.

Wir müssen seine Antwort / das Resultat / ihren Anruf **abwarten**, bevor wir einen Entschluß fassen.
We have to wait for his answer / the result / her call, before we make a decision.

erwarten: to wait (implies impatience)

The general meaning of **erwarten** is *to expect*. However, when **erwarten** is used as the dependent infinitive of an inflected form of **können** and preceded by **nicht** or **kaum**, it expresses impatience in the sense of *not / hardly being able to wait*.

Man **erwartet** gute Leistungen von uns.

Wann **erwartest** du deine Freunde?

Juttas Eltern **können** es **nicht erwarten**, ihre Tochter wiederzusehen.

Ich **kann** die Ferien / das Wochenende / den Sommer **kaum erwarten**.

Vervollständigen Sie die Sätze.

1. Ruth kann es kaum _____, ihren Freund Gregor wiederzusehen.

2. Sie _____ seinen Besuch irgendwann im Sommer.

3. Ruth mußte lange _____ d____ Wiedersehen *(n.)* mit Gregor _____ . Sie hat ihn vor zehn Monaten zum letzten Mal gesehen.

4. Gregor will eine günstige Gelegenheit _____, sie in Hamburg zu besuchen.

H. To take care of: **sich kümmern um, sorgen für, erledigen**

sich kümmern um: to take care of, look after, see that something gets done

> Die Großmutter **kümmert sich um** die Kinder.
>
> Vater wird **sich um** das Abendessen **kümmern**.
>
> Wer **kümmert sich um** die Flugkarten?
>
> Ich werde **mich** dar**um kümmern**, daß alles rechtzeitig fertig ist.

Sich kümmern um can also mean *to care about, be concerned about,* or *to mind.*

> Wir **kümmern uns** nicht dar**um**, was die Leute denken.
>
> **Kümmere dich um** deine eigenen Angelegenheiten.
> *Mind your own business.*

sorgen für: to take care of, look after; care / provide for

> Wenn beide Eltern berufstätig *(employed)* sind, müssen andere **für** die Kinder **sorgen**.
>
> Wer wird **für** die vielen Alten **sorgen**?
>
> Der Staat **sorgt** nicht genug **für** die Außenseiter unserer Gesellschaft.

Like **sich kümmern um, sorgen für** can also mean *to ensure / make sure / see to it that something gets done* or *is taken care of.*

> Ich werde **dafür sorgen**, daß alles planmäßig abläuft.
> *I'll see to it / make sure that everything goes off as planned.*
>
> Wer **sorgt dafür**, daß es genug zum Essen und Trinken gibt?
>
> Da**für** ist **gesorgt**.
> *That's taken care of.*

Sich sorgen um means *to worry about / be worried about.* It is a synonym for **sich Sorgen machen um.**

> Ich **sorge mich / mache mir Sorgen um** meine Mitbewohnerin. Sie ist dieser Tage oft bedrückt.
>
> Die Eltern **sorgen sich darum**, was aus ihrem Sohn wird.

erledigen: to take care of a task, get something done

> Ich muß noch schnell etwas **erledigen**.
>
> Das ist schon **erledigt**.
>
> Sind die Kunden schon benachrichtigt?—Alles **erledigt**.
> *Have the customers been notified?—It's all taken care of.*

Auf deutsch.

1. Hans will take care of the drinks *(Getränke)*.

2. Hanna had to take care of something in the city.

3. Many parents worry about who will take care of their children.

4. Mind your own business.

5. I'll take care of this.

6. We'll see to it that they won't be disappointed.

7. Who cares for your sick neighbor?

8. I don't care what my parents say.

Wiederholungsübungen

A. Setzen Sie die in Klammern stehenden Wörter in ihrer richtigen Form ein. In manchen Sätzen ist ein bestimmter oder unbestimmter Artikel hinzuzufügen.

1. Schon als _____ Junge war der Held der Geschichte fortwährend in _____ Eile. (klein, groß)

2. Man sah ihn an _____ Orten zur _____ Zeit. (verschieden, selb-)

3. _____ _____, was ihm wichtig war, war Schnelligkeit. (einzig-)

4. Dabei machte er nicht nur _____, sondern auch _____ Erfahrungen. (gut, schlecht)

5. _____ _____ Zeit lang war er _____ ganz _____ Busfahrer. (kurz, normal)

6. Später dachte er nicht gern an _____ _____ Zeit zurück. (dies-, schrecklich)

7. Das lag an dem schrecklich _____ Tempo *(n.)* des Busses. (langsam)

8. _____ _____ _____ Tätigkeiten verlangten immer _____ Geschwindigkeit *(f.)*. (all-, sein, später-, höher-)

9. Also eilte er immer schneller auf *(acc.)* _____ _____ Ereignis *(n.)* _____ _____ Lebens zu *(zu·eilen auf: to hurry toward)*. (letzt, sein, kurz)

10. Ob er wohl nach _____ _____ Tod *(m.)* mit _____ _____ Rakete der Welt in den Himmel geschossen wurde? (sein, früh, schnellst-)

B. Setzen Sie die fehlenden Präpositionen ein oder die Zusammenziehungen von Artikel und Präposition.

1. Tristan Schnell verliebt war _____ dreißig Jahren schon dreimal verheiratet gewesen.

2. Er hatte also viel Erfahrung _____ der Liebe.

3. Doch leider neigte er da____, sich zu schnell zu verlieben.

4. Tristan wußte _____ Erfahrung, daß es leichter ist, sich in eine Frau zu verlieben, als später gut mit ihr auszukommen *(get along)*.

5. Dar____ folgte, daß er _____ keiner Bedingung in Zukunft wieder einen hastigen Entschluß fassen wollte.

6. Doch _____ Frühling verliebte er sich in eine gewisse Isolde Immertreu.

7. Seine Freunde machten ihn dar____ aufmerksam, daß er sich Zeit lassen wollte mit dem Heiraten.

8. Doch Tristan meinte nur, sie sollten sich _____ ihre eigenen Angelegenheiten kümmern.

9. _____ Juni heirateten die Verliebten.

10. Und wenn sie nicht geschieden *(divorced)* sind, dann sind Tristan und Isolde heute noch ____einander verheiratet.

C. Vervollständigen Sie die Sätze.

1. Sich Zeit lassen, das ist etwas, _____ der moderne Mensch keine Erfahrung hat.

2. _____ Gegenteil! Wir meinen immer, wir müßten _____ beeilen.

3. Uns geht es immer nur dar____, die Zeit gut auszunutzen *(to make use of)*.

4. Immer achten wir dar____, daß wir unsere Zeit nicht vergeuden.

5. Und immer _____ wir _____ Sorgen dar____, wir könnten kostbare Zeit verlieren.

6. Denn das darf _____ kein____ Fall passieren.

7. Dar____ folgt, daß wir Zeit für sehr wertvoll halten.

8. Warum wohl _____ wir _____ immer eilig?

9. Haben wir nicht alle die Erfahrung _____, je mehr wir eilen, desto weniger Zeit haben wir?

10. _____ nicht jed____ von uns aufgefallen, daß wir wegen unserer halsbrecherischen Geschwindigkeit oft das Leben selbst verpassen? Ach, Trödeln *(dawdling)*, welch ein Glück!

D. Auf deutsch.

1. I was disappointed by my old job.

2. It was boring in every respect.

3. I missed the challenge *(die Herausforderung)*.

4. I've been waiting for a long time for a better job.

5. I had to wait for the right opportunity.

6. Unfortunately I missed the first interview *(das Vorstellungsgespräch)*.

   7. I had neglected to ask for *(fragen nach)* the exact time of the appointment.

   8. I also drove to the wrong place (town).

   9. Luckily *(zum Glück)* that wasn't the only opportunity to meet with the representative *(der Vertreter)* of the company.

  10. I can hardly wait to get the new job!

E. Ersetzen Sie das kursiv Gedruckte durch sinnverwandte Ausdrücke, und machen Sie die erforderlichen Änderungen.

   1. Herr Werner, *sämtliche* Angestellte müssen von den Verhandlungen benachrichtigt werden.

   2. Das *habe* ich bereits *erledigt.*

   3. *Einzig* Frau Peters, der neuen Kollegin, habe ich noch nicht Bescheid gesagt.

   4. Übrigens scheint sie zufrieden zu sein mit ihrer *Tätigkeit.*

   5. Ich *habe bemerkt,* daß sie *die Tendenz hat,* etwas zu hastig zu arbeiten.

   6. Die *Konsequenz* davon ist, daß sie *manche* unnötigen Fehler macht.

   7. *Wenn ich sie wäre,* würde ich langsamer und korrekter arbeiten.

   8. Sie war etwas *verwundert,* als ich ihr das vorschlug.

   9. Sie denkt *fortwährend* an das Nächste, was zu erledigen ist.

  10. Vielleicht wird sie bald begreifen, daß sie mehr *schafft (gets done),* wenn sie sich weniger unter Druck setzt.

F. Sprechen Sie miteinander.

   1. Tauschen Sie Ansichten darüber aus *(aus·tauschen: exchange),* was Sie für positiv oder weniger positiv an unserer schnellebigen Zeit halten. Verwenden Sie Relativpronomen.

   2. Erklären Sie jemandem, der Sie für einen Sommerjob interviewt, worin Sie schon viel / erst wenig / etwas / noch keine Erfahrung haben.

   3. Erzählen Sie jemandem, welchen Monat, welche Jahreszeit und welche Mahlzeit Sie am liebsten haben. Erklären Sie die Gründe dafür.

   4. Unterhalten Sie sich darüber, was für einen Menschen Sie gern heiraten würden und mit wem Sie absolut nicht verheiratet sein möchten.

   5. Ein Rollenspiel zu dritt: Sie sagen Ihren Eltern, daß Sie die / der einzige in Ihrem ganzen Wohnheim *(dormitory)* sind, die / der kein- eigen- _____ hat. Versuchen Sie, Ihre Eltern zu überreden *(persuade),* Ihnen diese Sache zu schenken. Verwenden Sie die Worte **eigen, einig-** und **einzig**.

   6. Sprechen Sie mit jemandem darüber, wen oder was Sie in Ihrem gegenwärtigen Leben vermissen und was Sie nicht versäumen oder verpassen möchten.

   7. Sagen Sie jemandem, was Sie kaum / nicht erwarten können.

8. Erzählen Sie jemandem, was Sie abwarten müssen, bevor Sie einen großen Entschluß fassen können.

9. Erklären Sie jemandem, worum Sie sich in Ihrem Wohnheim, in Ihrer Wohngemeinschaft oder bei Ihrer Arbeitstelle kümmern müssen oder wofür Sie nicht zu sorgen brauchen.

10. Unterhalten Sie sich darüber, worum Sie sich dieser Tage manchmal sorgen oder keine Sorgen machen.

Zusätzliche Übungen

A. Setzen Sie die passende Modalpartikel—**ja, mal, doch, denn**, und **aber**—ein, und drücken Sie den Satz auf englisch aus. Achten Sie dabei auf den Ton.

1. Die kann laufen! Guck!

2. Wer ist das?

3. Das ist die Weltmeisterin im Hundertmeterlauf.

4. Ach die! Die haben wir schon mal im Fernsehen gesehen.

B. Ergänzen Sie die Sätze.

1. Ich warte schon lange _____ d____ Gelegenheit, Sie _____ Rat zu bitten, Frau Professor Hoffmann.

2. Die Sache ist die: ich mache m____ Sorgen _____ meine Zukunft.

3. Wor____ sorgen Sie _____ denn, Bettina?

4. Es geht dar____, welchen Beruf ich ergreifen (take up) soll.

5. _____ achtzehn Jahr____ habe ich den Entschluß gefaßt, Ingenieurin zu werden, und ich studiere jetzt ja Maschinenbau (mechanical engineering).

6. Mittlerweile habe ich ja schon etwas Erfahrung _____ Maschinenbau.

7. _____ Sommer habe ich ja ein Praktikum (internship) gemacht.

8. Ich muß sagen, daß ich _____ d____ Arbeit etwas enttäuscht war.

9. Dar____ folgt, daß ich lieber etwas anderes studieren möchte.

10. Nun Bettina, _____ meiner Erfahrung ist berufliche Zufriedenheit äußerst wichtig.

11. Ich weiß _____ Erfahrung, daß man seinen Beruf lieben muß, um glücklich zu sein.

12. _____ kein____ Fall sollten Sie einen Beruf ergreifen, der Ihnen kein____ Spaß macht.

13. _____ Ihr____ Stelle würde ich mir die Sache gut überlegen.

14. Haben Sie besten Dank für das Gespräch. Aus _____ wird man klug, nicht wahr?

C. Verneinen Sie die Fragen.

1. Gudrun, hast du Hella schon um Entschuldigung gebeten?

2. Studiert dein Bruder auch Politikwissenschaft?

3. Bist du derselben Meinung wie Jutta?

4. Macht dir das Vokabellernen Spaß?

5. Fährt deine jüngste Schwester schon Auto?

6. Spielst du gern Karten?

7. Hast du Lust auf eine Pizza?

8. Bist du in Eile?

9. Hast du Mitleid mit den armen Studenten?

10. Hast du die anderen darauf aufmerksam gemacht?

11. Hat Ulla deiner Meinung nach recht?

12. Bist du auf unseren neuen Mitbewohner neugierig?

13. Ist Jürgen schon zu Hause?

14. Gehst du jetzt?

15. Hast du meinen Schlüssel?

D. Ergänzen Sie die Sätze.

1. Du Bettina, ist _____ auch schon aufgefallen, daß wir Frauen es schwerer haben, unsere berufliche Zukunft zu planen?

2. Da _____ du _____ (modal particle) recht!

3. Sorgst du _____ manchmal auch dar____, wie du mit Beruf und Familie fertig werden (manage) wirst?

4. Natürlich _____ ich _____ Sorgen dar____ .

5. Es kommt natürlich sehr darauf an, _____ wem man verheiratet ist.

6. Ich habe beobachtet, daß berufstätige Frauen, deren Männer sich auch _____ die Kinder kümmern und im Haushalt mithelfen, leichter mit der doppelten Belastung fertig werden (cope).

7. Also müssen wir dar____ achten, daß wir einen emanzipierten Mann heiraten!

8. Außerdem können wir nur _____ d____ Bedingung berufstätig sein, daß es wirklich gute Tagesstätten (day-care centers) gibt, wo man gut _____ unsere Kinder sorgt.

E.   Bilden Sie Relativsätze.

1.   Das Beste sind seine humorvollen Geschichten. Kusenberg hat es geschrieben.

2.   Er hat einen einzigartigen Sinn für Humor. Seine Leser sind davon begeistert.

3.   Seine grotesken Geschichten sind unterhaltsam. Mit ihnen zeigt er den Lesern ihre unsinnige Lebensweise.

4.   Die Satiren halten den Lesern einen Spiegel vor. Darin können sie sich selber sehen.

5.   In dieser Geschichte geht es um einen besonderen Menschen. Er ist wirklich einzigartig.

6.   Ein normales Tempo war das einzige. Es enttäuschte ihn.

7.   Er heiratete eine Frau. Er hatte sie erst wenige Stunden vorher kennengelernt.

8.   Seine Frau war auch fortwährend in Eile. Ihr Kind wurde schon nach fünf Monaten geboren.

9.   Sie war Olympiasiegerin. Sie hatte den Hundertmeterlauf gewonnen.

10. Leider starb ihr Mann sehr früh. Seine Ziele waren ihm wichtiger als das Leben selbst.

F.   Ergänzen Sie die Sätze.

1.   Ludwig Liebegern _____ seiner Träume. *(has been waiting for a long time for the woman)*

2.   Er _____ . *(can't wait to get married)*

3.   Ihm ist, als ob er etwas _____, weil er nicht _____ . *(is missing, is not married)*.

4.   Er _____ eine enge Beziehung. *(misses)*

5.   Er muß _____, was ihm die Zukunft bringt. *(wait and see)*

6.   _____ ist _____ . *(according to Ludwig, love, the most beautiful thing in life)*

G.   Ersetzen Sie das kursiv Gedruckte durch sinnverwandte Ausdrücke, und machen Sie die erforderlichen Änderungen.

1.   Diese Studenten *nehmen ihr Studium ernst.*

2.   *Nach meiner* Erfahrung ist ihnen das Studium sehr wichtig.

3.   Ihre Arbeit ist nicht *das einzige,* wofür sie sich interessieren.

4.   Daraus *läßt sich schließen,* daß sie sowohl viel leisten als auch das Leben genießen.

Chapter 6

Günter Seuren (b. 1932) has written novels, stories, poems, and film scripts. One of his main themes is conformity versus rebellion against the establishment. In "Das Experiment" (1965), Seuren argues that societies must encourage women and men to challenge commonly held assumptions. To illustrate this point, Seuren's protagonist decides not to be a "Herdenmensch," not to run with the crowd. Instead, he embarks on an experiment designed to call attention to the need for imaginative and courageous solutions to the problems of the times. Among the foremost problems of the sixties were the cold war, the war in Vietnam, and the threat of nuclear war. Therefore it is not surprising that the protagonist alludes to the need for finding new ways of settling human conflict in order to ensure the survival of our civilization.

Das Experiment
Günter Seuren

„Ich geh rückwärts, weil ich nicht länger vorwärtsgehen will", sagte der Mann. Er war übermittelgroß, bleich vor Anstrengung, sich auf das Rückwärtsgehen zu konzentrieren, und hatte eine vom Wind gerötete Nase. Es blies ein heftiger Westwind und die

5 Böen, die die übrigen Fußgänger, mit denen der Mann in dieselbe Richtung ging, nur als Brise im Rücken empfanden, trafen ihn mitten ins Gesicht. Er bewegte sich langsamer als die anderen, aber stetig wie ein Krebs im Rückwärtsgang.

„Eines Tages", sagte der Mann, „war ich ganz allein in einem

10 windstillen Park. Ich hörte die Amseln neben mir im Gebüsch nach Futter stochern, ich hörte Tauben rufen—und eine große Ruhe überkam mich. Ich ging ein paar Schritte rückwärts, und ich weiß jetzt: wenn man immer nur vorwärtsgeht, verengt sich der Weg. Als ich anfing, rückwärtszugehen, sah ich die übergan-

15 genen und übersehenen Dinge, ich hörte sogar das Überhörte. Sie werden entschuldigen, wenn ich mich Ihnen nicht ganz verständlich machen kann. Verlangen Sie keine Logik von mir, die Entdeckung, die ich gemacht habe, läßt sich nicht in Worte fassen. Und denken Sie auch nicht, daß ich ein Mann der Umkehr

20 bin, nein, ich kehre nicht um, ich . . . " der Mann schwieg ein paar Sekunden und sah entschlossen geradeaus, „es wird Sie verwundern . . . aber ich bin kein Träumer." „Was sind Sie dann?" sagte der Begleiter, ein Mann, der sich im herkömmlichen Vorwärts-

bleich . . . Anstrengung pale with exertion

blasen (ä,ie,a) to blow

die Bö,-en gust of wind

der Krebs,-e a crab

die Amsel,-n blackbird
stochern nach to pick for

sich verengen to become narrow

läßt . . . fassen cannot be put into words

entschlossen determined

herkömmlich conventional

gang bewegte. „So kommen Sie doch nicht weiter. Eines Tages
25   sind Sie stehengeblieben, vielleicht wollten Sie das Gras wachsen
hören, Sie traten ein paar Schritte zurück, um Abstand zu haben.
War es so?"

der Abstand distance

Der rückwärtsgehende Mann sah seinen Begleiter an, sein Blick
war sanft. „Mein Experiment ist noch nicht abgeschlossen", sagte
30   er.

„Glauben Sie, daß Ihre Art der Fortbewegung sich durchsetzen
wird?" sagte der Begleiter.

sich durch·setzen to be generally accepted

„Eine schwer zu beantwortende Frage", sagte der Mann und hielt
den Blick auf einen Punkt gerichtet, den der Begleiter nicht

richten auf to fix on

35   erkennen konnte. „Übrigens ist meine Idee nicht neu. Wie mir
später eingefallen ist, hatte ein längst zu Staub zerfallenes Volk

der Staub dust

ähnliche Probleme zu lösen wie wir. Es war ebenfalls in ein Stadium getreten, wo sein Weiterleben in Frage stand. Es half sich

das Stadium phase

auch auf eine scheinbar seltsame Weise, Sie können auch Trick
40   sagen, wenn Sie so wollen: Fortan wurden kriegerische Auseinan-
dersetzungen unter den einzelnen Stämmen derart ausgetragen,
daß sich die Gegner mit dem Rücken gegeneinanderstellten und
so lange ihre Streiche und Hiebe in purer Luft ausführten, bis ein
Kämpfer nach dem anderen erschöpft zu Boden sank. Schwerat-

Fortan . . . ausgetragen from then on fighting among the various tribes was done in such a manner
Hiebe aus·führen to deal blows
erschöpft exhausted

45   mend fielen ganze Heere ins Gras, und der anschließende Schlaf
war verdient. Es waren tagelange, aber unblutige Schlachten, und
die einzige Folge war ein gewaltiger Muskelkater. Wie finden Sie
das?"

das Heer,-e army
anschließend ensuing
die Schlacht,-en battle
ein . . . Muskelkater very sore muscles

„Zugegeben—ein brauchbares Ventil für Naturvölker", sagte der
50   Begleiter, „aber nichts für uns. Was also versprechen Sie sich von
Ihrem Rückwärtsgang?"

das Ventil,-e outlet
Was . . . von what do you expect to gain from

„Ich hoffe", sagte der Mann, „daß ich die Aufmerksamkeit auf
mich lenke."

„Das tun Sie auf jeden Fall", sagte der Begleiter, „das tut auch ein

lenken auf to attract

55   Dauerklavierspieler oder einer, der fünfzig Kilometer auf Händen
geht."

Aber der rückwärtsgehende Mann ließ sich durch solche
Anspielungen nicht aus der Fassung bringen.

die Anspielung,-en allusion
aus der Fassung bringen to disconcert

„Ich hoffe, ich werde verstanden", sagte er. „Als ich das erstemal
60   rückwärtsging, lebte ich auf."

auf·leben to find a new lease on life

„Schon gut", sagte der andere, „Sie sind nicht der erste, der
solche Ansichten vertritt. Immerhin schlagen Sie etwas Praktisches vor, doch zweifle ich sehr, daß Sie Erfolg haben."

vertreten (i,a,e) to hold

„Erfolg oder nicht", sagte der Mann, „wir sollten es versuchen,
65   wir alle."

„Verzeihung", sagte der Begleiter, „ich denke in Tatsachen:
Haben Sie nie ein Protokoll wegen groben Unfugs bekommen?"
Der rückwärtsgehende Mann sah seinen Begleiter zum erstenmal

Haben . . . bekommen Have you ever been cited for disorderly conduct

voll ins Gesicht.
70   „Ein einziges Mal", sagte er lächelnd, „das war am Anfang, als ich
noch unsicher war."

„Und heute stoßen Sie mit keinem mehr zusammen?"

„Niemals!" sagte der Mann noch immer lächelnd.

Sie schwiegen. Mit elastischen Schritten ging der Mann rück-
75 wärts. Der Begleiter hatte Mühe, ihm zu folgen. Der Mann, der
rückwärtsging, wurde schneller.

„Entschuldigen Sie", sagte er, „ich muß mich leider etwas beeilen.
Ich habe noch eine Verabredung. Auf Wiedersehen." Dann ver-
schwand er im Gedränge. Der andere verlangsamte seinen Schritt   **das Gedränge** crowd
80 wie jemand, der zurückbleibt, um Atem zu holen. Wenige Augen-
blicke später geschah es. Wie aus einem Riß in der Asphaltdecke   **der Riß,-sse** crack
aufgestiegen explodierte ein mehrstimmiger Schrei. Die Men-   **mehrstimmig** coming from several
schen blieben stehen und sahen in eine bestimmte Richtung. Erst   voices
waren es einzelne, dann ganze Gruppen, die sich auf einen
85 schnell anwachsenden Kreis aus Menschen zubewegten.

Als der Begleiter schließlich so weit vorgedrungen war, daß er in   **vor·dringen (a,u)** to get as far as
den Kreis sehen konnte, sah er, daß der Mann, der rückwärtsge-
gangen war, wie eine vom Himmel gefallene große Marionette auf
dem Asphalt lag. Aus dem Kreis sagte jemand: „Der Wagen hat
90 keine Schuld, das kann ich bezeugen." Und ein anderer sagte: „Er   **bezeugen** to attest to
muß betrunken sein. Er ging rückwärts."

Der Begleiter schob sich in die Mitte des Kreises und bückte sich
über den Mann.

„Können Sie mich verstehen?"

95 „Ja", sagte der Mann und bewegte sich nicht. Er lag mit der linken
Wange auf dem Asphalt und sprach in die graue Decke hinein.   **die Wange,-n** cheek
„Versuchen Sie es einmal, wenn Sie ganz allein sind. Irgendwo. In **die Decke** street surface
einem Park oder nachts an einer freien Stelle. Ich hoffe, Sie wer-
den Gefallen daran finden. Und machen Sie es besser als ich."

100 Polizisten betraten den Kreis.

„Können Sie Angaben machen?" sagte ein Polizist zu dem   **Angaben machen** to give details
Begleiter.

„Er wollte rückwärtsgehen", sagte der Begleiter.

„Das ist heute schon der vierte, der das versucht", sagte der
105 Polizist.

„Was ist nur mit den Leuten los?"

Wortschatz

ab·schließen (o,o)	to end, terminate, complete, conclude
der **Abschluß,¨sse**	termination, conclusion, ending
zum Abschluß	in conclusion, finally
der **Anfang,¨e**	beginning
am Anfang	in the beginning
von Anfang an	from the very beginning
anfangs	at first, initially
die **Art,-en**	manner, way, kind
auf (*acc.*)... **Art**	in ... manner
der **Begleiter,-**	companion
begleiten	to accompany

ein·fallen (ä, fiel ein, a;ist)	to occur to, think of (name, word, idea, etc.), remember
mir ist eingefallen	it occurred to me, I remembered
einzelne	some, a few
der **einzelne** (*indefinite adj.*)	individual
empfinden (a,u)	to feel, sense, perceive
die **Empfindung,-en**	feeling; sensation; impression
der **Erfolg,-e**	success
Erfolg haben	to succeed, be successful
erfolgreich	successful
immerhin	nevertheless, at any rate, anyhow
sich konzentrieren auf (*acc.*)	to concentrate on
der **Kreis,-e**	circle
längst	long ago, long since
lösen	to solve, resolve; loosen
die **Lösung,-en**	solution
eine Lösung an·streben	to strive for a solution
die **Mühe,-n**	trouble; effort
sich (*dat.*) **viel / große Mühe geben**	to go to a lot of trouble, try hard
mühelos	painless, effortless, without difficulty
die **Mühelosigkeit**	effortlessness, ease
sich bemühen	to try hard, endeavor
die **Bemühung,-en**	effort, endeavor
nachts	at night, nights
rückwärts	backward
sanft	gentle, peaceful
schließlich	finally, at the end, at last, eventually; after all
die **Schuld**	fault, guilt; *pl.* **,-en** debt
Schuld haben an (*dat.*)	to be at fault, responsible for
schuld sein an (*dat.*)	to be at fault, responsible for
schuldig	guilty
schweigen (ie,ie)	to be / keep silent / quiet, say nothing
tagelang	for days (on end)
die **Verabredung,-en**	appointment, engagement, date
verabreden	to arrange, agree on
wir haben verabredet, daß	we have arranged / agreed to + infinitive
sich verabreden mit (für)	to arrange to meet with (at / on), to arrange a date
verdienen	to deserve; earn
verlangen (von)	to demand, require / ask (of)
versuchen	to try, attempt
der **Versuch,-e**	attempt
Verzeihung	beg your pardon
vor·schlagen (ä,u,a) (*dat.*)	to suggest, propose
der **Vorschlag,⁝e**	suggestion, proposal
vorwärts	forwards
die **Weise,-n**	manner
auf (*acc.*). . .**Weise**	in . . . manner

zugegeben	admittedly, granted
zu·geben (i,a,e)	to admit, grant
zweifeln v.i.	to doubt
zweifeln an (dat.)	to doubt
bezweifeln v.t.	to doubt, question, have o.'s doubts about
der Zweifel,-	doubt
zweifelhaft	doubtful
zweifellos	undoubtedly
verzweifeln	to despair
die Verzweiflung	desperation

Stichworte für die Diskussion

die Denkgewohnheiten	habitual way of thinking
der Herdenmensch(en)	someone who runs with the crowd
die Herausforderung,-en	challenge
der Mitläufer,-	person going along (without dissenting)
das Opfer,-	sacrifice; victim
ein Opfer bringen	to make a sacrifice
das Risiko ein·gehen	to take the risk
der Vorkämpfer,-	champion, pioneer
das Ziel,-e	goal, aim, objective
ein Ziel an·streben	to strive for a goal
sich an·passen an (acc.)	to adjust to
bedrohen	to threaten
bewirken	to effect, achieve
heraus·fordern	to challenge
mit·machen	to go along (without dissenting)
selbständig denken	to think for o.s.
überprüfen	to check, examine, review
wagen	to venture, dare
mutig	courageous
risikofreudig	venturesome, prepared to take risks

Zur Diskussion des Textes

1. Warum geht der Mann rückwärts? Wie verstehen Sie seine Bemerkung, daß sich der Weg verengt, wenn man immer nur vorwärtsgeht?

2. Was für ein Mensch ist der Rückwärtsgehende? Wie charakterisiert er sich selber?

3. In welchen Zeilen wird deutlich, daß es dem Protagonisten unter anderem auch um die Vermeidung (*avoidance*) von Krieg geht?

4. Finden Sie das Verhalten des Mannes sinnvoll? Gibt es Ihrer Meinung nach wirksamere Methoden, gegen den Strom zu schwimmen?

5. Wie interpretieren Sie das Ende der Geschichte?

Kommunikative Situationen

1. Spielen Sie das Gespräch des Rückwärtsgehenden und des Begleiters nach. Verwenden Sie dabei möglichst viele Redemittel und Modalpartikeln dieses Kapitels.

2. Rollenspiel: Die Hauptgestalten aus Kusenbergs und Seurens Geschichten stoßen im Freien zusammen (*collide out-of-doors*) und kommen ins Gespräch. Verwenden Sie möglichst viele Modalverben und die Modalpartikeln **nur, bloß** und **ruhig.**

3. Diskutieren Sie darüber, an welche vordringlichen (*pressing, urgent*) Probleme unserer Zeit Sie beim Lesen von Seurens Geschichte denken und was für mutige Lösungen man anstreben sollte. Verwenden Sie möglichst viele Modalverben.

Aufsatzthemen

1. Arbeiten Sie # 2 oder # 3 der Kommunikativen Situationen schriftlich aus.

2. Gegen den Strom schwimmen: Eine Selbstcharakterisierung. Sind Sie ein risikofreudiger Mensch, der gern neue Wege geht, oder sind Sie eher wie der Begleiter oder der Polizist? Begründen Sie Ihre Antwort, wenn Sie die Frage bejahen. Falls Sie sie verneinen, erklären Sie, was Sie davon abhält, gegen den Strom zu schwimmen. Was würden Sie gern erreichen, wenn Sie neue Wege gingen?

3. Beschreiben Sie eine Gruppe von Menschen in der Geschichte (*history*), die es gewagt haben, neue Wege zu gehen. Was für Ziele haben diese Vorkämpfer angestrebt? Was haben sie erreicht? Was für Opfer hat es sie gekostet?

Redemittel

Expressing certainty, reservations, and doubt

> **Ich bin ganz sicher, daß ich recht habe.**
> *I am quite sure / certain that I'm right.*

> **Ich bin davon überzeugt.**
> *I am convinced of it.*

> **Es besteht kein Zweifel, daß**
> *There is no doubt that*

> **Ich bin mir nicht so ganz sicher.**
> *I am not quite sure.*

> **Ich bin mir nicht im klaren darüber.**
> *I am not sure about it.*

> **Ich weiß nicht so recht.**
> *I don't quite know.*

> **Ich bin unentschlossen.**
> *I am undecided.*

> **Schon, aber** (see p. 163)
> *That may / might be true, but*

Nicht unbedingt.
Not necessarily.

Das ist problematisch.
That's problematic.

Es ist zweifelhaft, ob
It is doubtful that

Das bezweifle ich (sehr).
I doubt that (very much).

Vervollständigen Sie die Sätze.

1. Ich _____ ganz sicher, daß ich _____ habe. Unsere Gesellschaft braucht Menschen wie der Mann in der Geschichte.

2. Ich bin davon _____, daß solche Menschen viel Positives bewirken können.

3. Es _____ kein Zweifel, daß es zu viele Mitläufer gibt. Findest du nicht auch, Tina?

4. Schon, _____ ich _____ _____ nicht so ganz sicher, ob einzelne, die gegen den Strom schwimmen, viel erreichen können.

5. Ich weiß auch nicht _____ recht.

6. Ich bin _____ nicht _____ klar____ dar____, ob man eine Massenbewegung braucht, um die Gesellschaft zu verändern.

7. Das ist _____. Das Problem ist nämlich, daß die schweigende Mehrheit oft unentschlossen ist.

8. Nicht _____ . Sie braucht nur von einigen mutigen Menschen aufgerüttelt (*roused*) zu werden.

9. Dann ist es aber immer noch zweifel____, ob die Massen gewillt sind, Opfer zu bringen. Und das ____zweifle ich sehr.

Die Modalpartikeln bloß, nur und ruhig

In commands, **nur** and **bloß,** often stressed, express an urgent request, warning, or even a threat with implied unpleasant consequences in the sense of *whatever you do, please don't.* In this usage, the stressed modal particle **ja** is synonymous with **bloß** and **nur.**

Mach **bloß / nur / ja** keine Dummheiten!
You'd better not do anything stupid!

Erzählen Sie **bloß / nur / ja** dem Chef nichts davon!
Whatever you do, don't tell the boss about that.

In commands, **nur** and **ruhig,** but not **bloß,** may also express reassurance or encouragement. They have the flavor of (*just*) *go ahead* or *it's all right for you to.*

Versuch es **nur / ruhig!**
Go ahead and try it!

Sag's **nur / ruhig!**
It's all right; just say it! / It's all right to say it.

Laß dir **nur / ruhig** Zeit.
Just take your time, and you'll get it done / manage it.

In questions introduced by an interrogative, **bloß** and **nur** signal the speaker's urgent wish, to the point of irritation, to find out the answer to the question. English equivalents are *interrogative + on earth / in the world,* or simply an urgent tone of voice.

Was ist **bloß / nur** mit dir los?
What on earth is the matter with you?

Wie kann Max **bloß / nur** so etwas Dummes behaupten?
How in the world can Max say something so stupid?

Wo habe ich **nur / bloß** meine Brille hingelegt?
Where in the world did I put my glasses?

In contrary-to-fact wishes (see p. 187) **nur** or **bloß** strengthen the urgency of the wish.

Wenn der Mann **nur / bloß** nicht rückwärts gegangen wäre!
If only the man had not walked backward!

Wäre er doch **nur / bloß** vorsichtiger gewesen!
If only he had been more careful!

Setzen Sie die Modalpartikeln **nur, bloß, ja** oder **ruhig** ein, und drücken Sie den Satz auf englisch aus. Achten Sie dabei auf den Ton.

1.   Was ist mit dir los?

2.   Du weißt doch, daß ich schuld an der Sache bin. Wie konnte ich so etwas Dummes machen?

3.   Wenn ich nicht so blöd gewesen wäre! Ich mag gar nicht darüber sprechen.

4.   Aber erzähl es deinen Eltern! Es ist besser, wenn sie wissen, was in dir vorgeht.

Grammatik

A.   Modal verbs

Modal verbs are used with infinitives of verbs to indicate an attitude or condition with respect to the action expressed by the infinitive. It is best to learn the basic meaning of each modal, since only **können** and **müssen** have literal equivalents in English. The forms of the present and past indicative are presented below. The forms of the general subjunctive (subjunctive II) are discussed in Chapter 8 (see p. 187). Note the irregular forms in the present tense singular. In the indicative past modals never take an umlaut. The dependent infinitives of modals are not preceded by **zu**.

Dürfen: The most common meaning of **dürfen** is to express permission (*may, to be allowed / permitted to*).

Ich **darf,** du **darfst,** er / sie / es **darf,** wir **dürfen,** ihr **dürft,** sie **dürfen**

> Du **darfst** jeder Zeit vorbeikommen.
> *You may come over any time.*

> **Darf** ich einen Vorschlag machen?
> *May I make a suggestion?*

> **Durftest** du ihm das denn sagen?
> *Were you allowed / permitted to tell him that?*

> Nein, eigentlich **durfte** ich ihm das nicht sagen.
> *No, actually I was not allowed / permitted to tell him that.*

Dürfen + **nicht** or **kein** means *must not.*

> Wir **dürfen** das **nicht** vergessen.
> *We must not forget that.*

> Tante Helena **darf keinen** Alkohol trinken.
> *Aunt Helena must not / is not allowed to drink alcohol.*

Können: The most common meaning is to express ability (*can, be able to*).

Ich **kann,** du **kannst,** er / sie / es **kann,** wir **können,** ihr **könnt,** sie **können**

> Das **kann** ich machen.
> *I can / am able to do that.*

> Damals **konnte** Ilse noch 10 Kilometer joggen.
> *In those days, Ilse could / was able to jog 10 kilometers.*

Können can also express possibility (*may*). The speaker assumes something may be true.

> Das **kann** sein.
> *That may be.*

> Der Spieler **kann** verletzt sein.
> *The player might be injured.*

> Der Spieler ist wieder aufgestanden. Also **kann** die Verletzung nicht so schlimm sein.
> *The player got up again. So the injury can't be that bad. / My guess is the injury isn't that bad.*

The past infinitive (the perfect of the main verb + **sein** or **haben**) is used if the conjecture refers to a past action or event.

> Er **kann** es nicht **gewußt haben.**
> *He may not have known it. / He probably didn't know it.*

Keiner meldet sich am Telefon. **Können** sie schon **abgefahren sein**?
No one is answering the telephone. Can they have left already? / Is it possible that they have left already?

Können also is the equivalent of to *know / have learned how to do something* and to *know a language*.

Marie **konnte** schon mit vier lesen.
Marie already knew how to read at age four.

Die meisten deutschen Studenten **können Englisch.**
Most German students know English.

Mögen: The most common meaning of **mögen** is to express liking.

Ich mag, du magst, er / sie / es mag, wir mögen, ihr mögt, sie mögen

The modal **mögen** is used primarily in the subjunctive II **möchte**-forms:

Ich möchte, du möchtest, er / sie / es möchte, wir möchten, ihr möchtet, sie möchten.

Ich **möchte** Ihnen danken.
I wish / would like to thank you.

Möchten Sie einen Kaffee?—Nein danke, ich **mag** Kaffee nicht.
Would you like a cup of coffee?—No thank you, I don't like coffee.

A wish in the past is generally expressed by **wollen.**

Ich **wollte** ihm das nicht sagen.
I did not wish / want to tell him that.

The indicative forms of **mögen** can express conjecture or possibility. If the conjecture refers to a past event or action, the past infinitive is used.

Das **mag** sein.
That may be.

Stefanie **mag** recht haben.
Maybe / For all I know Stefanie is right.

Der Professor **mag** zu viel von den Studenten **verlangt haben.**
It is possible that the professor demanded too much of the students.

Müssen: The most common meaning of **müssen** is to express necessity or compulsion (*must, have [got] to*).

Ich **muß,** du **mußt,** er / sie / es **muß,** wir **müssen,** ihr **müßt,** sie **müssen**

Hilde **muß** das tun.
Hilde must / has to do that.

Mußtest du wirklich schweigen?
Did you really have to keep quiet?

Wir **müssen** ihm Bescheid sagen.
We have / We've got to tell / inform him.

Müssen can also express probability or conjecture. The past infinitive is used if the conjecture refers to a past action or event.

Heiner **muß** bald kommen. Es ist doch schon sieben.
Heiner will probably come soon. After all, it's seven already.

Heiner **muß** schon **losgefahren sein.** Sonst würde er sich doch am Telefon melden.
Heiner must have left already. Otherwise he would answer the telephone.

Müssen is negated by **nicht müssen** or more commonly by an inflected form of **brauchen** + **zu** + infinitive. The **zu** is often omitted in colloquial German. In its modal sense, **brauchen** can only be used in negative sentences.

Du **brauchst** es nicht sofort **(zu) tun.** / Du **mußt** es **nicht** sofort tun.
You don't have / need to do it right away.

The equivalent of *must not* is **nicht dürfen.**

Heike, das **darfst** du **nicht** wieder tun!
Heike, you must not do that again!

Sollen: The most common meaning of **sollen** is to express obligation (*to be supposed to, are to*).

Ich **soll,** du **sollst,** er / sie / es **soll,** wir **sollen,** ihr **sollt,** sie **sollen**

Wir **sollen** ihnen helfen.
We are (supposed) to help them.

Wir **sollten** ihnen gestern helfen.
We were (supposed) to help them yesterday.

Sollen can also mean *to be said to* when reporting hearsay. When this refers to a past event, the past infinitive is used.

Sein Bruder **soll** klüger sein als er. Aber wer weiß, ob das stimmt.
They say his brother is smarter than he. / His brother is said to be smarter than he. But who knows whether that is true.

Peters Freundin **soll** schuld an dem Unfall **gewesen sein.**
Peter's girlfriend is said to have been responsible for the accident. / They say Peter's girlfriend was responsible for the accident. / Peter's girl friend is supposed to have been responsible for the accident.

In questions **sollen** can be the equivalent of *shall.*

Was **soll** ich ihnen vorschlagen?
What shall I suggest to them?

Sollen wir uns mit ihnen verabreden?
Shall we arrange to meet with them?

Wollen: The most common meaning of **wollen** is to express desire or intention (*to want to, intend to*).

Ich **will,** du **willst,** er / sie / es **will,** wir **wollen,** ihr **wollt,** sie **wollen**

> Silke **will** mitkommen.
> *Silke wants / intends to come along.*

> Sie **wollte** mitkommen.
> *She wanted / intended to come along.*

Wollen is frequently the equivalent of the progressive form (*am going to* + infinitive), which inherently expresses intention.

> Wir **wollen** im Sommer eine große Radtour machen.
> *In the summer we are going to / intend to go on a long bike trip.*

> Eigentlich **wollte** ich erst diese Sache erledigen.
> *Actually I was going to / intended to take care of this matter first.*

Wollen can also mean *to claim to*. Frequently the implication is that the claim is false. A claim about a past action or event is expressed by the past infinitive.

> Inge **will / wollte** die einzige sein, die das weiß. Doch das glaubt ihr keiner.
> *Inge claims / claimed to be the only one who knows that.*

Without the following comment, the sentence **Inge will . . .** would mean *Inge wants to be the only one . . . .*

> Stefan **will** am erfolgreichsten **gewesen sein.** Aber ich fürchte, das bildet er sich nur ein.
> *Stefan claims to have been the most successful. But I'm afraid, he's just imagining that.*

The past participle forms of the modal verbs are **gekonnt, gemußt, gewollt, gesollt, gedurft,** and **gemocht.** They are used to form the perfect when the following infinitive is omitted because it is understood.

> Ich habe das noch nie **gekonnt.**
> *I have never been able to do that.*

> Sie haben es so **gewollt.**
> *They wanted it that way.*

> Wir haben es auch nicht **gemocht.**
> *We did not like it either.*

Modal verbs are normally used in the past, even when other verbs in the same context are used in the perfect. If used in the perfect with the infinitive, the so-called double infinitive construction is used. In dependent clauses the verb precedes the double infinitive.

> Ich **konnte** ihr das einfach nicht sagen. Mir **hat** der Mut dazu **gefehlt.**
> *I simply wasn't able to tell her. I lacked the courage.*

Ich habe es ihr einfach nicht **sagen können.**
I simply was not able to tell her.

Ich weiß, daß Frau Krüger sich für morgen **hat verabreden wollen.**
I know that Mrs. Krüger wanted / intended / was going to arrange to
meet tomorrow.

a.   Übersetzen Sie ins Englische.

    1.   Ich mag sie nicht danach fragen.

    2.   Ihr sollt den Wein mitbringen.

    3.   Ich will jetzt ins Büro.

    4.   Fritz will das schon erledigt haben, aber ich bezweifle es.

    5.   Das darf nicht geschehen.

    6.   Wir wollten jetzt eigentlich nach Hause gehen.

    7.   Wir durften ihr das nicht sagen.

    8.   Damals konnten die Angestellten mehr leisten.

    9.   Du mußt nicht mitkommen.

   10.   Ihr braucht nicht mitzukommen.

   11.   Sie mag die Wahrheit gesprochen haben.

   12.   Der Postbote soll schon hier gewesen sein.

   13.   Herr Schlüter kann den Brief bereits geschrieben haben.

   14.   Er hat den Brief leider noch nicht schreiben können.

b.   Auf deutsch. Jeder Satz soll ein Modalverb enthalten.

    1.   Markus would like to accompany us.

    2.   They say he discovered it.

    3.   The president is said to be meeting with them tomorrow.

    4.   His companion claims to have been successful.

    5.   We need to do that soon.

    6.   I didn't want to be the only one.

    7.   That might be true.

    8.   You (*fam. sg.*) must not say that.

    9.   Frauke doesn't have to come.

10. He must have suggested it.

11. I was going to suggest the same thing.

12. Mr. Schröter, you are supposed to require more of them.

B. Comparison of adjectives and adverbs

Adjectives and adverbs add **-er** to form the comparative and **-est** to form the superlative. Attributive adjectives add adjective endings to their comparative and superlative forms; **mehr** and **weniger** are exceptions. Unlike English, you cannot use **mehr** and **meist** to form comparatives and superlatives. Nouns preceded by comparative and superlative forms of attributive adjectives can be omitted if they are clearly understood or implied. In English such omitted predicate nouns can be replaced by *one* or *ones*.

Das ist eine interessante Geschichte, aber ich suche eine **interessantere** (Geschichte).
Die letzte Geschichte ist die **interessanteste.**
Diesmal hatten wir **mehr / weniger** Erfolg.

Comparative forms of predicate adjectives and adverbs do not take endings.

Das Deutsch der Studenten wird immer **besser.**
Die Sängerin hat diesmal noch **schöner** gesungen.

Superlative adverbial forms and predicate adjectives always use the pattern **am** + adjective + **-sten.** The superlative form of **viel** used as an adverb is **am meisten.**

Denglers beide Söhne sind sehr klug, doch ihre Tochter ist **am klügsten.**
Dieser Student sprach **am meisten** und auch **am besten.**

The equivalent of *more and more* + adjective is **immer** + the comparative form of the adjective.

Bücher werden **immer teurer.**

The equivalent of *as . . . as* is **so . . . wie.**

Der jüngere Bruder ist fast schon **so** groß **wie** der ältere.

The equivalents of *just as* are **ebenso, genauso,** and **geradeso . . . wie.**

Hans Wilmer ist **ebenso / genauso / geradeso** erfolgreich **wie** seine Frau.

The equivalent of *than* is **als.**

Jürgens jüngerer Bruder ist größer **als** er.
Markus ist viel ruhiger **als** sein Freund.

Two comparatives are connected by **je . . . desto** or **um so**. The **je**-clause is a dependent clause, and the **desto / um so** + comparative precedes the verb.

Je länger der Mann schwieg, **desto / um so** unsicherer wurde sein Begleiter.
The longer the man kept quiet, the more unsure his companion became.

Je früher ihr kommt, **desto / um so** besser.
The earlier you come, the better.

A number of one-syllable adjectives take an umlaut in the comparative and superlative.

Meine Verlobte ist **älter / größer / jünger / stärker** als ich.

Dieser Weg ist am **längsten / kürzesten.**

The comparative of **gern** + verb is **lieber** + verb. The superlative is **am liebsten.**

Sabine **wandert gern** in der Freizeit.
Sabine likes to hike in her free time.

Ihr jüngerer Bruder liest **lieber.**
Her younger brother prefers to read.

Ihr ältester Bruder hört **am liebsten** Musik.
Her oldest brother likes to listen to music best of all.

Auf deutsch.

1. Mrs. Kühl is our most successful teacher.

2. She explains the grammar best of all.

3. But we prefer to read stories, because stories are more interesting.

4. We liked this story just as much as the last one.

5. But it was more difficult than the last one.

C. Time expressions in the accusative

The accusative is used in noun phrases expressing a definite point in time if no preposition is used.

Nächsten Januar kommt er wieder.

Man wollte eigentlich schon **vergangenen Monat** mit dem Projekt beginnen.

These noun phrases may be replaced by prepositional phrases in the dative.

Am kommenden Montag ist Frau Sölle wieder im Büro.

Unsere Besucher wollten eigentlich schon **im vergangenen Monat** kommen.

The accusative is also used in reference to a period of time.

Wir haben **den ganzen Tag** gearbeitet.

To express duration (*for* + a period of time) German does not use the preposition **für.** Instead, a time expression in the accusative states how long an activity lasted or is going to last. The time expression may be followed by **lang** for emphasis.

Man sah ihn **einen Sommer** (**lang**) nicht.
He was not seen for a (whole) summer.

Sie werden **mehrere Jahre** (**lang**) in Österreich leben.
They are going to live in Austria for several years.

Für is used only with a period of time that states how long the activity or the state suggested or implied by the prepositional time phrase is intended to last.

> Bartrams fliegen **für drei Wochen** nach Europa. (They intend to stay / travel for three weeks in Europe.)
>
> Danach ging Stefan **für ein Jahr** in die Schweiz. (Stefan intended to stay / live for a year in Switzerland.)

Remember that when a continuing activity is referred to, *for* is expressed by **seit** and that the verb must be in the present tense.

> Hannerl studiert **seit drei Monaten** in Wien.
> *Hannerl has been studying in Vienna for three months.*

Auf deutsch.

1. Tomorrow the Schneiders are flying to Germany for a month.

2. They are going to spend (*verbringen*) the whole month in Tübingen.

3. They have been living in the United States for twelve years.

4. Before that they lived in Switzerland for a year.

D. Time expressions in the genitive

Indefinite time is expressed with the genitive.

> **Eines Tages / Abends / Nachts** erschien ein Fremder bei uns.
> *One day / evening / night a stranger appeared at our house.*

Although the gender of **Nacht** is feminine, the masculine genitive form **eines Nachts** grew out of the frequently used **eines Tages.**

Habitual time is expressed by adverbs that reflect the genitive case.

> Ab und zu muß ich **abends / nachts** arbeiten.
> Sie ist **wochentags** immer lange im Büro.

Auf deutsch.

1. I can concentrate best in the morning.

2. Of course I don't like working evenings.

3. Magda has to work nights sometimes.

4. On weekdays we work all day long.

Das passende Wort

A. Most, the most, mostly: **meist-, am meisten, meistens**

Meist- is the superlative of the adjective **viel.** It must be preceded by the definite article. **Meist-** can be used as an indefinite adjective without a following noun if the noun is understood.

Die meisten Leute mögen das.
Most people like that.

Die meisten sind dieser Ansicht.
Most (people) are of this opinion.

Ich habe **das meiste** schon erledigt.
I already took care of most things.

Am meisten is the superlative of the adverb **viel.** The form **am meisten** never takes a final **-s.**

Veronika hat **am meisten** geleistet.
Veronika accomplished the most.

The adverb **meistens** means *mostly* in the sense of *most of the time, in most instances,* or *usually.*

Herr Brandes begleitet seine Frau **meistens** auf ihren Spaziergängen.

The equivalent of *mostly / principally / mainly* is **hauptsächlich.**

Wir sehen uns **hauptsächlich** ausländische Filme an.

The equivalent of *at (the) most* is **höchstens.** It precedes the element it refers to.

Frau Wenders ist **höchstens** vierzig.

Vervollständigen Sie die Sätze.

1. In diesem Semester konzentriere ich mich _____ auf meine Deutschkurse.

2. Ich arbeite _____ _____ für diesen Kurs.

3. _____ macht mir die Arbeit Spaß. Nur manchmal habe ich Schwierigkeiten mit den Aufsätzen.

4. Wie _____ _____ Studenten möchte ich erfolgreich sein.

5. Morgen haben wir eine Prüfung. Ich kann mich _____ zwei Stunden darauf vorbereiten, weil ich noch eine andere Prüfung habe.

6. Zum Glück habe ich _____ _____ schon gelernt.

B. Tonight, last night: **heute abend, heute nacht, gestern abend**

heute abend: tonight (before bedtime), this evening

Ich komme **heute abend** noch kurz vorbei.

heute nacht: last night (after bedtime); tonight (after bedtime)

A synonym for **heute nacht** (*last night after bedtime*) is **letzte nacht.**

Heute / letzte nacht habe ich nur fünf Stunden geschlafen.
Last night I slept for only five hours.

Hoffentlich schlafe ich **heute nacht** besser.
I hope I will sleep better tonight.

gestern abend: last night (before bedtime), last evening

Gestern abend bin ich früh ins Bett gegangen.

Note that these time expressions are adverbial phrases, and that **abend** and **nacht** are therefore not capitalized.

Vervollständigen Sie die Sätze.

1. Heute morgen bin ich müde, denn ich bin _____ _____ öfter aufgewacht.

2. _____ _____ gehe ich bestimmt früh ins Bett.

3. Hoffentlich träume ich _____ _____ nicht wieder schlecht.

4. Mit wem gehst du denn _____ _____ aus? Mit derselben Freundin, mit der ich _____ _____ ausgegangen bin.

C. Equivalents of expressions containing time(s): **-mal, -mals, Mal**

The equivalent of *many times* is **oft.** The word **oftmals** is used only in formal, elevated style.

Wie **oft** warst du schon in der Schweiz? Schon **oft.**

Öfter is the comparative of **oft** and means *from time to time, every once in a while,* or *now and then.* The form **öfters** is colloquial.

Ich besuche meine Eltern **öfter(s).**

Vielmals is not an equivalent of *many times.* It is used only in a few set phrases such as:

Ich danke **vielmals.**
Many thanks.

Ich bitte **vielmals** um Entschuldigung.
I beg your pardon.

Common adverbial combinations containing **-mal(s)** are:

diesmal	this time
jedesmal	every time
manchmal	sometimes
mehrmals	several times
ein andermal	another time
ein paarmal	a couple of times

das erstemal	the first time
zum erstenmal	for the first time
zum letztenmal	for the last time
zweimal, hundertmal, etc.	two times, a hundred times

The noun **Mal** is used with modifiers such as **nächst-** (*next*) or **vorig- / letzt.**

Das **nächste Mal** machen wir es anders.

Voriges / letztes Mal war sie auch nicht da.

Auf einmal means *suddenly*.

Auf deutsch.

1. Mr. Krüger has explained the rules (*die Regel,-n*) many times already.

2. This one he explained three times.

3. We finally understood it for the first time.

4. This time we had to repeat the sentences several times.

5. Let's try it another time.

6. Next time it will be easier.

D. Finally: **endlich, schließlich, zuletzt**

endlich: finally, at last, after a long time (of waiting, often impatiently)

Nach langem Warten haben wir **endlich** einen Brief von ihnen erhalten.

Sonja hat mich **endlich** angerufen.

Ich habe Ninas Buch gefunden!—Na **endlich**!

schließlich: finally, eventually, in the end, ultimately

Schließlich draws attention to the various stages that have preceded.

Ich wollte sie schon oft danach fragen. **Schließlich** wagte ich es.

Ich habe mir immer wieder überlegt, wo ich Urlaub machen könnte und habe mich **schließlich** für Österreich entschieden.

Man gewöhnt sich **schließlich** an alles, wenn man sich nur Mühe gibt.

Wir haben uns lange um eine Lösung bemüht und haben das Problem dann **schließlich** gelöst.

Schließlich can also mean *after all*. It may follow or precede the verb.

Schließlich will jeder erfolgreich sein.

Wir waren nicht böse darüber. Das kann **schließlich** jedem passieren.

Ich habe keine Lust, länger zu warten. **Schließlich** warte ich schon eine Stunde.

zuletzt: finally, last of all, lastly (at the end of a series of events or items)

> **Zuletzt** besuchten wir noch Verwandte in Hamburg, ehe wir von unserer großen Europareise zurückkehrten.

> Zuerst sprach der Mann viel, dann nur noch wenige Worte, und **zuletzt** schwieg er.

> Rüdiger war in vielen Geschäften. **Zuletzt** hat er beim Bäcker frisches Brot gekauft.

Setzen Sie das passende Wort ein.

1. Da bist du ja _____, Renate! Wir warten schon fast eine Stunde auf dich und wollten gerade losgehen.

2. Wir haben die ganze Zeit überlegt, ob wir länger auf dich warten sollten. _____ haben wir entschieden, ohne dich loszugehen.

3. Es tut mir leid, daß ich zu spät gekommen bin. Ich hatte verschiedenes zu erledigen, und _____ wurde ich von einem alten Bekannten aufgehalten, der mir viel zu erzählen hatte.

4. Habt ihr's schon gehört? Maja hat _____ eine Wohnung gefunden! Nach all dem Suchen und Warten!

5. Sie hat sich ja in den vergangenen Monaten viele Wohnungen angeschaut. Sie hat sich _____ für ein Zimmer in der Nähe der Uni entschieden.

6. Zuerst wollte sie ja lieber in einer ruhigeren Gegend wohnen. Doch _____ meinte sie, es wäre praktischer, im Stadtzentrum eine Bude (*room*) zu haben.

E. To remember: **sich erinnern an, einfallen, sich merken,** and other equivalents

sich erinnern an (*acc.*): to remember, recall, recollect

Sich erinnern an is the most general equivalent of *to remember*. Note the spelling erinnern.

> **Erinnerst** du **dich an** diesen Tag?

> Wenn ich **mich** recht **erinnere,** ist dieser Vorschlag nicht neu.

The transitive verb **erinnern an** means *to remind.*

> Bitte **erinnere** ihn morgen früh **an** seinen Arzttermin.

ein·fallen (fällt ein, fiel ein, eingefallen; ist) (*dat.*): to remember, recall (a word, name, title, number), think of (on the spot), occur to

When using **einfallen,** the subject of the English sentence becomes the dative object, and the direct object becomes the subject.

> **Mir fällt** sein Name im Augenblick nicht **ein.**
> *I can't remember his name at the moment.*

Mir ist eben **eingefallen,** daß wir ja Karoline anrufen sollten.
I just remembered that we were supposed to call Karoline.

sich (*dat.*) **merken:** to remember (in the future), commit to memory, make a mental note of facts, such as a word, number, date, place, appointment, etc.

Diesen Ausdruck muß ich **mir merken.**

Merk dir mal Onkel Ottos neue Telefonnummer, Lieschen!

Mein Bruder kann **sich** Zahlen einfach nicht **merken.**

The verbs **wissen** and **denken an** are frequently used in conversations as idiomatic equivalents of *to remember*. They sound less weighty than **sich erinnern an.**

Ich **weiß** das nicht mehr.
I can't remember.

Weißt du noch, als (wann, wie, ob, etc.) . . . ?
Do you remember when (how, whether, etc.) . . . ?

Denk daran, daß du heute zum Zahnarzt mußt.
Remember that you have a dentist appointment today.

Ergänzen Sie die Sätze.

1. _____, was ich dir sagen wollte. (*I just remembered again*)

2. _____, Stefan abzuholen. (*remember*)

3. _____, wann ich ihn abholen soll. (*I can't remember*)

4. Stefan hat ja am 18. Geburtstag.—_____ . (*I have to remember that*)

5. _____ d____ Tag, an dem wir ihn kennengelernt haben? (*do you remember*)

F. To ask: **fragen, fragen nach, bitten um, verlangen**

fragen: to ask, inquire

Fragen is a transitive verb and therefore takes an accusative object in contrast to the intransitive verb **antworten,** which takes a dative object.

Florian **fragte mich,** ob ich die Abfahrtszeit wüßte.

Ich mußte **ihm antworten:** „Da **fragst** du **mich** zu viel. **Frag** doch **den Beamten** da!"

fragen nach: to ask for the way / time / s.o.'s name / opinion / a person

Der Fremde **fragte** die Frau **nach** dem Weg / der Zeit.

Alex hat mich **nach** meiner Meinung **gefragt.**

Jemand hat während der Mittagspause **nach** Ihnen **gefragt.**

bitten (bat, gebeten) um: to ask (for), request someone to do something

Darf ich Sie **bitten,** etwas lauter zu sprechen.

Wir **baten** den Polizisten **um** Hilfe.

Sein Begleiter **hat** ihn **(darum) gebeten,** ihm die Gründe dafür zu erklären.

verlangen: to ask, require, demand

Wir **verlangten** eine Erklärung.

Manche Professoren **verlangen** zu viel von ihren Studenten.

Ergänzen Sie die Sätze.

1. Die Polizisten _____ d____ Begleiter (*sg.*), ob er den Unfall gesehen hätte.

2. Sie _____ die Menge, die Unfallstelle zu verlassen.

3. Einer der Polizisten _____ _____ d____ Identität (*f.*) des Toten.

4. Der andere _____ eine genaue Beschreibung des Unfalls (*accident*).

Wiederholungsübungen

A. Setzen Sie die in Klammern stehenden Wörter in ihrer richtigen Form ein. In manchen Sätzen ist ein bestimmter oder unbestimmter Artikel hinzuzufügen.

1. Die Studenten konzentrieren sich jetzt auf _____ _____ Übungen. (dies-, wichtig)

2. Sie geben sich wirklich _____ Mühe. (groß)

3. Wie gefällt _____ _____ Studenten _____ _____ Lehrbuch? (kritisch, neu)

4. Das können sie erst _____ Monat richtig beurteilen, wenn sie das Buch durchgearbeitet haben. (nächst-)

5. Jedenfalls machen _____ _____ Übungen _____ _____ _____ Spaß. (einig-, schwer, dies-, Deutschlernend-, groß)

6. _____ Mal haben sie _____ _____ Vorschläge gemacht, wie _____ _____ Übung interessanter gemacht werden könnte. (vorig-, mehrer-, nützlich, langweilig)

7. Auf _____ Weise werden _____ _____ Übungen noch nützlicher. (dies-, solch-, notwendig)

8. Einiges war _____ _____ Professorin gar nicht eingefallen. (ihr-, erfahren-)

9. Einige Studenten haben heute wieder etwas _____ vorgeschlagen. (Interessant-)

10. Manche waren zuerst _____ Ansicht, aber dann fanden sie _____ _____ Vorschlag doch gut. (ander-, originell)

B. Setzen Sie die fehlenden Präpositionen ein oder die Zusammenziehungen von Artikel und Präposition.

1. Dieter, ein schüchterner Informatikstudent (*computer science student*), mochte Ingrid _____ Anfang _____ gern.

2. Aber _____ Anfang war er unsicher.

3. Er war sich nicht dar____ _____ klaren, ob Ingrid sich auch für ihn interessierte.

4. Er zweifelte dar____, ob sie sich _____ ihm verabreden würde.

5. Doch schließlich faßte er sich ein Herz (*took courage*) und verabredete sich _____ ersten Mal _____ ihr.

6. Sie verabredeten sich _____ sieben Uhr den nächsten Abend.

7. Ingrid wartete vorm Kino _____ Dieter, aber er kam und kam nicht.

8. Als Dieter endlich eine halbe Stunde zu spät erschien, bat er Ingrid _____ Entschuldigung.

9. Er erklärte ihr verzweifelt: Ich bin nicht dar____ schuld, daß ich zu spät komme.

10. Der Computer hat dar____ Schuld. Der hat nämlich vergessen, mich _____ unser Treffen zu erinnern.

C. Vervollständigen Sie die Sätze.

1. _____ meisten wissenschaftlichen Assistenten (*research assistants*) _____ sich große Mühe in ihrer Forschung (*research*).

2. Sie konzentrieren _____ sehr _____ ihr____ Experimente.

3. Oft haben sie ebenso gute Ideen _____ ihre Professoren.

4. Und manchmal sind ihre Ideen sogar besser _____ die der Professoren.

5. _____ mehr sie sich in ihre Arbeit vertiefen, _____ erfolgreicher sind sie.

6. Doch einige der wissenschaftlichen Assistenten arbeiten _____ (*at most*) halb soviel _____ die fleißigsten.

7. Sie sind scheinbar _____ Ansicht, daß man auch Erfolg _____ kann, ohne _____ allzu sehr zu bemühen.

8. _____ Meinung sind wir nicht. Wir sind da____ überzeugt, daß ein Zusammenhang zwischen Fleiß (*hard work*) und Erfolg besteht.

9. Es _____ kein Zweifel, daß die Fleißigsten _____ _____ (*the most*) leisten.

10. Deshalb fragen wir uns: Wie können manche Assistenten _____ (*modal particle*) so gleichgültig (*indifferent*) an ihre Arbeit gehen?

D.   Auf deutsch.

1.   There is no doubt that our company is having problems.

2.   Some people ask / demand that we keep quiet about this.

3.   We are trying to solve our problems.

4.   Some employees are going to a lot of trouble to develop new ideas.

5.   But really new ideas haven't occured to anyone yet.

6.   Mr. Wüst claims to have a solution. But we doubt it. (Use a modal verb.)

7.   We doubt its usefulness (*die Nützlichkeit*).

8.   Some colleagues are said to have experience in these matters.

9.   What do you think of their suggestions?

10.   I don't quite know. I am undecided.

E.   Ersetzen Sie das kursiv Gedruckte durch sinnverwandte Ausdrücke, und machen Sie die erforderlichen Änderungen.

1.   Sag Tobias *bloß* nicht, daß ich *mich* jetzt öfter mit Rosi *verabrede*.

2.   Denn ich *bin mir nicht im klaren darüber*, ob ihm das recht ist.

3.   Das weiß Tobias doch schon *seit langem*.

4.   Es *soll* ihm egal sein.

5.   Denk *nur* nicht, daß er Rosi vermißt.

6.   Er ist ja *höchstens* einen Monat fest mit ihr gegangen.

7.   Tobias *will* schon wieder eine neue Freundin haben.

8.   Zwar habe ich ihn mehrmals mit derselben Frau gesehen, aber ich *weiß nicht*, ob er mit ihr fest geht.

9.   Sie *soll* sehr nett sein.

10.   Die sieht so freundlich aus. Die *muß* in Ordnung sein.

F.   Sprechen Sie miteinander.

1.   Drücken Sie gewisse Ansichten aus, von denen Sie fest überzeugt sind. Jemand anders bezweifelt Ihre Überzeugungen. Verwenden Sie die Redemittel dieses Kapitels.

2.   Sie bitten jemanden um Rat (*advice*). Sie fragen: „Was meinst du, soll ich . . . ?" Die Antworten sollen die Modalpartikeln **nur** und **ruhig** enthalten.

3.   Ein Rollenspiel: Spielen Sie einen Streit zwischen sich und einem Freund / einer Freundin. Verwenden Sie die Modalpartikeln **aber, bloß, denn, doch, ja,** und **nur.**

4.   Erzählen Sie jemandem von Ihren Zukunftsplänen, wobei Sie möglichst viele Modalverben verwenden.

5.   Sprechen Sie über bekannte Persönlichkeiten, und zwar darüber, was Sie über sie gehört haben, was sie von sich behaupten (*claim*) und was Ihre Schlüsse (*conclusions*) über sie sind. Verwenden Sie die Modalverben **sollen, wollen** und **müssen.**

6.   Vergleichen Sie sich mit jemandem, den Sie gut kennen. Verwenden Sie die Äquivalente für *than* und *as. . .as.*

7.   Sprechen Sie über etwas, was Ihnen zuerst schwer gefallen ist (*was difficult for you*), woran Sie manchmal zweifelten, ob es Ihnen gelingen würde und was schließlich ein Erfolg für Sie wurde. Verwenden Sie die verschiedenen Äquivalente für *to try hard, to doubt, finally,* und *to succeed.*

8.   Erzählen Sie einander, wie Sie den vergangenen Sommer verbracht haben oder den kommenden Sommer verbringen werden. Verwenden Sie Zeitausdrücke mit oder ohne Präpositionen, und achten Sie auf den richtigen Gebrauch von **für.**

9.   Sprechen Sie darüber, was Sie gestern abend gemacht haben und was Sie heute abend lieber / am liebsten machen würden.

10.   Ein Rollenspiel: Angenommen, Sie sind ein Paar, das heute den ersten Jahrestag (*anniversary*) Ihres Kennenlernens feiert. Führen Sie ein Gespräch, in dem Sie die verschiedenen Äquivalente für *to remember* verwenden.

Zusätzliche Übungen

A.   Setzen die Modalpartikeln **bloß, ja, nur,** und **ruhig** ein, und drücken Sie den Satz auf englisch aus. Achten Sie dabei auf den Ton.

1.   Guck mal Mutti! Was ist mit dem Mann da los? Der geht ja rückwärts!

2.   Laß ihn, Susi. Der muß betrunken sein.

3.   Sie da, passen Sie auf! Sonst passiert Ihnen 'was.

4.   Wenn er auf mich hören würde!

B. Setzen Sie die fehlenden Präpositionen oder die Zusammenziehungen von Artikel und Präposition ein.

1. Wenn man _____ ersten Mal seine Familie verläßt, um ins College zu gehen, fühlt man sich wie befreit.

2. Das liegt nicht dar_____, daß man keine gute Beziehung zu seinen Eltern hat.

3. _____ Gegenteil. Oft versteht man sich sehr gut mit ihnen.

4. Doch gibt es gewisse Spannungen (*tensions*), _____ denen keiner eigentlich schuld ist.

5. Aber man ist sich _____ klaren darüber, daß man unabhängiger von den Eltern werden möchte.

6. Man ist da_____ überzeugt, daß man auf eigenen Füßen stehen kann.

7. Aber manchmal zweifelt man _____ Anfang seiner neuen Unabhängigkeit _____ seiner Fähigkeit, seine eigenen Probleme zu lösen.

8. Wenn man ein größeres Problem zu lösen hat, neigt man zuerst da_____, es mit seinen Eltern besprechen zu wollen.

9. Jedoch oft genügt es, sich dar_____ zu erinnern, wie die Eltern einem früher zu helfen versucht haben.

10. Dann konzentriert man sich _____ die verschiedenen Möglichkeiten, die Herausforderung zu bewältigen (*come to terms with the challenge*) und findet _____ diese Art seine eigene Lösung.

C. Ergänzen Sie die Sätze, so daß jeder Satz ein Modalverb enthält.

1. Weil wir junge Menschen dazu neigen, idealistisch zu sein, _____ wir vieles in der Gesellschaft ändern. (*would like to*)

2. Wir sind der Meinung, vieles _____ einfach _____ so bleiben, wie es jetzt ist. (*must not*)

3. Wir sind davon überzeugt, daß etwas getan werden _____ .(*has / needs*)

4. An unserer Universität gibt es Studenten, die die Erfahrung gemacht haben, daß man nicht weit zu gehen _____, um helfen zu können. (*have to*)

5. In der eigenen Umgebung (*surroundings*) _____ man viel Gutes tun. (*is able to*)

6. Zum Beispiel _____ die Nachhilfe (*tutoring*) sehr nützlich sein, die manche Studenten einzelnen Schülern in nahe liegenden Schulen geben. (*is said to be*)

7. Diese Art von Hilfe _____ die Schüler motivieren. (*is supposed to*)

8. Die Nachhilfe _____ diesen Schülern tatsächlich helfen. (*may*)

9. Die Studenten _____ noch mehr profitieren als ihre jungen Schüler. (*claim to*)

10. Sie _____ einen Unterschied bei diesen Schülern machen, und das scheint ihnen gelungen zu sein. (*were going to*)

11. Diese Studenten _____ einen großen Einfluß auf ihre Schüler gehabt haben. (*it is possible*)

12. Denn auf einmal _____ die Schüler Sachen, die sie früher nie gekonnt haben. (*know how to do*)

D. Ergänzen Sie die Sätze.

1. Mir _____ eben _____, daß ich Ulf _____ seinen Termin _____ . (*to remember, supposed to, to remind of*)

2. Ulf versucht zwar, _____ Daten und Zeiten zu _____, aber es gelingt ihm nicht immer. (*to remember*)

3. Er hat eigentlich ein gutes Gedächtnis. Außer _____ Zahlen kann er _____ _____ alles _____ . (*to remember*)

E. Ergänzen Sie die Sätze.

1. Thomas _____ regelmäßig in sein Tagebuch. (*has been writing for four years*)

2. Neulich las er, was er _____ seines Studiums geschrieben hatte. (*at the beginning*)

3. _____ war ich ein Mensch, der _____, sich selbst kennenzulernen. (*from the very beginning, tries hard*)

4. Hier im College lerne ich _____ Studenten kennen, denen die Selbstfindung _____ mir ist. (*more and more, just as important as*)

5. _____, daß uns das manchmal sogar wichtiger ist _____ das Lernen für unsere Kurse. (*there is no doubt, than*)

6. _____ wir über unser Leben nachdenken, _____ unsicherer sind wir uns hinsichtlich unserer Zukunft. (*the more, the*)

7. Im Augenblick _____, wie ich mir mein zukünftiges Leben vorstellen soll. (*I don't quite know*)

8. _____, daß ich mir einen Beruf wünsche, in dem ich viel Kontakt mit anderen Menschen habe. (*I am getting more and more convinced [of the fact]*)

9. _____ meinen Mitmenschen irgendwie helfen. (*best of all I would like to*)

10. Aber ich _____, auf welche Art ich das _____ tun könnte. (*am not quite sure yet, best of all*)

F. Ersetzen Sie das kursiv Gedruckte durch ähnlich bedeutende Ausdrücke, und machen Sie alle notwendigen Änderungen.

1. Tag, Rüdiger.—Hallo, Niels. Setz dich doch zu mir!—Du Niels, mir ist eben etwas *Merkwürdiges* mit einer Bekannten an dem Tisch dort drüben passiert.

2. Ich habe Susanne *zuerst* am Anfang des Semesters kennengelernt.

3. In den folgenden Monaten sind wir uns *mehrere Male* begegnet, und ich hatte den Eindruck, sie *hatte nicht vergessen, wer ich war.*

4. Aber heute tut sie *plötzlich* (*suddenly*) so, als ob sie mich nicht kennte.

5. Ich erinnerte sie an das *vorige* Mal, daß wir miteinander gesprochen hatten.

6. Doch sie *will* das nicht mehr wissen. Ob ich ihr das glauben soll?

G. Auf deutsch.

1. Most students tried hard to write good papers (*Arbeiten*).

2. But Helga went to the most trouble.

3. She wrote mostly about the films (*der Film,-e*) of Wim Wenders.

4. We discussed her paper for half an hour.

5. Most things were interesting to the other students.

6. At most half the students had seen a film by Wenders.

7. Tonight we are going to see his most recent (*neust-*) movie.

8. When I saw his movie "Der Himmel über Berlin" for the first time, I was confused.

9. I asked myself: What in the world is the film supposed to mean?

10. After I discussed it with Helga and the other students, I understood it much better.

Chapter 7

The awareness that our way of life is endangering the planet is growing everywhere in the industrialized world, but perhaps nowhere as acutely as in Germany. The German-born philosopher Hans Jonas (1903–1993), who taught many years at the New School for Social Research in New York, was one of the first philosophers to ponder the question of humankind's responsibility toward the earth. Both in this interview[1] and in his book, *Das Prinzip Verantwortung. Versuch einer Ethik für die technologische Zivilisation*,[2] Jonas pleads for humans to restrain their exploitation of nature. His alarming assessment of the future of our planet is coupled with an urgent call to action to turn the present course around. Jonas received many honors, among them the *Friedenspreis des deutschen Buchhandels*[3] in 1987 and an honorary degree from the Freie Universität Berlin in 1992.

Über den Umgang der Menschheit mit der Natur
Ein Interview mit Hans Jonas

Spiegel: Herr Jonas, vor 13 Jahren haben Sie Ihr Buch „Das Prinzip Verantwortung" veröffentlicht. In diesem Werk rufen Sie die Menschheit dazu auf, sich ihrer Verantwortung gegenüber der von Technik und Industrie bedrohten Natur bewußt zu werden,

5 13 Jahre später: Hat sich im Umgang des Menschen mit der Natur irgend etwas verbessert?

    im Umgang . . . in dealing

Jonas: Im tatsächlichen Umgang nichts, doch immerhin etwas im Bewußtsein der Menschen: 1979, als mein Buch erschien, war der Ruf nach Verantwortung des Menschen für die Natur noch nicht

10 so oft gehört und diskutiert wie heute.

Spiegel: Und was hat sich am realen Zustand geändert?

Jonas: Der reale Zustand hat sich in summa nur verschlechtern können. Bis jetzt ist nichts geschehen, um den Gang der Dinge zu verändern, und da dieser kumulativ katastrophenträchtig ist,

    katastrophenträchtig *rife with catastrophy*

15 so sind wir heute dem bösen Ende eben um ein Jahrzehnt näher als damals.

[1]This text is a shortened version—the wording itself has not been changed in any way—of an interview conducted by Matthias Matussek and Wolfgang Kaden. 'Dem bösen Ende näher," <u>Der Spiegel</u>, 20 (1992), S. 92.

[2]Hans Jonas, *Das Prinzip Verantwortung. Versuch einer Ethik für die technologische Zivilisation* (Frankfurt a. M.: Insel Verlag, 1979). Hans Jonas, *The Imperative of Responsibility: In Search of an Ethics for the Technological Age*, trans. Hans Jonas and David Herr (Chicago: University of Chicago Press, 1984).

[3]A prize given annually to an elected author of any nationality or race at the book fair in Frankfurt a.M. in recognition of his or her efforts to promote international understanding.

Spiegel: Zusammengefaßt lautet mithin die Diagnose: Die Einsichtsfähigkeit des Menschen nimmt zu. Die Fähigkeit, nach
diesen Einsichten zu handeln, nimmt jedoch ab.

lautet mithin goes/reads therefore

20 **Jonas:** Ja, sie nimmt ab. Die Menschen können sich nicht
freimachen von den Sachzwängen, in die sie sich mit dem technologischen Anschlag auf die Natur begeben haben. Der Raubbau
an der Natur ist übergegangen in die Lebensgewohnheiten der
Menschen, besonders die der westlichen Industriegesellschaft.

der Sachzwang, ⸚e constraint

der Raubbau an overexploitation of

25 **Spiegel:** Ozonloch und Klimakatastrophe drohen; Luft, Wasser
und Boden sind in weiten Teilen der Erde schwer geschädigt
oder schon zerstört. Wie ist es zu erklären, daß solche Signale zu
keinen durchgreifenden Verhaltensänderungen führen?

Jonas: Wer nicht selbst unmittelbar bedroht ist, ringt sich nicht
30 zu einer wirklichen Revision der Lebensführung durch. Bei einer
akuten Bedrohung ist das anders, individuell und kollektiv. Wenn
der Vulkanausbruch beginnt, dann flüchtet man. Auf unmittel-
bare Bedrohung reagiert der Mensch unmittelbar, mal rational,
mal irrational. Die Fernperspektiven aber, besonders wenn sie
35 erst künftige Generationen betreffen, bringen die Menschen
offenbar nicht zu Verhaltensänderungen.

durchgreifend drastic/far-
reaching/sweeping
unmittelbar directly
sich durch·ringen (a,u) to force/bring
o.s.

Spiegel: Tschernobyl war ein Schock.[4] Aber er wirkte nur
kurzfristig. Man könnte die ketzerische Frage stellen: Braucht die
Menschheit mehr Tschernobyls?

kurzfristig short term
ketzerisch heretical

40 **Jonas:** Die Frage ist nicht unberechtigt. Sie ist zynisch, und die
Antwort ist auch zynisch. Vielleicht ist der Mensch ohne ernst-
hafte Warnschüsse und schon sehr schmerzhafte Reaktionen der
gepeinigten Natur nicht zur Vernunft zu bringen. Es könnte sein,
daß es schon ziemlich schlimm kommen muß, damit man aus
45 dem Rausch immer wachsender Bedürfnisse, zu der man die
Macht hat, wieder zurückkehrt zu einem Niveau, das mit dem
Fortbestand der dafür nötigen Umwelt verträglich ist. Es muß
wieder ein einigermaßen stabiles Gleichgewicht zustande kommen. Es könnte bei der jetzigen Menschenzahl, die noch im
50 Steigen ist, dafür schon zu spät sein. In dem Fall müßte die bis-
herige Vermehrung sogar in eine Wiederverminderung der Weltbevölkerung umgekehrt werden.

gepeinigt tormented

der Rausch frenzy

das Niveau level

muß ... kommen a fairly stable
balance must be achieved

Spiegel: Kürzlich wurde in einer deutschen Fernsehsendung an
die Zuschauer die Frage gerichtet: Ist die Erde noch zu retten?
55 75 Prozent derer, die sich meldeten, verneinten die Frage. Es ist
doch erstaunlich, daß trotz solch apokalyptischer Einschätzungen die Menschheit einfach so weitermacht wie bisher.

Jonas: Was heißt hier „retten"? Was „Untergang"? In Gefahr ist
nicht „die Erde", sondern ihr gegenwärtiger Artenreichtum, in
60 dem wir eine schreckliche Verarmung anrichten.
Erdgeschichtlich, über die Jahrmillionen, wird auch das nur
eine Episode sein, aber menschengeschichtlich kann es das
tragische Scheitern höherer Kultur überhaupt bedeuten, ihren

die Einschätzung, -en assessment

Was ... hier What does ... mean

der Artenreichtum wealth of species

an·richten to cause

das Scheitern breakdown

---

[4]In April 1986 a serious nuclear accident occurred 60 miles from Kiev that spewed clouds of radiation over several European countries

Absturz in eine neue Primitivisierung, die wir durch gedanken-
lose Verschwendungssucht auf der Höhe unserer Macht ver-
schuldet hätten.

Spiegel: Was meinen Sie mit Primitivisierung?

Jonas: Daß es zu Massenelend, Massensterben und Massenmor-
den kommt, daß es dabei zum Verlust aller der Schätze der
Menschlichkeit kommt, die der Geist außer der Ausbeutung der
Natur ja auch hervorgebracht hat.

Spiegel: Moderne Demokratien verheißen dem einzelnen die
Möglichkeit individueller Glückserfüllung; „pursuit of happiness"
heißt es in der amerikanischen Verfassung. Sind Sie der Ansicht,
daß solche Präambeln ersetzt werden müssen durch andere, die
das Allgemeinwohl und die Erhaltung der Natur als oberste Ziele
herausstellen?

Jonas: Sie werfen ein Frage auf, die man ganz kapital so formulieren kann: War vielleicht die Modernität ein Irrtum, der
berichtigt werden muß? Ist der Weg richtig, den wir mit dieser
Kombination von wissenschaftlich technischem Fortschritt und
der Steigerung individueller Freiheit erreicht haben? War das
moderne Zeitalter in gewissen Hinsichten ein Irrweg, der nicht
weitergegangen werden darf? Der Philosoph ist durchaus frei, das
zu überdenken und sogar zu gewissen Schlüssen zu kommen.
Aber ob das irgendwo Gehör findet, ob es möglich ist, die Menschen zu einer solchen Umkehr zu bewegen, ist doch die Frage,
an die wir dauernd stoßen. Ich habe keine Antwort auf die Frage,
wie die sich jetzt abzeichnende und unzweifelhafte Gefährdung
der menschlichen Zukunft im Verhältnis zur irdischen Umwelt
abgewendet werden kann. Ich weiß nur eines: Man darf die Frage
nicht zur Ruhe kommen lassen. Sie immer neu zu stellen; immer
neu zu überdenken; immer neu auch daran mitzuarbeiten, daß
sich ein schlechtes Gewissen in den ungeheuerlichen Hedonismus
der modernen Genußkultur hineinfrißt - dies ist eine unabweis-
bare Pflicht.

Spiegel: Von Brecht stammt der Satz: „Erst kommt das Fressen,
dann kommt die Moral." Ist der Dialog, den wir hier über den
notwendigen Verzicht führen, vielleicht ein Dialog der Gesät-
tigten, der Begünstigten? Wir reden von der westlichen Industriewelt: die östlichen Länder kämpfen derzeit verzweifelt um
einen höheren Lebensstandard; von der südlichen Halbkugel
wollen wir gar nicht reden, da können die Menschen auf gar
nichts verzichten.

Jonas: Auf die große Vermehrung könnten die Menschen in der
Dritten Welt schon verzichten. Aber es stimmt vollkommen, das
macht unseren ganzen Diskurs verdächtig, daß es ein Gespräch
unter den Bevorzugten ist. Wenn da von Bescheidung und
Verzicht die Rede ist, haben wir in den westlichen Industrie-
staaten einen großen Spielraum; selbst ein beträchtliches Herab-
steigen läßt uns noch auf ziemlich hohem Niveau. Man darf den
Notleidenden und Hungernden dieser Erde nicht mit ir-

Glossary (margin):

der Absturz, ͞e plunge

die Verschwendungssucht extravagance

das Massenelend large-scale suffering

verheißen to promise

die Verfassung constitution

Gehör finden to be heeded

sich ... Gefährdung the unquestionable threat now looming

ab·wenden to avert

ungeheuerlich monstrous/appalling

unabweisbar inescapable

der ... Begünstigten of those whose needs are satisfied
derzeit at present

verdächtig suspect

unter den Bevorzugten among the privileged
die Bescheidung contentment with little
beträchtlich considerable

der/ein Notleidende/r destitute person

gendwelchen Ansinnen kommen, sie sollten verzichten.
Ausgenommen die Fortpflanzung, da kann man Beschränkung
115 verlangen.

Spiegel: Marx hat gefordert: Die Philosophie muß die Welt nicht
interpretieren, sie muß sie verändern. An Sie die Frage: Kann der
Philosoph, kann die Philosophie die Welt verändern? Welche
Rolle spielt der Philosoph heute? Soll er sich einmischen? Kann er
120 Prozesse einleiten, steuern?

Jonas: Nein, wahrscheinlich nicht. Die Philosophie kann dazu
beitragen, daß in der Erziehung ein Sinn dafür entwickelt wird,
wie sich menschliches Handeln auf längere Sicht auf das sehr
delikate Gewichtsverhältnis zwischen menschlichen Ansprüchen
125 und Leistungsfähigkeit der Natur auswirkt. Sie kann durch ihre
Reflexion und Artikulation daran mitwirken, daß Initiativen zur
Rettung und Erhaltung der Umwelt zustande kommen. Kommt
es zu ihnen, dann haben die Wirtschaftler, Politiker und Einzel-
wissenschaftler sehr viel mehr zu sagen als der bestinformierte
130 Philosoph. Aber dann bleibt immer noch eine Aufgabe der
Philosophie: zu wachen über die Menschlichkeit der Maßnahmen,
mit denen man das Unheil zu stoppen versucht.

das Ansinnen unreasonable demand

die Fortpflanzung reproduction
die Beschränkung limitation/restriction

der Anspruch,ꞋꞋe demand/requirement

mit·wirken an (*dat.*) to play a part in

Wortschatz

ab·nehmen (nimmt, nahm, genommen)	
v. i.	to decrease; lose weight
zu·nehmen *v. i.*	to increase; gain weight
die **Ausbeutung,-en**	exploitation
aus·beuten	to exploit
sich aus·wirken auf (*acc.*)	to have an effect on
die **Auswirkung,-en auf** (*acc.*)	effect on
bedrohen	to threaten, endanger
die **Bedrohung,-en**	threat
bedrohlich	threatening, dangerous, alarming
das **Bedürfnis,-se**	need
bei·tragen (ä,u,a) zu	to contribute to
der **Beitrag,ꞋꞋe**	contribution
einen Beitrag leisten zu	to make a contribution to
betreffen (i,betraf,o)	to concern
was + *acc. . . .* **betrifft**	as far as . . . is / are concerned
sich (*dat.*) **bewußt werden / sein**	
+ (*gen.*)	to become / be aware / conscious of, realize
ich war mir dessen nicht bewußt	I wasn't aware of that
wir sind uns der Gefahr bewußt	
geworden	we've become aware of the danger
das **Bewußtsein**	consciousness
die **Bevölkerung,-en**	population, people
bisher	until / up to now
bisherig	prior, previous
entwickeln	to develop
die **Entwicklung,-en**	development

das **Entwicklungsland,-er**	developing country
unterentwickelt	underdeveloped
die **Erhaltung**	preservation, conservation
erhalten (erhält,ie,a)	to preserve, maintain; receive
die **Fähigkeit ,-en**	ability
fähig zu	capable of
die **Gefahr,-en**	danger
gefährlich	dangerous
gefährdet	endangered; at risk
die **Gefährdung**	endangering
gegenwärtig	present, current
die **Gegenwart**	present
die **Gesellschaft,-en**	society
gesellschaftlich	social, societal
das **Gewissen**	conscience
das **Gleichgewicht**	balance
handeln	to act, take action, carry out an action
richtig / falsch handeln	to do the right / wrong thing
der **Irrtum**	mistake, error
sich **irren**	to be mistaken / wrong
kämpfen um	to fight / struggle for (the preservation of s.th.)
kämpfen für	to fight / struggle for (the attainment of a goal)
der **Kampf,-e um / für**	fight / struggle for
bekämpfen *v.t.*	to fight, combat
kürzlich	recently, a short while ago
die **Lebensgewohnheit,-en**	life-style habits
die **Leistungsfähigkeit**	productivity, competitiveness, efficiency
leistungsfähig	able, capable; competitive, efficient, productive
die **Macht,-e**	power
mächtig	powerful
die **Maßnahme,-n**	measure
Maßnahmen treffen (i, traf, o) / ergreifen (ergriff, ergriffen)	to take measures / steps
reagieren auf (*acc.*)	to react to
die **Reaktion,-en auf** (*acc.*)	reaction to
retten	to save (from extinction / death)
die **Rettung**	rescue, saving, salvation
der **Schluß,-sse**	conclusion
einen Schluß ziehen (zog, gezogen) aus	to draw a conclusion from
schließen (o,o) aus	to conclude from
der **Sinn für**	sense of
die **Umwelt**	environment
die **Verantwortung,-en**	responsibility
verantwortlich	responsible, at fault
verantwortungslos	irresponsible
die **Verhaltensänderung,-en**	change in conduct / behavior
das **Verhalten**	conduct, behavior

die **Verhaltenswissenschaften**	behavioral sciences
das **Verhältnis,-se**	relationship; *pl.* circumstances
im Verhältnis zu	in comparison with
der **Verlust,-e**	loss
verlieren (o,o)	to lose
die **Vernunft**	reason, good sense
vernünftig	reasonable, sensible, rational
zerstören	to destroy
die **Zerstörung,-en**	destruction
das **Ziel,-e**	goal
der **Zustand,-̈e**	condition; state of affairs, situation

Stichworte für die Diskussion

die **Entsorgung**	waste disposal
der **Giftmüll**	toxic / hazardous waste
die **Konsumgesellschaft,-en**	consumer society
der **Müll**	garbage
den **Müll sortieren**	to sort / separate the garbage
die **Naturschätze**	natural resources
die **Ökokrise**	ecological crisis
die **Ökologie**	ecology
das **Ökopapier**	recycled paper
das **Recycling**	recycling
die **ökologische Sanierung**	environmental cleanup
die **Umweltsanierung**	clean up of the environment
der **Umweltschutz**	environmental protection
die **Umweltverschmutzung**	environmental pollution
das **Wachstum**	growth
die **Wiederverwertung**	recycling
konservieren	to conserve
konsumieren	to consume
zu Lasten der Nachwelt leben	to live at the expense of future generations
wieder·verwerten	to recycle
ökologisch	ecological
umweltbewußt	aware of the environment
umweltfreundlich	environmentally friendly
umweltschädlich	harmful to the environment
verseucht	polluted
wiederverwertbar, recycelbar	recyclable

Zur Diskussion des Textes

1. Von was für einer Verantwortung spricht Jonas? Was meint er mit dem Gleich-gewicht, das wieder hergestellt (*restored*) werden muß? Halten Sie das für möglich?

2. Warum haben die Menschen ihr Verhalten zur Umwelt Jonas' Meinung nach bisher nicht geändert? Finden Sie Jonas' Begründung (*reasons*) überzeugend? Fallen Ihnen andere Gründe ein?

3. Wozu werden nach Jonas die Ausbeutung der Natur und die Überbevölkerung führen? Was halten Sie von seiner Prognose?

4. Inwiefern könnte Modernität als Fehlentwicklung (*mistake*) aufgefaßt (*interpreted*) werden? Was spricht Ihrer Meinung nach dafür und was dagegen?

5. Warum ist es nach Jonas so schwierig, einen globalen Diskurs über die Umweltgefährdung zu führen? Stimmen Sie mit ihm überein?

6. Inwiefern kann ein strategischer Pessimismus, wie Jonas ihn zum Ausdruck bringt, dazu beitragen, die Umweltkrise in den Griff zu bekommen (*gain control of*)? Was gibt Ihnen Grund zur Annahme, daß wir die Krise bewältigen (*cope with*) können?

Kommunikative Situationen

1. Rollenspiel: Führen Sie ein Streitgespräch (*debate*) zwischen einem Umweltfreund und einem Umweltfeind. Verwenden Sie die Redemittel dieses Kapitels und die Modalpartikel **schon.**

2. „Global denken—lokal handeln" lautet ein viel benutzter Slogan in Deutschland. Unterhalten Sie sich mit jemandem darüber, was Sie persönlich tun, um umweltfreundlich zu leben. Was tut man an Ihrer Universität / in Ihrem Studentenwohnheim / in Ihrer Wohngemeinschaft / in Ihrer Familie?

3. Rollenspiel: Vertreter der dritten und der entwickelten Welt diskutieren über das Thema: Entwicklung und Wachstum und die ökologische Krise. Ein/e Moderator/in eröffnet und schließt die Diskussion. Verbinden Sie Ihre Argumente mit den Redemitteln dieses Kapitels, und verwenden Sie die Modalpartikel **schon.**

Aufsatzthemen

1. Hans Jonas liest Seurens „Das Experiment". Beschreiben Sie Jonas' Gedanken bei der Lektüre in der ersten Person.

2. Schildern Sie, wie Sie sich die Zukunft in Hinblick auf die gefährdete Umwelt vorstellen. Inwiefern werden sich wohl in 25 Jahren unsere Lebensgewohnheiten angesichts der bedrohten Umwelt geändert haben?

3. Schreiben Sie über einen Aspekt der Umweltproblematik, der Sie besonders interessiert.

Redemittel

A. Stating facts

> **Es steht fest / Fest steht**
> *It is certain*
>
> **Es ist eine Tatsache**
> *It's a fact*
>
> **Tatsache ist aber**
> *The fact of the matter is*

tatsächlich
in fact, indeed, really

Vervollständigen Sie die Sätze.

1. _____ ist aber, daß bereits viele Arten ausgestorben sind.

2. _____ steht, daß wir zu viel Energie verbrauchen.

3. Es _____ fest, daß wir Naturschätze konservieren müssen.

4. Das stimmt. Die Natur wird _____ zu stark ausgebeutet.

5. Es ist eine _____, daß es in vielen Gebieten der Erde nicht genug Wasser gibt.

B. Stating exceptions

Alle / jeder / niemand / keiner außer dir / Ihnen
All / everyone / no one except you

Niemand / alle, ausgenommen du / Sie
No one / everyone except / apart from you

mit Ausnahme von dir / Ihnen
with the exception of you

Vervollständigen Sie die Sätze.

1. Niemand _____ dir hält die Entscheidung für richtig.

2. Mit _____ _____ wenigen sind alle für den Plan.

3. Alle, _____ Sie, sind dagegen.

C. Connecting a series of facts, arguments, etc.

Erstens, zweitens, drittens, viertens
First, second, third, fourth

Einerseits . . . and(e)rerseits
On the one hand . . . on the other hand

Zum einen . . . zum andren
For one thing / first . . . second

Vervollständigen Sie die Sätze.

1. Die Vorsitzende nannte folgende Gründe für ihre Entscheidung. _____ sei das Projekt zu groß, _____ koste es zu viel, und drittens fehle die Zeit dazu.

2. Sie hat gemischte Gefühle. Einer____ hält sie den Vorschlag für gut, ____seits hat sie bestimmte Bedenken (*misgivings*).

3. Sie ist aus zwei Gründen gegen das Projekt. _____ ein____ ist es zu teuer, _____ _____ würde es zu lange dauern.

Die Modalpartikel schon

The modal particle **schon** indicates qualified agreement with an assertion. The implication is that while the statement is undoubtedly true, another consideration prompts a certain reservation about it. Frequently the speaker adds the reason for the reservation in a clause introduced by **aber.** Approximate English equivalents are *well, yes; what you say may be true; that is true all right;* or stressing the verb.

> Ich finde dieses Interview höchst interessant.—Es ist **schon** interessant.
> *I find this interview most interesting.—It is interesting all right. / It <u>is</u> interesting.*

> Ulrich, Sie hätten die Sache früher erledigen sollen.—Ich weiß **schon, aber** ich hatte einfach zu viel zu tun.
> *Ulrich, you should have taken care of the matter earlier.—Well, yes, I <u>know</u>, but I simply had too much to do.*

> Wir werden unsere Lebensweise bestimmt ändern.—Das ist **schon** möglich, **aber** es wird nicht leicht sein.
> *We will definitely change the way we live.—That may be possible, but it won't be easy.*

When conveying qualified agreement, **schon** frequently stands alone, or may be followed by a clause introduced by **aber.**

> Wir sollten nicht so viel verlangen.—**Schon.**
> *We shouldn't demand so much.—That may be true.*

> Wir haben nicht ganz richtig gehandelt.—**Schon,** aber wir hatten keine Wahl.
> *We didn't quite do the right thing.—Well, yes, but we had no choice.*

> Heute ist es zu heiß zum Laufen.—**Schon,** aber ich laufe trotzdem.
> *Today it is too hot to run.—It <u>is</u> hot today, but I am going to run anyway.*

Schon also expresses confidence or reassurance that things have turned out or will turn out as assumed or hoped for.

> Ob Karin unseren Vorschlag richtig aufgefaßt hat?—Ich glaube **schon.**
> *I wonder whether Karin took our suggestion the right way.—Oh, I think so. / I would think so.*

> Hoffentlich passiert dem Konrad nichts.—Konrad ist doch so vorsichtig. Dem wird **schon** nichts passieren.
> *I hope nothing bad will happen to Konrad.—But you know that Konrad is cautious. I'm sure nothing will happen to him.*

> Glaubst du, daß wir noch Karten kriegen?—Keine Angst. Das wird **schon** klappen.
> *Do you think we'll still get tickets?—Don't worry. It'll work out all right.*

In commands, **schon** conveys impatient prodding. The sentence frequently begins with **nun.**

> Nun mach **schon**! Wie lange soll ich denn hier noch warten?
> *Get moving! How long do you expect me to wait here?*

Nun sag **schon,** was du vorhast!
Come on, tell us what you are planning to do!

Komm **schon!** Wir müssen jetzt los.
Come on! We've got to get going.

Setzen Sie die Modalpartikel **schon** ein, und drücken Sie den Satz auf englisch aus. Achten Sie dabei auf den Ton.

1. Da haben Sie recht. Aber so einfach sind die Dinge nicht.

2. Nun komm mit, auch wenn du keine richtige Lust hast!

3. Das werden wir schaffen! Wir müssen nur unser Ziel im Auge (*in mind*) behalten.

4. Das stimmt. Aber so ganz bin ich nicht damit einverstanden.

5. Sollten wir nicht eine Lösung anstreben? Aber das ist leichter gesagt als getan.

Grammatik

A. The genitive in a noun sequence

The genitive noun generally follows the noun it modifies. This word order corresponds to the English *of*-construction. German does not use *'s* to indicate possession.

das Büro **unserer Professorin**

die Menschen **der westlichen Industriegesellschaft**

die Maßnahmen **der Regierung**

das Gewissen **der Menschen**

die Erhaltung **der Umwelt**

However, when a proper name or a word referring to a family member that is used as a proper name is in the genitive, it precedes the noun it modifies. It adds an **s** without an apostrophe unless the word ends in an **s**-sound—**s, ß, z, tz, x**—in which case an apostrophe is added without the **s.**

Müllers Geschäft geht sehr gut.

Irenes Mann ist ja Deutscher.

Ich habe **Mutters** Mantel in den Schrank gehängt.

Marx' Schriften waren revolutionär.

Ich finde **Jonas'** Ethik der Verantwortung überzeugend.

In spoken German, the paraphrase with **von** is often used as a substitute for the genitive showing possession, especially if the genitive refers to a person.

Der Wagen **von meiner Frau** läuft nicht mehr gut.

Das Büro **von unserer Professorin** ist im ersten Stock.

The **von**-construction is required both in spoken and written German if the noun modifying the preceding noun is used without a **der-** or **ein-**word or an adjective.

Der Preis **von Benzin** wird erhöht werden.

Eine noch größere Ausbeutung **von Naturschätzen** darf nicht geschehen.

Vervollständigen Sie die Sätze. Verwenden Sie die aufgelisteten Nomen in einer Genitiv- oder Ersatzkonstruktion mit **von.**

1. Das Gespräch über Umweltprobleme ist hauptsächlich _____
   _____ . (ein Dialog, die Reichen)

2. Es ist _____, weniger Naturschätze zu verbrauchen. (die Pflicht, alle Länder)

3. _____ über die Entwicklungsländer ist sicherlich interessant. (Katz, Buch)

4. _____ ist fortschrittlich. (das Umweltministerium, die Bundesrepublik)

5. In den entwickelten Ländern wachsen _____ ständig. (die Bedürfnisse, die Menschen)

6. Ein Hauptziel der deutschen Umweltpolitik ist _____
   (die Rettung, die Wälder)

7. _____ sind bewundernswert. (die Ideale, viele Jugendlich-, unsere Gesellschaft)

8. _____ müssen in die Praxis übertragen werden. (die umweltfreundlichen Ideen, diese jungen Leute)

9. _____ ist problematisch. (die Entsorgung, Giftmüll)

B. Demonstrative Pronouns

Demonstrative pronouns have the same forms as the definite articles except in the genitive singular and plural and the dative plural. Thus their forms are the same as relative pronouns.

	Masculine	Feminine	Neuter	Plural
Nominative	der	die	das	die
Accusative	den	die	das	die
Dative	dem	der	dem	**denen**
Genitive	**dessen**	**deren**	**dessen**	**deren**

In informal German, demonstrative pronouns frequently replace nouns and names. They may be stressed or unstressed. Unstressed demonstrative pronouns are the equivalents of personal pronouns.

Sie meinen Jonas? **Der** hat doch „Das Prinzip der Verantwortung" geschrieben. Ich finde **den interessant.**

*You are referring to Jonas? He wrote "The Imperative of Responsibility,"
didn't he? I find him interesting.*

Der Interviewer war sich **dessen** nicht bewußt.
The interviewer was not aware of that.

The stressed demonstrative pronouns usually occur in first position and mean *this /
that / those (one / s)*.

Hast du auch das jüngste Buch von Hans Müller gelesen?—Nein, **das** kenne
ich noch nicht.
*Have you also read the latest book by Hans Müller?—No, that (one) I
don't know yet.*

Handelt es auch von unterentwickelten Ländern?—Von **denen** handelt es
auch.
Does it also deal with underdeveloped countries?—It deals with those too.

Demonstrative pronouns follow personal pronouns.

Natürlich gehört ihr **das.**

Paßt Ihnen **das**?

Demonstrative pronouns also function as stressed antecedents of relative clauses.
They are alternate forms of **derjenig-, diejenig-,** and **dasjenig-**. The form **derer**
rather than **deren** is used in the genitive plural preceding a relative clause.

Das sind die Ansichten **dessen,** der viel über die Ausbeutung der Natur
nachgedacht hat.
*Those are the views of someone who has thought a lot about the
exploitation of nature.*

Die Erhaltung der Umwelt ist die Pflicht **derer,** die jetzt die Natur ausbeuten.
*The preservation of the environment is the duty of those who now exploit
nature.*

Wir stimmen mit **denen** überein, die die Bevölkerungsexplosion für das
größte Problem halten.
*We agree with those who deem the population explosion the greatest
problem.*

The genitive forms of the demonstrative pronouns **dessen** (*his*) and **deren** (*her,
their*) are used in place of the possessive pronouns **sein** and **ihr** to avoid ambiguity
when they could refer to either of two nouns in the same sentence. **Dessen** and
deren refer to the last mentioned noun preceding the demonstrative.

Der Professor hat auf den Studenten und **dessen** Beiträge zu den
Unterrichtsgesprächen positiv reagiert.

Die Journalistin hat die Autorin mit **deren** Kollegin verglichen.

Wir haben uns das Gespräch von zwei Ökologen mit mehreren Politikern
angehört. **Deren** Wissen war beeindruckend.

Setzen Sie Demonstrativpronomen ein.

1. Die Politikerin hat sich mit einer Umweltforscherin und _____ Mitarbeiterin unterhalten.

2. Die Ökologin ist ziemlich pessimistisch. _____ war sich die Politikerin vorher gar nicht richtig bewußt.

3. Diese Umweltforscherin gehört zu _____, die weniger Konsum verlangen.

4. Und was hält sie von den Auswirkungen der Überbevölkerung?— _____ hält sie auch für schlimm.

5. Sie meint, die große Vermehrung _____, die am ärmsten sind, ist besonders bedrohlich.

6. Das sind ihre Schlüsse. Zu _____ muß man wohl angesichts (*in view of*) der gegenwärtigen Zustände kommen.

7. Wie reagieren die Politiker im allgemeinen auf die Ansichten der Ökologen?—_____ Vorschläge halten die Politiker für nützlich.

8. Das Umweltministerium hat schon eine Reihe von wichtigen Maßnahmen ergriffen. _____ halten die meisten Bürger für gut.

C. Mandatory reflexive verbs

Frequently used reflexive verbs, in addition to the mandatory reflexives given in the active vocabulary of this book, are listed below:

sich entspannen	to relax
sich erholen	to recover
sich erkälten	to catch cold
sich fürchten vor (*dat.*)	to be afraid of
sich schämen wegen	to be ashamed of
sich scheiden lassen (ä, ie, a)	to get a divorce
sich verlassen auf (ä, ie, a) (*acc.*)	to rely on
sich verlieben in (*acc.*)	to fall in love with
sich verloben mit	to become engaged to
sich (*dat.*) **vor·nehmen (i, a, o)**	to intend / mean to, have resolved to
sich wundern über (*acc.*)	to be surprised / astonished about / at, be amazed at

The reflexive pronoun normally follows the inflected verb immediately.

Ich wundere **mich** über seine Antwort.

In dependent clauses, the reflexive pronoun usually precedes the noun subject, but it always follows a pronoun subject.

Ich weiß, daß **sich** meine Kollegin darum kümmern will.

Wir fragen uns, ob wir **uns** auf sie verlassen können.

Auf deutsch.

1. My parents are getting a divorce.

2. I am surprised at their views.

3. We are going to relax tonight.

4. You (*fam., pl.*) can rely on me.

5. They have resolved to achieve more.

6. I am sure that he is mistaken.

D.   Transitive and intransitive verbs

Many English verbs can be used both transitively (followed by a direct object) and intransitively (followed by an indirect object) whereas some of their German equivalents can only be used intransitively, i.e., they cannot be followed by a direct object. One example is the verb *to wake* which has two German equivalents: the transitive verb **(auf)wecken** and the intransitive **aufwachen** (see p. 44). Some intransitive verbs can be made transitive by adding the prefix **be-**. In some cases the meaning stays the same; in others it changes. Some intransitive verbs such as **antworten** and **steigen** are often followed by prepositional objects.

antworten (*v.i.*) (**auf**) (*acc.*); **beantworten** (*v.t.*): to answer, reply

Hat die Professorin dir **geantwortet?**

Hat die Professorin **auf** deine Frage **geantwortet?**

Hat die Professorin deine Frage **beantwortet?**

drohen (*v.i.*): to threaten, be imminent, be in danger of; **bedrohen** (*v.t.*): to threaten, endanger

Der Polizist **drohte** dem Einbrecher mit einer Pistole.
The policeman threatened the burglar with a gun.

Eine Klimakatastrophe **droht.**
A climate catastrophe is imminent.

Viele Arten **drohen** auszusterben.
Many species are in danger of becoming extinct.

Die Polizistin **bedrohte** ihn mit einer Pistole.
The policewoman threatened him with a gun.

Technik und Industrie **bedrohen** die Natur.
Technology and industry threaten nature.

folgen (*v.i.* + **ist**): to follow (speech, path, advice, suggestion); **befolgen** (*v.t.*): to follow, act in accordance with

Sie haben zu schnell gesprochen. Wir konnten Ihnen nicht **folgen.**
You spoke too fast. We couldn't follow you.

Folgen Sie mir. Ich zeige Ihnen den Weg zum Postamt.
Follow me. I'll show you the way to the post office.

Ich **bin** dem Rat der Ärztin **gefolgt.**
I followed the doctor's advice.

Ich **habe** ihren Rat **befolgt.**
I followed her advice.

When the intransitive verb **folgen** is used with the auxiliary **haben,** it means *to do as / what one is told, to obey.*

Die Kinder **haben** ihrem Lehrer nicht **gefolgt.**
The children did not obey / do as they were told by their teacher.

steigen (*v.i.,* **ei, ie, ie; ist**) (**auf** + *acc.*): to climb; **besteigen** (*v.t.*): to climb

Wir **sind** fünf Stunden **gestiegen.**

Wir **sind auf** den höchsten Berg **gestiegen**.

Wir **haben** einen hohen Berg **bestiegen.**

Auf deutsch.

1. Mrs. Wagenhuber, did you answer her letter?

2. I followed the advice of my professor.

3. My friends climbed the Matterhorn (*n.*).

4. The nationalism of the population is threatening / endangering the peace (*der Frieden*).

5. Please answer my question.

6. A war is threatening between the new states.

7. We followed the directions (*Anweisung,-en*).

8. She threatened her husband with a knife.

E. German dependent clauses as the equivalents of English infinitive constructions

Contrary to English, the inflected verb cannot be followed by an interrogative word plus an infinitive clause in German, but requires a dependent clause introduced by an interrogative. For example, the sentences *He told me what to do* and *I don't know when to pick her up* are expressed by *Er hat mir gesagt, was ich tun soll / muß* and *Ich weiß nicht, wann ich sie abholen soll.* The inflected verb of the dependent clause normally is a form of the modals **müssen, können,** or **sollen** or of **werden.**

Man hat uns gesagt, **welche Maßnahmen wir treffen müssen.**
We've been told which measures to take (which measures we have to take).

Die Ministerin weiß noch nicht, **wen sie unterstützen soll.**
The minister doesn't know yet whom to support (whom she should support).

Sie haben uns gezeigt, **wie wir das machen können.**
They showed us how to do that (how we can do that).

Hast du dich schon entschieden, **wen du zum Ball einladen wirst?**
Have you decided whom to invite to the ball (whom you will invite to the ball)?

In German, verbs of wishing, expecting, and believing cannot be followed by an infinitive construction in which the implied subject is the same as the direct object of the inflected verb. Rather, a **daß**-clause must be used.

Die Firma **will, daß die Angestellten ihre Leistungsfähigkeit steigern.**
The company wants the employees to increase their productivity (that the employees increase their productivity.)

Man **erwartet, daß die Bevölkerung rapide zunehmen wird.**
The population is expected to increase rapidly. (It is expected that the population will increase rapidly.)

Wir **glauben, daß das ein Irrtum ist.**
We believe that to be an error (that that is an error).

Auf deutsch.

1. They know how to fight the problem.

2. The companies would like their employees to be more productive.

3. We want to know how to develop these ideas.

4. We expect the companies not to exploit their workers.

5. They would like us to answer these questions.

6. The underdeveloped countries want us to help them.

7. We believe them to be responsible for the losses.

8. Our professors expect us to achieve a lot.

Das passende Wort

A. Responsible: **verantwortlich, verantwortungsbewußt, verantwortungsvoll**

verantwortlich: responsible (for), accountable for

Die **verantwortliche** Projektleiterin hat das Dokument unterschrieben.

Jeder ist **verantwortlich** für seine Handlungen.

Verantwortlich sein für can also mean *to be responsible for* in the sense of *to be at fault.* A synonym is **schuld sein an** (*dat.*).

Die Abgase **sind verantwortlich für** die / **schuld an** der Luftverschmutzung.
The exhaust fumes are responsible / to blame for air pollution.

Die entwickelten Länder sind hauptsächlich **verantwortlich für** die / **schuld an** der Ausbeutung der Natur.
The developed countries are primarily responsible for / at fault for the exploitation of nature.

verantwortungsbewußt: responsible, aware of the responsibility one has accepted, dependable, reliable

Verantwortungsbewußte Studenten sind meistens vorbereitet.

Alle Arbeitgeber suchen **verantwortungsbewußte** Angestellte.

verantwortungsvoll: responsible, involving responsibility, accountability, obligation, or duties (primarily with respect to a position, office)

Der Präsident hat ein **verantwortungsvolles** Amt (*office*).

Verantwortungsbewußte Personen bekommen meistens **verantwortungsvolle** Stellen.

Vervollständigen Sie die Sätze.

1. Die Industriegesellschaften sind _____ _____ d____ Zerstörung der Regenwälder.

2. Wir brauchen _____ Politiker.

3. Ich suche eine _____ Stelle.

4. Wer ist denn _____ d____ Verluste _____?

5. Die Regierungen müssen _____ auf die Umweltkrise reagieren.

B. Power: **die Kraft, die Macht**

die Kraft, ⸚e: strength, physical or mental power; energy

Ich habe viel mehr **Kraft,** seit ich Sport treibe.

Viele Studenten erleben, wie ihre geistigen **Kräfte** zunehmen.

Atomkraft ist billiger als Elektrizität.

Das Gleichgewicht der **Kräfte** ist ein wichtiges Prinzip in der Politik.
The balance of power is an important principle in politics.

die Macht, ⸚e: power to influence or control people or things; powerful nation

Die **Macht** des Staates ist begrenzt.

Mächtige Länder mißbrauchen oft ihre **Macht.**

Wissen ist **Macht,** und Geld ist **Macht.**

Die **Macht** der Liebe heilt vieles.

Welche Länder sind heute **Weltmächte?**

The equivalents of *to come to power* and *to remain in power* are **an die / zur Macht kommen** and **an der Macht bleiben.**

Hitler ist 1933 **an die Macht gekommen** und ist 12 Jahre **an der Macht geblieben.**

Ergänzen Sie die Sätze.

1. Viele Länder fürchten Deutschlands _____ nach der Vereinigung.

2. In der _____ der Sonne und des Windes liegen alternative Energiequellen (*sources of energy*).

3. Die geistigen und körperlichen _____ alter Leute nehmen ab.

4. Man kann die _____ der Läuferin an den Muskeln erkennen.

5. Die _____ der Musik erleben wir alle.

6. Die Oppositionspartei ist _____ d___ _____ gekommen.

C.   To act, behave: **sich benehmen, sich verhalten, handeln, (so) tun als (ob)**

sich benehmen (benimmt, benahm, benommen): to act, behave according to socially accepted notions of good or bad behavior

Die Kinder haben **sich** gut / schlecht **benommen.**

Mein Chef **benimmt sich** oft unhöflich.

Unsere Vorgesetzte **benahm sich** eigentlich immer freundlich uns gegenüber.

The corresponding noun is **das Benehmen.**

sich verhalten (verhält, ie, a): to behave, conduct oneself, act / react in a given situation

Wir müssen **uns** der Natur gegenüber anders **verhalten.**

Die Verhaltenswissenschaften untersuchen, wie **sich** Menschen und Tiere **verhalten.**

Als Ausländer weiß man manchmal nicht, wie man **sich** in gewissen Situationen **verhalten** soll.

Wie hat **sich** der Kranke bei der schlimmen Nachricht **verhalten?**

Die Präsidentin **verhielt sich** klug in dieser schwierigen Lage.

The corresponding noun is **das Verhalten.**

handeln: to act, take action; follow a course of action; do

Wir haben genug geplant. Jetzt ist es Zeit zu **handeln.**

In der Geschäftswelt muß man schnell **handeln,** wenn man erfolgreich sein will.

Alle Nationen **handeln** im eigenen Interesse.

Einige haben richtig **gehandelt,** während andere falsch **gehandelt** haben.
Some did the right thing, while others did the wrong thing.

(so) tun, als (ob): to act as if, pretend

This idiom is generally used with subjunctive II (see p. 189). **So** and **ob** are optional. When **ob** is omitted, **als** is followed by the verb.

> Die Menschen **tun (so), als ob** die Natur unzerstörbar **wäre.**

> Renate **tut** immer, **als wüßte** sie alles am besten.

Auf deutsch.

1. How should one act in such a situation?

2. You did the right thing, Peter.

3. Heidi acted without thinking (*überlegen*).

4. The boys behaved poorly.

5. How did the animals behave in the experiment?—Their behavior was strange.

6. Fritz acted as if he were sick.

7. Their opponent didn't know how to act at the meeting (*die Versammlung*).

D. To be about: **es geht um, es handelt sich um, handeln von**

The expressions **es geht um** and **es handelt sich um** both mean *it is about, it is a question / matter of, it concerns, involved is / are, we are talking about, the issue is, at stake is*. The subject of these two idioms is always **es,** and **handeln um** always requires the reflexive pronoun **sich.**

> **Es handelt sich um** den Verlust der Lebensqualität.

> In diesem Artikel **handelt es sich um** die Zerstörung der Umwelt.

> **Es handelt sich darum,** die notwendigen Maßnahmen zu ergreifen.

> **Es geht um** die Entwicklung umweltfreundlicher Produktionsmethoden.

handeln von: to be about, treat a topic, deal with when the grammatical subject is a book, article, movie, speech, etc.

> Der Artikel **handelt von** der Zerstörung der Umwelt.

> Wo**von handelt** der Film?

Auf deutsch.

1. The articles deal with our responsibility for the earth.

2. The issue is the waste of energy (*die Energieverschwendung*).

3. It is a question of saving the world. (Use an infinitive phrase.)

4. What is the book about?

5. The book is about overpopulation.

E. Recently: **neulich, neuerdings,** and other equivalents

neulich: recently, a short while ago

Neulich refers to a point in time that is all in the past. Hence a past tense verb is required. Synonyms of **neulich** are **kürzlich** and **vor kurzem.**

> Das habe ich **neulich / kürzlich / vor kurzem** im Fernsehen gesehen.
> *I saw that on television recently.*

neuerdings: recently, lately

Since **neuerdings** refers to a period of time that extends into the present, a present tense verb is required. **In letzter Zeit** is a synonym.

> **Neuerdings / In letzter Zeit** hören wir viel über die Zerstörung der Ozonschicht.
> *Recently we've been hearing a lot about the destruction of the ozone layer.*

Ergänzen Sie die Sätze.

1. Markus hat sich _____ mal wieder komisch benommen.

2. _____ klagt Gertrud oft über Kopfschmerzen.

3. Es gibt _____ interessantere Programme im Fernsehen.

4. Ich habe Irene _____ im Kaffeehaus getroffen.

F.   Number: **die Nummer, die Zahl, die Anzahl**

die Nummer,-n: a number in series used for identification (house, room, document, telephone, etc.)

> Ich habe deine **Hausnummer** vergessen.
> **Die Nummer** Ihres Passes, bitte.
> Der Artikel stammt aus **Nummer** 17 der „New York Times".

die Zahl,-en: numeral, digit, figure; specific number, i.e., definite quantity, total number

> **Die Zahl** 3 ist unteilbar.
> Ingrid hat ein gutes Gedächtnis für **Zahlen.**
> **Die Zahl** der Ausländer in der BRD ist rapide gestiegen.

die Anzahl, no *pl.*: a vague, indefinite number, a number of

Anzahl is used when *number* is preceded by an indefinite article. The noun following **Anzahl** is either in apposition, i.e., in the same case, or in the genitive. The inflected verb may be in the singular, agreeing with **Anzahl,** or in the plural. A plural verb is used frequently, especially when the objects or persons counted are treated as an apposition to **Anzahl.**

> Eine **Anzahl** Studenten haben in unterentwickelten Ländern gearbeitet.
> Eine ganze **Anzahl** interessante/r Beiträge handeln / handelt von demselben Thema.

Setzen Sie das Nomen ein. In manchen Sätzen ist ein bestimmter oder unbestimmter Artikel hinzuzufügen.

1. _____ der Weltbevölkerung steigt rasant.

2. _____ arme Länder haben bereits einen höheren Lebensstandard erreicht.

3. Der Artikel steht in _____ 42 des Nachrichtenmagazins „Der Spiegel".

4. _____ der bedrohten Arten steigt jedes Jahr.

5. Die Regierung hat _____ notwendiger Maßnahmen ergriffen.

6. Christoph haßt _____ und alles, was mit _____ zu tun hat.

Wiederholungsübungen

A.   Setzen Sie die in Klammern stehenden Wörter in ihrer richtigen Form ein. In manchen Sätzen ist ein bestimmter oder unbestimmter Artikel hinzuzufügen.

1. _____ _____ Ziel sollte die Erhaltung der Umwelt sein. (unser, erst-)

2. _____ _____ für _____ _____ Zustände müssen sich _____ Ziele setzen. (Verantwortlich-, gegenwärtig, neu)

3. Das sind die Schlüsse, die wir aus _____ _____ _____ Entwicklungen gezogen haben. (bisherig, bedrohlich)

4. Unsere Reaktionen auf _____ _____ Krise (*f.*) wird die Zukunft unseres Planeten bestimmen. (gegenwärtig)

5. Wir müssen uns _____ _____ Bedürfnisse bewußt werden. (unser, echt)

6. Das bedeutet, daß wir _____ _____ Sinn für _____ entwickeln müssen. (realistisch, Möglich-)

7. Im Vergleich zu _____ Ländern verbrauchen die USA zu viel Energie. (ander-)

8. Vor allem muß _____ _____ Zerstörung der Regenwälder aufhören. (bedrohlich)

9. Auch _____ _____ Vermehrung der Weltbevölkerung muß bekämpft werden. (rapid)

10. _____ _____ _____ leisten _____ Beiträge zur Erhaltung der Umwelt. (viel, umweltbewußt, Jugendlich-, wichtig)

B.   Setzen Sie die Präpositionen ein oder die Zusammenziehungen von Artikel und Prä-
     position.

   1. _____ Verhältnis _____ den unterentwickelten Ländern
      verbrauchen die industrialisierten Länder viel mehr Rohstoffe.

   2. _____ Ausnahme _____ diesen Ländern sind alle
      Gesellschaften schuld _____ den gegenwärtigen Zuständen.

   3. Manche kämpfen _____ die Erhaltung des *status quo*, während
      andere _____ eine Neuorientierung kämpfen.

   4. Viele in den reicheren Ländern fürchten sich _____ den negativen
      Auswirkungen umweltfreundlicher Maßnahmen _____ ihre Lebens-
      gewohnheiten.

   5. Deshalb reagieren sie negativ _____ die Herausforderung.

   6. _____ Ausland wundert man sich _____ die Reaktion der
      amerikanischen Bevölkerung _____ die Energiekrise.

   7. Man darf sich nicht nur _____ die Politiker verlassen, sondern man
      muß sich selber _____ die Umweltprobleme kümmern.

   8. Es gibt eine Anzahl von Büchern, die _____ der Notwendigkeit pri-
      vater Initiativen handeln.

   9. Es handelt sich bei diesen Vorschlägen _____ eine völlige Neuori-
      entierung.

  10. _____ wenigen Politikern sind alle für solche Initiativen.

C.   Vervollständigen Sie die Sätze.

   1. Haben Sie die Artikel schon gelesen?—Welche denn?—_____ da.

   2. Worum _____ es denn in diesen Artikeln?

   3. Zum _____ handelt _____ _____ um die
      Bevölkerungsexplosion; zum _____ geht es _____ die
      Zerstörung der Ozonschicht.

   4. Die Autoren behaupten, jeder einzelne sollte sich _____ die Umwelt-
      probleme verantwortlich fühlen.

   5. Der eine Artikel _____ von der Überbevölkerung und deren kata-
      strophalen Auswirkungen _____ den Lebensstandard unterentwik-
      kelter Länder.

   6. Nach den Verfassern _____ sich _____ meisten Men-
      schen _____ bedrohlichen Lage (*f.*) bisher gar nicht richtig bewußt
      geworden.

   7. Man tut immer noch so, _____ wäre die Natur unzerstörbar.

   8. Sind sie nicht _____ Ansicht, daß die Umwelt noch zu retten ist?—
      _____ aber nur wenn die Menschen ihre Lebensweise ändern.

9. _____ müssen die gegenwärtigen Entwicklungen gestoppt werden, und zweitens muß ein neues Verantwortungsgefühl entstehen.

10. Viele haben _____ vorgenommen, _____ Vorschläge der Ökologen zu befolgen. Ob sie dies____ Vorschlägen nun tatsächlich folgen werden, bleibt abzuwarten (*to be seen*).

D. Auf deutsch.

1. The articles deal with the destruction of nature.

2. The goal of the authors is the preservation of the environment.

3. The authors want people to become aware of these problems.

4. These critical voices (*Stimmen*) are the conscience of our society.

5. They show how the exploitation of nature has negative effects on our lives. (Use the singular of *life.*)

6. Many are still not aware of that.

7. We need responsible measures in order to protect (*schützen*) the environment.

8. The authors want the people (population) to live more responsibly.

9. They expect everyone to contribute to the preservation of the environment.

10. If we all strive (*anstreben*) for this goal, we will indeed be making a new beginning.

E. Ersetzen Sie das kursiv Gedruckte durch sinnverwandte Ausdrücke, und machen Sie die erforderlichen Änderungen.

1. Viele Experten behaupten, eine Klimakatastrophe *drohe* der ganzen Welt.

2. Doch manche meinen, diese Wissenschaftler *irren sich.*

3. Sind Sie der Meinung, daß unsere Gesellschaft umweltfreundlicher geworden ist?—*Schon,* aber wir müssen noch viel umweltfreundlicher werden.

4. Denn in der Entwicklung unserer Zivilisation *handelt es sich* teilweise *um* einen Irrtum.

5. Bestimmte Maßnahmen müssen *ergriffen* werden, um die Zerstörung der Natur zu stoppen.

6. Tatsache ist aber, daß mehr Opfer von jedem *gefordert (demanded)* werden müßten.

7. *Mit Ausnahme von* ganz wenigen sind sich alle darin einig.

8. Viele Umweltstudien *beschäftigen sich mit* denselben Problemen.

9. *Die Lage* der Entwicklungsländer ist noch *bedrohlicher.*

10. Es gibt eine *Reihe (number)* von Fragen, *auf* die wir *keine Antwort haben.*

F.   Sprechen Sie miteinander.

1.   Sprechen Sie mit jemandem über verschiedene Ereignisse oder Tatsachen, die Ihnen in den letzten Tagen durch die Medien bekannt wurden. Verwenden Sie die Redemittel dieses Kapitels.

2.   Unterhalten Sie sich über Dinge, die Sie für bedrohlich halten. Verbinden Sie die verschiedenen Gründe Ihrer Ansichten mit Redemitteln dieses Kapitels. Wenn jemand etwas behauptet, dem Sie nur teilweise zustimmen, verwenden Sie die Modalpartikel **schon.**

3.   Sprechen Sie über die gemeinsamen Eigenschaften und Interessen Ihrer Freunde. Erwähnen Sie Ausnahmen mit Redemitteln dieses Kapitels.

4.   Sagen Sie jemandem, worum Sie sich sorgen. Die Person versucht Sie zu ermutigen. Sie meint, daß Sie eigentlich keinen Grund zur Sorge haben. Verwenden Sie die Modalpartikel **schon.**

5.   Sprechen Sie miteinander über Freunde und Verwandte, wobei Sie Genitivkonstruktionen verwenden.

6.   Fragen Sie eine Person, ob ihr eine Tatsache / eine Person bekannt ist. Die Antworten sollen Demonstrativpronomen enthalten.

7.   Sie fragen jemanden: „Wußtest du schon, daß. . .?" Der / die Gefragte antwortet mit dem Äquivalent von *(not) to be aware of.*

8.   Rollenspiel: Bitten Sie die Ratgeberin Frau Sibylle um Rat wegen eines Problems, für das Sie eine Lösung suchen. Verwenden Sie Nebensätze (*dependent clauses*), die mit einem Interrogativ eingeleitet werden.

9.   Jemand erwähnt ein tolles Buch oder einen tollen Film. Sie fragen, wovon es / er handelt, worum es im Buch / Film geht oder worum es sich im Buch / Film handelt.

10.   Erzählen Sie, was Sie in letzter Zeit besonders beschäftigt (*preoccupies*). Verwenden Sie die Äquivalente für *recently.*

Zusätzliche Übungen

A.   Setzen Sie die Modalpartikel **schon** ein, und drücken Sie den Satz auf englisch aus. Achten Sie dabei auf den Ton.

1.   Nun iß, Michaela! Wir sind doch in Eile.

2.   Ich weiß, Matthias, aber ich kann das Essen eben nicht so hinunterschlingen (*wolf down*) wie du.

3.   Der Braten (*roast*) schmeckt aber gut!—Aber die Soße ist mir zu fett.

4.   Ich habe wieder mal ein schlechtes Gewissen, weil ich zu viel gegessen habe.— Ach Matthias, du wirst nicht gleich zunehmen.

B.   Ergänzen Sie die Sätze.

1.   Auf dieser Konferenz _____ d____ Umweltverschmutzung in Osteuropa. (*at issue was*)

2. Die meisten Vorträge (*talks*) _____ d____
    Sanierung verseuchter Gebiete. (*were about*)

3. _____, daß man in Osteuropa weitgehend umwelt-
    feindlich gehandelt hat. (*it is a fact*)

4. _____ handelten die Verantwortlichen unverant-
    wortlich. (*except for a few* [*people*])

5. _____ einig____ Osteuropäer____ waren die meis-
    ten Umweltforscher optimistisch, _____ die Sanierung verseuchter
    Gebiete _____ . (*with the exception of, as far as. . . is concerned*)

6. Bei diesen Projekten _____ Milliardensummen.
    (*involved are*)

C. Setzen Sie die Verben und Reflexivpronomen ein.

1. Ich _____ mal wieder darüber, daß es heutzutage
    so viele kaputte Ehen gibt. (*to be surprised*)

2. Ich habe nämlich gestern erfahren, daß meine Schwester Maria und ihr Mann
    _____ . (*to get a divorce*)

3. Ich habe _____ noch gar nicht von dem Schock _____ .
    (*to recover*)

4. Meine Schwester hat mir gesagt, daß sie _____ wegen der Schei-
    dung _____ . (*to be ashamed*)

5. Sie findet, man sollte _____ , eine Ehe zu retten. (*to
    try hard*)

6. Die negativen Erfahrungen meiner Schwester und Eltern _____
    ja auch auf meine Zukunftspläne _____ . (*to have an effect on*)

7. Ich _____ eigentlich etwas vorm Heiraten. (*to be
    afraid of*)

8. Deshalb habe ich _____ , erst dann zu heiraten,
    wenn wir uns beide ganz sicher sind. (*to intend / have resolved*)

9. Es wäre wohl eine gute Idee, _____ lange vorher zu
    _____ . (*to become engaged*)

10. Ich hoffe nur, daß ich _____ in den Richtigen _____
    werde. (*to fall in love with*)

D. Ergänzen Sie die Sätze.

1. Unsere Generation möchte einen Beitrag zur Erhaltung d____ Umwelt
    _____ .

2. _____ möchten wir _____ dem Entstehen (*creation*)
    ein____ neu____ Wertesystems (*n.*) beitragen, und andrerseits wollen wir
    konkret____ Veränderungen in unser____ Lebensgewohnheiten machen.

3. Wir sind _____ natürlich bewußt, daß dies kein leichtes Unternehmen ist.

4. _____ einen muß immer wieder an d____ neu____ Werte erinnert werden, und zum _____ sollten wir versuchen, sie tatsächlich in die Praxis umzusetzen.

5. Dann sollte es uns doch gelingen, einen Sinn _____ neu____ Erwartungen und Lebensgewohnheiten in d____ Bevölkerung zu erwecken. Halten Sie das nicht für möglich?

6. _____, aber Ihre Generation muß sehr _____ ihre Überzeugungen kämpfen, damit _____ die neuen Werte _____ d____ Alltagsleben all____ Bürger auswirken.

E. Ergänzen Sie die Sätze mit Genitivkonstruktionen.

1. Mir ist aufgefallen, daß sich _____ bemühen, umweltbewußt zu leben. (*many of my German friends*)

2. _____ lassen sich oft von ihren Kindern leiten, was eine umweltfreundliche Lebensweise betrifft. (*the parents of the young people*)

3. _____, zum Beispiel, hat all _____ übernommen. (*Peter Müller's family, the suggestions of his study-group* [*study group: die Arbeitsgemeinschaft*])

4. _____ wirkt sich auf die Lebensgewohnheiten _____ aus. (*the new consciousness of their sons and daughters, of the whole family*)

5. Das Beispiel _____ hat mir gezeigt, daß sich die Versuche _____, die wirklich neue Wege gehen wollen, positiv auswirken. (*of these and other people, of those*)

F. Auf deutsch.

1. My brother Jürgen lost his job recently.

2. His firm wanted him to work more.

3. They also expected him to work on weekends.

4. Jürgen didn't know what to do.

5. His boss (*m.*) said to decide what was most important to him.

6. My brother decided against working so much.

Chapter 8

Bertolt Brecht (1895–1956) is one of the great literary figures of the twentieth century. He is best known for his plays, which include *Mother Courage* and *The Threepenny Opera*. "Wenn die Haifische Menschen wären" (ca. 1940) is one of his *Geschichten von Herrn Keuner*. Herr Keuner, Brecht's alter ego, tells short, witty, and provocative stories in order to arouse people from an acceptance of the status quo to an awareness of their ability to create a more enlightened social order. This satire takes on added meaning in light of Brecht's own political beliefs. As a Marxist, he was considered an enemy of the Nazi state, which he fled immediately after Hitler's rise to power in 1933. He returned to East Berlin in 1948, where he lived until his death.

Wenn die Haifische Menschen wären
Bertolt Brecht

„Wenn die Haifische Menschen wären", fragte Herrn K. die kleine Tochter seiner Wirtin „wären sie dann netter zu den kleinen Fischen?" „Sicher", sagte er. „Wenn die Haifische Menschen wären, würden sie im Meer für die kleinen Fische gewaltige Kästen bauen lassen, mit allerhand Nahrung drin, sowohl Pflanzen als auch Tierzeug. Sie würden sorgen, daß die Kästen immer frisches Wasser hätten, und sie würden überhaupt allerhand sanitäre Maßnahmen treffen. Wenn zum Beispiel ein Fischlein sich die Flosse verletzen würde, dann würde ihm sogleich ein Verband gemacht, damit es den Haifischen nicht wegstürbe vor der Zeit. Damit die Fischlein nicht trübsinnig würden, gäbe es ab und zu große Wasserfeste; denn lustige Fischlein schmecken besser als trübsinnige. Es gäbe natürlich auch Schulen in den großen Kästen. In diesen Schulen würden die Fischlein lernen, wie man in den Rachen der Haifische schwimmt. Sie würden zum Beispiel Geographie brauchen, damit sie die großen Haifische, die faul irgendwo liegen, finden könnten. Die Hauptsache wäre natürlich die moralische Ausbildung der Fischlein. Sie würden unterrichtet werden, daß es das Größte und Schönste sei, wenn ein Fischlein sich freudig aufopfert, und daß sie alle an die Haifische glauben müßten, vor allem, wenn sie sagten, sie würden für eine schöne Zukunft sorgen. Man würde den Fischlein beibringen, daß diese Zukunft nur gesichert sei, wenn sie Gehorsam lernten. Vor allen niedrigen, materialistischen, egoistischen und marxistischen Nei-

Wirtin landlady

Nahrung food
das Tierzeug animal matter

die Flosse,-n fin
damit . . . Zeit so that the sharks should not be deprived of it by an untimely death
trübsinnig gloomy, melancholy

der Rachen,- jaws

niedrig base

25 gungen müßten sich die Fischlein hüten und es sofort den Haifi- **sich hüten vor** to guard against
    schen melden, wenn eines von ihnen solche Neigungen verriete. **verraten (ä,ie,a)** to display
    Wenn die Haifische Menschen wären, würden sie natürlich auch
    untereinander Kriege führen, um fremde Fischkästen und fremde
    Fischlein zu erobern. Die Kriege würden sie von ihren eigenen **erobern** to conquer
30 Fischlein führen lassen. Sie würden die Fischlein lehren, daß
    zwischen ihnen und den Fischlein der anderen Haifische ein
    riesiger Unterschied bestehe. Die Fischlein, würden sie verkün-
    den, sind bekanntlich stumm, aber sie schweigen in ganz ver- **verkünden** to proclaim
    schiedenen Sprachen und können einander daher unmöglich ver- **stumm** mute
35 stehen. Jedem Fischlein, das im Krieg ein paar andere Fischlein,
    feindliche, in anderer Sprache schweigende Fischlein tötete, wür-
    den sie einen kleinen Orden aus Seetang anheften und den Titel **einen Orden . . . anheften** to pin on a
    Held verleihen. Wenn die Haifische Menschen wären, gäbe es bei   medal made of seaweed
    ihnen natürlich auch eine Kunst. Es gäbe schöne Bilder, auf
40 denen die Zähne der Haifische in prächtigen Farben, ihre Rachen **prächtig** splendid
    als reine Lustgärten, in denen es sich prächtig tummeln läßt, **reine . . . läßt** parks where it would be a
    dargestellt wären. Die Theater auf dem Meeresgrund würden   sheer joy to frolic
    zeigen, wie heldenmütige Fischlein begeistert in die Haifi-
    schrachen schwimmen, und die Musik wäre so schön, daß die Fi-
45 schlein unter ihren Klängen, die Kapelle voran, träumerisch, und **die Kapelle voran** led by the band
    in allerangenehmste Gedanken eingelullt, in die Haifischrachen
    strömten. Auch eine Religion gäbe es da, wenn die Haifische Men-
    schen wären. Sie würde lehren, daß die Fischlein erst im Bauch
    der Haifische richtig zu leben begännen. Übrigens würde es auch
50 aufhören, wenn die Haifische Menschen wären, daß alle Fischlein,
    wie es jetzt ist, gleich sind. Einige von ihnen würden Ämter
    bekommen und über die anderen gesetzt werden. Die ein wenig
    größeren dürften sogar die kleineren auffressen. Das wäre für die
    Haifische nur angenehm, da sie dann selber öfter größere
55 Brocken zu fressen bekämen. Und die größeren, Posten haben- **der Brocken,-** morsel
    den Fischlein würden für die Ordnung unter den Fischlein sor-
    gen, Lehrer, Offiziere, Ingenieure im Kastenbau usw. werden.
    Kurz, es gäbe überhaupt erst eine Kultur im Meer, wenn die **es . . . Meer** the sea would only begin to
    Haifische Menschen wären."   be civilized

Wortschatz

ab und zu	now and then
allerhand	all kinds of things; all sorts / kinds of
Das ist allerhand!	That's really something! Not bad at all!
Das ist ja / doch allerhand!	That's too much! / That's the limit!
das **Amt,⸱er**	office, post
angenehm	pleasant, comfortable
auf·hören	to stop, cease an activity
sich auf·opfern	to sacrifice o.s.
das **Opfer,-**	victim; sacrifice
die **Ausbildung,-en**	training, education
aus·bilden	to train, educate

bei·bringen (brachte bei, beigebracht) (*dat.*)	to teach a skill
bekanntlich	as everybody knows, as you know
bestehen (bestand, bestanden) aus	to consist of
faul	lazy, idle
die **Faulheit**	laziness
glauben an (*acc.*)	to believe in
der **Gehorsam**	obedience
gehorchen (*dat.*)	to obey
gehorsam	obedient
gewaltig	colossal, immense, tremendous
gleich	equal
die **Gleichheit**	equality
der **Hai(fisch),-e**	shark
die **Hauptsache,-n**	main thing
Haupt- + Nomen	main + noun
der **Hauptgrund,·e**	main reason
hauptsächlich	mainly, mostly, primarily
der **Held(en)**	hero
der **Ingenieur,-e**; (*f.*) die **Ingenieurin,-nen**	engineer
der **Kasten,·**	box; here: fish container
der **Krieg,-e**	war
Krieg führen	to wage war
die **Kultur,-en**	culture, civilization
die **Kunst,·e**	art
der **Künstler,-**; (*f.*) die **Künstlerin,-nen**	artist
lustig	jovial, merry, amusing
melden	to report (to authorities)
ein paar	a couple, a few
die **Religion,-en**	religion
riesig	huge, enormous, immense
der **Riese(n)**	giant
schmecken	to taste
überhaupt	in general, anyway, anyhow, at all
unmöglich	impossible; (*adv.*) not possibly
ich kann es unmöglich tun	I cannot possibly do it
unterrichten	to teach, instruct
der **Unterricht**	instruction, teaching, class
der **Unterschied,-e**	difference
der **Hauptunterschied,-e**	main difference
ein Unterschied besteht zwischen (*dat.*)	there is a difference between
das macht keinen Unterschied	that makes no difference
es ist ein großer Unterschied, ob	it makes a big difference whether
verletzen	to injure, wound, hurt; violate
die **Verletzung,-en**	injury; violation
vor allem	above all, most importantly
die **Zukunft**	future
in Zukunft	in the future

Stichworte für die Diskussion

die **Diktatur,-en**	dictatorship
der **Machthunger**	craving for power
der (ein) **Mächtige(r)**	powerful person
der **Unterdrücker,-**	oppressor
an·spielen auf (*acc..*)	to allude to
sich **auf·lehnen gegen**	to revolt / rebel against
dar·stellen	to depict, portray
eigennützig handeln	to act selfishly
indoktrinieren	to indoctrinate
mißbrauchen	to abuse
unterdrücken	to oppress
aufgeklärt	enlightened
gleichberechtigt	having equal rights
machthungrig	craving power
privilegiert	privileged

Zur Diskussion des Textes

1. Welche verschiedenen gesellschaftlichen Bereiche (*spheres*) erwähnt Brecht, und was kritisiert er daran?

2. Wie ist die Gesellschaft strukturiert, die Brecht darstellt? Auf was für eine Staatsform spielt die Satire an?

3. Vergleichen Sie die Menschen dieser Haigesellschaft mit dem Bild des idealen Menschen und der idealen Gesellschaft, das der Satire zugrundeliegt.

4. Erklären Sie, wie Brecht auf folgende Redewendungen anspielt.

    einen mächtigen Hunger haben to be tremendously hungry

    Macht geht vor Recht might is right

    sie können den Rachen nicht voll genug kriegen they can't get enough

    sich wohl fühlen wie ein Fisch im Wasser to be in one's element

    stumm wie ein Fisch sein to be as silent as a post

Kommunikative Situationen

1. Ein Rollenspiel: zwei Fischlein beklagen sich bei zwei Haien.

2. Diskutieren Sie darüber, ob Brechts Kritik in gewissem Sinne auch auf unsere Gesellschaft zutrifft (*apply*). Schauen Sie sich noch einmal an, wie Brecht die einzelnen gesellschaftlichen Bereiche und Institutionen darstellt, und vergleichen Sie diese Darstellung mit der gesellschaftlichen Wirklichkeit, in der wir leben.

3. Diskutieren Sie über die politische Funktion von literarischen Satiren und Literatur im allgemeinen. Kann und soll Literatur Ihrer Meinung nach die Gesellschaft verändern? Wenn ja, wie stellen Sie sich so eine Literatur vor? Wenn nein, erklären Sie

Ihre Vorstellung von Literatur. Verwenden Sie die Redemittel dieses Kapitels. In Fragen verwenden Sie die Modalpartikel **eigentlich.**

Aufsatzthemen

1. Wenn Brechts Fischlein revoltierten, dann . . . Verwenden Sie den Konjunktiv.

2. In unserer Gesellschaft ließe es sich (*one could*) besser leben, wenn . . . . Verwenden Sie den Konjunktiv.

3. Wenn Brecht heute in den USA lebte, dann würde er folgendes satirisch darstellen. Verwenden Sie den Konjunktiv.

Redemittel

A. Stressing what is important

Ich möchte unterstreichen / betonen
I would like to stress / emphasize

(Die) Hauptsache ist
The main thing is

Das Wichtigste ist folgendes.
The most important thing is the following.

Vor allem (counts as the first sentence element)
Above all, most importantly

Auf deutsch.

1. Most importantly, we have to learn more grammar.

2. That is the most important thing.

3. The main thing is that we study all these words.

4. The professor stressed this point.

B. Expressing possibility and impossibility

vielleicht
perhaps

Es ist möglich
It is possible

Es besteht die Möglichkeit / Die Möglichkeit besteht.
There is the possibility

Es sieht so aus, als (ob) (+ subjunctive II)
It looks as though

Es ist unmöglich
It is impossible

Ich kann / ihr könnt unmöglich
I / you cannot possibly

Es ist mir unmöglich
I am unable to

Auf gar keinen Fall
There is no way

Ergänzen Sie die Sätze.

1. Es sieht _____ _____, als müßte unser Erziehungssystem reformiert werden.

2. Auf gar kein____ _____ dürfen wir so weitermachen wie bisher.

3. Man kann _____ (*not possibly*) erwarten, daß mehr Geld allein die Probleme lösen kann.

4. Es ist _____ Staat (*m.*) unmöglich, die Schulen nur von oben zu reformieren.

5. Die Möglichkeit, unser Erziehungssystem zu reformieren, _____ nur, wenn alle Bereiche der Gesellschaft zusammenarbeiten.

Die Modalpartikel eigentlich

The use of **eigentlich** as an adverb is discussed on page 200. The modal particle **eigentlich** is used in questions. Like **denn,** it signals interest, curiosity, irritation, etc. **Eigentlich** rather than **denn** is used when the speaker means to shift slightly the focus of the general topic under discussion. Approximate English equivalents are *anyway, just, precisely, exactly, I was just wondering,* or *tell me.* As with other modal particles, **eigentlich** precedes nouns with news value but follows those that carry no news value. Remember that nouns preceded by an indefinite article always carry news value.

Dieses Wort habe ich ja noch nie gehört. Was bedeutet es **eigentlich**?
I've never heard this word before. Just what does it mean? / What precisely / exactly does it mean? / What does it mean, anyway?

Du hast ja so viele Freunde, Thomas. Hast du **eigentlich** einen besten Freund?
You have so many friends, Thomas. Tell me, do you have a best friend?

Hast du Klaus **eigentlich** einen Brief geschrieben?
I was just wondering, did you write Klaus a letter?

Setzen Sie die Modalpartikel **eigentlich** ein, und drücken Sie den Satz auf englisch aus. Achten Sie dabei auf den Ton.

1. Ich lese Hesse sehr gern. Wer zählt zu deinen Lieblingsautoren?

2. „Der Steppenwolf" ist ja ein toller Roman.—Worum geht es in dem Buch?

3. Brechts Geschichte ist sehr satirisch.—Warum hat er sie in der Form einer Fabel geschrieben?

Grammatik

A.   The subjunctive II (general subjunctive)

The subjunctive II is used in contrary-to-fact conditions, in unfulfilled wishes, and in polite requests. (For its use in indirect discourse, see p. 217.)

The term subjunctive II is derived from the use of the second principal part of the verb. The endings -**e**, -**est**, -**e**; -**en**, -**et**,-**en** are added to the past-tense stem of weak, strong, and irregular weak verbs. The present tense subjunctive II forms of weak verbs are identical to the past indicative forms. If the past indicative stem has an **a**, **o**, or **u**, it receives an umlaut. The endings -**est** and -**et** are usually shortened to -**st** and -**t** when spoken. **War** adds an -**e** to the first and third persons singular and usually drops the -**e**- in the second person singular and plural. (Ich, er, sie **wäre**, du **wärst**, ihr **wärt**).

The indicative is used for a real condition and its conclusion or result.

> Wenn ein guter Film **spielt, gehen** wir heute abend ins Kino.

The above sentence means that *if* it turns out that a good movie is playing, <u>then</u> we will indeed go to the movies tonight. By contrast, the condition and conclusion in the following sentences are unreal. Because they are contrary to fact, subjunctive II is used. The conclusion to the **wenn**-clause begins with the verb, or it may be introduced by the optional **dann** or **so** followed by the verb.

> Wenn ein guter Film **spielte, gingen** wir heute abend ins Kino.
> *If a good movie were playing, we'd go to the movies tonight.*

> Wenn du **mitkämest, (dann / so) führe** ich gern nach Zürich.
> *If you came along, I would enjoy driving to Zurich.*

The **wenn**-clause may follow the conclusion.

> Wir **wären** glücklicher, **wenn** wir nicht so viel zu tun **hätten.**
> *We'd be happier if we didn't have so much to do.*

The subjunctive is frequently used in sentences which do not state the condition, but merely imply it.

> Ich **würde** heute nachmittag lieber Tennis **spielen.**
> *I'd rather play tennis this afternoon (if I had a choice).*

> Wir **täten** dasselbe.
> *We would do the same thing (if we were in the same position).*

> Eigentlich **sollte** ich ihr das sagen.
> *I really should / ought to tell her that (if I wanted to be fair / had the courage, etc.).*

Subjunctive II is also used for wishes, which by their very nature are contrary to fact. In formal German, the **wenn** can be omitted and the verb moved into first position. The modal particles **nur** and **bloß** are commonly used to strengthen the urgency of the wish (see p. 133). Wishes are frequently introduced by the verbs **wollen** or **wünschen** in subjunctive II.

> **Wenn** es doch **nur** einen guten Film im Kino **gäbe!**
> *If only a good movie were playing at the movie theater.*

> **Gäbe** es doch **bloß** einen guten Film!
> *If only a good movie were playing.*

> **Dürfte** ich heute abend mit euch ins Kino gehen?
> *Might I go with you to the movies tonight?*

> **Könntest** du mir bitte dieses Lied beibringen?
> *Could you please teach me this song?*

> Wir **hätten** gern ein Zimmer mit Bad.
> *We would like a room with a private bath.*

> Ich **wollte / wünschte,** es **wäre** noch nicht so spät!
> *I wish it weren't so late!*

Modal verbs take an umlaut in the subjunctive except for **sollen** and **wollen.** The meanings of the subjunctive modals are ich **dürfte** *would / might be permitted to,* ich **könnte** *could / would be able to,* ich **möchte** *would like to,* ich **müßte** *would have to,* ich **sollte** *should / ought to,* and ich **wollte** *would want to.*

> Ich **müßte** alles genauer lernen, wenn ich weniger Fehler machen wollte.
> *I would have to learn everything more exactly if I wanted to make fewer mistakes.*

> Wenn ich mitkommen **dürfte,** würde ich mich freuen.
> *If I were / would be permitted to come along, I would be happy.*

The modal verb **sollen** occurs very frequently in subjunctive II. The indicative is used only when **sollen** means *supposed to.*

> Vater war beim Arzt. Er **soll** weniger Fett essen.
> *Father saw the doctor. He is supposed to eat less fat.*

> Wir **sollen** den Konjunktiv II für morgen lernen.
> *We are supposed to learn the subjunctive II for tomorrow.*

When *should* can be replaced by *ought to,* subjunctive II must be used because a contrary-to-fact situation is implied. The adverb **eigentlich** (*really*) (see p. 200) is frequently used with the subjunctive II forms of **sollen.** The subjunctive II forms of **müssen** and **dürfen** can be equivalents of *should / ought to* as well.

> Ich **sollte** eigentlich weniger essen.
> *I really should / ought to eat less.*

> Wir **sollten** uns eigentlich mehr Mühe geben.
> *We really should / ought to try harder.*

> Eigentlich **müßtest** du das wissen.
> *You really should / ought to know that.*

Du **dürftest** so etwas eigentlich nicht sagen.
To come right down to it, you should / ought not to say something like that.

Subjunctive II forms of **dürfen** may also express a tentative assumption.

Der Spieler **dürfte** verletzt sein.
The player could / might be hurt.

In clauses introduced by **als ob** (*as if / as though*) subjunctive II forms are generally used if the speaker is not sure that the situation as it appears is really true. The **ob** may be omitted.

Die Studenten sahen aus, **als ob** sie zum Umfallen müde **wären.**
The students looked as if they were ready to drop.

Mir ist / war, **als ob** ich mich dafür entschuldigen **müßte.**
I feel / felt as if I should apologize for it.

Susanne tat so, **als hätte** sie keine Schuld.
Susanne acted as if she were not at fault.

The subjunctive II forms have alternate forms **(würde** + infinitive) that are identical in meaning. The subjunctive II forms occur primarily in formal written German. In informal spoken German, the **würde**-forms are very common. The subjunctive II forms are used primarily for **haben, sein, werden, gehen, kommen, tun, wissen,** and the modals. Since the forms of past tense indicative weak verbs are identical to present tense subjunctive forms, the **würde**-forms are used for weak verbs, unless the context makes it clear that the verb is in the subjunctive. The **würde**-forms are also used with verbs whose subjunctive II forms are obsolete or unusual. Among these are the irregular weak verbs, e.g., **bringen** and **kennen,** and the strong verbs **helfen** and **sterben.** The **würde**-forms are used in the conclusions of contrary-to-fact statements, and they may be used in the **wenn**-clause as well. Many grammarians consider it poor style to use **würde**-forms in both clauses, unless both verbs have unusual subjunctives.

Wenn es nicht so spät **wäre, gingen** wir in eine Disko.
If it weren't so late, we would go to a disco.

Ich **täte** dasselbe, wenn es mir Spaß machen **würde.**
I would do the same if I enjoyed it.

Wenn ich Zeit **hätte, würde** ich das Wochenende in München verbringen.
If I had time, I would spend the weekend in Munich.

Wenn ich ihn **kennen würde,** dann **wüßte** ich wahrscheinlich seinen Namen.
If I knew him, then I would probably know his name.

Wenn du mich später nach Hause **bringen würdest, würde** ich dir jetzt **helfen.**
If you would take me home later on, I would help you now.

Würde is not used for *would* expressing habitual action. Rather, the indicative is used with adverbs such as **immer, gewöhnlich,** or **normalerweise.**

Als ich in Wien wohnte, **bin** ich **immer** nachmittags ins Kaffeehaus **gegangen.**
When I lived in Vienna, I would go the coffee house in the afternoons.

Abends **bin** ich dann **gewöhnlich / normalerweise** in ein Konzert oder ins Theater **gegangen.**
In the evenings I would go to a concert or to the theater.

There is only one past form of subjunctive II. It is formed with the present subjunctive of **haben** or **sein** and the past participle.

Wenn ich Zeit **gehabt hätte, wäre** ich ins Konzert **gegangen.**
If I had had time, I would have gone to the concert.

If a modal verb is used without an infinitive, the past subjunctive is formed with **hätt-** + the past participle of the modal.

Da hätte ich keine Wahl gehabt. Ich **hätte** es **gemußt.**
I would not have had a choice. I would have had to.

Ich weiß nicht, ob sie das **gewollt hätte.**
I don't know whether she would have wanted that.

Er **hätte** das nicht **gekonnt.**
He would not have been able to do that.

If the modal verb is used with an infinitive, the past subjunctive is formed with **hätt-** and a double infinitive.

Er **hätte** sich **verletzen können,** wenn er nicht vorsichtig gewesen wäre.
He could have injured himself if he had not been careful.

Ich **hätte** darauf **bestehen müssen.**
I would have had to insist on it. / I should have insisted on it.

Sie **hätte** sich nicht für ihre Familie **aufopfern sollen.**
She should not have sacrificed herself for her family.

Compare the meanings of the following sentences containing present time indicative modals + past infinitive (see p. 135) and past time subjunctive II modal verbs.

Sie **können** den Vorfall schon **gemeldet haben.**
They may have already reported the incident. (It is possible that they have reported it already.)

Sie **hätten** den Vorfall schneller **melden können.**
They could / might have reported the incident faster. (The possibility existed to report the incident faster, but they did not do so.)

Die Eltern **müssen** dem Kind Lesen **beigebracht haben.**
The parents must have taught the child to read. (The speaker assumes that the parents taught the child to read.)

Die Eltern **hätten** dem Kind Lesen **beibringen müssen.**
The parents should / ought to have taught the child to read. (They needed to teach the child, but they failed to do so.)

Er **soll geflogen sein.**
He is said to have taken the plane. (The speaker heard that he took the plane.)

Er hätte fliegen sollen.
He should / ought to have taken the plane. (But he didn't.)

a.   Ergänzen Sie die Sätze.

1.   Wir _____ uns besser konzentrieren, wenn wir nicht so müde
     _____ . (*to be able to, to be*)

2.   Ich _____, ich _____ mehr Geld! (*to wish, to have*)

3.   Du _____ es mal versuchen. (*should / ought to*)

4.   Du hast also einfach so getan, als ob du nicht schuld daran _____?
     (*to be*)

5.   Wenn Karl doch nur hier _____! (*to be*)

6.   Er _____ mir sagen, was ich tun _____, um erfolg-
     reich zu sein. (*could, would have*)

b.   Übertragen Sie die Sätze von Übung a. in die Vergangenheit.

c.   Übersetzen Sie ins Englische.

1.   Ich möchte Sie darauf aufmerksam machen.

2.   Dürfte ich Sie kurz stören?

3.   An deiner Stelle täte ich dasselbe.

4.   Eigentlich müßtest du das wissen.

5.   Wir sollen solche Vorfälle (*incidents*) der Polizei melden.

6.   Wir sollten solche Vorfälle eigentlich der Polizei melden.

7.   Man soll den Vorfall der Polizei gemeldet haben.

8.   Man hätte den Vorfall eigentlich der Polizei melden sollen.

9.   Wir hätten es früher sagen sollen. Jetzt dürfte es zu spät sein.

10.   Wenn er doch nur nichts davon gesagt hätte!

11.   Wir hätten Anna das Bild schicken können, wenn wir ihre Adresse gewußt
      hätten.

12.   Ich wäre nach Amerika gereist, wenn ich genug Geld gespart hätte.

d.   Auf deutsch.

1.   I wish I could believe in God again.

2.   May I please have another glass of wine?

3. Mrs. Müller could not take care of it yesterday.

4. If Erich asked us for help (*Hilfe*), we would help him.

5. When we were in Berlin, we would go to a bar (*die Kneipe*) in the evenings.

6. If you had been there (*dabei*), we would have had more fun.

7. I wish I had not had to stay home last night.

8. If only she could have visited us.

9. If we had known that, we would not have asked them about it.

10. Maria acted as if I were at fault.

11. If I had found such a jacket, I would have bought it.

12. We should have reported it.

B. There is / are: **es gibt, es ist / sind**

Es gibt requires the accusative and may be followed by a plural object. It denotes both existence in general and general existence in a specific time period or locality.

> **Es gibt** zu viel Armut.
> **Es gibt** so viel Schönes in der Welt.
> Kriege **wird es** wohl immer **geben.**
> Im vorigen Jahrhundert **gab es** ja noch keine Autos.
> In der neuen Bundesrepublik **gibt es** offensichtlich Probleme.
> **Es gibt** viele ausländische Studenten an unserer Universität.

Es gibt is also used in the following idiomatic expressions.

> **Es gibt** Wiener Schnitzel zum Abendessen.
> *We are having Wiener Schnitzel for dinner.*

> **Es wird** wieder Regen **geben.**
> *It'll rain again.*

> Was **gibt's** heute abend im Fernsehen?
> *What is on TV tonight?*

> Das **gibt's** doch nicht!
> *There is no such thing! / I don't believe it!*

Es gibt followed by **zu** and an infinitive denotes necessity.

> **Es gibt** viel **zu** besprechen.
> *There is a lot we have to discuss.*

Es gibt can never be used to point at a specific person or object. Forms of the verb **sein** rather than **geben** are used when referring to something in the environment that can be pointed at. Unlike **es gibt,** where **es** must always be used, **es** followed by forms of **sein** merely functions as a syntactic filler in first position. If another element is in first position, **es** is not used. **Es** is frequently replaced by **da. Da** is required when the sentence does not contain a place word or phrase.

> **Es waren** viele Leute im Zoo.
>
> Viele Leute **waren** im Zoo.
>
> **Da waren** viele Leute.
>
> Viele Leute **waren da.**

Auf deutsch.

1. Do you (*fam., sg.*) believe that there is a God?

2. There were some Germans at the meeting (*die Versammlung*).

3. There is still a lot to do.

4. There are several reasons for that.

5. There were many people at the party (*die Fete*).

6. There is nothing more beautiful than the ocean.

7. There is nothing interesting on TV.

8. There is a shark!

C. The uses of **lassen**

Lassen has various meanings. **Lassen** in the sense of *to leave* was discussed in Chapter 3, page 67.

Lassen + an infinitive without **zu** expresses both permission (*to let, allow*) and causation (*to cause / have something done by somebody*). The meaning is determined by the context.

> Wir **lassen** unsere Freunde etwas früher **kommen.**

Depending on the context, the above sentence can mean *We are permitting our friends to come a little early* or *We are having our friends come a little early.*

The perfect and future are formed with a double infinitive.

> Wir **haben** sie etwas früher **kommen lassen.**
>
> Sie **werden** sich die Sachen **schicken lassen.**

The dative is used to indicate for whom an action is performed. If this person is identical with the subject, a dative reflexive pronoun is used.

> Er **läßt seiner Mutter** jeden Muttertag Blumen schicken.
> *He has flowers sent to his mother every Mother's Day.*

> Ich **werde mir** die Bücher sofort **kommen lassen.**
> *I'll have the books sent to me right away. / I'll send for the books right away.*

Lassen with the reflexive pronoun **sich** + an infinitive is frequently used to express *what may* or *can be done*. These constructions are equivalents of the passive (see p. 245).

So etwas **läßt sich machen.**
Something like that can be done.

Das **läßt sich** nicht **ändern.**
That can't be changed / helped.

Die Unterschiede **lassen sich** leicht **erklären.**
The differences can be easily explained.

Auf deutsch.

1. I left my jacket at home.

2. The word can't be translated.

3. The professor is having her students write a long paper (*die Arbeit*).

4. The teacher (*m.*) lets the children take care of the animals.

5. The noise didn't let us sleep.

6. I am having my mother send me the book.

7. Patrick is having his hair cut today.

8. Our manager (*der Manager*) is having us do the work.

9. Karla let me use (*benutzen*) her car.

10. Such feelings cannot be explained.

Das passende Wort

A. Class: **der Kurs, die Vorlesung**

der Kurs,-e: class, course

The equivalent of *to enroll in / take a class* is **einen Kurs belegen.**

Dieses Semester **belege** ich vier **Kurse.**

Die Klasse refers to grade level in primary and secondary school. It is never the equivalent of a university course.

die Vorlesung,-en: lecture class

Ich belege / höre eine hochinteressante **Vorlesung** über moderne deutsche Geschichte.

Auf deutsch.

1. What classes are you taking?

2.   I already took a course in German literature (*die Literatur*).

3.   We are taking the same (lecture) class.

B.   Student: **der Schüler,-, die Schülerin,-nen; der Student(en), die Studentin,-nen**

der Schüler,-, die Schülerin,-nen: student other than at the college or university level

Die **Schüler** der neunten Klasse haben die Fete geplant.

der Student(en), die Studentin,-nen: student at an institution of higher learning

Wieviele **Studenten** studieren an dieser Universität?

Setzen Sie das passende Nomen ein.

1.   In unserem Gymnasium gibt es ungefähr 500 _____ .

2.   Dieser Professor hat zu viele _____ in seiner Vorlesung.

3.   Die _____ der fünften Klasse haben ein Theaterstück aufgeführt (*put on*).

C.   To study: **lernen, studieren**

lernen: to learn, study, acquire a skill

Ich **lerne** in diesem Semester Deutsch.

Wo hast du denn Kochen **gelernt?**

studieren: to study something in depth; major in; go to / be in college, attend a university

Die Autorin hat alle Bücher **studiert,** die sich mit ihrem Thema befassen.

Meine Schwester **studiert** auch Physik.

Mein Bruder **studiert** noch, und zwar **an** der Technischen Hochschule Hannover.

Tanya hat zwei Semester **an** der Universität Göttingen **studiert.**

Note the prepositions: **an** (*dat.*) **der** Universität / Hochschule / **einem** College studieren and **auf** (*acc.*) **die** Universität / **ein** College gehen.

Studieren is not used as the equivalent of *to study* in the sense of preparing for class or for an examination. The following equivalents are appropriate.

Wir **machen unsere Aufgaben** normalerweise nach dem Abendessen.

Ich will jetzt noch **etwas für** Mathematik **tun.**

Ich muß **mich** heute abend **auf** die Prüfung **vorbereiten.**

Ich muß mehr **arbeiten.**
I have to study more.

Ich habe die ganze Nacht **gebüffelt / gepaukt.**
I crammed all night.

Auf deutsch.

1. Suzanne studied at the University of Munich.

2. I have to study German tonight.

3. Where did you go to college?

4. How long did you study for the test?

5. Sabine is still in college.

6. It's no fun to cram.

D. School: **die Schule, die Hochschule, das College, die Universität**

die Schule-n: a primary or secondary school

Die Kinder gehen gern zur **Schule.**

Because the educational systems in the United States and in German-speaking countries are in many ways incomparable, it is best not to try to translate the various terms. Hence, *high school* is **die High School. Das Gymnasium** is the name of the German secondary school preparing students for the university. The word **die Oberschule** as an equivalent of **Gymnasium** is outdated.

In unserer **High School** gibt es ungefähr tausend Schüler und Schülerinnen.

Anita besucht **das Gymnasium,** denn sie hat vor zu studieren.

It is never correct to refer to a *high school* as **die Hochschule,** which is the most general term for an institution of higher learning. **Hochschullehrer/in** means *college* or *university teacher.* The equivalent of the U.S. *college* is **das College** or **die Universität.**

Die deutschen **Hochschulen** müssen reformiert werden.

Nach der *High School* gehe ich **aufs College / auf die Universität.**

Karen ist im vierten Semester **an der Universität** Heidelberg.

Hier **an der Universität** wird hart gearbeitet.

Note the following equivalents of *college:*

das Studium: college; (course of) studies

im / während des Studiums: at / during college

das Studium beenden / abschließen / absolvieren: to finish college / one's studies, graduate

Das Studium wird immer teurer.

Wir haben uns **im Studium** kennengelernt.

Mein Interesse an Sprachen habe ich **während des Studiums** entwickelt.

Ich werde **mein Studium** im Juni **beenden / abschließen / absolvieren.**

Auf deutsch.

1. I studied German in high school.

2. Monika is still in college.

3. Harald is studying at the University of Hamburg.

4. I discovered that in college.

5. When are you graduating?

6. Most of my friends are going to the university.

E. To teach: **unterrichten, lehren, beibringen**

unterrichten: to teach a class or subject, instruct

Frau Brandes **unterrichtet** die zehnte Klasse.

Wer **unterrichtet** Physik **an** dieser Schule?

An unserer Uni **unterrichten** viele Assistenten.

lehren: to teach at a school or postsecondary institution; teach the basics of a skill

Lehren is generally used in formal German.

Frau Dr. Münzer **lehrt** Französisch **am** Gutenberg-Gymnasium.

Professor Müller **lehrt** Philosophie **an** der Universität München.

Manche Eltern **lehren** ihre Kinder Lesen, ehe sie in die Schule kommen.

bei·bringen (brachte bei, beigebracht) (*dat.*): to teach someone a skill, show how something is done

The less formal **beibringen** is used much more frequently than **lehren** as the equivalent of *to teach a skill.* The person being taught is in the dative.

Hans **bringt** sein**er** Verlobt**en** Kochen **bei.**

Meine Großmutter hat **mir** etwas Deutsch **beigebracht.**

Wer hat **dir** denn Gitarrespielen **beigebracht?**—Das habe ich **mir** selber **beigebracht.**

Setzen Sie das passende Verb ein.

1. Die zwölfte Klasse wird von Frau Dr. Meyer _____ .

2. Der kleine Hans hat sich selber Radfahren _____ .

3. An den meisten amerikanischen Universitäten wird Germanistik (*German Studies*) _____ .

4. Hast du Lust, mir Skilaufen _____?

F. Education: **die Bildung, die Ausbildung, die Erziehung**

die **Bildung:** education, knowledge (points to the <u>results</u> of education)

Wir haben eine gute **Bildung** an der Universität erhalten.
We received a good education at the university.

Die Firma sucht jemanden mit guter **Allgemeinbildung.**
The company is looking for someone with a good general education.

Anna hat eine erstklassige naturwissenschaftliche **Bildung.**
Anna has a first-rate background in science.

Gebildet sein means *to be well educated.*

Wer **gebildet** ist, ist meistens vielseitig interessiert.

die **Ausbildung:** (professional) education, training (received in trade school, college, graduate or professional school), studies

Paul hat seine berufliche **Ausbildung** abgeschlossen. Er ist jetzt Lehrer.
Paul finished his education / professional training / studies. He is a teacher now.

The equivalent of *college education* is **die akademische Ausbildung.**

Heutzutage braucht man **eine akademische Ausbildung,** wenn man Erfolg haben will.
Nowadays one needs a college education if one wants to be successful.

die **Erziehung:** education, upbringing / raising of young people

Die **Erziehung** der Kinder ist eine wichtige gesellschaftliche Aufgabe.

Das Erziehungssystem is the equivalent of *the educational system.* The equivalent of *education* as a branch of academic study is **die Erziehungswissenschaft.**

Michael und Thomas studieren **Erziehungswissenschaft** an der Pädagogischen Hochschule in Freiburg.

Auf deutsch.

1. My goal is to be well educated.

2. Dr. Tüffler has a good medical (*medizinisch*) education.

3. Herbert doesn't have a college education.

4. Rolf majored in education.

5. Our educational system needs to be reformed (*reformiert werden*).

6. I received a good general education at my college.

G. Comfortable: **angenehm, bequem,** and other equivalents

angenehm: comfortable, pleasant with reference to weather, temperature, quality of life

In Kalifornien ist das Klima sehr **angenehm.**

Ist es Ihnen zu kalt? Nein, es ist **angenehm** so.

Wir Studenten haben eigentlich ein **angenehmes** Leben.

bequem: comfortable to sit in, lie on, walk in / on, move in, live in, etc.

Dieser Stuhl ist sehr **bequem,** doch auf dem da sitzt man **unbequem.**

Ich werde mir die **bequemsten** Schuhe anziehen.

Man sitzt / liegt / geht / wohnt hier sehr **bequem.**

es sich (*dat.*) **bequem machen:** to make oneself comfortable

Machen Sie es sich / Mach es dir bequem!

Bequem cannot be used to express *to feel comfortable* (*about*). Note the various equivalents and the use of the preposition **bei.**

Wir **fühlen uns wohl** hier.
We feel comfortable here.

Mir ist nicht ganz **wohl bei** der Sache.
I don't feel very comfortable about this.

Bei dieser Hitze **fühlt** man **sich** nicht **wohl.**
In this heat one doesn't feel comfortable.

Ich **habe ein gutes / angenehmes / ungutes / unangenehmes Gefühl dabei.**
I have a comfortable / an uncomfortable feeling about it.

Auf deutsch.

1.   Is the chair comfortable?

2.   Mrs. Kunze doesn't feel comfortable in her office (post / job).

3.   Put on (*anziehen, fam., pl.*) something comfortable.

4.   Their life is very comfortable.

5.   Markus does not feel comfortable when Ingrid is present (*dabei*).

6.   Today the weather is very comfortable.

7.   I don't feel very comfortable about this idea (*die Vorstellung*).

8.   I have an uncomfortable feeling about it.

H.   A couple: **ein paar, ein Paar**

ein paar: a couple of, a few

The adjective following **ein paar** has strong endings because **ein paar** is undeclined.

Wir haben **ein paar** schön**e** Tage miteinander verbracht.

Ich habe mir heute **ein paar** interessant**e** Bücher gekauft.

ein Paar: a couple, a pair

> Ursula und Reiner sind **ein** hübsches **Paar.**
>
> Meine Mutter hat mir **ein Paar** Handschuhe geschickt.

Vervollständigen Sie die Sätze.

1. Ich will mir _____ Kassetten kaufen.

2. Marlis braucht _____ neue Schuhe.

3. Wir haben _____ Sachen für euch.

I. Really: **wirklich, tatsächlich, eigentlich**

wirklich: really, positively, definitely

Wirklich can never be the first element.

> Ich weiß **wirklich** nicht, was ich tun soll.
>
> Guck mal, Dorle, wie gefällt dir denn mein neues Auto?—Ist das **wirklich** deins?

The equivalent of *really* in the sense of *in reality / in actuality* is **in Wirklichkeit.**

> Ich habe doch nur Spaß gemacht. **In Wirklichkeit** bin ich gar nicht so intolerant.
>
> Bärbel ist ihr Spitzname. **In Wirklichkeit** heißt sie Barbara.
> *Bärbel is her nickname. Her real name is Barbara. / She is really called Barbara.*

tatsächlich: really, in fact, indeed

> Stefanie behauptet, sie sei nicht schuld an dem Streit. Sie hat aber **tatsächlich** damit angefangen.
>
> Es ist **tatsächlich** ein großer Unterschied, wenn man als Fremder die Sprache des Landes spricht.

Tatsächlich frequently implies surprise verging on disbelief.

> Du willst also **tatsächlich** alleine in Europa herumreisen? Ich dachte, du reist nicht gern alleine.
>
> Alex und Andrea werden schon im Juni heiraten.—**Tatsächlich?** Das überrascht mich, weil sie doch immer behauptet haben, sie würden noch lange nicht heiraten.

eigentlich: really, actually, to come right down to it, to tell the truth, in a way

While **wirklich** and **tatsächlich** imply that something unquestionably is the case, **eigentlich** is less forceful.

> **Eigentlich** gehört das Auto meinem Bruder, aber ich darf es ab und zu benutzen.
> *The car really / actually belongs to my brother, but I may use it now and then.*

Es ist **eigentlich** schade, daß die Reuters nicht kommen können.
It really / actually is a pity that the Reuters can't come.

Eigentlich habe ich meine Zweifel an der Wirksamkeit dieser Methode.
To tell the truth, I have doubts about the efficacy of this method.

Frau Zimmermann hat **eigentlich** recht.
In a way / To come right down to it, Mrs. Zimmermann is right.

The adverb **eigentlich** is frequently used with the modals **sollen, müssen,** and **dürfen** in subjunctive II.

So etwas **dürfte eigentlich** nicht geschehen.
To come right down to it, such a thing ought not to / should not happen.

Eigentlich müßte ich Kai anrufen.
I really ought to call Kai.

Das **hätten** Sie **eigentlich** schon gestern **erledigen sollen.**
You really should have taken care of that yesterday already.

Ergänzen Sie die Sätze.

1.   Mir macht mein Studium _____ Spaß.

2.   Am Anfang meines Studiums wollte ich _____ Musik studieren, aber dann habe ich bald gemerkt, daß Biologie mich fasziniert.

3.   _____? Ich dachte immer du hättest nichts als Musik im Kopf.

4.   Es sieht nur so aus, als hätte ich mich der Musik verschrieben (*dedicated*). _____ interessiert mich die Biologie genau so wie die Musik.

J.   The meanings of **überhaupt**

The word **überhaupt** makes statements more general. It normally follows the verb and unstressed elements, but it can also be in first position. It can mean *in general, generally speaking, considered as a whole, on the whole, all in all,* or *at all.*

Brecht hat **überhaupt** sehr gute Werke geschrieben.
Generally speaking / On the whole, Brecht wrote very good works.

Moderne Musik ist **überhaupt** sehr interessant.
Considered as a whole / All in all, modern music is very interesting.

Überhaupt würden wir vieles anders machen.
We would, in general, do many things differently.

Wenn es **überhaupt** einen Unterschied gibt, dann ist er sehr klein.
If there is a difference at all, then it is very small.

In questions, **überhaupt** asks for confirmation of what has been assumed, or it can imply disbelief or irritation. English equivalents are *at all, anyway, really,* and *in the world.*

> Hast du **überhaupt** Lust dazu?
> *Do you feel like doing that at all?*

> Wie ist das **überhaupt** möglich?
> *How is that possible anyway?*

> Woher weißt du das **überhaupt?**
> *How do you know that anyway?*

> Stimmt das **überhaupt?**
> *Is that really true?*

> Was will er **überhaupt** von uns?
> *What in the world does he want from us?*

In negations, **überhaupt** means *at all* or *whatsoever.*

> Die Erklärung habe ich **überhaupt** nicht verstanden.
> *I did not understand the explanation at all.*

> Frau Bänder hat heute **überhaupt** keine Zeit.
> *Today Mrs. Bänder has no time whatsoever.*

Setzen Sie **überhaupt** ein, und drücken Sie den Satz auf englisch aus.

1. Kommst du eigentlich mit uns?—Ach nein, ich habe keine Lust dazu.

2. Ich fang' mal mit den Vorbereitungen fürs Abendessen an.—Seid ihr schon hungrig?

3. Jörg hat das behauptet.—Das stimmt nicht.

4. In dieser Hinsicht sind die zwei Kulturen doch verschieden.—Es bestehen riesige Unterschiede zwischen ihnen.

5. Die Studenten an den meisten amerikanischen Universitäten studieren ja unter günstigen Bedingungen.—Ob sie wissen, wie gut sie es haben?

6. Das ist doch Quatsch!—Wie kannst du so etwas Dummes behaupten?

7. Ist dir auch aufgefallen, wie verlegen Inge war?—Nein, das habe ich nicht bemerkt.

Wiederholungsübungen

A. Setzen Sie die in Klammern stehenden Wörter in ihrer richtigen Form ein. In manchen Sätzen ist ein bestimmter oder unbestimmter Artikel hinzuzufügen.

1. Das _____ in _____ Land ist überhaupt die Ausbildung _____ _____ . (Wichtigst-, jed-, Jugendlich-)

2. Zwischen _____ und _____ Hochschulen bestehen _____ Unterschiede. (amerikanisch, deutsch, groß)

3. Bekanntlich gibt es in Deutschland nur ganz _____ _____ Hochschulen. (wenig, privat)

4. Praktisch _____ _____ Studenten studieren an _____ Universitäten. (all-, deutsch, staatlich)

5. _____ _____ _____ Universitäten sind heutzutage überfüllt. (meist-, deutsch)

6. In den Vorlesungen sitzen oft _____ von Studenten. (Hundert-)

7. _____ _____ fühlen sich natürlich bei _____ _____ Verhältnissen nicht wohl. (viel, Studierend-, solch-, ungünstig)

8. Deshalb versäumen _____ Studenten _____ _____ Vorlesungen. (manch, dies-, riesig)

9. Statt dessen lesen sie lieber zu Hause, vor _____ die Bücher ihrer Professoren. (all-)

10. Aber es ist doch _____ _____ Unterschied, ob man alleine lernt oder zusammen mit _____ . (groß, ander-)

B. Setzen Sie die fehlenden Präpositionen ein oder die Zusammenziehungen von Artikel und Präposition.

1. _____ gar keinen Fall möchte ich _____ der Universität Göttingen studieren, wenn es unmöglich ist, dort ein Zimmer zu bekommen.

2. Aber John, das wird schon irgendwie klappen. Die Schwester meiner Gastmutter lehrt nämlich _____ der Universität Göttingen.

3. Und ihr Mann unterrichtet _____ Max-Planck-Gymnasium (*n.*). Da sollte sich doch etwas machen lassen.

4. Ich schreibe noch heute _____ meine Gastmutter.

5. Und wenn ihre Schwester keinen Platz für dich hat, dann können Sie da_____ sorgen, daß du irgendwo anders unterkommst (*find a place to stay*).

6. Du könntest ja auch _____ einer Familie in der Nähe von Göttingen wohnen.

7. Warten wir mal ab. _____ allem darfst du nicht mutlos (*discouraged*) werden.

8. Man muß doch _____ das Gute im Menschen glauben.

9. Und Glück muß der Mensch haben. Ab und _____ hat ja selbst ein Pechvogel (*unlucky person*) wie du Glück.

10. Jetzt schreib' ich erst mal den Brief, und dann muß ich noch etwas
_____ Deutsch tun.

C.   Vervollständigen Sie die Sätze.

1. Wieviele Kurse _____ du dieses Semester, Lisa?

2. Ich habe beschlossen, nur drei Kurse zu belegen. Denn ich fühle _____
nicht wohl _____ der ewigen Büffelei (*all that cramming*).

3. Du bist klug, Klaus. Ich _____, ich hätte auch nur drei Kurse!

4. Ich _____ mich eigentlich nicht in so viele Vorlesungen einschreiben
(*register*) sollen, aber ich wollte mein Studium hier schneller abschließen.

5. Denn die Möglichkeit _____, daß ich anschließend zwei Semester in
Berlin studiere.

6. Es sieht nämlich so _____, als _____ ich ein Stipendium
an der Freien Universität bekommen könnte.

7. Ich _____ ja furchtbar gern zwei Semester in Berlin studieren.

8. Es _____ doch große Unterschiede zwischen einem deutschen und
amerikanischen Studium.

9. Der __unterschied ist wohl der, daß man als Student an einer deutschen Universität weniger gestreßt ist.

10. _____ Wichtigste ist wohl, daß man an deutschen Universitäten
mehr zum Nachdenken kommt und nicht ewig für seine Kurse _____
muß.

D.   Auf deutsch.

1. I ran into (*zufällig treffen*) Vanessa.

2. She is majoring in history, as you know.

3. She is taking a German class, so that she can study at a German university.

4. I too should try to learn as much German as possible.

5. Our teacher in high school taught us primarily how to <u>speak</u> German.

6. But the fact is, I didn't learn enough grammar.

7. I should have studied more.

8. I wish college weren't so expensive. Then I could study longer.

9. But I don't feel comfortable about asking my parents for more money.

10. They cannot possibly pay more for my education.

E. Ersetzen Sie das kursiv Gedruckte durch sinnverwandte Ausdrücke, und machen Sie die erforderlichen Änderungen.

1. Die Frage der Professorin, ob Brechts Satire nicht irgendwie auch auf unsre Gesellschaft zuträfe, hat einen *riesigen* Eindruck auf uns gemacht.

2. Zuerst wußten wir *gar* nicht, was sie meinte.

3. Was meinte sie *überhaupt*?

4. Sie kann doch *unmöglich* gemeint haben, daß wir in einer Diktatur leben?

5. Sie dachte wohl *hauptsächlich* an die vielen Zwänge (*constraints*), die es auch in unserer Gesellschaft gibt.

6. *Es ist allgemein bekannt,* daß sie uns gern provoziert, um uns zum Nachdenken zu bringen.

7. *Ab und zu* gelingt ihr das auch wirklich.

8. Einige Studenten *fühlen sich nicht wohl* bei solchen provozierenden Fragen.

9. *Die Hauptsache* ist, sie erreicht ihr Ziel.

10. Sie *bringt* uns *tatsächlich bei,* die Dinge von verschiedenen Seiten zu sehen.

F. Sprechen Sie miteinander.

1. Sprechen Sie darüber, was Ihnen im Augenblick sehr wichtig oder am wichtigsten ist. Verwenden Sie die Redemittel dieses Kapitels.

2. Unterhalten Sie sich darüber, was Sie während Ihres Studiums gemacht hätten oder noch gern machen würden, wenn es Ihnen möglich (gewesen) wäre.

3. Sprechen Sie darüber, was Sie in Ihrem Leben ändern würden, wenn es Ihnen möglich wäre. Verwenden Sie möglichst viele Verben im Konjunktiv II, und erwähnen Sie das Wichtigste und das Mögliche oder das Unmögliche mit den Redemitteln aus diesem Kapitel.

4. Unterhalten Sie sich über typische Situationen in Ihrem Leben als Student/in, wobei Sie Sätze benutzen wie **mir ist manchmal, als ob . . . ; man tut oft, als ob . . . ; es ist uns Studenten, als ob . . . ; es sieht aus / klingt, als ob wir . . .**

5. Erzählen Sie einander, was es in Ihrer Heimatstadt alles gibt, worauf die Bewohner (*residents*) stolz (*proud*) oder überhaupt nicht stolz sind.

6. Erzählen Sie einander, was Sie für sich selbst und andere—Familienmitglieder, Freunde, Arme usw.—machen ließen, wenn Sie das große Los in der Lotterie gewinnen (*hit the jackpot*) würden.

7. Tauschen Sie Erfahrungen über besonders interessante Kurse aus, die Sie zur Zeit belegen oder in vergangenen Semestern belegt haben. (*austauschen: to exchange*)

8. Sprechen Sie miteinander über unangenehme Situationen, in denen Sie sich manchmal befinden oder kürzlich befunden haben. Verwenden Sie Äquivalente für *to feel (un)comfortable*.

9. Erzählen Sie jemandem von sich, wobei Sie den Eindruck, den Sie manchmal auf andere machen, mit Ihrem wahren Wesen (*nature*) vergleichen. Verwenden Sie Äquivalente für *really*.

Zusätzliche Übungen

A. Setzen Sie das Adverb oder die Modalpartikel **eigentlich** ein, und drücken Sie den Satz auf englisch aus. Achten Sie dabei auf den Ton.

1. Elena Katzenbach hat ja Chemie studiert.—Wo hat sie studiert?

2. Sie wollte an einem renommierten (*famous*) technischen Institut im Osten studieren, doch man hat sie nicht zugelassen (*admitted*). Also hat sie an einem kleinen technischen Institut im Westen studiert.

3. Sie bereut (*regrets*) das nicht, denn dort waren die Professoren besonders engagierte Lehrer.

4. Bist du der Ansicht, daß Studenten an kleineren Hochschulen mehr mit ihren Professoren in Kontak kommen als Studenten an großen Universitäten?

5. Das scheint zu stimmen. Ich hätte auch an einem College studieren sollen.

B. Ergänzen Sie die Sätze.

1. Wenn die Fischlein den Haien nicht _____, dann _____ die großen Fische die kleinen nicht ausbeuten. (*to obey, to be able to*)

2. Wenn man _____ die Fischlein nicht so gut _____, dann _____ die Kleinen den Großen nicht so willig _____ . (*to care for, would follow*)

3. Die Großen _____, als ob sie nur das Beste für die Kleinen im Sinn (*in mind*) _____ . (*to act, to have*)

4. Das _____ die Fischlein getäuscht (*deceived*) haben. (*may*)

5. Die Kleinen _____ nicht _____ die guten Absichten (*intentions*) der Großen _____ . (*should have believed in*)

6. Nachdem schon viele Fischlein im Rachen der Haie verschwunden waren, dachten die anderen Fischlein: _____ die doch nur nicht so naiv _____! Dann _____ sie jetzt noch am Leben. (*If, to be, to be*)

7. Brecht _____ diese Satire als Waffe (*weapon*) im antifaschistischen Kampf _____ . (*is said to have written*)

8. Brecht ＿＿＿＿＿＿＿ die politischen Verhältnisse durch Literatur ändern
   ＿＿＿＿＿＿＿ . (*claimed, to be able*)

9. Jeder im Nazi-Deutschland ＿＿＿＿＿＿＿ diese Satire
   ＿＿＿＿＿＿＿＿＿＿＿ . (*should have read*)

10. Aber Brechts Bücher ＿＿＿＿＿＿＿ damals ja nicht gelesen werden. (*to be allowed*)

11. Wenn man diese Satire ＿＿＿＿＿＿＿, dann ＿＿＿＿＿＿＿ man seine Kritik an faschistischen Diktaturen. (*to read, to understand*)

12. Wenn die vielen Fischlein, also die Deutschen in der Nazi-Diktatur, nur
    ＿＿＿＿＿＿＿＿＿＿＿! (*would have revolted* [*to revolt:* revoltieren])

C.   Ergänzen Sie die Sätze.

1. Ich ＿＿＿＿＿＿＿＿＿＿＿ Juni. (*finish college in*)

2. Die Möglichkeit ＿＿＿＿＿＿＿, daß ich mein Studium ＿＿＿＿＿＿＿＿
   ＿＿＿＿＿＿ fortsetze. (*exists, in a couple of years*)

3. Aber im Augenblick ＿＿＿＿＿＿＿＿＿＿＿ . (*I don't feel at all like studying* [*at a university*] *next year*)

4. Jetzt ＿＿＿＿＿＿＿＿＿＿＿ ich erst mal etwas Praktisches machen
   werde. Auf jeden Fall möchte ich anderen helfen. (*it looks as though*)

5. ＿＿＿＿＿＿＿＿＿＿＿, wie man anderen hilft. (*to come right down to it, it makes no difference*)

6. ＿＿＿＿＿＿＿＿＿＿＿, daß man anderen hilft. (*the main thing is*)

7. Ich ＿＿＿＿＿＿＿＿＿＿＿, zwei Jahre an einer Innenstadtschule
   ＿＿＿＿＿＿＿＿＿＿＿ . (*intend, to teach*)

8. Als ich meinen Eltern von meinen Plänen erzählte, sagte meine Mutter
   erstaunt: „Das willst du ＿＿＿＿＿＿＿ tun? Das ist ＿＿＿＿＿＿＿, John!"
   (*really, really something*)

9. Es freut mich natürlich, daß meine Eltern ＿＿＿＿＿＿＿＿＿＿＿ .
   (*feel comfortable about that*)

10. ＿＿＿＿＿＿＿＿＿＿＿, dann ＿＿＿＿＿＿＿ ich nicht sehr glücklich darüber. (*If they had an uncomfortable feeling about it, would be*)

11. ＿＿＿＿＿＿＿＿＿＿＿ in den Innenstädten engagierte Lehrer, die
    die ＿＿＿＿＿＿＿ motivieren. (*as everybody knows our schools need, students*)

12. Ich werde versuchen, ＿＿＿＿＿＿＿＿＿＿＿, mehr von sich selbst
    zu erwarten. (*to teach the young people*)

D. Setzen Sie das passende Äquivalent für *education* ein.

1. Es war meinen Eltern wichtig, daß wir alle drei eine gute _____ bekommen.

2. Meine Schwester hat ja eine technische _____ . Die wird bestimmt gleich nach dem Studium eine gute Stelle finden.

3. Hoffentlich bekomme ich mit meiner allgemeinen _____ auch einen gut bezahlten Job.

4. Mein ältester Bruder hat ____wissenschaft studiert. Er will dazu beitragen, das ____ system zu reformieren.

E. Auf deutsch.

1. I first studied German in high school.

2. At the university I took more German classes.

3. My teachers taught me a lot.

4. In college I met a wonderful German student.

F. Auf deutsch.

1. Tonight there is going to be a program on TV about Nazi Germany.

2. There is a lot to learn before we can understand all the many reasons for Hitler's rise (*Aufstieg*) to power.

3. This complex phenomenon (*Dieses komplexe Phänomen*) can't be explained easily.

4. One cannot possibly know all the reasons why so many Germans followed the *Führer*.

5. But we really should try to understand the main reasons why they believed in the *Führer*.

6. Many historians (*Historiker*) stress that.

7. An excellent professor teaches German history at our university.

8. I am taking her lecture course on (*über*) Germany since 1871.

9. She is having us see several movies.

Chapter 9

Reiner Kunze (b. 1933) is one of the best-known lyric poets writing in German today. Since unification, he has been one of the main advocates of a rigorous reappraisal of the history of the German Democratic Republic, especially in the realm of the arts. After enduring threats and persecution at the hands of the GDR regime, he was forced to leave the country in 1977,[1] and, like so many of his literary compatriots, he settled in the Federal Republic. The main reason for his expatriation was the publication in 1976 of a volume of short prose bearing the ironic title *Die wunderbaren Jahre*. Published in West Germany, it became an instant best-seller. Many of the short texts document incidents in the lives of young people who are at odds with the authorities because not even the most innocuous signs of individuality are tolerated in this conformist society. In "Element," a student who dares to defend his right to keep a Bible on the bookshelf of his dormitory room is treated by his teachers and the police like a "unsicheres Element"—a security risk.

Element
Reiner Kunze

5   Auf sein Bücherbrett im Lehrlingswohnheim stellte Michael die
Bibel. Nicht, weil er gläubig ist, sondern weil er sie endlich ein-
mal lesen wollte. Der Erzieher machte ihn jedoch darauf aufmerk-   **der Erzieher,-** teacher
sam, daß auf dem Bücherbrett eines sozialistischen Wohnheims
die Bibel nichts zu suchen habe. Michael weigerte sich, die Bibel   **nichts ... habe** had no business being
10 vom Regal zu nehmen. Welches Lehrlingswohnheim nicht soziali-
stisch sei, fragte er, und da in einem sozialistischen Staat jedes
Lehrlingswohnheim sozialistisch ist und es nicht zu den Obliegen-
heiten der Kirche gehört, Chemiefacharbeiter mit Abitur auszu-   **die Obliegenheit,-en** duty, responsibility
bilden, folgerte er, daß, wenn der Erzieher recht behalte, in   **der Chemiefacharbeiter,-** certified
15 einem sozialistischen Staat niemand Chemiefacharbeiter mit   chemical worker
Abitur werden könne, der darauf besteht, im Wohnheim auf sein   **das Abitur** secondary certificate
Bücherbrett die Bibel stellen zu dürfen. Diese Logik, vorgetragen   **vor·tragen (ä,u,a)** to deliver
hinter dem Schild der Lessing-Medaille,[2] die Michael am Ende der
zehnten Klasse verliehen bekommen hatte (Durchschnittsnote
20 Einskommanull[3]), führte ihn steil unter die Augen des Direktors: **steil** abruptly
Die Bibel verschwand, und Michael dachte weiterhin logisch. Die

---

[1] After the collapse of the GDR, Kunze gained possession of the files kept on him by the *Stasi (Secret Police)*. In 1990, he published some of the material in a book entitled *Deckname 'Lyrik' Eine Dokumentation*

[2] **Die Lessing-Medaille** is an achievement medal named after the leading figure of the German Enlightenment, Gotthold Ephraim Lessing (1729–1781).

[3] 1. A.

Lehrerin für Staatsbürgerkunde aber begann, ihn als eines jener
Elemente zu klassifizieren, die in Mendelejews Periodischem System nicht vorgesehen sind und durch das Adjektiv „unsicher"
25 näher bestimmt werden.[4]

2

Eines Abends wurde Michael zur Betriebswache gerufen. Ein
Herr in Zivil legte ihm einen Text vor, in dem sich ein Ich
verpflichtete, während der Weltfestspiele der Jugend und Studenten die Hauptstadt nicht zu betreten, und forderte ihn auf zu
30 unterschreiben.—Warum? fragte Michael. Der Herr blickte ihn
an, als habe er die Frage nicht gehört.—Er werde während der
Weltfestspiele im Urlaub sein, sagte Michael, und unter seinem
Bett stünden nagelneue Bergsteigerschuhe, die er sich bestimmt
nicht zu dem Zweck angeschafft habe, den Fernsehturm am Alex
35 zu besteigen.[5] Er werde während der Weltfestspiele nicht einmal
im Lande sein.—Dann könne er also unterschreiben, sagte der
Herr, langte über den Tisch und legte den Kugelschreiber, der
neben dem Blatt lag, mitten aufs Papier.—Aber warum? fragte
Michael. Der Text klinge wie das Eingeständnis einer Schuld. Er
40 sei sich keiner Schuld bewußt. Höchstens, daß er einmal beinahe
in einem VW-Käfer mit westberliner Kennzeichen getrampt wäre.
Damals hätten sich die Sicherheitsorgane an der Schule über ihn
erkundigt. Das sei für ihn aber kein Grund zu unterschreiben, daß
er während der Weltfestspiele nicht nach Berlin fahren werde.—
45 Was für ihn ein Grund sei oder nicht, das stehe hier nicht zur
Debatte, sagte der Herr. Zur Debatte stehe seine Unterschrift.—
Aber das müsse man ihm doch begründen, sagte Michael.—Wer
hier was müsse, sagte der Herr, ergäbe sich einzig aus der Tatsache, daß in diesem Staat die Arbeiter und Bauern die Macht
50 ausübten. Es empfehle sich also, keine Sperenzien zu machen.—
Michael begann zu befürchten, man könnte ihn nicht in die Hohe
Tatra trampen lassen, verbiß sich die Bemerkung, daß er die letzten Worte als Drohung empfinde, und unterschrieb.[6]
Zwei Tage vor Beginn seines Urlaubs wurde ihm der Perso-
55 nalausweis entzogen und eine provisorische Legitimation ausge-
händigt, die nicht zum Verlassen der DDR berechtigte, und auf
der unsichtbar geschrieben stand: Unsicheres Element.

3

Mit der topografischen Vorstellung von der Hohen Tatra im Kopf
und Bergsteigerschuhen an den Füßen, brach Michael auf zur
60 Ostsee Da es für ihn nicht günstig gewesen wäre, von Z. aus zu

die Staatsbürgerkunde civics

vor'sehen (ie,a,e) to provide for

die Betriebswache plant security
in Zivil in civilian clothes

langen to reach

das Eingeständnis,-se admission

der Käfer,- bug, beetle

sich ergeben (i, a, e) aus to derive from

aus'üben to wield
Es . . . machen It is advisable not to
  make any trouble.
sich verbeißen (i,i) to suppress

entziehen (o,o) to confiscate

auf'brechen (i,a,o) to set out
die Ostsee Baltic Sea

[4]**Das Periodische System** is the Periodic Table formulated by Dmitri Mendeleyev in 1869. The elements are classified according to their atomic number. The table makes it possible to predict the properties of elements still to be discovered.
[5]**Der Alex, or Alexanderplatz,** is a large square in the center of East Berlin.
[6]**Die Hohe Tatra** is a part of the Carpathian Mountains in northern Slovakia and southern Poland.

trampen, nahm er bis K. den Zug. Auf dem Bahnsteig von K., den
er mit geschulterter Gitarre betrat, forderte eine Streife ihn auf,   **die Streife,-n** patrol
sich auszuweisen. „Aha", sagte der Transportpolizist, als er des
Ausweispapiers ansichtig wurde, und hieß ihn mitkommen. Er   **ansichtig** (*gen.*) **werden** to catch sight
65 wurde zwei Schutzpolizisten übergeben, die ihn zum Volks-   of
polizeikreisamt brachten. „Alles auspacken!" Er packte aus. „Ein-   **heißen** (ie,ie) to order
packen!" Er packte ein. „Unterschreiben!" Zum zweitenmal unter-
schrieb er den Text, in dem sich ein Ich verpflichtete, während
der Weltfestspiele die Hauptstadt nicht zu betreten. Gegen
70 vierundzwanzig Uhr entließ man ihn. Am nächsten Morgen—
Michael hatte sich eben am Straßenrand aufgestellt, um ein Auto
zu stoppen—hielt unaufgefordert ein Streifenwagen bei ihm an.
„Ihren Ausweis, bitte!" Kurze Zeit später befand sich Michael
wieder auf dem Volkspolizeikreisamt. „Alles auspacken!" Er
75 packte aus. „Einpacken!" Diesmal wurde er in eine Gemeinschaftszelle überführt. Kleiner Treff von Gitarren, die Festival-
Verbot hatten: Sie waren mit einem Biermann-Song oder mit der
Aufschrift ertappt worden: WARTE NICHT AUF BESSRE   **ertappen** to catch
ZEITEN.[7] Sein Name wurde aufgerufen. „Wohin?"—„Eine
80 Schweizer Kapelle braucht einen Gitarristen", sagte der Wacht-
meister ironisch. Er brachte ihn nach Z. zurück. Das Konzert fand   **der Wachtmeister,-** sergeant
auf dem Volkspolizeikreisamt statt. „Sie wollten also nach
Berlin."—„Ich wollte zur Ostsee."—Der Polizist entblößte ihm die   **entblößen** to uncover
Ohren. „Wenn Sie noch einmal lügen, vermittle ich Ihnen einen   **vermitteln** to give
85 handfesten Eindruck davon, was die Arbeiter-und-Bauern-Macht   **handfest** solid
ist!" Michael wurde fotografiert (mit Stirnband, ohne Stirnband)
und entlassen. Um nicht weiterhin verdächtigt zu werden, er
wolle nach Berlin, entschloß er sich, zuerst nach Osten und dann
oderabwärts zur Küste zu trampen. In F. erbot sich ein Kraft-   **oderabwärts** down the Oder River
90 fahrer, ihn am folgenden Tag unmißverständlich weit über den   **sich erbieten(o,o)** to offer
Breitengrad von Berlin hinaus mitzunehmen. „Halb acht vor dem   **der Breitengrad,-e** latitude
Bahnhof." Halb acht war der Bahnhofsvorplatz blau von Hemden
und Fahnen: Man sammelte sich, um zu den Weltfestspielen nach
Berlin zu fahren.[8] Ein Ordner mit Armbinde fragte Michael, ob er
95 zu einer Fünfzigergruppe gehöre.—„Sehe ich so aus?"—Der Ordner kam mit zwei Bahnpolizisten zurück. „Ihren Ausweis!"
Michael weigerte sich mitzugehen. Er erklärte. Er bat. Sie pack-
ten ihn an den Armen. Bahnhofszelle. Verhör. Die Polizisten   **packen** to grab
rieten ihm, eine Schnellzugfahrkarte zu lösen und zurückzu-   **lösen** to buy
100 fahren. Er protestierte. Er habe das Recht, seinen Urlaub überall
dort zu verbringen, wo er sich mit seinem Ausweis aufhalten
dürfe.—Er müsse nicht bis Z. zurückfahren, sagten die Polizisten,
sondern nur bis D. Falls er jedoch Schwierigkeiten machen sollte,
zwinge er sie, das Volkspolizeikreisamt zu verständigen, und dann   **käme . . . davon** would not get off so
105 käme er nicht zu glimpflich davon. Ein Doppelposten mit Hund   easily
begleitete ihn an den Fahrkartenschalter und zum Zug. „Wenn   **der Doppelposten** two guards
Sie eher aussteigen als in D., gehen Sie in U-Haft!"Auf allen Zwi-   **die U-Haft = Untersuchungshaft**
pretrial detention

---

[7]**Wolf Biermann** is a composer of social protest songs who was stripped of his GDR citizenship in 1976.
[8]Members of the Free German Youth (Freie Deutsche Jugend, FDJ) wore blue shirts.

schenstationen standen Posten mit Hund. In D. erwarteten ihn
zwei Polizisten und forderten ihn auf, unverzüglich eine
110 Fahrkarte nach Z. zu lösen und sich zum Anschlußzug zu
begeben. Er gab auf. Auf dem Bahnsteig in Z. wartete er, bis die
Polizisten auf ihn zukamen. Nachdem sie Paßbild und Gesicht
miteinander verglichen hatten, gaben sie ihm den Ausweis
zurück. „Sie können gehen."—„Wohin?" fragte Michael.

unverzüglich without delay

sich begeben (i,a,e) to go

Wortschatz

sich (*dat.*) **an·schaffen**	to buy, get, acquire
die **Anschaffung,-en**	acquisition, buying
auf·fordern	to ask / order s.o. to do s.th.; invite s.o. to do s.th.
sich **befinden (a,u)**	to be, find oneself
befürchten	to fear
die **Befürchtung,-en**	fear
begründen	to give reasons for, justify
die **Begründung,-en**	reason, grounds
bestehen (bestand, bestanden) auf (*dat.*)	to insist on
bestehen in (*dat.*)	to consist in
das **Problem** / die **Schwierigkeit besteht darin**	the problem / difficulty consists in / lies in the fact
unsere Aufgabe besteht darin	our task involves
die **Bibel,-n**	Bible
das **Bücherbrett,-er**	bookshelf
sich **erkundigen über** (*acc.*) **/ nach**	to inquire about s.o. / s. th
folgern aus	to conclude from
gehören zu	to belong to, be part of; require, take
der **Grund,⸚e**	reason
es besteht kein Grund ... zu	there is no reason for
aus diesem / welchem Grund	for this / what reason
im Grunde (genommen)	basically, fundamentally
nagelneu	brand-new
der **Paß,⸚sse**	passport
der **(Personal)ausweis,-e**	ID card, passport
sich **aus·weisen (ie,ie)**	to show o.'s papers, prove o.'s identity
statt·finden (a,u)	to take place
suchen nach	to search for
die **Suche nach**	search for
unsicher	unsafe, uncertain, unstable, insecure
unterschreiben (ie,ie)	to sign
die **Unterschrift,-en**	signature
der **Urlaub,-e**	vacation
verdächtigen	to suspect (of wrong doing)
der **Verdacht**	suspicion
in / im Verdacht haben	to suspect s.o.
verdächtig	suspicious

vergleichen (i,i) mit	to compare with / to
verglichen mit	compared to
der **Vergleich,-e**	comparison
im Vergleich zu	in comparison to
sich verpflichten zu	to commit o.s. to doing s.th.
die **Verpflichtung,-en**	commitment
sich weigern (*v.i.*)	to refuse to do s.th.
weiterhin + verb	to continue doing s.th.
er dachte weiterhin logisch	he continued / kept on thinking logically
das **Wohnheim,-e**	dormitory
der **Zweck,-e**	purpose
zu dem Zweck	for the purpose
das hat doch keinen Zweck	that's of no use
zwecklos	pointless, of no use
zwingen (a,u)	to force

Stichworte für die Diskussion

die **ehemalige DDR (Deutsche Demokratische Republik)**	former GDR
das **unerfreuliche Element**	undesirable element
der **informelle Mitarbeiter,-**; (*f.*) die **informelle Mitarbeiterin,-nen (IM)**	informer working for the *Stasi*
die **Obrigkeit** (*sg.* noun)	authorities
das **Periodensystem**	periodic table
die **SED-Diktatur**	the dictatorship of the *Sozialistische Einheitspartei Deutschlands*
der **Staatssicherheitsdienst** (die **Stasi**)	state security service, secret police
der (ein) **Unangepaßte(r)**	nonconformist
die **Wende**	changeover from the communist to the democratic system
Widerstand (*m.*) **leisten** (*dat.*)	to resist
das **Wortspiel,-e**	play on words
sich an·passen (*dat.*)	to conform to
provozieren	to provoke
resignieren	to resign o. s.
schikanieren	to harass
sich wehren gegen	to resist

Zur Diskussion des Textes

1. Fassen Sie die Ereignisse (*incidents*) in jedem der drei Erzählabschnitte (*narrative segments*) zusammen. Dann vergleichen Sie den Stil der Abschnitte miteinander. Wie spiegelt sich die zunehmende Einschränkung (*increasing restriction*) von Michaels Freiheit und Selbstsicherheit auch in der Länge der Sätze wider (widerspiegeln: to *reflect*)?

2. Was für ein Mensch scheint Michael zu sein? Wie erklären Sie sich sein Handeln? Provoziert er die Obrigkeit Ihrer Meinung nach absichtlich? Wie hätten Sie sich an seiner Stelle verhalten?

3. Warum wird Michael als „unsicheres (*dubious, suspicious*) Element" bezeichnet (*labeled*)? Was für Beweise (*evidence*) hat man? Warum wohl will man verhindern, daß er nicht zu den Weltfestspielen fährt? Inwiefern ist das besonders ironisch? Was empfinden Sie sonst noch als ironisch in dieser Geschichte?

4. Warum wohl hat Kunze die Namen der Städte nur mit den Anfangsbuchstaben angedeutet? Wie unterstreicht dieses Stilmittel die Atmosphäre der dargestellten Welt?

5. Was erfahren wir aus „Element" über das Leben in der ehemaligen DDR?

Kommunikative Situationen

1. Ein Rollenspiel: Bald nach Michaels Zusammenstoß (*run-in*) mit der Polizei lesen Michael und sein Freund Günter Brechts „Wenn die Haifische Menschen wären". Die beiden unterhalten sich über den Text und vergleichen die Haifischgesellschaft mit der DDR-Gesellschaft.

2. Angenommen Sie und ein Freund / eine Freundin machen eine Reise durch die neuen Bundesländer. In einer Kneipe (*pub*) treffen Sie zwei Ostdeutsche, die zur Zeit der Wende noch im Studium waren. Stellen Sie den beiden Fragen über ihr vergangenes und gegenwärtiges Leben.

3. In kleinen Gruppen sammeln Sie Informationen über ein Thema aus der Geschichte der DDR, wie zum Beispiel die Stasi, Sport oder Literatur in der DDR, die sanfte (*peaceful*) Revolution oder die Mauer und ihr Fall. Dann fassen Sie die gesammelten Informationen vor der ganzen Klasse zusammen.

Aufsatzthemen

1. Angenommen Sie haben die Gelegenheit, sich mit Reiner Kunze zu unterhalten. Beschreiben Sie Ihr Gespräch in der indirekten Rede.

2. Beschreiben Sie ein interessantes Gespräch, das Sie kürzlich mit jemandem über Ihre Pläne für die Zukunft geführt haben. Verwenden Sie die indirekte Rede und die Redemittel dieses Kapitels.

3. Schildern Sie die Gespräche in #1 oder 2 der Kommunikativen Situationen oder erfinden Sie eine Szene, die einen Dialog in der indirekten Rede enthält.

Redemittel

Expressing intention

Wir planen
We are planning

Wir haben vor
We plan / are hoping / intend / have in mind

Ich habe mir vorgenommen
I intend / mean to, I've resolved / decided

Sie hat die Absicht
She has the intention

Ihre Absicht ist
Her intention is

Sie beabsichtigt
She intends

Ich habe beschlossen / mich entschlossen
I've made up my mind / decided

Wir sind fest entschlossen
We have every intention of

Wir wollen
We are going to + verb / We intend to

Ergänzen Sie jeden Satz mit zwei passenden Ausdrücken.

1. Wir _____ / _____,
   noch mehr Geschichten von Kunze zu lesen. (*intend*)

2. Ulf _____ / _____,
   eine neue Stelle zu suchen. (*has decided*)

3. Ursula _____ / _____,
   sich ein Auto zu kaufen. (*has the intention, has every intention of*)

Die Modalpartikel auch

The modal particle **auch** suggests a plausible explanation or justification for the preceding statement. It has the flavor of *well, but then, after all,* or *no wonder.* **Auch** is often preceded by **ja** or **aber.**

Andrea kann aber gut Deutsch!—Ihre Mutter ist ja **auch** Deutsche.
Andrea knows German really well!—No wonder / But then / After all, her mother is German.

Du hast aber einen schönen Lederrucksack!—Der war aber **auch** teuer.
What a beautiful leather backpack you have! —Well, it was expensive enough.

Margo und David haben sich einen neuen Wagen angeschafft.—Ihr alter war aber **auch** schon eine Klapperkiste.
Margo and David bought a new car.—No wonder, their old car was such a junker.

In yes / no questions **auch** asks for verification. In case of a positive question, a positive answer is expected, and the response to a negative question is expected to be negative.

Hast du **auch** die Tür abgeschlossen?—Aber natürlich!
You locked / did lock the door, didn't you?—But of course!

Haben wir **auch** nichts vergessen?—Ich glaube nicht.
We didn't forget anything, did we?—I don't think so.

Setzen Sie die Modalpartikel **auch** ein, und drücken Sie den Satz auf englisch aus. Achten Sie dabei auf den Ton.

1. Patrick und Bernd haben viel Geld für die Reise gespart.—Sie haben aber hart gearbeitet.

2. Die beiden sind ja gut auf die Reise vorbereitet.—Sie haben sie lange geplant.

3. Wir sind startbereit.—Habt ihr nichts vergessen?

4. Die beiden sehen ein bißchen müde aus.—Sie haben ja die halbe Nacht gepackt.

Grammatik

A. Direct discourse

In German, the initial quotation mark is placed at the bottom of the line and the final mark at the top. When the quoted discourse or thought is preceded by a verb announcing it, a colon precedes the lower quotation mark. The period precedes the upper quotation mark.

> Der Erzieher sagte streng: „In einem sozialistischen Wohnheim hat die Bibel nichts zu suchen."

If the verb signaling the direct quotation follows the quotation, the comma follows the quotation mark. If a question or an exclamation mark is part of the quote, it precedes the final quotation mark and there is no comma following the quotation mark.

> „Ich befürchte, man könnte mich nicht in die Berge fahren lassen", erklärte Michael.
>
> „Wo wollen Sie hinfahren?" erkundigte sich der Polizist.
>
> „Kommen Sie mit auf die Polizeiwache!" forderte er ihn auf.

The following verbs are frequently used to signal direct and indirect discourse.

an·deuten	to indicate
antworten	to answer
behaupten	to claim, maintain, assert
bemerken	to remark
betonen	to emphasize, stress
entgegnen	to reply, return
erklären	to explain
erzählen	to tell
erwähnen	to mention
erwidern	to reply, answer
fort·fahren (ä, u, a; ist)	to continue
hinzu·fügen	to add
meinen	to say

sagen   to say

wissen wollen   to want to know

Setzen Sie die fehlenden Zeichen ein.

1. Ein Herr sagte Unterschreiben Sie diesen Text.

2. Warum fragte Michael.

3. Ich werde während der Weltfestspiele im Urlaub sein erwiderte er.

4. Dann können Sie also unterschreiben entgegnete der Herr.

5. Michael bemerkte Der Text klingt wie das Eingeständnis einer Schuld.

B. Subjunctive I (indirect discourse subjunctive)

In German, indirect discourse can use the indicative, subjunctive II (see p. 187), or the indirect discourse subjunctive (**Konjunktiv** I). The indicative is frequently used in indirect statements when the introductory verb is in the present tense. It is also occasionally used in the past tense to express indisputable facts. The use of the indicative for indirect discourse is more prevalent in spoken than in written German.

Michael sagt, daß er auf seinem Recht bestehen **muß.**

Er erwähnte, daß das Konzert heute nicht **stattfindet.**

The conjunction **daß** may be omitted in indirect discourse. If the clause is not introduced by **daß,** it is set off by a comma, and the verb is in second position.

Der junge Mann erklärte, er **wolle** gar nicht nach Berlin fahren.

Subjunctive I is primarily used in formal writing and impartial reporting by the media, while subjunctive II is used more frequently in spoken German. There is no difference in meaning between subjunctive I and subjunctive II.

Der französische Staatspräsident unterstrich in seiner Rede vor den Jugendlichen, früher **hätten** Rivalitäten und Leidenschaften Deutsche und Franzosen getrennt. Dieses Trennende **müsse** überwunden werden. Die deutsch-französische Aussöhnung nach dem Zweiten Weltkrieg **habe** den Weg nach Europa geebnet. Der Präsident betonte, jeder **solle** in Europa seine Identität behalten. Der Bundeskanzler meinte, die vielen Teilnehmer an dem Jugendtreffen **bewiesen,** daß das französische und deutsche Volk Freunde geworden **seien.** Er appellierte an die Jugend, eine Wiederkehr der bösen nationalistischen Geister der Vergangenheit zu verhindern. Diese Aufgabe **stelle** sich jeder Generation neu. (*Deutschland Nachrichten*)

In his speech to the young people, the French president emphasized that in the past rivalries and passions had separated French and Germans. That which kept them apart must be overcome. The German-French reconciliation after World War II had prepared the path toward (a united) Europe. The president stressed that everyone in Europe should keep his or her identity. The German chancellor said the many participants in the gathering of young people showed that the French and German peoples had become friends. He charged the young people to prevent a return of the evil nationalistic spirits of the past. This task confronts every generation anew.

Subjunctive I can also be used in informal, spoken German if the speaker wants to express reservations about the correctness of the quote.

> Konrad meinte, seine Freundin **habe** ihn nicht mehr gern. Sicherlich bildet er sich das nur ein.

The present tense of subjunctive I is based on the first principal part of the verb, i.e., the infinitive stem + subjunctive endings. The only forms of the special subjunctive that are in active use are the ones that are clearly recognizable as subjunctives and distinguishable from the corresponding indicative forms. Hence the third-person singular forms of all verbs can be used in the present tense because they end in **-e,** and the first-person singular forms of the modals and **wissen** can be used. The forms of **sein** that are in use are present tense, first- and third-person, singular and plural. (ich, er, sie, es **sei;** wir, sie **seien**)

> Jürgen bemerkte, er **gehe** nächste Woche auf Urlaub.
>
> Ulla sagte, sie **reise** bald nach England.
>
> Juliane meinte, ich **könne** ruhig später kommen.
>
> Sie behauptete, sie **wisse** es noch nicht.
>
> Man meinte, ich **sei** noch zu unerfahren für die Stelle.
>
> Die Befragten antworteten, sie **seien** sich nicht im klaren darüber.
>
> Michael bestand darauf, man **habe** nicht das Recht, ihm die Reise zu verbieten.

In those cases in which subjunctive I cannot be used, subjunctive II is employed.

> Die Professorin behauptete, daß ihre Studenten schon viel Deutsch **könnten.**
>
> Dieter meint, du **hättest** nicht genug Zeit für ihn.
>
> Ulla erwähnte, ihr **kämet** fast immer zu spät.

Subjunctive II is used if both subjunctive I and II have the same forms as the indicative present and simple past.

> Silke sagt, daß ihre Freunde immer viel **lachten.**

If subjunctive II is used in the direct statement, it must also be used in the indirect statement.

> Pia sagte: „Das **wäre** schön." Sie meinte, das **wäre** schön.

The choice of tense for the indirect statement depends on the tense of the direct statement. Direct statements in the present or future use the same tense in the subjunctive.

> Michael sagte: „Ich komme um sieben." Er sagte, daß er um sieben **komme.**
>
> Die Chefin betonte: „Ich werde mich morgen danach erkundigen." Die Chefin betonte, sie **werde** sich morgen danach **erkundigen.**

There is only one past subjunctive. Therefore direct statements in the past, perfect, and past perfect are all expressed by the past subjunctive. The past forms of subjunctive I use the past participle + the correct forms of **sein** or **haben.** The future uses the present tense subjunctive I of **werden** + an infinitive.

Frau Hüberle erklärte: „Ich war schon beim Arzt." „Ich bin schon beim Arzt gewesen." „Ich war schon beim Arzt gewesen." Sie erklärte, sie sei schon beim Arzt **gewesen**.

Man hat den Chef gefragt: „Haben Sie den Brief schon unterschrieben?" Man hat ihn gefragt, ob er den Brief schon **unterschrieben habe**.

Der Chef behauptete, das **habe** er bereits **getan**.

Die Professorin meinte, sie **werde** die Prüfung nicht zu lang **machen**.

Indirect commands are expressed by **sollen**. Subjunctive I of **sollen** is used in formal German only. Subjunctive II of **sollen** is used in informal German, but it also occurs in formal German.

Der Polizist sagte zu Michael, er **solle / sollte** mitkommen.
The policeman told Michael he should come / to come along.

Übertragen Sie die Sätze in die indirekte Rede (*indirect discourse*). Verwenden Sie Konjunktiv I wenn möglich oder sonst Konjunktiv II.

1. Der Erzieher sagte zu Michael: „Sie dürfen die Bibel nicht lesen."

2. Er sagte: „Nehmen Sie die Bibel vom Regal!"

3. Er fragte ihn: „Haben Sie die Bibel noch nie gelesen?"

4. Michael entgegnete: „Ich kenne die Bibel noch nicht."

5. Er wollte wissen: „Könnten wir das nicht anders machen?"

6. Er behauptete: „Ich bin mir keiner Schuld bewußt."

7. Er antwortete: „Ich werde nicht nach Berlin fahren."

8. Er meinte: „Ich weiß nicht, wohin ich fahren soll."

C. **Da**-compounds preceding dependent and infinitive clauses

When verbs requiring a preposition such as **denken an** or **sich vorbereiten auf** are followed by a dependent or infinitive clause, the content of that clause is normally anticipated by a **da**-compound (**da[r]** + preposition). The dependent clause is generally introduced by a subordinating conjunction such as **daß** or **ob** or by an interrogative used as subordinating conjunction. With some verbs, the **da**-compound is optional. It tends to be used more in written than in spoken German, and it emphasizes the following clause. The English equivalent is expressed by a gerund or a dependent clause, depending on the context.

Hoffentlich denkt Oliver **daran,** uns Bescheid zu sagen.
I hope Oliver remembers to let us know.

Kommst du mit?—Das hängt **davon** ab, ob die anderen auch mitfahren.
Are you coming?—That depends on whether the others are going too.

Es geht **darum,** das Problem möglichst schnell zu lösen.
It is a matter of solving the problem as quickly as possible.

Der Tourist erkundigte sich **danach,** wo er übernachten könnte.
The tourist inquired about where he could stay the night.

Ergänzen Sie die Sätze.

1. Der Erzieher bestand _____, daß die Bibel von Michaels Bücherregal verschwinde.

2. Die politische Führung fürchtete sich _____, daß Regimegegner den Staat unterminieren könnten.

3. Deshalb sorgte die Stasi _____, daß unsichere Elemente überwacht wurden (*were kept under surveillance*).

4. Michael mußte sich _____ verpflichten, nicht zu den Weltfestspielen zu fahren.

5. Er dachte _____ nach, wie ironisch das war.

6. Er dachte _____, an der Ostsee Urlaub zu machen.

7. Am Ende klagte er _____, daß er nicht mehr wisse, wohin er gehen sollte.

D. Instead (of): **(an)statt, statt dessen**

The preposition **anstatt** and the more common informal **statt** are followed by the genitive. In informal German, the dative is used as well.

> **(An)statt** der grauen Schuhe werde ich die schwarzen anziehen.
>
> **(An)statt** eines neuen Autos haben wir einen Gebrauchtwagen gekauft.
>
> **Statt** einem Auto hat sich Marlene ein Moped gekauft.

(An)statt is also used as a conjunction with the meaning *und nicht*. The case of the noun following **(an)statt** is determined by its function in the sentence.

> Herr Stehle wartet auf sein**e** Frau **(an)statt** auf sein**en** Sohn.
>
> Frau Mühlenberg hat ihren alten Wagen ihrer Tochter **(an)statt** ihr**em** Sohn geschenkt.
>
> Herr Stehle **(an)statt** seine Frau hat das Essen gekocht.

The adverbial conjunction **statt dessen** is used when *instead* introduces a contrast with the preceding statement and *of that* can be supplied following *instead*. **Statt dessen** usually is in first position.

> Karla wollte schon um sieben hier sein. **Statt dessen** kam sie erst um neun an.
>
> Nach der Wende hofften die Ostdeutschen auf einen wirtschaftlichen Aufschwung. **Statt dessen** wurden viele arbeitslos.
>
> Die jungen Deutschen und Franzosen hassen sich nicht mehr. **Statt dessen** sind sie Freunde geworden.

Auf deutsch.

1. Instead of a letter, my sister wrote me a postcard.

2. Irene was going to write me a letter. She wrote me a postcard instead.

3.   She sent me a postcard instead of a long letter.

4.   Actually Irene wanted to go to Dresden. She went to Leipzig instead.

5.   In Leipzig she visited a friend from school (*Schulfreundin*) instead of her aunt.

E.   Infinitive clauses introduced by **um, (an)statt, ohne,** and alternative subordinate clauses

The prepositions **um, (an)statt,** and **ohne** introduce infinitive clauses with **zu** when the subject of the infinitive clause is the same as the subject of the main clause. In English *in order* can be omitted in a statement of purpose or intention. In German **um** must be used in most instances. A safe rule of thumb is to use **um** whenever *in order* can be supplied in English.

Wir gingen in die Stadt, **um** einzukaufen.
We went downtown in order to shop.

When the infinitive clause is introduced by **ohne** or **(an)statt,** the English equivalent is expressed by a gerund.

Irene mag Dorle sehr, **ohne** sie näher zu kennen.
Irene likes Dorle without knowing her well.

(An)statt uns **zu** schreiben, rief Ulf an. / Ulf rief an, **anstatt** uns **zu** schreiben.
Instead of writing to us, Ulf called.

If the subject of a clause introduced by **um** or **ohne** is different from the subject of the main clause, an infinitive clause is normally not used. Instead, **um . . . zu** is replaced by the subordinating conjunctions **damit** or **so daß,** and **ohne** is followed by a **daß**-clause. Although an infinitive clause introduced by **(an)statt** cannot have a different subject than the subject of the main clause, a dependent clause introduced by the conjunction **anstatt daß** is an alternative to the infinitive construction.

Sie fuhren uns zum Bahnhof, **damit / so daß** wir den Zug nicht verpassen würden.

Die Polizisten verlangten es, **ohne daß** man ihre Gründe wußte.
The policemen demanded it, without people knowing the reason.

Meine Chefin hat es selber erledigt, **anstatt** mich darum **zu** bitten. / Meine Chefin hat es selber erledigt, **anstatt daß** sie mich darum gebeten hat.
My boss took care of it herself instead of asking me to do it.

Verbinden Sie die Sätze.

1.   Michael hatte sich eine Bibel gekauft. (*in order*) Er wollte sie endlich mal lesen.

2.   Er hatte eine Bibel auf das Regal gestellt. (*so that*) Andere bemerkten sein selbständiges Denken.

3.   Der Beamte verdächtigte Michael. (*without*) Er sagte etwas über seinen Verdacht.

4. Der Polizist machte Michael Schwierigkeiten. (*instead of*) Er half ihm nicht.

5. Man ließ ihn fotografieren. (*so that*) Die Stasi hatte ein Bild von ihm.

Das passende Wort

A. To belong: **gehören, gehören zu, angehören**

gehören (*dat.*): to belong to, have in one's possession

Der Kugelschreiber **gehört** mir.

gehören zu: to belong to, be part / one of, to be among

Michael **gehörte** nicht **zu** der Gruppe.
Christel **gehört zu** den Besten.

Gehören zu can also mean *to require, take.*

Dazu gehört viel Kraft.
That requires / takes a lot of strength.

gehören + preposition (*acc.*): to belong, be the proper place for someone or something

Gehöre ich eigentlich **in** diese Klasse?
Füße **gehören** doch nicht **auf** den Tisch.

an·gehören (*dat.*): to belong, be a member of an organization or formal group

Welcher Partei **gehören** Sie **an?**
Viele Deutsche **gehören** einem Sportverein **an.**

Auf deutsch.

1. To whom does this book belong?

2. Does the book belong on that shelf?

3. The author (*f.*) belongs to the writers' association (*der Schriftstellerverband*).

4. This story is one of her best.

5. It takes a lot of courage (*der Mut*) to write such books.

6. She lives in an area (*das Gebiet,-e*) that was part of the former (*ehemalig*) GDR.

B. Vacation: **der Urlaub, die Ferien**

Der Urlaub and **die Ferien** both mean *vacation,* but *vacation from school* (all levels) must be expressed by the <u>plural</u> noun **die Ferien.**

Die **Semesterferien** beginnen in Deutschland im Juli.

Was machst du in den **großen Ferien** (*summer vacation*)?

Die Kinder haben noch **Ferien.**

Urlaub / Ferien machen: to take a vacation, vacation

Wir wollen im Herbst **Urlaub / Ferien machen.**

Letztes Jahr haben Meiers in Österreich **Urlaub / Ferien gemacht.**

auf / in Urlaub gehen / fahren, in die Ferien gehen / fahren: to go on vacation

Geht / fahrt ihr auch bald **auf / in Urlaub / in** die Ferien?

auf / im Urlaub sein: to be on vacation

Unsere Nachbarn **sind noch auf / im Urlaub.**

seinen Urlaub / seine Ferien . . . verbringen / verleben: to spend one's vacation

Wir **verbringen / verleben** unsere **Ferien** / unseren **Urlaub** auf der Insel Sylt.

Auf deutsch.

1. The Kümmels are still on vacation.

2. Where will you (*fam., sg.*) spend summer vacation?

3. When are (*fam., sg.*) you going on vacation?

4. Our German friends are taking a vacation in the United States.

5. We are spending our vacation in the Black Forest (*der Schwarzwald*).

C. To suspect: **vermuten, verdächtigen, ahnen**

vermuten: to suspect, regard as probable or true, presume, suppose

Seine Freunde **vermuten,** daß Jürgen nach Berlin gefahren ist.

Das habe ich **vermutet.**
I suspected as much.

verdächtigen: to suspect somebody of being guilty of something

Man **verdächtigt** die Buchhälterin, das Geld gestohlen zu haben.

Ich will zwar niemanden **verdächtigen,** doch einer muß ja der Schuldige sein.

ahnen: to suspect, sense, have an intuitive feeling with respect to a past or future event

Wir **ahnten,** daß sie verantwortlich dafür sind.

Ohne zu **ahnen,** daß sie ihn nie wiedersehen würde, verabschiedete sie sich von ihm.

So etwas habe ich **geahnt.**
I suspected something like that.

Davon habe ich ja überhaupt nichts **geahnt.**
I didn't suspect it for one minute. / I didn't have the slightest inkling.

Vervollständigen Sie die Sätze.

1. Klaus ist telefonisch nicht zu erreichen.—Ich _____, er ist schon im Urlaub.

2. Man hat den Türken zu unrecht (*unjustly*) _____, das Auto gestohlen zu haben.

3. Das überrascht mich überhaupt nicht. Ich habe es _____ . Ich habe wohl einen sechsten Sinn dafür.

4. Er wird _____, einer illegalen Gruppe anzugehören.

5. Weil sie _____, daß ihm etwas passiert war, verständigte sie die Polizei.

D. Suspicious: **verdächtig, mißtrauisch**

verdächtig: suspicious (said of a person or thing <u>arousing</u> suspicion)

Der Fremde kommt mir **verdächtig** vor.
The stranger seems suspicious to me.

Er sah mir **verdächtig** aus.
He looked suspicious to me.

Wir haben schon mit der **verdächtigen** Person gesprochen.
We already talked with the suspicious person.

Die Sache kam uns allen **verdächtig** vor.
The matter seemed suspicious to all of us.

mißtrauisch: suspicious (said of a person <u>feeling</u> suspicion)

Der Polizist blickte Michael **mißtrauisch** an. Offensichtlich glaubte er ihm nicht.

Setzen Sie das passende Wort ein.

1. In einem Polizeistaat ist man Fremden gegenüber leicht _____ .

2. Das liegt wohl daran, daß man sofort _____ wird, sobald man etwas Ungewöhnliches, also etwas Verdächtiges, macht.

3. In einem Rechtsstaat (*state based on the rule of law*) sind die Bürger weniger _____, und deshalb kommen ihnen Menschen und Situationen seltener _____ vor.

E. To justify: **begründen**; to be based on: **sich gründen auf**

begründen: to justify, state a reason for something

Bitte **begründen** Sie Ihre Ansichten.

sich gründen auf (*acc.*): to be based / founded on

Mein Verdacht **gründet sich auf** bestimmte Beobachtungen.

Vervollständigen Sie die Sätze.

1. Bitte _____ Sie Ihre Antwort.

2. Wor _____ gründet _____ Ihre Meinung?

3. Wie _____ Sie Ihren Entschluß?

4. Unser Urteil _____ _____ auf unser_____ Erfahrungen.

F. To consist of: **bestehen aus**; to insist on: **bestehen auf**

bestehen (bestand, bestanden) aus: to consist of, comprise, be composed / made up of

Die Mehrheit im Parlament **bestand aus** Konservativen.

bestehen (bestand, bestanden) auf (*dat.*): to insist on

Sie **bestand auf** ihrer Forderung (*demand*) / ihrem Willen.
Meine Eltern **bestehen darauf,** daß ich erst mein Studium beende.

Setzen Sie die passende Präposition ein.

1. Die Klasse besteht _____ Ausländern und Deutschen.

2. Wir bestehen _____ unserem Recht.

3. Es ist noch heute zu erledigen. Ich bestehe dar_____ .

4. Die Gruppe bestand hauptsächlich _____ Schülern und Studenten.

G. To offer: **anbieten, bieten;** to request: **bitten;** to pray: **beten**

an·bieten (o, o) (*dat.*): to offer help, advice, employment, etc.; offer for sale or consumption

Man hat ihr die Stelle **angeboten.**
Darf ich Ihnen ein Glas Wein **anbieten?**

bieten (o, o): to offer, present

Das Orchester **bietet / bot** fast immer ein ausgezeichnetes Programm.

bitten (bat, gebeten) um (*acc.*): to ask for, request

Onkel Otto **bittet / bat** uns ab und zu um Hilfe.
Meine Nachbarin hat mich **um** einen Gefallen **gebeten.**

beten: to pray

In der Kirche **betet** man.

Setzen Sie das passende Verb ein.

1. Als ich erfuhr, daß Webers in die Ferien fahren, habe ich ihnen

    _____, sie zum Flugplatz zu bringen.

2. Dieses Kino _____ gute Filme.

3. Dürfte ich Ihnen eine Tasse Kaffee _____?

4. Warum hast du uns denn nicht um Hilfe _____?

5. Als Kind habe ich jeden Abend vorm Einschlafen _____ .

6. Damals _____ ich meine Eltern abends immer darum, mir
    vorzulesen.

H. To stop: **aufhören, anhalten, halten, stehenbleiben, stoppen**

auf·hören (*v.i.*): to stop doing something, cease an activity, quit

Endlich **hörte** der Kleine **auf** zu weinen.

Die Schmerzen **haben** schon **aufgehört.**

Ich wünschte, der Regen würde **aufhören.**

Hör auf (damit)!
Stop (doing) that! / Quit it!

Hör endlich mit dem Klagen **auf!**
Stop complaining!

an·halten (*v.t. / v.i*) (**hält an, hielt an, angehalten**): to stop briefly or temporar-
ily (said of a moving person, vehicle, or machine)

Ein Fremder **hielt** mich **an** und fragte nach dem Weg zum Bahnhof.

Der Bus hat plötzlich auf der Autobahn **angehalten.**

halten (*v.i.*): to stop (said of a moving person, vehicle, or machine)

Halten is used intransitively only. When referring to a vehicle, it indicates a regular,
official stop in contrast to **anhalten,** which generally suggests an unscheduled stop.

Beim Stadtrundgang **hielten** wir vor vielen historischen Gebäuden.

Hält der Bus auch an dieser Haltestelle?

stehen·bleiben (*v.i.*) (**ie, ie; ist**): to stop walking or running (people or animals);
stop running (mechanical objects due to mechanical failure)

Vor dem Rathaus **blieben** wir **stehen.**

Meine Uhr ist ja **stehengeblieben!**

stoppen: to stop a moving vehicle or person, stop / halt a trend or development

> Ein Polizist **stoppte** uns.
>
> Der Fahrer **stoppte** das Taxi.
>
> Plötzlich **stoppte** der Wagen vor mir.
>
> Diese Tendenz muß **gestoppt** werden.
>
> Die Krankheit läßt sich leider nicht **stoppen.**

Vervollständigen Sie die Sätze:

1. Ich _____ jetzt mit der Arbeit _____ .

2. Wo _____ der Bus nach Einfeld?

3. Helga _____ am liebsten vor jedem Schaufenster. Dabei habe ich gar keine Lust, überall _____ und zu gucken.

4. Die Frage stellt sich, ob dieser Trend zu _____ ist.

5. Auf einmal _____ mein Wagen mitten auf der Straße _____ .

6. So kann es nicht weitergehen. Das muß _____ .

7. Meine Nachbarin _____ mich _____ und erzählte mir den neusten Klatsch.

8. Wir hoffen, diese Entwicklung läßt sich _____ .

9. Kurt, _____ doch _____ da____! Das macht mich ja ganz verrückt.

I. To stay: **bleiben, wohnen, übernachten, sich aufhalten**

bleiben (ie, ie; ist): to stay, remain

> Wir waren bei Freunden, aber wir sind nicht lange **geblieben.**
>
> **Bleib** doch noch ein Weilchen, Marianne.

wohnen bei (in): to stay (live) with (at)

> Ich **wohne** zur Zeit **bei** Freunden in der Adenauerstraße.
>
> Wo **wohnen** Sie? Wir **wohnen im** Bahnhofshotel.

übernachten: to stay, spend the night

> Wir haben meistens in Jugendherbergen (*youth hostels*) **übernachtet.**
>
> In München **übernachteten** wir in einer gemütlichen Pension.

sich auf·halten (hält auf, ie, a): to stay, stop over; linger

> Der Beamte fragte mich, wie lange ich mich in Deutschland **aufhalten** würde.
>
> Wir haben **uns** ein paar Tage in Hamburg **aufgehalten.**
>
> Ich kann **mich** nicht lange **aufhalten,** denn ich habe eine Verabredung um vier.

Auf deutsch.

1. Last night we stayed in an old inn (*Gasthaus*).

2. Jakob is staying with relatives.

3. We'll be in Vienna for two days. We will be staying at the *Imperial*.

4. Why don't you stay for dinner, Matthias? (Use imperative + *doch.*)

Wiederholungsübungen

A. Setzen Sie die in Klammern stehenden Wörter in ihrer richtigen Form ein. In manchen Sätzen ist ein bestimmter oder unbestimmter Artikel hinzuzufügen.

1. Tobias hat sich vorgenommen, in _____ _____ Ferien _____ _____ Wanderung in den Alpen zu machen. (groß, lang)

2. Er hat sich bereits _____ Wanderstiefel angeschafft. (nagelneu)

3. Tobias hat _____ _____ Freunde aufgefordert, mit ihm zu wandern. (einig-, gut)

4. Die Gruppe wird aus vier _____ Leuten bestehen. (jung)

5. Sie gehören dem _____ Alpenverein (*m.*) an. (Österreichisch)

6. Am liebsten würden sie _____ _____ _____ und _____ Ferien in den Alpen verbringen. (all-, ihr, kürzer-, länger-)

7. Sie haben vor, in _____ _____ Hütten des Alpenvereins zu übernachten. (gemütlich)

8. Jetzt suchen sie nach _____ Wanderkarten. (gut)

9. Auch erkundigen sie sich nach _____ _____ Wanderwegen. (schönst-)

10. Verglichen mit _____ Autoreisen machen _____ _____ Bergwanderungen _____ _____ Bergsteigern viel mehr Spaß. (lang, solch-, groß, dies-, begeistert)

B. Setzen Sie die fehlenden Präpositionen ein oder die Zusammenziehungen von Artikel und Präposition.

1. Über vierzig Jahre lang bestand Deutschland ja _____ zwei Teilen.

2. _____ Vergleich _____ heute war es früher schwierig, _____ den Osten Deutschlands zu reisen.

3. Deshalb machten nur wenige Deutsche _____ dem Westen Urlaub _____ der ehemaligen DDR.

4. Natürlich mußte man _____ der Grenze halten und sich ausweisen.

5. Die Grenzpolizisten erkundigten sich _____ den Sachen, die man bei sich hatte.

6. Oft bestanden sie dar____, die Koffer zu durchsuchen.

7. Sie suchten besonders _____ Büchern, Zeitschriften und Kassetten.

8. Wenn man ostdeutsche Reisende, besonders ältere Leute, _____ Zug _____ Auskunft über ihr Land bat, antworteten sie einem oft nur zögernd.

9. _____ eines offenen Gespräches gab es oft nur kurze Antworten.

10. Anscheinend hatten sie einen gleich _____ Verdacht, ein Mitarbeiter der Stasi zu sein, oder sie fürchteten sich da____, jemand von der Stasi könnte das Gespräch mithören (*listen in*).

C. Vervollständigen Sie die Sätze.

1. Viele Deutsche gehören mindestens ein____ Verein (*m. club*) _____ .

2. Dar____ läßt sich folgern, daß Deutsche ihre Freizeit teilweise gern in Gruppen verbringen.

3. _____ Grunde sind _____ meisten Deutschen gesellig (*sociable*).

4. Sie gehören also _____ d____ Menschen, denen ein Zusammengehörigkeitsgefühl wichtig ist.

5. _____ ihren Hobbys und Interessen alleine nachzugehen (*pursue*), sind viele lieber in Gruppen aktiv.

6. _____ dies____ Grund gibt es viele verschiedene Vereine in der BRD.

7. Die Vorliebe (*partiality*) der Deutschen für Vereine gründet _____ wohl auch teilweise _____ ihr groß____ Interesse (*n.*) an Sport.

8. _____ d____ Zweck gibt es viele Sportvereine.

9. _____ mehrmals die Woche mit ihrer Mannschaft (*team*) spielen zu können, wären viele Fußballer zum Beispiel recht unglücklich.

10. Vereinsmitglieder verbringen ihre Freizeit natürlich nicht nur im Verein. Statt _____ beschäftigen sie sich auch gern allein oder unternehmen etwas mit ihren Familien oder Freunden.

D. Auf deutsch. Verwenden Sie für die indirekte Rede den Konjunktiv I wenn möglich, oder sonst Konjunktiv II.

1. The students said that they had learned something about life in the GDR from (*aus*) Kunze's story.

2. Michael remarked that he had to commit himself not to read the Bible.

3. He added that he had been ordered to sign something. (Use *man* as the subject and the active voice.)

4. He then explained that he had refused to sign it at first.

5. He also indicated that it had been pointless to keep insisting on that.

6. Michael said that the police had suspected him of being against the state.

7. He told us that one day someone from the Stasi (*f.*) had inquired about him.

8. He added that he had suspected that that would happen.

9. The person asked him whether he had intended to go to Berlin.

10. Michael answered that he had planned to go to the mountains.

E. Ersetzen Sie das kursiv Gedruckte durch sinnverwandte Ausdrücke, und machen Sie die erforderlichen Änderungen.

1. Wir *haben vor,* heute abend die Band „Die toten Hosen" zu hören. Hast du Lust, mitzukommen, Uwe?

2. Ach, ich weiß nicht, Kerstin. *Eigentlich* mag ich deutsche Bands nicht.

3. Ich *hatte mir* eigentlich *vorgenommen,* nur noch in Konzerte von englischen und amerikanischen Rockgruppen zu gehen.

4. Wann *findet* das Konzert denn *statt?*

5. *Danach* habe ich mich noch gar nicht *erkundigt.* Aber ich weiß, daß es im Sportpalast stattfindet.

6. Ulla *will absolut,* daß wir früh losfahren.

7. Das müssen wir auch, *wenn wir* gute Plätze bekommen *wollen.*

8. Fahren wir doch mit der Stadtbahn *und nicht* mit dem Auto!

9. Wir *haben* schließlich nicht *die Absicht,* stundenlang im Stau (*traffic jam*) zu stehen.

10. Na gut, ich *habe beschlossen,* ausnahmsweise mitzukommen.—Prima, Uwe!

F. Sprechen Sie miteinander.

1. Unterhalten Sie sich mit jemandem über Ihre Zukunftspläne. Verwenden Sie die Redemittel dieses Kapitels.

2. Jemand klagt über die viele Arbeit in diesem Kurs. Sie entgegnen mit Erklärungen, Begründungen oder Rechtfertigungen (*justification*), die die Modalpartikeln **auch** und **schon** enthalten.

3. Erzählen Sie jemandem von Urlaubs- oder anderen Plänen, die dann aber nicht geklappt haben, und erklären Sie, was Sie statt dessen gemacht haben. Verwenden Sie die Redemittel dieses Kapitels und die verschiedenen Äquivalente von *instead.*

4. Erzählen Sie jemandem von einer großen Entscheidung, die Sie getroffen haben, und erklären Sie die Gründe, die Sie veranlaßt (*caused*) haben, so zu handeln. Verwenden Sie dabei folgende Ausdrücke: **aus . . . Grund; um . . . zu, damit, so daß.**

5. Erzählen Sie jemandem, wer zu Ihrem Freundeskreis / einer Gruppe, in der Sie aktiv sind / Ihrer Mannschaft (*sports team*) gehört.

6. Besprechen Sie, was alles dazu gehört, um erfolgreich im Studium zu sein.

7. Fragen Sie einander, welchen Vereinen und Organisationen Sie angehören.

8. Unterhalten Sie sich über Ihren Traumurlaub. Verwenden Sie verschiedene Ausdrücke, die die Wörter **Ferien** oder **Urlaub** enthalten.

9. Sprechen Sie darüber, worum Sie Ihren Professor / Ihre Professorin für Deutsch gern bitten würden und was er / sie Ihnen im Idealfall (*ideally*) anbieten sollte.

10. Beschreiben Sie einander Jugendherbergen / Hotels / Häuser usw., in denen Sie besonders gern / überhaupt nicht gern übernachtet haben.

Zusätzliche Übungen

A. Setzen Sie die Modalpartikel **auch** ein, und drücken Sie den Satz auf englisch aus. Achten Sie dabei auf den Ton.

1. Unsere große Cousine Kattarina weiß aber viel über die Schule in der DDR!— Die ging ja zu DDR-Zeiten noch zur Schule.

2. Ob die Kinder manchmal Angst vor autoritären Lehrern und Lehrerinnen hatten?

3. Einige von ihnen konnten ganz schön gemein (*mean*) sein.

B. Ergänzen Sie die Sätze. Verwenden Sie das Präteritum im Indikativ und **da(r)-.**

1. Heike und Silke _____ ihre ältere Cousine Kattarina _____, wie es zu DDR-Zeiten in der Schule gewesen sei. Sie erfuhren folgendes von ihr. (*asked about*)

2. Die meisten Lehrer _____, offen mit den Schülern und Schülerinnen zu sprechen. (*were afraid of*)

3. Sie _____, daß die offizielle „Wahrheit" gelernt wurde. (*insisted on*)

4. Doch sicherlich gab es viele Lehrer und Lehrerinnen, die _____ _____, wie das System geändert werden könnte. (*thought about*)

5. Kattarina _____, daß jemand einmal ihren Lehrer gefragt hatte, warum es so viele Widersprüche (*contradictions*) in der DDR-Gesellschaft gebe. (*remembered*)

6. Seine Antwort ließ deutlich erkennen, daß auch er nicht _____ _____, das System offen zu kritisieren. (*thought of*)

7. Doch wie viele andere _____ er _____, daß sich die Zustände eines Tages bessern würden. (*hoped*)

C. Ergänzen Sie die Sätze.Verwenden Sie Konjunktiv I oder wenn erforderlich Konjunktiv II für die Verben in der indirekten Rede.

1. Die Kinder von Eltern, die ihr ganzes Leben in der DDR gelebt haben, stellen gelegentlich Fragen über die damalige Zeit. So zum Beispiel _____ neulich der Sohn des Ehepaars Kremin _____, _____ seine Eltern der FDJ _____ . (*wanted to know, if, had belonged*)

2. Herr Kremin _____, daß beide in der FDJ _____ . (*explained to him, had been*)

3. Ihre Tochter Christiane _____ . (*asked them if they had considered that to be right*)

4. Frau Kremin _____, es _____ ihr Leben viel einfacher _____ . (*replied, had made*)

5. Sie meinte, die verschiedenen Aktivitäten _____ . (*had been a lot of fun for them*)

6. Herr Kremin _____, daß sie natürlich oft die Nase voll _____ _____ von all der vielen Propaganda. (*added, had been sick and tired of* [to be sick and tired of: die Nase voll haben von])

7. _____, daß man sehr früh _____, einfach abzuschalten (*to tune out*). (*furthermore he remarked, had learned*)

8. Frau Kremin _____, daß ihr Mann ja auch Mitglied der SED _____, als er Assistent an der Universität war. (*indicated, had become*)

9. Herr Kremin _____, er _____, denn sonst _____ er keine Aufstiegschancen _____ . (*claimed / maintained, had had to do that, would have had*)

10. Herr und Frau Kremin _____, es _____ viel Mut (*courage*) dazu _____, bei der SED-Diktatur nicht mitzumachen. (*emphasized, had required / taken*)

D. Ergänzen Sie die Sätze. Verwenden Sie das Perfekt für die Verben in der Vergangenheit.

1. Wir _____ im Schwarzwald _____ . (*recently took a vacation*)

2. Eigentlich wollten wir in einer Jugendherberge _____, aber es gab keine in der Gegend. (*to stay*)

3. _____ in einem typischen Schwarzwälder Bauernhaus _____ . (*instead we stayed*)

4. Wir _____, daß im Schwarzwälder Bauernhaus der Kuhstall direkt im Haus ist. (*didn't suspect / didn't have an inkling*)

5. Weil das ganze Haus nach Kühen gerochen hat, _____ sofort _____, daß Menschen und Kühe hier unter einem Dach hausen (*live*). (*we suspected*)

6. Die Leute waren furchtbar nett und _____ gut _____ uns _____ . (*took care of*)

7. _____ fettarm _____, wie wir es gewohnt sind, haben wir Schwarzwälder Schinken, Rostbraten und natürlich auch Schwarzwälder Kirschtorte gegessen. (*instead of eating*)

8. Wir _____, diese netten Leute zu besuchen, falls wir mal wieder in diese Gegend kommen sollten. (*intend*)

E. Ersetzen Sie das kursiv Gedruckte durch sinnverwandte Ausdrücke, und machen Sie die erforderlichen Änderungen.

1. Ich *bin einer von* den Menschen, die ihre Reisen nicht genau vorher planen.

2. Wenn ich in *Urlaub* gehe, möchte ich mich überraschen lassen.

3. *Aus diesem Grund* weigere ich mich, vorher eine genaue Reiseroute festzulegen.

4. Oft weiß ich am frühen Abend noch nicht, wo ich *die Nacht verbringen* werde.

5. Meine Freunde schauen mich manchmal *voller Mißtrauen* an, wenn ich ihnen von meinen Reiseabenteuern (*travel adventures*) erzähle.

6. Einer *wollte* neulich *von mir wissen*, ob es einen bestimmten Grund für mein Verhalten gebe.

7. Ich sagte ihm, *das gründe sich auf* meinen Wunsch, im Urlaub völlig ungebunden zu sein.

8. Ich möchte eben unterwegs überall da *stoppen*, wo es mir gerade besonders gefällt und solange bleiben, wie ich Lust habe.

9. Im Urlaub brauche ich Abenteuer *und nicht* einen vorprogrammierten Tagesablauf.

10. Ob sich daraus *schließen* läßt, daß mein Alltagsleben zu programmiert ist?

F. Ergänzen Sie die Sätze im Präteritum.

1. Vor kurzem _____ Rucksack (*m.*) _____ . (*Michael bought / acquired a brand-new*)

2. Jetzt _____ auf der Reise an die Ostsee. (*he found himself*)

3. Im Zug _____ ein Polizist ihn _____, _____ . (*asked / ordered, to show his identity papers*)

4. Michael _____ natürlich nicht, daß auf seinem Ausweis in unsichtbarer Schrift „unsicheres Element" _____ . (*suspected / had an inkling, [it] said*)

5. Trotzdem _____, daß man ihm Schwierigkeiten machen könnte. (*he feared*)

6. Er _____ ja so _____ . Der Polizist _____ _____ sein_____ Reiseziel. (*was right, inquired about*)

7. Er _____ Michael, daß er _____, die während der Weltfestspiele in Berlin gegen den SED-Staat agitieren wollten. (*suspected, belonged to those*)

8. _____, daß Michael nicht weiterfahren _____ . (*from that the policeman concluded, must not*)

9. Der Polizist durchsuchte Michaels Rucksack. Er _____ Sachen. (*searched for suspicious*)

10. Michael _____, daß _____, ihn zu verdächtigen, _____, an die Ostsee zu fahren anstatt nach Berlin. (*explained to him, there was no reason, since he intended*)

11. Der Polizist _____ ein Dokument _____ . (*had him sign*)

12. Er _____, nicht nach Berlin zu fahren. (*had to commit himself*)

13. _____, den Text zu unterschreiben. (*at first he refused*)

14. Doch dann _____, es dennoch zu tun, denn _____ zu protestieren. (*he decided, he considered it pointless*)

Chapter 10

Hans Eggers (b. 1907) is the author of *Deutsche Sprachgeschichte* and *Deutsche Sprache im 20. Jahrhundert*. The following excerpt from an article (1980) touches on a subject of particular interest to English-speaking students of German: the changes occurring in the German language that are in part a result of the influence of English. While the author mentions some of the reasons for the liberal sprinkling of English words and phrases in contemporary German, you will undoubtedly be able to think of others. The language used in this text is a good example of expository prose, called "Sachprosa" in German.

Veränderungen in der deutschen Sprache der Gegenwart
Hans Eggers

Wissenschaft und Technik entwickeln sich in unseren Tagen rasch. Fortwährend werden neue Erkenntnisse gewonnen, neue Erfindungen gemacht, neue Vorstellungen entwickelt, die nach sprachlicher Bezeichnung verlangen. Die neuen Wörter kursieren **kursieren** to circulate
5 in Fachkreisen, bis auch die breite Öffentlichkeit Interesse gewinnt. Dann dringen sie auch in den allgemeinen Wortschatz **ein-dringen (a,u; ist)** to make one's way into
ein, viel schneller, als daß der Lexikograph sie sofort buchen **buchen** to make an entry
könnte. So findet sich in einem Wörterbuch von 1971 selbstverständlich der Eintrag „Umwelt"; aber die Wörter „Umweltschutz, **der Eintrag,¨e** entry
10 -schützer, -verschmutzung, -gefährdung" sind nicht verzeichnet. **die Gefährdung,-en** endangering
Denn mögen sie auch in Fachliteratur und Fachgespräch schon **denn mögen** for even if
viel früher eine Rolle gespielt haben, so sind sie doch erst seit 1970 in die Gemeinsprache eingedrungen.
Neue Erfahrungen, Vorstellungen, Erkenntnisse, Begriffe und
15 auch Dinge fordern immer erneut ebenso viele neue Bezeichnungen. Dadurch wird der Wortschatz fortwährend um Spezialausdrücke vermehrt. Aber Erkenntnisse werden durch neue Erkenntnisse überholt, Verfahren und Apparaturen technisch **überholen** to replace by
verbessert, Gegenstände durch neue, modernere ersetzt. In den
20 Veränderungen des Wortschatzes spiegelt sich, wie die Sprachgenossen darauf reagieren. **der Sprachgenosse(n)** member of a language community
Durch die Massenmedien wird das Eindringen des fachlich-sachlichen Wort- und Ausdrucksschatzes aus der verwalteten, organi- **verwalten** to administer
sierten, technisierten Welt in jedermanns Alltagssprache begün-

25 stigt und ungemein beschleunigt. Bis an die Schwelle des 20.
Jahrhunderts waren das Amts- und Fachgespräch, waren Akten,
Urkunden, Formulare und die fachbezogenen Schriften, die nur
wenige Leser fanden, die Quellen eines entsprechenden
Wortschatzes, und ihr Widerhall in der Öffentlichkeit war gering.

30 Durch die Massenmedien ist das anders geworden, und die
Entwicklung schreitet rapide fort. Auch das ungewohnteste,
fremdartigste Wort dringt bis in das letzte Haus, und die
Sprachgenossen gewöhnen sich an das Ungewohnte. Sie lernen,
es zu verstehen, greifen es auf und fügen manches ihrem Individu-

35 alwortschatz ein. Das betrifft sowohl den Fachwortschatz wie insbesondere Schlagwörter aus dem politischen Leben. „Herzinfarkt"
und „Kreislaufstörungen", „Kunststoff" und „Textilfaser" sind
Wörter aus Wissenschaft und Technik. „Denkpause", „Talsohle",
„etwas außerhalb der Legalität" stammen aus der Politik.

40 Es kann hier nicht darauf ankommen, viele Neuwörter zu sammeln und anzugeben, aus welchem Bereich sie stammen. Wichtig
ist aber der Hinweis, daß bei der heutigen internationalen Verflechtung der Politik und der Wirtschaft, aber auch der Wis-
senschaften und der Künste, sehr viele Ausdrücke aus fremden

45 Sprachen in den modernen deutschen Wortschatz Eingang
finden. Heute ist in Deutschland wie in allen Ländern des Westens vor allem der amerikanische Einfluß, auch im sprachlichen
Bereich, besonders stark. Man sollte allerdings nicht übersehen,
daß es auch in früheren Zeiten ähnlich starke Überfremdungen

50 gegeben hat. Man braucht nur an den französischen Spracheinfluß im 18. Jahrhundert zu erinnern. Nur Weniges ist davon bis
heute erhalten geblieben; das allermeiste ist längst wieder aus
dem deutschen Ausdrucksschatz verschwunden. Auch heute darf
man damit rechnen, daß der anglo-amerikanische Sprachein-

55 fluß—zeitbedingt, wie er ist—wieder zurückgehen wird. Gewiß
gibt es Hunderte von angloamerikanischen Wörtern im deutschen
Sprachgebrauch, Ausdrücke wie „Boom" und „Public Relations",
„Hit" und „Party", „Hobby", „Gag," „Jeans" und „Team". Besonders die Sprache der Wirtschaft und der Werbung, der Teenager,

60 aber auch mancher moderner Wissenschaftszweig ist voll von
Amerikanismen; es hat jedoch den Anschein, als sei diese modi-
sche Welle, die sich in den fünfziger Jahren überschlug, schon
wieder im Abebben.
Viel nachhaltiger als die Fremdwörter, an denen die Sprachge-

65 meinschaft mit der Zeit die Lust verliert, wirken allerdings Lehnbildungen, die man leicht übersieht und denen nur wenig Beachtung geschenkt wird. Die bei der gegenwärtigen politischen Lage
in den Massenmedien oft gebrauchte Bezeichnung „Gipfelkonferenz" ist nichts anderes als eine Übersetzung aus „summit con-

70 ference", und für „Verhandlungen auf höchster Ebene" ist das
amerikanische „on the highest level" das Vorbild. Besonders
durch die Zeitungen und die Nachrichten-Redaktionen der Rund-
funkanstalten, die viele amerikanische Agenturnachrichten

---

begünstigen to promote
die Schwelle,-n threshold
die Akte,-n file
die Urkunde,-n document

entsprechend corresponding

der Widerhall resonance

auf·greifen (1,1) to pick up

ein·fügen to add to

das Schlagwort,ˉer catchword, slogan

der Kunststoff,-e synthetic material
die Textilfaser,- textile fiber
die Talsohle,-n depression
etwas . . . Legalität slightly outside the
law
es . . . ankommen the point is not to

die Verflechtung,-en interconnection

die Überfremdung,-en foreign
infiltration

der Zweig,-e branch

als . . . Abebben as if the trend, which
peaked in the fifties, is tapering off

nachhaltig wirken to have a lasting
effect
die Lehnbildung an expression formed
in analogy to one existing in another
language

die Redaktion,-en editorial office

die Rundfunkanstalt,-en radio station

übernehmen und sehr rasch übersetzen müssen, werden solche Lehnbildungen geschaffen.

71

Wortschatz

ab·hängen (i,a) von	to depend on, be dependent on
das hängt ganz davon ab	it all depends
abhängig voneinander sein	to be interdependent
ähnlich	similar
ähnlich sein / sehen (*dat.*)	to be / look like
die **Ähnlichkeit,-en**	similarity
ähneln (*dat.*)	to resemble
allerdings	admittedly, mind you, to be sure, although
die **Alltagssprache**	everyday language
der **Bereich,-e**	realm, sphere, area
die **Bezeichnung,-en**	label, name
bezeichnen	to call, name, describe
die **Ebene,-n**	level
der **Einfluß,·sse auf** (*acc.*)	influence on
beeinflussen	to influence
die **Erkenntnis,-se**	knowledge, understanding, recognition
erkennen (erkannte, erkannt)	to recognize, understand
ersetzen durch	to replace by, substitute with
fachlich	technical
das **Fach,·er**	subject in school, subject area, province, branch of knowledge
der **Fachbereich,-e** / das **Fachgebiet,-e**	(special) field
die **Fachfrau,-en;** (*m.*) der **Fachmann,·er / Fachleute**	expert
der **Fachwortschatz**	jargon, lingo
fort·schreiten (schritt fort, fortgeschritten; ist)	to progress, advance, develop
der **Fortschritt,-e**	progress
fortschrittlich	progressive
sich gewöhnen an (*acc.*)	to get used to, become accustomed to
gewöhnt sein an (*dat.*)	to have become / be used to
der **Hinweis,-e**	pointer, tip (piece of advice)
der **Hinweis,-e auf** (*acc.*)	reference to, allusion to
hin·weisen (ie,ie) auf (*acc.*)	to refer to, allude to, point out
insbesondere	especially
das **Interesse,-n an** (*dat.*) / **für**	interest in
sich interessieren für	to be interested in
interessiert sein an (*dat.*)	to be interested in
das **Jahrhundert,-e**	century
die **Massenmedien** (*pl.*)	mass media
die **Öffentlichkeit**	general public
öffentlich	public
die **Quelle,-n**	source

rechnen mit	to count on
sammeln	to collect
die **Sammlung,-en**	collection
schaffen (schuf, a)	to create
stammen aus	to come / stem from
stark	strong
übersetzen	to translate
aus dem Englischen ins Deutsche übersetzen	to translate from English into German
die **Übersetzung,-en**	translation
ungewohnt	unusual, unfamiliar, unaccustomed
gewohnt	usual
das **Vorbild,-er**	(role) model
die **Werbung,-en**	advertisement
werben (i,a,o)	to advertise
die **Wirtschaft**	economy
wirtschaftlich	economic
die **Wirtschaftswissenschaft**	economics
die **Wissenschaft,-en**	science
der **Wissenschaftler,-;** (*f.*) die **Wissenschaftlerin,-nen**	scientist
wissenschaftlich	scientific
die **Naturwissenschaften**	natural sciences
die **Geisteswissenschaften**	humanities
die **Sozialwissenschaften**	social sciences

Stichworte für die Diskussion

der **Anglizismus, Anglizismen**	Anglicism
der **Amerikanismus, Amerikanismen**	Americanism
die **Deutschkenntnisse** (*pl.*)	knowledge of German
das **Erlernen einer Fremdsprache**	learning a foreign language
fließend Deutsch sprechen	to speak German fluently
die **Muttersprache**	native language
die **Sprachkenntnisse** (*pl.*)	knowledge of foreign languages
das **Sprachstudium**	language studies
eine Sprache beherrschen	to be fluent in a language
sich **verständigen mit**	to communicate with
zweisprachig	bilingual

Zur Diskussion des Textes

1. Was scheint Eggers Einstellung zu den vielen amerikanischen Ausdrücken im deutschen Sprachgebrauch zu sein? Halten Sie seine Einstellung für realistisch?

2. Stimmen Sie mit Eggers überein, daß der anglo-amerikanische Einfluß auf die deutsche Sprache wieder zurückgegangen ist oder zurückgehen wird? Begründen Sie Ihre Antwort.

3. Spielt die deutsche Sprache seit der Vereinigung Ihrer Meinung nach eine größere Rolle in internationalen Beziehungen? Begründen Sie Ihre Antwort.

4. Nennen Sie einige aus dem Amerikanischen stammende Ausdrücke, die Sie in Deutschland öfter gehört oder gelesen haben.

5. Welche deutschen Wörter und Begriffe, die ins Englische übernommen worden sind, fallen Ihnen ein?

Kommunikative Situationen

1. In kleinen Gruppen diskutieren Sie über die Gründe für den starken Einfluß des Amerikanischen auf das Deutsche in der zweiten Hälfte des 20. Jahrhunderts. Jemand in Ihrer Gruppe führt Protokoll. Anschließend trägt jede Gruppe die Ergebnisse ihres Nachdenkens vor der ganzen Gruppe vor. Verwenden Sie einige Passiv- oder Ersatzkonstruktionen für das Passiv.

2. Mit einem Partner / einer Partnerin besprechen Sie, wie man am effektivsten seine Deutschkenntnisse verbessert, wenn man sich in einem deutschsprachigen Land aufhält. Was für Strategien haben Sie verwendet, falls Sie sich schon mal etwas länger in einem deutschsprachigen Land aufgehalten haben? Falls das nicht auf Sie zutrifft, was für Vorschläge in bezug auf Lernmethoden in diesem Kurs würden Sie den anderen machen? Verwenden Sie die Redemittel dieses Kapitels.

3. Mit einem Partner / einer Partnerin sehen Sie sich die Werbung in deutschen Illustrierten und Nachrichtenmagazinen an. Was fällt Ihnen bezüglich englischer Ausdrücke auf? Aus welchen Bereichen scheinen sie vorwiegend zu stammen? Berichten Sie über die Ergebnisse Ihrer Nachforschungen.

Aufsatzthemen

1. Mein Verhältnis zur deutschen Sprache. Äußern Sie sich zu folgenden Überlegungen: Was hat Ihnen den Anstoß (*impetus*) gegeben, Deutsch zu lernen? Was finden Sie besonders befriedigend (*satisfying*), was besonders frustrierend am Erlernen des Deutschen? Was motiviert Sie, Ihr Deutschstudium fortzusetzen? Was haben Sie durch dieses Studium gewonnen? Wie möchten Sie Ihre Deutschkenntnisse später verwenden?

2. Beschreiben Sie eine lustige / ärgerliche / verwirrende Situation, die sich aus einem sprachlichen Mißverständnis ergab (*resulted from*). Verwenden Sie einige Passiv- oder Ersatzkonstruktionen für das Passiv.

3. Beschreiben Sie die Werbungen, die Sie für # 3 der Kommunikativen Situationen benutzt haben. Verwenden Sie möglichst viele Passiv- oder Ersatzkonstruktionen für das Passiv.

Redemittel

Offering suggestions and advice

Ich schlage vor
I suggest

Darf ich einen Vorschlag machen?
May I make a suggestion?

Was würdet ihr von . . . halten?
What about . . .?

Es wäre keine schlechte Idee
It might not be a bad idea

Ich rate Ihnen / Ich würde Ihnen raten (du **rätst**, er **rät**)
I'd advise you

Es wäre ratsam
It would be advisable

An deiner / eurer / Ihrer Stelle würde ich
If I were you / in your position I would

Ersetzen Sie die kursiv gedruckten Ausdrücke durch sinnverwandte.

1. Es wäre *gut,* wenn du ihnen die Wahrheit sagtest.

2. *Wenn ich du wäre*, würde ich anders handeln.

3. Ich *rate* dir, es noch mal zu versuchen.

4. Darf ich *einen Vorschlag machen*?

5. Was würden Sie *zu* folgendem *sagen*?

Die Modalpartikel wohl

In statements, the modal particle **wohl** expresses probability or supposition; the speaker is fairly certain that the assumption is correct. English equivalents are *no doubt, quite likely, surely,* and *probably.* **Wohl** is used frequently with the future tense; however, the meaning of the sentence is present tense.

Das Wort ist **wohl** ein Amerikanismus.
No doubt the word is an americanism.

Er hat es **wohl** gemerkt, daß wir nicht vorbereitet waren.
He probably noticed that we weren't prepared.

Du bist **wohl** verrückt!
You must be crazy!

Max **wird wohl** inzwischen zu Hause sein.
Surely Max is at home by now.

In intonation questions, **wohl** asks for confirmation of the speaker's assumptions. It is often preceded by **doch.**

Sonja fährt **wohl** mit uns?
Sonja is going with us, isn't she?

Juliane hat **doch wohl** daran gedacht, die Rechnungen zu bezahlen?
Surely Juliane thought of paying the bills, didn't she?

Du machst **doch wohl** Spaß?
Surely you are kidding?

Setzen Sie die Modalpartikel **wohl** ein, und drücken Sie den Satz auf englisch aus. Achten Sie dabei auf den Ton.

1. Die Deutschen verwenden gern amerikanische Wörter und Wendungen.

2. Dieser Trend hat nach 1945 begonnen.

3. Amerikanische Filme und Fernsehprogramme spielen eine große Rolle in der Verbreitung von Amerikanismen.

4. Es wird doch weiterhin viele amerikanische Ausdrücke im Deutschen geben?

Grammatik

A. Passive voice

The passive voice is used when the attention shifts from the agent performing an action—the subject—to the object that is being acted upon. The passive voice stresses an action as it occurs. English uses forms of *to be* + the past participle as the second part of the predicate for the passive voice. To underscore the <u>process</u> expressed by the verb in the passive, English can add the progressive *being*. For example, *The game is (being) played* right now. In contrast to English, German does not use forms of **sein.** Instead, the auxiliary **werden** + past participle are used (ich **werde,** du **wirst,** er / sie / es / **wird,** wir **werden,** ihr **werdet,** sie **werden).** In the passive, the participle of **werden** is **worden** rather than **geworden.**

Present	Die Sache **wird . . . diskutiert.**	*The matter is (being) discussed.*
Past	**wurde . . . diskutiert.**	*was discussed.*
Pres. Perf.	**ist . . . diskutiert worden.**	*has been discussed.*
Past Perf.	**war . . . diskutiert worden.**	*had been discussed.*
Future	**wird . . . diskutiert werden.**	*will be discussed.*

The present passive infinitive is formed by the participle of the verb + **werden.** It is used frequently with modal verbs, especially with **müssen, können,** and **sollen.** They occur primarily with the present and past indicative and the present tense of subjunctive II.

Die Frage scheint viel **diskutiert** zu **werden.**

Die Sache **muß** noch mal **diskutiert werden.**
The matter must / has to be discussed once more.

Diese Wörter **können** durch andere **ersetzt werden.**
These words can be replaced by others.

Mit ihren Beiträgen **konnte** zuerst nicht **gerechnet werden.**
Their contributions could not be counted on at first.

Alte Bücher wie diese **müßten / sollten** eigentlich **gesammelt werden.**
Old books such as these should / ought to be collected.

Für die Armen **könnte / sollte** mehr **getan werden.**
More could / should be done for the poor.

The past infinitive is formed by the participle + **worden** + **sein.**

> Die Sache **muß / kann / soll** schon **diskutiert worden sein.**
> *The matter must / can / is said to have been discussed already.*

> Diese Frauen scheinen **mißhandelt worden** zu **sein.**
> *These women seem to have been battered.*

Since the focus in passive sentences is usually on the grammatical subject, the agent, i.e., the person or thing performing the action, is frequently omitted. If an agent is mentioned, it is the object of the preposition **von** (*by*). A prepositional phrase with **durch** (*by, through*) is used to indicate the means by which an action is carried out. The instrument with which an action is carried out is expressed by a phrase with **mit.**

> Der Kleine ist **von** seinem älteren Bruder gerettet worden.

> Der Bergsteiger wurde **vom** Blitz (*lightning*) erschlagen (*killed*).

> Diese Entdeckung ist **von** einem deutschen Wissenschaftler gemacht worden.

> Ältere Wörter werden **durch** neue ersetzt.

> Das Hotel wurde **durch** eine Lawine (*avalanche*) zerstört.

> Der Ermordete wurde **mit** einem Messer getötet.

Only the direct object of an active sentence can become the grammatical subject of a passive sentence. When the indirect object is the focus of the sentence, it remains a dative object.

> Seine Vorgesetzte teilte **dem Angestellten** den Entschluß mit.

> **Dem Angestellten wurde** der Entschluß von seiner Vorgesetzten **mitgeteilt.**
> *The employee was told (of) the decision by his superior.*

Verbs that take only a dative object, such as **danken** and **helfen,** must keep the dative object in passive sentences. Because there is no accusative object in the active, there cannot be a grammatical subject in passive sentences. The **es** in first position is not a true subject; it merely functions as a syntactic filler. The verb in these dative constructions is always in the third person singular.

> Man dankte ihm wiederholt. **Ihm wurde** wiederholt **gedankt.**
> *People / they thanked him repeatedly. He was thanked repeatedly.*

> Freunde haben ihnen geholfen. **Ihnen ist** von Freunden **geholfen worden. /**
> **Es ist ihnen** von Freunden **geholfen worden.**
> *Friends helped them. They were helped by friends.*

In German, some verbs that normally do not take any objects, such as **arbeiten** and **lachen,** can form passives to express an activity. However, these sentences contain no grammatical subject or agent, and the verb is always in the third person singular. These widely used impersonal passive constructions contain **es** in first position when no other element precedes the inflected verb of the main clause. **Es** again functions as a syntactic filler.

> Auf der Party **wurde** viel **gelacht.**
> *There was a lot of laughter at the party.*

Es wurde viel **gelacht.**
There was a lot of laughter.

An amerikanischen Universitäten **wird** hart **gearbeitet.**
At American universities, students work hard.

In öffentlichen Gebäuden darf nicht **geraucht werden. / Es** darf in
öffentlichen Gebäuden nicht **geraucht werden.**
Smoking is not allowed in public buildings.

Because all English passives are formed with the auxiliary *to be*, the temptation to
use forms of **sein** in German must be guarded against if your intent is to express
the occurrence of an action. The **werden**-passive forms, also referred to as the
actional passive, must be used instead. German uses forms of **sein** + the past participle of the verb only to describe the <u>result</u> of a previous action, i.e., a <u>state</u>. Compare *Die Wäsche **wird** gerade **gewaschen*** with *Die Wäsche **ist** schon
gewaschen.* The first sentence tells us that the process or action of washing is
going on, while the second sentence describes the resulting state, namely that the
laundry is (has been) washed. The forms with **sein** are commonly referred to as the
statal or apparent passive in contrast to the actional or true passive. Keep in mind
that the **sein-** passive is used much less frequently than the **werden**-passive. Use it
only when you wish to express a resulting state of a previous action.

Die Türen **werden** um sechs **geschlossen.** Die Türen **sind** ab sechs
geschlossen.
The doors are (being) closed at six. The doors are closed starting at six.

Das Gras **wurde** vor drei Tagen **gemäht.** Das Gras **war** schon **gemäht,** als
ich nach Hause kam.
*The grass was (being) mowed three days ago. The grass was already
mowed when I got home.*

a.   Bilden Sie Sätze im **werden-** Passiv im Präsens.

1.   immer noch / viele naturwissenschaftliche Gesetze (*laws*) / entdecken

2.   auch / viel Technisches / erfinden

3.   neue Methoden / entwickeln

4.   diese Methoden / auf verschiedenen Gebieten / verwenden

b.   Ergänzen Sie die Sätze im **werden**-Passiv im Präteritum.

1.   Am Anfang des Jahrhunderts _____ traditionelle ästhetische
Stilmittel (*stylistic devices*) _____ modernistische _____ .
(*were substituted by*)

2.   Es _____ nach neuen Ausdrucksmitteln (*means of expressions*) _____ . (*were searched*)

3.   Der Öffentlichkeit _____ neue Kunsterlebnisse _____ .
(*was offered*)

4. In den Konzerthallen und Gallerien ＿＿＿＿＿＿＿ Kunstliebhaber dazu ＿＿＿＿＿＿＿, sich mit den neuen Kunstwerken auseinanderzusetzen (*to come to terms*). (*were forced*)

5. Diese neuen Werke ＿＿＿＿＿＿＿ von der Öffentlichkeit mit den alten ＿＿＿＿＿＿＿ . (*were compared*)

6. Sie ＿＿＿＿＿＿＿ von Traditionalisten als revolutionär ＿＿＿＿＿＿＿ . (*were labeled*)

c. Ergänzen Sie die Sätze im **werden**-Passiv im Perfekt.

1. Der Motor ＿＿＿＿＿＿＿ ＿＿＿＿＿＿＿ ＿＿＿＿＿＿＿ . (reparieren)

2. Er ＿＿＿＿＿＿＿ völlig ＿＿＿＿＿＿＿ ＿＿＿＿＿＿＿ . (auseinander·nehmen: *to take apart*)

3. Mehrere neue Teile ＿＿＿＿＿＿＿ ＿＿＿＿＿＿＿ ＿＿＿＿＿＿＿ . (ein·setzen)

d. Ergänzen Sie die Sätze.

1. Das Buch ＿＿＿＿＿＿＿ ins Englische ＿＿＿＿＿＿＿ . (*should be translated*)

2. Dann ＿＿＿＿＿＿＿ es auch in den USA ＿＿＿＿＿＿＿ vielen ＿＿＿＿＿＿＿ . (*could be read by*)

3. Erst wenn es eine englische Übersetzung gibt, ＿＿＿＿＿＿＿ seine Bedeutung auch hierzulande ＿＿＿＿＿＿＿ . (*can be recognized / understood*)

4. Ein Vertrag (*contract*) zwischen dem Verlag (*publisher*) und einem Übersetzer ＿＿＿＿＿＿＿ schon ＿＿＿＿＿＿＿ . (*is said to have been signed*)

e. Übertragen Sie die Sätze ins **werden**-Passiv. Verwenden Sie dieselbe Zeitform.

1. Man hat dem jungen Mann keinen Paß ausgestellt (*issued*).

2. Man drohte ihm mit Strafen (*punishment*).

3. Man hat diesem Menschen praktisch alle Türen verschlossen.

4. So langsam bringt man solchen Leuten bei, daß sie sich gegen die Diktatur wehren (*defend*) müssen.

f. Auf deutsch. Verwenden Sie das Präteritum. Bestimmen Sie, ob ein Prozeß oder ein Zustand in den englischen Sätzen ausgedrückt wird, bevor Sie die Sätze ins Deutsche übersetzen.

1. The German Federal Republic was founded in 1949. (to found: *gründen*)

2. Was the German Democratic Republic founded already at that time?

3. It was founded in the same year.

4. The wall (*die Mauer*) was built much later.

5. It was opened on November 9, 1989.

6. East and West Germany were separated for forty-one years. (to separate: *trennen*)

7. They were united October 3, 1990. (to unite: *vereinigen*)

B. Alternative passive constructions

German uses the passive less frequently than English, especially in everyday speech. It has several alternative constructions that are equivalent to the English passives, the most common of which uses the impersonal pronoun **man** as the subject when no personal agent is carrying out the action.

Das macht **man** nicht in Amerika.
That is not done in America. / People don't do that in America.

Man hat ihm geraten abzunehmen.
He was advised to lose weight.

Man schickte die Kinder zu Verwandten.
The children were sent to relatives.

An equivalent of *can* + passive infinitive is **sich lassen** + active infinitive.

Das **läßt sich machen.**
That can be done.

Das Gefühl **läßt sich** nicht **erklären.**
The feeling cannot be explained.

Manche Wörter **lassen sich** nicht **übersetzen.**
Some words cannot be translated.

English passive constructions containing inflected forms of the modals *can, must,* or *should* + a passive infinitive can be expressed in German by an inflected form of **sein** + **zu** + active infinitive. This construction occurs primarily in official contexts.

Das **ist zu arrangieren.**
That can be arranged.

Der Brief **ist** noch heute **zu schreiben.**
The letter must still be written today.

Seine Worte **sind** nicht allzu ernst **zu nehmen.**
His words should not be taken all that seriously.

A reflexive construction is sometimes used as an alternative to the passive voice.

Diese Wörter **finden sich** nicht in Wörterbüchern aus den Siebzigern.
These words aren't found in dictionaries of the seventies.

Kulturelle Veränderungen **spiegeln sich** in den Veränderungen des Wortschatzes.
Cultural changes are reflected in the vocabulary changes.

Das **erklärt sich** so.
That can be explained like this.

Drücken Sie die Sätze mit Ersatzkonstruktionen des Passivs aus.

1. Das soll noch heute getan werden.

2. Ihr Akzent kann kaum imitiert werden.

3. Die Resultate sind anerkannt worden.

4. Name und Anschrift (*address*) müssen angegeben (*indicated*) werden.

5. Sie wurden schlecht behandelt (*treated*).

6. Dieses Phänomen kann leicht erklärt werden.

C. Was born: **bin / wurde geboren**

Either forms of **sein** or **werden** are used as the auxiliary of **geboren**. Generally forms of **sein** are used in conversational contexts in which only the place or date of birth is mentioned or no circumstances regarding the birth are stated.

Meine Mutter **ist** in Kiel **geboren.**

Ich **bin** 1974 **geboren.**

Wann / Wo **sind** Sie **geboren**?

Als der Krieg ausbrach, **war** ihr Bruder noch nicht **geboren.**

Forms of **werden** are used in narrative contexts in which more information regarding the circumstances of the birth is given than either the place or date of birth. When referring to a deceased person, **werden** is the preferred auxiliary.

Die Autorin **wurde** am 9. März 1939 in Neumünster, Schleswig-Holstein **geboren.**

Als sie **geboren wurde,** stand Europa kurz vor dem Zweiten Weltkrieg.

Thomas Mann **wurde** 1875 **geboren.**

Vervollständigen Sie die Sätze.

1. Wann _____ du geboren?

2. Johann Sebastian Bach _____ 1685 geboren.

3.   Ich _____ am 24.6.59 in Mannheim geboren.

4.   Meine Brüder _____ beide in Amerika geboren.

D.   Articles and endings with names of languages

The names of languages are neuter adjective nouns. They are used with the definite
article and an adjective ending when the language in a general sense is referred to.

Das Amerikanische klingt anders als **das Englische.**

Das Deutsche und **das Englische** sind verwandte Sprachen.

Frau Morales übersetzt aus **dem Spanischen ins Deutsche.**

Das Wort stammt aus **dem Französischen.**

Im Deutschen sagt man das anders.

Die Einflüsse **des Amerikanischen** auf **das Deutsche** sind auffällig
(*conspicuous*).

The names of languages are used without an ending when the language is referred to
in a specific context, as spoken by an individual or a group.

Ich verstehe / spreche / lerne / kann gut **Französisch.**

In gutem **Englisch** sollte es so heißen.

Diese Studenten sprechen ein ausgezeichnetes **Spanisch.**

Die Autorin hat die Einführung **in Englisch** geschrieben.

Das heutige **Deutsch** enthält viele Amerikanismen.

Unsere Professorin spricht nur **Deutsch** mit uns.

When the school subject **Deutsch** ist referred to, it does not take an ending.

Deutsch ist mein Lieblingsfach.

The abverbial phrases *in German, in English*, etc. can either be expressed by **auf**
or by **in** + **deutsch, englisch, etc.** The names of languages are not capitalized when
they are used as adverbs or adjectives.

Ich werde den Inhalt des Artikels **auf / in deutsch** zusammenfassen.

Bob hat Sigrid ein paar **amerikanische** Bücher geschenkt.

Auf deutsch.

1.   How does one say this in German? (Use a noun.)

2.   These words come from English.

3.   That is an American expression.

4.   The book has already been translated into German.

5.   Our German has gotten much better in this course.

6. We spoke French with the Frenchman.

7. Please say it in German, Käthe.

Das passende Wort

A. To recognize: **erkennen, anerkennen**

erkennen (erkannte, erkannt): to recognize, arrive at an understanding of

Ich habe Maren zuerst nicht **erkannt.** So hat sie sich verändert.

Man hat endlich **erkannt,** wie wichtig der Umweltschutz ist.

Sie werden hoffentlich ihren Fehler **erkennen.**

Wir haben die Lage **erkannt.**

erkennen an (*dat.*): to recognize (by specific characteristics)

Ich habe Paul **an** seinem Gang **erkannt.**
I recognized Paul by the way he walks.

an·erkennen: to recognize, give recognition / credit to, appreciate, acknowledge

Böll wird allgemein als großer Schriftsteller **anerkannt.**

Frauen verlangen, als gleichwertige Partner der Männer **anerkannt** zu werden.

Man müßte ihre Bemühungen / Leistungen **anerkennen.**

Auf deutsch.

1. Most professors recognize the hard work of their students.

2. My German friend Karen almost didn't recognize me.

3. I recognized her by her voice (*die Stimme*).

4. Their achievements need to be recognized.

B. Strong: **stark;** strict: **streng**

stark: strong, powerful, severe, intense

Der amerikanische Einfluß ist besonders **stark** in der Werbung.

Nach der Operation hatte die Kranke **starke** Schmerzen.

streng: stern, strict, rigorous

Streng is not an equivalent of *strong.*

Frau Wichert ist eine **strenge** Lehrerin.

Die Regeln sind zu **streng.**

Setzen Sie das passende Wort ein.

1. Thomas leidet oft an _____ Kopfschmerzen.

2. Zu _____ Gesetze verfehlen (*miss*) oft ihren Zweck.

3. Die Mutter der Kleinen machte ein _____ Gesicht.

4. Der Kaffee ist mir einfach zu _____ .

C. To be used / accustomed to: **gewöhnt sein an, (es) gewohnt sein**

gewöhnt sein an (*acc.*): to be used / accustomed to

The expression comes from **sich gewöhnen an** (*acc.*): *to get used to, become / grow accustomed to.*

Wir **sind** ja **an** den Lärm **gewöhnt.**

Ich **bin** mittlerweile auch **daran gewöhnt.**

Man **gewöhnt sich** allerdings **an** alles.

Hast du **dich** schon **an** die neue Umgebung **gewöhnt?**

etwas gewohnt sein: to be used to something

Gewohnt is used without a preposition, and the **es** is optional.

Wir **sind** den Lärm nicht **gewohnt.**

Ich **bin (es)** nicht **gewohnt,** so früh aufzustehen.

Die Studenten **sind (es) gewohnt,** hart zu arbeiten.

Setzen Sie den passenden Ausdruck ein.

1. Allmählich haben wir _____ _____ d___ Klang (*m.*) des Deutschen _____ .

2. Wir sind _____, auf deutsch zu denken.

3. Es dauerte lange, bis wir _____ waren, daß das Deutsche so eine schwere Sprache ist.

4. Wir _____ so viele Hausaufgaben nicht _____ .

5. Wir sind es _____, nur ermutigende (*encouraging*) Worte zu hören.

D. Plural forms of **das Wort: Worte, Wörter**

The noun **das Wort** has two plural forms. When referring to words that are spoken in context, **Worte** is used.

Ihr Verhandlungspartner dankte ihnen mit warmen **Worten.**

Mit anderen **Worten,** es betrifft Sie nicht.

When referring to individual words, such as words in a vocabulary list or in a dictionary, **Wörter** is used.

In diesem **Wörterbuch** stehen viele neue **Wörter** noch gar nicht drin.

Diese **Wörter** muß ich noch lernen.

Setzen Sie die passende Pluralform von **Wort** ein.

1. Ich versuche, täglich zehn neue deutsche _____ zu lernen.

2. Manche _____ vergesse ich dummerweise immer wieder.

3. Wir waren von den _____ unseres Lehrers beeindruckt.

4. Haben Sie den _____ des Politikers geglaubt?

E. To realize: **sich bewußt / klar sein, begreifen, merken, feststellen**

sich (*dat.*) **bewußt sein / werden:** to realize, be / become aware; **sich** (*dat.*) **klar sein / werden:** to realize, be / become clear

Mir **war** nicht **klar,** daß Sie mit mir gerechnet hatten.

Wir **waren uns** nicht **bewußt,** daß es die anderen nicht betrifft.

Lene **wurde sich** allmählich **bewußt / klar,** daß Ihr Freund sie zu sehr beeinflußte.

begreifen (begriff, begriffen): to realize, understand, appreciate, comprehend

Begreifen frequently implies that someone initially has difficulty understanding something.

Schließlich **begriffen** wir, wie wichtig die Angelegenheit ist.

Wann wirst du endlich **begreifen,** daß es so nicht weitergeht?

Er **begreift** nicht, worum es geht.

merken: to realize, notice, sense

Merken stresses the immediacy of a realization and is frequently preceded by **sofort, gleich,** or **gar nicht.**

Ich habe sofort **gemerkt,** daß Peter dich interessant findet.

Wir hatten gar nicht **gemerkt,** daß es schon so spät war.

fest·stellen: to realize, discover

Dann **stellte** ich **fest,** daß ich mich geirrt hatte.

Wir haben eben **festgestellt,** daß wir aus derselben Stadt stammen.

Auf deutsch.

1. I am gradually (*allmählich*) realizing / becoming aware that it depends on me.

2. I just realized / discovered that I have no money with (*bei*) me.

3. Try to realize / understand how important it is to me.

4. We did not realize / notice how late it was.

5. When will people finally realize / understand that more must be done against environmental pollution?

6. We have realized / become aware that they think differently about this matter than we do.

7. Do you realize / understand that?

F. View: die **Aussicht,** die **Ansicht**

die Ansicht,-en: view, opinion

Karoline hat uns eine Postkarte mit der **Ansicht** des Kölner Doms geschickt.

Nach **Ansicht** unseres Professors werden wir die Prüfung bestehen.

Meiner **Ansicht** nach irrt sich die Autorin.

die **Aussicht,-en (auf)** (*acc.*): panoramic view from a place (of); prospect, chance

In Zermatt hatten wir ein Zimmer mit **Aussicht auf** das Matterhorn.

Einige Studenten haben gute **Aussichten auf** Stipendien.
Some students have good chances of getting scholarships.

Es besteht kaum **Aussicht,** daß auf diesem Gebiet große Fortschritte gemacht werden.
There is hardly a chance that much progress will be made in this area.

Vervollständigen Sie die Sätze.

1. Nach d_____ _____ meiner Lehrer bin ich sprachbegabt.

2. Unser Plan hat gute _____ _____ Erfolg.

3. Auf dieser Postkarte ist eine _____ der Insel Helgoland zu sehen.

4. Meiner _____ _____ hat dieser Pianist ausgezeichnete _____. Er wird sicherlich berühmt werden.

5. Das ist unser Haus mit der _____ von vorne. Hinten sieht es ganz anders aus.

6. Vom Hoover Turm hat man eine wunderbare _____ _____ d___ Campus (*m.*) und die Umgebung.

G. To suggest: **vorschlagen, andeuten**

vor·schlagen (ä, u, a): to suggest, propose

Ich **schlage vor,** wir gehen ins Kino.

an·deuten: to suggest, indicate, imply, hint, intimate

Was will der Künstler Ihrer Meinung nach mit diesem Bild **andeuten?**

Der Professor **deutete an,** daß die Prüfung nicht leicht sein würde.

Note the following idiomatic equivalent of *to suggest / imply.*

Was willst du damit sagen?
What are you trying to suggest?

Auf deutsch.

1. I suggest we only speak German.

2. What are you trying to suggest? Are we speaking too much English?

3. The author suggests that there are too many English expressions in German advertising.

4. She suggested that she is counting on us.

H. The adverb **allerdings**

Allerdings expresses reservation about the preceding statement. It corresponds to (al)*though, to be sure,* or *admittedly.* It either precedes or follows the verb.

> Sie ist recht sympathisch. **Allerdings** mag ich ihr lautes Lachen nicht.
> *She is quite nice, although I don't like her loud laughter. / I don't like her loud laughter, though.*

> Professor Henzel verlangt viel von uns. Das stimmt **allerdings,** aber wir lernen auch wirklich 'was bei ihr.
> *Professor Henzel demands a lot from us. That's true, to be sure, but we are learning a lot in her class.*

> Wir haben schon große Fortschritte gemacht. **Allerdings** liegt noch ein weiter Weg vor uns.
> *We've already made great progress. Admittedly, we still have a long way to go.*

Allerdings (nicht) used by itself in response to a statement or question expresses strong affirmation or agreement. It can mean *oh yes, by all means, most certainly, I know what you mean,* or *you can say that again.*

> Das ist mir zu teuer. **Allerdings!**

> Sprechen Sie Deutsch? **Allerdings!**

> Das Wetter ist wirklich nicht schön. Das **allerdings nicht!**

Ersetzen Sie das kursiv Gedruckte durch **allerdings,** machen Sie die erforderlichen Änderungen, und geben Sie anschließend die Bedeutung des Satzes auf englisch.

1. Ich würde den Sommer gern in Deutschland verbringen. *Doch* ich müßte meine Stelle hier aufgeben.

2. Die meisten von uns studieren gern hier. Wir arbeiten *jedoch* sehr viel.

3. Fandst du den Film auch so blöde? *O ja!*

4. Sie ist mit ihrer Stelle zufrieden. *Aber* sie bekommt zu wenig bezahlt.

5. Das war nicht nett von ihr. *Ich bin ganz deiner Meinung.*

6. Gefällt es dir hier? *Sogar sehr!*

Wiederholungsübungen

A. Setzen Sie die in Klammern stehenden Wörter in ihrer richtigen Form ein. In manchen Sätzen ist ein bestimmter oder unbestimmter Artikel hinzuzufügen.

1. _____ _____ Interesse dieser Studenten für _____ _____ ist offensichtlich. (groß, Deutsch-)

2. Sie machen erstaunlich _____ Fortschritte. (gut)

3. Zum Glück haben sie sich an _____ _____ Arbeit gewöhnt. (viel)

4. Ihr Lehrer ist ihnen _____ _____ Vorbild. (ausgezeichnet)

5. Obwohl er kein _____ _____ ist, beherrscht er die Sprache vollkommen. (gebürtig: *native*, Deutsch-)

6. Nur ganz selten erkennt man an _____ _____ Akzent (*m.*) _____ _____ Herkunft (*f.*). (leicht, sein, amerikanisch)

7. Deshalb haben seine Studenten auch _____ _____ Akzent im Vergleich zu _____ _____ Studenten. (gut, manch-, ander-)

8. Der Lehrer rät _____ _____ _____ Studenten, mindestens _____ _____ Sommer in _____ _____ Land zu verbringen. (all-, sein, eifrig, ganz, deutschsprachig)

9. Die halten das natürlich für _____ _____ Idee. (kein, schlecht)

10. Viele folgen _____ _____ Rat. (dies-, gut)

B. Setzen Sie die Präpositionen ein oder die Zusammenziehungen von Artikel und Präposition.

1. Als ich als Austauschstudentin _____ ein Jahr nach Deutschland ging, hatte ich nicht _____ so viel Ungewohntem gerechnet.

2. Ich erkannte sehr schnell, daß ich mich erst _____ vieles gewöhnen mußte.

3. _____ allem mußte ich mich _____ das schnelle Sprechen der Deutschen gewöhnen.

4. Ein deutscher Freund riet mir: „_____ deiner Stelle würde ich amerikanische Studenten möglichst vermeiden."

5. Er meinte, es hänge _____ mir ab, wie schnell und wie gut ich Deutsch lernen würde.

6. Er wies mich dar_____ hin, daß man aus deutschen Radio- und Fernsehprogrammen viel lernen kann.

7. Da ich mich damals schon sehr _____ die deutsche Sprache interessierte, befolgte ich seinen Rat.

8. Ich war überhaupt nicht dar____ interessiert, Amerikaner kennenzulernen.
_____ Gegenteil! Ich hatte nur _____ Deutschen Inter-
esse.

9. Manchmal störte es mich, daß so viele deutsche Wörter _____
englische ersetzt werden, besonders in der Werbung.

10. Ich wollte doch nicht fortwährend Wörter hören und lesen, die _____
dem Englischen stammen!

C. Vervollständigen Sie die Sätze.

1. Diese Studenten _____ Fremdsprachen interessiert.

2. Sie _____ es mittlerweile gewohnt, hart zu arbeiten.

3. Die meisten haben _____ gewöhnt, daß viel von
ihnen verlangt _____ .

4. Sie wissen zum Beispiel, daß die Arbeit immer rechtzeitig _____
machen _____ .

5. Die mündlichen Übungen brauchen natürlich nicht geschrieben _____
_____ .

6. Ihnen _____ in den Sprechstunden (*office hours*) geholfen.

7. _____ diese Studenten betrifft, so sind sie sehr zufrieden.

8. Sie sind _____ (*modal particle*) zufrieden, weil sie erfolgreich sind,
nicht wahr?

9. Allerdings! Ihre Zufriedenheit hängt zum großen Teil _____ ihrem
akademischen Erfolg _____ .

10. Sie haben gute Aussichten _____ , daß sie ihre Sprachkenntnisse auf
Reisen und im Beruf verwenden können.

D. Auf deutsch.

1. German is influenced very much by English.

2. How can that be explained?

3. American culture is considered a model.

4. German advertising uses many English words.

5. American movies and TV programs have a strong influence on the German language.

6. No doubt / Quite likely, the mass media are partly responsible for it.

7. Some specialized expressions cannot be translated easily into German.

8. Besides, English has become the world language of scientists.

9. Germans are used to hearing and seeing English words in their language.—Most certainly!

10. The German people obviously have become used to the American words in their language.

E. Ersetzen Sie das kursiv Gedruckte durch sinnverwandte Ausdrücke, und machen Sie die erforderlichen Änderungen.

1. Amerikanische Filme *beeinflussen* das Amerikabild der Deutschen sehr.

2. Viele Deutsche machen sich *wohl* von den Amerikanern und ihrem Land ein falsches Bild.

3. Wenn sie *darauf hingewiesen werden,* sind sie zunächst erstaunt. (Use the same verb and a substitute construction for the passive.)

4. Doch die meisten deutschen Touristen in den USA *merken* das sehr bald.

5. Sie *stellen* dann *fest,* daß der Durchschnittsamerikaner anders ist als in ihrer Vorstellung.

6. Sie *werden sich* also *bewußt,* daß sie ihr Amerikabild revidieren müssen.

7. Denn die Amerikaner, die sie sehen, *sind* ihrem Idealbild oft gar nicht *ähnlich.*

8. *Es wäre ratsam,* wenn man versuchte, sich ein realistischeres Bild von den Amerikanern zu machen.

9. Dabei könnten *Zeitungen, Fernsehen und Radio* von Nutzen (*of use*) sein.

10. *Allerdings!* Die vermitteln einem wohl ein genaueres Verständnis der Amerikaner als es Filme aus Hollywood tun.

F. Sprechen Sie miteinander.

1. Rollenspiel: Bitten Sie Herrn Doktor Sigmund um Rat wegen eines Problems, für das Sie eine Lösung suchen. Verwenden Sie die Redemittel dieses Kapitels.

2. Unterhalten Sie sich darüber, was Sie in Ihrem zukünftigen Leben für wahrscheinlich halten. Verwenden Sie die Modalpartikel **wohl** sowohl in Aussage- (*statements*) als auch in Fragesätzen.

3. Informieren Sie einander darüber, was von wem entdeckt / erfunden / geschrieben / gemalt / geleistet wurde.

4. Sprechen Sie darüber, was Ihnen in einer schwierigen Situation vorgeschlagen / geraten / empfohlen / gesagt wurde. Verwenden Sie das Passiv.

5. Unterhalten Sie sich darüber, was sich Ihrer Meinung nach in der Gesellschaft ändern oder nur schwer ändern läßt. Verwenden Sie die Ersatzkonstruktion für das Passiv **sich** + infinitive + **lassen.**

6. Erzählen Sie einander, wie einer Ihrer Lieblingsfeiertage (*favorite holidays*) bei Ihnen zu Hause gefeiert (*celebrated*) wird / wurde. Verwenden Sie das Passiv.

7. Fragen Sie einander, wo und wann Sie geboren sind.

8. Unterhalten Sie sich darüber, warum es nützlich ist, gewisse Sprachen zu lernen.

9. Sprechen Sie darüber, woran Sie sich gewöhnen mußten, als Sie zuerst ins College / auf die Universität gingen und was Sie mittlerweile gewohnt sind.

10. Diskutieren Sie ein kontroverses Thema, wobei Sie die verschiedenen Äquivalente für *to realize* verwenden. Wenn Sie mit jemandem übereinstimmen oder eine Behauptung einschränken (*qualify*) möchten, verwenden Sie **allerdings (nicht)** oder die Modalpartikel **schon.**

Zusätzliche Übungen

A. Setzen Sie die Modalpartikel **wohl** ein, und drücken Sie den Satz auf englisch aus. Achten Sie dabei auf den Ton.

1. Peter spricht ja so ein phantastisches Deutsch. Er fährt regelmäßig nach Deutschland?

2. Er spricht ja mit norddeutschem Akzent. Er hat sich länger in Norddeutschland aufgehalten?

3. Das wird stimmen. Ich habe ihn jedenfalls öfter von Freunden in Flensburg sprechen hören.

4. Er besucht sie oft.

B. Ergänzen Sie die Sätze.

1. Ach Jonathan, _____ ist ja so eine schwere Sprache. Wie hast du nur so gut _____ sprechen gelernt? (*German, German*)

2. Nun Jennifer, _____ ich dir _____? (*may I make a suggestion*)

3. _____ versuchen, mich mit einigen Deutschen zu befreunden, damit du mehr Gelegenheit hast, Deutsch zu sprechen. (*if I were you, I would*)

4. Außerdem _____, alle neuen _____ und grammatischen Regeln ganz genau zu lernen. (*I'd advise you, words*)

5. Auch _____, die neuen Ausdrücke und Konstruktionen möglichst oft zu verwenden. (*it might not be a bad idea*)

6. _____, ein Semester in einem deutschsprachigen Land zu verbringen? (*would you advise me*)

7. Unbedingt. _____, sogar ein ganzes Jahr drüben zu bleiben? (*what about*)

8. Das hört sich gut an. _____, mich bald nach geeigneten Programmen zu erkundigen. (*it would probably be advisable*)

C. Ergänzen Sie die Sätze. Verwenden Sie das Präteritum für die Verben im **werden**-Passiv und in den Ersatzkonstruktionen für das Passiv.

1. Karl Schmidt, ein junger Amerikaner, _____ nach Deutschland _____, und zwar in die Gegend, _____ der sein Vater _____ . (*was sent by his company, comes from*)

2. Karl _____ in Texas _____ . Es war seine erste Reise nach Deutschland. (*was born*)

3. Sein gutes Deutsch _____ . (*was praised by all* [*to praise:* loben - weak *vb.*])

4. Immer wenn _____, wo er denn so ein gutes Deutsch _____, antwortete er, daß er Deutsch in der Schule _____ und daß er an der Universität Germanistik _____ . (*he was asked, had learned, had studied, had studied*)

5. Überall _____ . (*he was taken for a German* [*to take for:* halten für])

6. Als Karl in die Heimatstadt seines Vaters reiste, _____ keinem _____ . (*he was recognized by*)

7. Doch als er einmal mit einem Deutschen namens Klaus Schmidt geschäftlich zu tun (*business dealings*) hatte, _____ die auffallende Ähnlichkeit zwischen ihnen sofort _____ beiden _____ . (*was noticed / discovered by*)

8. Klaus Schmidt fiel ein, daß _____ als Kind ein paarmal von einem Onkel in Texas _____ . (*he had been told*)

9. Dann _____ den beiden klar, daß sie Vettern waren. (*became*)

10. Diese Entdeckung _____ am Abend ordentlich _____ . (*was celebrated* [*to celebrate:* feiern])

D. Ersetzen Sie das Präteritum in Sätzen 1, 3, 5, 6, 7, 9, 10 von Übung C durch das Perfekt.

E. Übertragen Sie die Sätze in Ersatzkonstruktionen des Passivs.

1. Mir ist gesagt worden, die Karten kosten dreißig Mark.

2. Sie müssen noch heute abgeholt werden.

3. Das kann nicht geändert werden.

F. Ergänzen Sie die Sätze. Verwenden Sie das Präteritum für die Verben in der Vergangenheit.

1. Wir _____, im Unterricht
    _____ . (*are used to speaking only German*)

2. Zuerst fanden wir, daß zuviel von uns verlangt _____, denn wir
    _____, wie wichtig es ist, möglichst viel Deutsch zu
    hören und zu sprechen. (*is, we didn't realize / understand*)

3. Unsere Lehrerin, Frau Münzer, erwartet ja viel von uns, und sie ist
    _____ . (*really strict*)

4. _____! (*You can say that again*)

5. Sie ist _____, daß _____,
    möglichst viele verschiedene deutsche Stimmen zu hören. (*of the view, we
    have to get used*)

6. Zuerst konnten wir sie kaum verstehen, aber noch viel schwerer war es, die
    _____ der Personen in den Videos zu verstehen. (*words*)

7. Wir _____, daß die meisten Deutschen sehr schnell
    sprechen. Auf jeden Fall sprechen sie zu schnell für uns. (*realized / discovered*)

8. Frau Münzers Vertretung (*substitute*) _____ gestern sofort,
    wieviel besser wir sie diesmal verstehen konnten als vor einem Monat. (*realized / noticed*)

9. Frau Münzer _____ vor kurzem _____, daß wir das
    Sprachlabor öfter benutzen sollten. (*suggested / hinted*)

10. Wir fragten sie, was sie damit _____ . (*was trying
    to suggest*)

11. Sie _____, unsere Aussprache könnte besser sein.
    (*suggested / indicated*).

12. Sie _____, daß wir die Ausspracheübungen auf den
    Kassetten machen. (*suggested*)

13. Es ist gut, daß sie uns _____ . (*made this suggestion*)

14. Wir _____, regelmäßig mit den Tonbändern zu
    arbeiten und die einzelnen _____ in den Übungen möglichst akzentfrei nachzusprechen. (*intend / have resolved, words*)

15. Ich glaube, wir haben ausgezeichnete _____, eines Tages ein gutes
    Deutsch zu sprechen. (*chances / prospects*)

Chapter 11

Günter de Bruyn (b. 1926) was one of the most popular writers in the former German Democratic Republic, and his popularity continues in the new Germany. His autobiography, "Zwischenbilanz. Eine Jugend in Berlin,"[1] has become a best seller. In a passage that reveals the autobiographical core of the story "Eines Tages ist er wirklich da" (1963), the reader learns that the author's older brother, Karlheinz, "disappeared without a trace" soon after he had been sent to the French front late in the summer of 1944. He had supposedly deserted to the Americans and was working at the American radio station Luxembourg,[2] but de Bruyn's family never saw Karlheinz again. In contrast to the biography's factual account, the story focuses on the psychology of the missing man's younger brother, who narrates the events in the first person. Only gradually does the reader begin to doubt the reliability of this narrator with respect to the reality of the reunion he describes.

Many Germans in the postwar era identified with the theme of separation, which is treated in this story on both a personal and a symbolic level. During the Second World War, many families were separated and countless Germans lost track of their children, parents, or siblings. Like the narrator, they never stopped hoping that one day they would find each other again. On another level, the story of the two brothers points to East and West Germany and the complex relationship between the countries before and after unification.

Eines Tages ist er wirklich da
Günter de Bruyn

Und eines Tages dann ist Karlheinz, mein großer Bruder, wirklich wieder da. Er ist am Kino vorbeigegangen bis zur Litfaßsäule, und genau an der Stelle, die wir alle benutzten und die ich noch heute benutze, kommt er über die Straße, im weißen Nylonhemd, das Jackett im Arm, eine Hand in der Tasche, ohne jedes Gepäck—das werden zwei Lastträger bringen oder das Expreßgutauto. Er geht genau auf die Stelle zu, an der das Eckhaus gestanden hat, durch das wir immer hindurch mußten, sieht die Rasenfläche und hebt dann den Blick zu unserem vierten Stock hinauf. Irgendwann einmal wird er beim Anblick des jetzt im Licht stehenden Hinterhauses[3] „Die Sonne bringt es an den Tag, ausgleichende Gerechtigkeit" oder ähnliches sagen, aber jetzt ist er noch zu erstaunt, kennt sich nicht gleich aus,

die Litfaßsäule,-n advertising column

jedes any

die Rasenfläche lawn

irgendwann einmal at some point

Die ... Gerechtigkeit the truth will make itself known, poetic justice

---

[1] Günter de Buyn, *Zwischenbilanz. Eine Jugend in Berlin* (Frankfurt a. M.: S Fischer, 1992).
[2] Ibid., pp. 222–223.
[3] **das Hinterhaus:** part of a tenement house accessible only through a courtyard and thus considered inferior

zweiundzwanzig Jahre sind eine lange Zeit. Er ist nicht verwirrt,
nur erstaunt und dabei ruhig und souverän wie immer.

souverän a superior air about him

Sein Blick sagt: So ist das also jetzt mit dem Haus, in dem ich
geboren bin, das hatte ich anders in Erinnerung, fertig,
abgemacht, und er geht über die Straße, die leer und still ist,

fertig, abgemacht and that's that

denn es ist wohl ein Sonntagmorgen im Sommer, und ich gehe
Milch holen, den Kleinen an der Hand, dem es ein Erlebnis ist,
mit seinem Vater auf die Straße zu gehen, und der hoffentlich
niemals vergessen wird, wie das war, als sein Onkel heimkam,
morgens, unerwartet.

Und wir gehen aufeinander zu, langsam, zögernd, gar nicht so,
wie man sich das als kinoerfahrener Mensch vorstellt. Zwar habe
ich ihn sofort erkannt, wäre aber doch vorbeigegangen an ihm,
wenn er nicht reagiert hätte; denn schließlich ist er ja vorbereitet,
er weiß, daß er nach Hause kommt, muß damit rechnen, seinen
jüngsten Bruder zu treffen; ich aber gehe aus dem Haus, um für
meine Kinder Milch zu holen, und kann nicht ahnen, daß der
große Bruder plötzlich nach zweiundzwanzig Jahren ohne
Nachricht über die Straße kommt, da muß man zögern, auch
wenn er sich kaum verändert hat oder gerade deshalb, denn das
ist doch gegen jede Erfahrung, aber wahrscheinlich sieht man die
Falten und Schärfen des Gesichts, den verbrauchten Glanz der

der Glanz sparkle

Augen, den Fettansatz erst später, jetzt nur die noch immer ver-
trauten Züge, den spöttisch-wohlwollenden Blick, die schmale

spöttisch-wohlwollend mocking yet kindly
stets always

Hand, gegen die die eigene stets plump und bäurisch schien und
einem klarmachte, daß dem Großen nachzueifern ziemlich sinn-

nach·eifern (*dat.*) to emulate

los war. Natürlich ist dieser fatale Eindruck der Unterlegenheit

fatal unpleasant

auch gleich wieder da, als ich ihm die Hand schüttle und ihm
dann etwas spät und nicht ohne das Gefühl unzulässigen Thea-

unzulässig inappropriate

terspielens um den Hals falle und er wie immer lacht über meinen
Hang zur Rührseligkeit. Und auch als ich ihm seinen Neffen

Hang zur Rührseligkeit tendency toward sentimentality

vorstelle, lacht er ein bißchen, weil es ihm komisch vorkommt,
daß sein kleiner Bruder eine Familie hat, und bei mir kommt
sofort was von dem alten Trotz wieder: Ja, grinse nur, aber ich

der Trotz stubbornness
grinsen to sneer

will eben nichts anderes als immer zu Hause bleiben und mittelmäßig und normal sein. Natürlich will ich das nur, weil ich
weiß, daß ich nichts anderes kann, schlimm ist nur, daß auch
meine Frau das plötzlich weiß, als sie Karlheinz gegenübersteht.
Ich bin ein bißchen beschämt, ein bißchen eifersüchtig, ein
bißchen bockig, sehr, sehr stolz auf meinen großen Bruder und

bockig obstinate

von einer Riesenfreude erfüllt über diese Heimkehr, an der ich ja
nie gezweifelt habe, die nun aber durch die unvermutete Unter-

unvermutet unexpected

brechung der angenehmen Monotonie meines Lebens etwas
Unwirkliches zu haben scheint.

Am schnellsten überwindet meine Tochter diesen Eindruck.
Ungeduldig hört sie sich noch mit an, wie ich von unserer letzten
Begegnung erzähle, vierundvierzig, der zerstörte Bahnhof,
Aussteigeverbot, zehn Minuten Aufenthalt, er mit vielen anderen
in der Tür des Viehwaggons, gedrängt die Mütter davor, ein Pfiff,

gedrängt crowded

Winken, Weinen, dann fragt sie ungeduldig ihren Onkel, wie er es
fertiggebracht hat, zweiundzwanzig Jahre Mutter und Bruder
65 ohne Nachricht zu lassen, und ich habe Angst, daß er jetzt die
Wirklichkeit seiner Heimkehr durch Unsicherheit und ungenaue
Erinnerung selbst in Frage stellen, daß er vielleicht sogar
zugeben wird, Karlheinz nicht zu sein. Aber er beginnt sofort
sicher und genau zu erzählen, und alles stimmt mit dem überein,
70 was wir schon wissen: Saint-Nazaire, im Rücken schon der
Motorenlärm der amerikanischen Panzer, er sagt zu seinem
Fahrer, wir machen Privatfrieden, sie steigen aus, laufen den
Allied Forces entgegen, eine Hecke trennt sie plötzlich, für
immer. Ja, das stimmt, das wußten wir schon; siebenundvierzig
75 kam der Fahrer zurück und besuchte uns. Aber dann? Was
geschah dann? Wir sitzen alle um den Küchentisch, er mir
gegenüber und stopft sich die Pfeife mit märchenhaft duftendem
Tabak, eine Spezial-Blend, er raucht keine fabrikmäßig gemisch-
ten Sorten. Zwei Minuten nach der Trennung vom Fahrer hatten
80 sie ihn schon geschnappt, Verhöre, Gegenüberstellungen, kurze
Ausbildung und dann ein feines Leben in Luxemburg am Sender
für die deutsche Armee, aber nur bis Mai fünfundvierzig, dann
PW, Lager, Hunger, Läuse, er war reif für ein Angebot vom
Geheimdienst, zwanzig Jahre Verpflichtung, Schweiz, Österreich.
85 Tanger, Griechenland, Südafrika. Er schüttelt sich. Aus, vorbei!
Angst, hierherzukommen? Da lacht er wieder den kleinen Bruder
aus, den Weltfremden, den Hausvater. Keine Bange, der Wechsel
war lange geplant, er hat es sich verdient, hier auszuruhen. Es
fällt mir schwer, verstehend zu lächeln, weil ich an Mutter denke.
90 In unserem Trabant fahren wir hinaus zu ihr ins Altersheim. Noch
ist Sonntag. Er fährt. Ich habe Angst vor jedem Polizisten, weil
ich nicht wage, ihn nach seiner Fahrerlaubnis zu fragen. Aber er
fährt gut, das hat er im Kloster gelernt bei den französischen
Trappisten, den Schweigemönchen, die nicht sprechen und nicht
95 schreiben dürfen, aber Auto fahren.[4] Zwanzig Jahre hat er für
eine Irrenanstalt Kranke gefahren. Gleich nach der Trennung
vom Fahrer war er hinter der Hecke auf Leute vom Maquis
gestoßen,[5] war geflohen, hatte plötzlich vor einer endlosen Mauer
gestanden, einer weißen, hohen, unüberwindlichen, er hatte sie
100 überwunden, die stummen Brüder hatten ihn verborgen, in den
Tagen der Ardennenschlacht schon hat er die Gelübde abgelegt,
ehrlichen Glaubens, aber es gibt Heimweh von solcher Stärke,
daß alle Schwüre der Welt dagegen unwirksam werden.[6]
Dann gehen wir den Parkweg zum Heim hinauf, er voran, den
105 Kleinen an der Hand, meine Tochter am Arm wie seine Braut. Als
wir ihm Mutters weißes Haar hinter dem Fenster zeigen, winkt er
ausgelassen, er weiß ja nicht, daß sie so weit nicht mehr sieht.

fertig·bringen (a,a) to be capable of

der Panzer,- tank

die Hecke,-n hedge

duftend smelling

fabrikmäßig . . . Sorten factory-made blends
Verhöre, Gegenüberstellung,-en interrogations, confrontation

das Lager,- camp

keine Bange don't worry

der Trabant make of car in the GDR

die Irrenanstalt,-en insane asylum

Gelübde ab·legen to take vows

der Schwur,ːe oath

ausgelassen exuberant

---

[4]**Trappisten** are Trappist Monks who belong to the Order of Cistercians of the Strict Observance. Before the reforms in the late 1960s, they slept, ate, and worked together in perpetual silence.
[5]**Der Maquis** was a resistance organization during World War II.
[6]**Die Ardennenschlacht** is the Battle of the Bulge, fought in December and January 1944–45 in the Ardennes (wooded hill country in Belgium and in northeastern France), in which the German offensive was defeated.

Natürlich spricht er auch viel zu leise mit ihr, aber sie fährt ihn   **an·fahren (ä,u,a)** to snap at
nicht an wie uns immer: Habt ihr denn nicht schon in der Schule
110 deutlich und laut sprechen gelernt? Ihn umarmt sie nur immerfort und redet mit ihm wie mit Vater, an den ich mich kaum noch
erinnere, denn er fiel schon in Polen, für mich war Karlheinz
immer so was wie Vater, und jetzt ist er wieder da, beruhigend
vertraut in seiner Selbstsicherheit, verwirrend fremd in seiner
115 Jugendlichkeit, endlich wieder da, im weißen Hemd, nach
zweiundzwanzig Jahren. Er hat doch nicht schreiben können bei
Gefahr seines Lebens. Kaum war sein Fahrer hinter der Hecke
verschwunden gewesen, hatte er sich ans Steuer gesetzt und war
losgebraust, Richtung Heimat, zwei Monate hatte er sich am   **los·brausen** to take off at a high speed
120 Rhein verstecken müssen, ehe er unbemerkt hinüberkam. Win-
terschlaf bei einer Bäuerin im Harz,[7] an einem Aprilabend endlich
hatte er die Stadtgrenze erreicht, in einer Feldscheune bei   **die Feldscheune,-n** barn
Schönefeld—in vier Stunden hätte er zu Hause sein können—
hatte ihn der Russe erwischt oder eine Russin vielmehr, eine   **erwischen** to catch
125 Majorin, die ihn bei sich behielt, vier Monate in Uniform, ohne ein
Wort Russisch zu können, Nataschas Entlassung, Heimkehr nach   **die Entlassung,-en** discharge
Sibirien, dort lebt er als Pelztierjäger, drei Kinder, in vier Wochen
muß er zurück, der Flug dauert nur Stunden, Tage dann aber die
Fahrt mit dem Hundeschlitten.   **der Hundeschlitten,-** dog sled
130 Irrsinniger Schmerz überfällt mich bei dem Gedanken an die Entfernung, die uns bald wieder trennen wird, aber er sieht mich von
seinem Platz neben der Mutter her spöttisch an, und ich lasse
meinen Kopf nicht an seine Schulter fallen, weil meine Frau dabei
ist und die Kinder, die Große schon dreizehn, und ich weiß, daß
135 ich Fieber habe, nicht schlafen kann und ruhig liegen muß, um
die Frau nicht zu stören, die neben mir atmet, aber ich kann nicht
mehr ruhig liegen, mein Kopf schmerzt, mich dürstet, doch das
alles ist nicht so schlimm, da ja endlich mein großer Bruder
wieder da ist, im weißen Nylonhemd, nach zweiundzwanzig
140 Jahren.

Wortschatz

sich aus·kennen (kannte aus, ausgekannt) to know an area / a field very well
aus·lachen   to laugh at, ridicule
dabei sein   to be present
  dabei sein + **zu** + infinitive   to be in the process of + gerund
dauern   to last, take (time)
eifersüchtig sein auf (*acc.*)   to be jealous of
die **Entfernung,-en**   distance
sich erinnern an (*acc.*)   to remember, recall
die **Erinnerung,-en an** (*acc.*)   memory of
  in Erinnerung haben   to remember
fliehen (o,o;ist)   to flee

[7]**Der Harz** is the most northerly mountain range in Germany.

die **Flucht**	escape, flight
der **Flüchtling,-e**	refugee
flüchten	to flee
irrsinnig	tremendous; crazy
mittelmäßig	mediocre, average
der **Neffe(n)**	nephew
schlimm	bad
schwer·fallen (ä, fiel, a;ist) (*dat.*)	to be difficult for
es ist mir schwergefallen	it was difficult for me
die **Selbstsicherheit**	self-assurance, self-confidence
selbstsicher	self-assured, self-confident
der **Sender,-**	radio / TV station
stolz sein auf (*acc.*)	to be proud of
der **Stolz**	pride
stoßen auf (ö,ie,o;ist) (*acc.*)	to come on / across, run / bump into, encounter, meet with
trennen	to separate
sich trennen	to separate, split up, part
die **Trennung,-en**	separation
überwinden (a,u)	to overcome (problems, obstacles)
unüberwindlich	insurmountable
die **Unterlegenheit**	inferiority
sich unterlegen fühlen (*dat.*)	to feel inferior
sich verändern	to change
die **Veränderung,-en**	change
verbergen (i,a,o)	to hide, conceal
vertraut	familiar
das ist mir vertraut / ich bin damit vertraut	I am familiar with that
vorbereiten auf (*acc.*)	to prepare for
die **Vorbereitung,-en auf** (*acc.*)	preparation for
vor·kommen (kam vor, vorgekommen; ist) (*dat.*)	to seem, appear to
das kommt mir merkwürdig / bekannt vor	that seems strange / familiar to me
das kommt dir nur so vor	it only seems that way to you
ich komme mir dumm vor	I feel stupid
wagen	to dare, venture

Stichworte für die Diskussion

die **Beziehung,-en zu**	relationship with
der **Fiebertraum,-e**	feverish dream
die **Enge**	narrowness
das **Leitmotiv,-e**	recurring image
der **Minderwertigkeitskomplex,-e**	inferiority complex
die **Sehnsucht nach**	longing for
das **Verhältnis,-se**	relationship

die **Weltläufigkeit**	cosmopolitanism
das **Wunder,-**	miracle
das **Wunschdenken**	wishful thinking
sich **ab·finden (a,u) mit**	to come to terms with
bewältigen	to cope / deal with
sich **sehnen nach**	to long for
träumen von	to dream of
sich **überlegen fühlen**	to feel superior
abenteuerlich	adventurous
provinziell	provincial
weltmännisch	urbane, sophisticated

Zur Diskussion des Textes

1. Welche stilistischen Züge des Textes deuten darauf hin, daß es sich bei den Schilderungen von Karlheinz' Rückkehr und seinem Leben seit seinem Verschwinden um Träume handelt? Beachten Sie unter anderem die Syntax und die Nebeneinanderstellung verschiedener Erklärungsversuche für seine lange Abwesenheit.

2. Was haben die Träume gemeinsam? Wie erklären Sie es sich, daß der Erzähler so intensiv von seinem älteren Bruder träumt? Was impliziert das Wort „wirklich" im Titel und im ersten Satz?

3. Was erfahren wir über das Wesen der zwei Brüder und ihre Beziehung zueinander? Wie ist das Gefühl der Unterlegenheit, das der jüngere Bruder empfindet, zu erklären?

4. Was für Bedeutungen sehen Sie im Leitmotiv des weißen Nylonhemdes? Nylon galt als die Wunderfaser (*miracle fiber*) der Nachkriegszeit und war in der DDR Ausdruck westlichen Wohlstandes (*affluence*) und Weltläufigkeit.

5. Inwiefern steht das ersehnte Wiedersehen mit dem vermißten Bruder auf einer anderen Ebene auch für die erhoffte Wiedervereinigung der zwei deutschen Staaten? Was berechtigt (*justify*) einen dazu, die Brüder als Symbole der getrennten deutschen Länder zu deuten?

Kommunikative Situationen

1. Denken Sie an die Öffnung der Mauer zurück, und sprechen Sie über die Reaktionen der Ost- und Westdeutschen aufeinander, die Sie in Videodokumentationen beobachtet haben.

2. Diskutieren Sie die Ähnlichkeiten zwischen der geträumten Wiedervereinigung der Brüder und der späteren politischen Vereinigung der zwei Länder.

3. Rollenspiel: Angenommen Sie sind Karlheinz und sind nach zweiundzwanzigjähriger Abwesenheit nach Ostdeutschland zurückgekehrt. Sprechen Sie mit Ihren Verwandten über die Unterschiede und Ähnlichkeiten zwischen dem Deutschland der dreißiger und vierziger Jahre und der DDR der sechziger Jahre.

Aufsatzthemen

1. Gehen Sie auf # 2 oder # 3 der Kommunikativen Situationen näher ein.

2. Schreiben Sie eine Geschichte, in der sich Verwandte, die durch die Mauer von 1961 bis 1989 getrennt waren, zum erstenmal wiedersehen.

3. Schildern Sie Ihr Verhältnis zu einem Bruder oder einer Schwester.

Redemittel

Expressing probability and improbability

> **wahrscheinlich**
> *probably*

> **vermutlich**
> *presumably*

> **Ich vermute / nehme an**
> *I presume / assume*

> **Es ist anzunehmen**
> *It can be assumed / expected*

> **Angenommen, er ist (angenommen** does not count as the first syntactic unit)
> *Assuming he is*

> **Es scheint / sieht so aus, als ob**
> *It looks as if*

> **Anscheinend / Allem Anschein nach**
> *It looks as if / Apparently*

> **Sie wird wohl**
> *She'll probably*

> **Es ist höchst unwahrscheinlich**
> *It is highly unlikely*

> **Es ist fraglich, ob**
> *It is doubtful, if*

Drücken Sie das kursiv Gedruckte anders aus, und machen Sie alle notwendigen Änderungen.

1. *Nehmen wir mal an,* die Rezession ist im nächsten Jahr vorüber. Wird es dann weniger Arbeitslosigkeit geben?

2. Ich *bezweifle,* daß sich die Wirtschaft so schnell erholen wird.

3. *Wahrscheinlich* wird die Inflation noch schlimmer.

4. Es ist zu *erwarten,* daß viele ihre Stellen verlieren werden.

5. Deshalb *nehme* ich *an,* daß einzelne auch in unserer Firma arbeitslos werden.

6. *Anscheinend* werden einige Angestellte bald ihren Job verlieren.

7. Man wird *wohl* dafür sorgen, daß möglichst viele Arbeitsplätze erhalten bleiben werden.

Die Modalpartikeln eben, halt

In statements and commands, the modal particle **eben** is unstressed. **Eben** and its synonym **halt** imply resigned acceptance of an inescapable conclusion drawn from a fact.

Der Laden macht erst um zehn auf.—Dann müssen wir **eben / halt** so lange warten.
The store doesn't open until ten.—We'll just have to wait till then.

Im Deutschen gibt es so viel zu lernen!—Deutsch ist **eben / halt** eine schwierige Sprache.
There are so many things to learn in German!—Well, German is a difficult language.

Ich habe keine Lust, mit euch zu gehen.—Dann bleib **eben / halt** allein zu Hause!
I don't feel like going with you.—Well, stay home alone, then!

Ich bin schon wieder zu spät dran.—Du mußt **eben / halt** etwas früher aufstehen.
I am late again.—Well, you'll just have to get up a little earlier.

Setzen Sie **eben** oder **halt** ein, und drücken Sie den Satz auf englisch aus. Achten Sie dabei auf den Ton.

1. Fliegen ist zu teuer geworden. Deshalb verreisen wir meistens mit dem Auto.

2. So eine teure Wohnung können wir uns nicht leisten. Wir verdienen noch nicht genug.

3. Die letzte Vorstellung schaffen wir heute bestimmt nicht mehr.—Dann gehen wir morgen abend ins Kino.

4. Irmgard versteht sich nicht sehr gut mit ihrer Schwester. Die beiden sind sehr verschieden.

5. Wir haben leider keinen Senf (*mustard*) mehr.—Dann essen wir die Würstchen ohne Senf!

Grammatik

A. Dependent infinitives after the verbs of perception and **helfen, lehren, lernen**

The verbs of perception (**sehen, hören, fühlen,** and **spüren:** *to feel, perceive, sense*) are, like the modals and **lassen,** followed by an infinitive without **zu.** In English, the equivalent verbs are frequently followed by a gerund (verb + *-ing*).

Ich **sehe** den Beamten am Schreibtisch **sitzen.**
I see the official sitting at his desk.

Wir **hörten** ihn telefonieren.
We heard him talking on the phone.

Ich **fühlte** mein Herz **klopfen.**
I felt my heart pounding.

Er **spürte** Ärger **aufsteigen.**
He felt anger rising in him.

Verbs of perception are often followed by subordinate clauses introduced by **wie** instead of infinitive clauses.

Ich spürte, **wie mein Verhandlungspartner unruhig wurde.**

Wir haben gehört, **wie die Tür hinter uns geschlossen wurde.**
We heard the door being closed behind us.

The verbs **helfen, lernen,** and **lehren** are followed by the infinitive with or without **zu.** When the infinitive has its own object, **zu** is optional. In longer infinitive clauses, **zu** tends to be used.

Paul **hilft** mir **abwaschen** (*do the dishes*).

Paul **half** mir(,) das Geschirr **ab(zu)waschen.**

Paul hat mir **geholfen,** das schmutzige Geschirr von der ganzen Woche **abzuwaschen.**

Die Lehrerin **lehrt** die Kinder Deutsch **sprechen.**

Die Lehrerin **lehrt** die Kinder(,) deutsche Lieder (**zu**) **singen.**

The perfect tense of **hören** and **sehen** is formed with a double infinitive.

Ich **habe** Erika eben am Schreibtisch **sitzen sehen.**

Wir **haben** Mutter **telefonieren hören.**

Auf deutsch. Verwenden Sie das Perfekt für die Verben in der Vergangenheit.

1. We heard the chairperson explaining her decision.

2. I saw Klaus take the last bottle (*die Flasche*).

3. I'll help you study the new words.

4. Did you ever (*je*) hear Wolf Biermann sing?

5. I sensed Lisa getting impatient (*ungeduldig*).

6. They are teaching us to think independently (*selbständig*).

7. I saw Martina talking with friends.

8. We felt it getting hot.

B. Infinitives used as nouns

In German, virtually every infinitive can be used as an infinitive noun. Its gender is neuter, it is capitalized, and it does not form a plural. Its English equivalent is usually a gerund (the *-ing* form of the verb), or it may be an infinitive. Infinitive nouns are often compounded with the complement of the verb. They are used extensively in expository texts.

Reden ist Silber, **Schweigen** ist Gold. (Sprichwort)

Helmuts vieles **Klagen** geht mir auf die Nerven.

Irren ist menschlich.

Der Erzähler hatte das Gefühl des **Theaterspielens,** als er Karlheinz um den Hals fiel.

Das **Rückwärtsgehen** hat eine symbolische Bedeutung in Seurens Geschichte.

Infinitive nouns are frequently used with the prepositions **bei** and **zu** + the contracted neuter, dative, singular article. English equivalents of **beim** are gerunds or a clause introduced by *when, while,* or *as.* **Zum** corresponds to *for* (*the purpose of*) + gerund or an infinitive + *to.*

Beim Radfahren sollte man immer einen Sturzhelm tragen.
People should always wear a helmet when / while biking.

Gestern abend **beim Spazierengehen** hatte ich einen großartigen Einfall.
When / while / as I was walking last night, I had a great idea.

Viele junge Leute hören gern Musik **beim Joggen.**
Many young people like to listen to music while jogging.

Das Bier ist zu warm **zum Trinken.**
The beer is too warm to drink / for drinking.

Am Wochenende fahren wir **zum Wandern** in die Berge.
On the weekend we are going to the mountains to hike.

Note the following idiomatic infinitive noun constructions with **zum** + forms of **sein.**

Das **ist** ja **zum Heulen / Lachen / Verrücktwerden.**
It's enough to make you cry / laugh / go crazy.

Ersetzen Sie den kursiv gedruckten Satzteil durch ein Infinitivnomen und eine Präposition.

1.   Man muß gut aufpassen, *wenn man Auto fährt*.

2.   Es gibt zu wenig Schnee, *um Ski zu fahren*.

3.   Marianne hat sich das Bein gebrochen, *als sie Ski lief*.

4.   Man *lacht* sich *tot* über Birgits Witze (*jokes*). (Use *sein* for the inflected verb.)

5.   *Um lesen zu können,* brauche ich eine Brille.

6.   *Während* sie *las,* fiel ihr eine ähnliche Geschichte ein.

C.   Titles of books, newspapers, and journals

Articles, nouns, and adjectives included within the titles of books, newspapers, journals, etc., are inflected. If the form of the inflected article is different from that of the original title, it is not included in quotation marks. Periods and question and exclamation marks follow the closing quotation mark unless they are part of the title.

„**Die Zeit**" ist eine renommierte Wochenzeitung.

Das stand in **der „Zeit".**

Diese Melodie stammt aus **den** „Meistersänger<u>n</u>".

Die Hauptgestalt **im „Tod in Venedig"** ist ein Schriftsteller.

If the name of the author precedes the title, the article is not used unless a noun such as **Roman, Werk, Oper,** etc., is inserted between the author's name and the title. In such cases, the article is not inflected.

Magst du Wagners „**Meistersänger**"?

Kennst du **Wagners Oper „Die Meistersänger"?**

Thomas Manns „**Tod in Venedig**" ist verfilmt worden.

Hast du **Manns Novelle „Der Tod in Venedig"** gelesen?

Only the first word and nouns are capitalized in titles of books, essays, etc. However, the adjectives in the names of newspapers, journals, and magazines are capitalized.

Der Titel meines Aufsatzes lautet: **Das** große Wunder ist geschehen.

„Die **N**eue Rundschau" ist ein interessantes Journal.

Bilden Sie Sätze.

1.   Elke / lesen / das / in / die / „Süddeutsche Zeitung" (Perfekt)

2.   abonnieren (*subscribe*) / ihr / „Der Tagesspiegel"? (Präsens)

3.   ich / schreiben / eine Arbeit / über / Kafkas Erzählung / „Die Verwandlung" (Perfekt)

4.   kennen / du / „Der Hungerkünstler" / von / Kafka? (Präsens)

5.   das / stehen / in / die „Frankfurter Allgemeine Zeitung" (Präteritum)

D.   Equivalents of **in** + year

The preposition **in** is not used when referring to the date of a year.

Diese türkische Familie kam 1960 nach Deutschland.

Im Jahre is a more formal equivalent of *in* + year.

Im Jahre 1944 sahen sich die Brüder zum letztenmal.

Vervollständigen Sie die Sätze im Präteritum.

1.   Die alte Bundesrepublik _____ . (*was founded in 1949* [*to found:* gründen])

2.   Die sanfte (*peaceful*) Revolution _____ in der DDR _____ . (*took place in 1989*)

3.   Die deutsche Vereinigung _____ . (*took place in 1990*)

Das passende Wort

A. To listen (to): **zuhören, sich anhören, hören auf, Musik**, etc., **hören**

zu·hören (*dat.*): to listen (to)

Zuhören is the most general term. It is used in the context of passive listening.

Ich habe leider nicht genau **zugehört,** als sie es erklärte.

Wir haben **zugehört,** ohne ihn zu unterbrechen.

Sie saßen im Garten und **hörten** dem Wind in den Bäumen **zu.**

sich (*dat.*) etwas **an·hören:** to listen attentively and critically, hear a speech, concert, program, explanation, etc.

Haben Sie **sich** die Rede (*speech*) **angehört?**

Das Konzert will ich **mir** unbedingt **anhören.**

Hört euch das **an!**
Listen to that!

The idiom **das hört sich gut an** means *that sounds good* (*to me*). It is a synonym of **das klingt gut.**

(Sich) mit anhören stresses having to listen against one's will; it often suggests an imposition. Note that **mit** acts as part of the verb, not as a preposition.

Ich kann das nicht mehr **mit anhören.**

Geduldig **hörte** sie **sich** alles **mit an,** was er erzählte.

hören auf (*acc.*): to listen to, heed

Junge Leute **hören** nicht gern **auf** den Rat ihrer Eltern.

Musik / Radio / CDs / Kassetten hören: to listen to music / the radio / compact discs / cassettes

Ich **höre** beim Arbeiten gern **Musik.**

Abends **hören** wir oft **Discs.**

Beim Autofahren **hören** viele **Radio** oder **Kassetten.**

Vervollständigen Sie die Sätze.

1. Hättest du _____ den Arzt _____, dann ginge es dir jetzt bestimmt besser.

2. _____ Sie bitte gut _____, damit ich es nicht zu wiederholen brauche.

3. Was für Musik spielst du denn? Ich _____ _____ gerade ein Klavierkonzert von Mozart _____ .

4. Beim Arbeiten _____ viele Radio.

5. Wir mußten all den Unsinn mit _____ .

6. Das ist aber ein guter Vorschlag! Der _____ _____ ja toll an.

7. Unser Professor kann gut _____ . Er unterbricht einen fast nie.

8. Wir haben den ganzen Abend CDs _____ .

B. Bad: **schlecht, schlimm, übel, böse**

schlecht: bad, poor, inferior quality / achievement; unfavorable; morally bad

Leider habe ich eine **schlechte** Note in diesem Kurs bekommen.

Ihre Vorgesetzte behandelt sie **schlecht.**

Ich habe ein **schlechtes** Gewissen (*conscience*) / Gedächtnis.

Michael hat mal wieder **schlechte** Laune (*mood*). Er ist mal wieder **schlechter** (*gen.*) Laune.

Frau Mühlenbachs Neffe hat einen **schlechten** Eindruck auf uns gemacht.

Habt ihr auch **schlechte** Erfahrungen mit diesem Geschäft gemacht?

Die Welt besteht aus guten und **schlechten** Menschen.

schlimm: bad, awful, terrible; bad, nasty, serious (wound, injury, illness), sick or injured part of the body; morally bad, wicked

Unlike **schlecht, schlimm** does not imply objective standards that have not been met.

Schlimm ist nur, daß meine Frau das auch weiß.

Es gibt **Schlimmeres.**

Das **Schlimmste** kommt noch.

Es ist **schlimm,** wie schlecht man sich manchmal benimmt.

Phillip ist in einer **schlimmen** Lage.

Das sind **schlimme** Zustände / Erfahrungen / Folgen.

Meine Familie hat eine **schlimme** Zeit durchgemacht.

Das ist ein **schlimmer** Fehler / eine **schlimme** Kritik.

Mein Vater hat eine **schlimme** Krankheit.

Herr Wagner hatte einen **schlimmen** Herzinfarkt.

Welcher ist der **schlimme** Finger?

Der Mann da ist ein ganz **schlimmer** Typ (*character*).

übel: bad, offensive, evil

Übel implies a strong dislike; it is emphatic and means *really bad.*

Das ist ein **übler** Kerl!

Ich halte das für eine **üble** Sache / Angelegenheit.

Der Mann hat einen **üblen** Eindruck auf mich gemacht.

(gar) nicht übel: not bad (at all), pretty good

Wie geht's? **Gar nicht übel.**

Der Film war **nicht übel.**

böse: (morally) bad, wicked

Was für eine **böse** Tat!

Wer so etwas macht, muß ein **böser** Mensch sein.

Böse sein / werden is the equivalent of *to be / become annoyed.*

Vervollständigen Sie die Sätze.

1. Ritas Freund Sebastian findet es _____, daß Rita so _____ kocht.

2. Rita dagegen hält das gar nicht für so _____ . Es gibt doch gewiß ____eres, meint sie immer.

3. Wie war denn das letzte Essen, das Sebastian gekocht hat?—Gar nicht _____ . Eigentlich hat es ausgezeichnet geschmeckt.

4. Morgens hat Sebastian oft _____ Laune.

5. Dann behandelt (*treats*) er Rita _____ .

6. Gleich danach hat er natürlich ein _____ Gewissen.

7. Rita hat heute nicht nur eine _____ Erkältung, sondern auch _____ Rückenschmerzen.

8. Ist der Mensch von Natur aus gut oder _____?

C. To change: **ändern, sich ändern, sich verändern**

ändern: to change essential aspects, make different

The equivalent of the preposition *about* following *to change* is **an** (*dat.*).

Wir müssen unsere Pläne **ändern.**

Das **ändert** die Sache.

Unser Chef **änderte** mehrmals seine Meinung.

Das **ändert** nichts **an** der Tatsache, daß Sie falsch gehandelt haben.

Dar**an** ist nichts **zu ändern.** / Das läßt sich nicht **ändern.**
It can't be changed / helped.

sich ändern: to change, become different with respect to (conscious) changes in the character, conduct, or attitude of persons; changes in situations, the weather, the times

Manche Studenten haben **sich** sehr **geändert.** Sie versuchen wirklich, toleranter zu denken und handeln.

Mein Chef meint, ich muß **mich ändern.**

Bei uns **hat sich** viel / nichts **geändert.**

Das Wetter hat **sich** über Nacht **geändert.**

Die Zeiten **ändern sich** eben.

sich verändern: to change the external appearance of a person or place (city, region, etc.); change on a broad scale

Hast du **dich** aber **verändert!** Du siehst ja viel jünger aus!

Berlin ist dabei, **sich** sehr zu **verändern.**

Die Welt hat **sich** in den letzten Jahren stark **verändert.**

Sich verändern can also refer to changes in someone's personality. In contrast to **sich ändern, sich verändern** implies involuntary or unconscious general change.

Wir alle **verändern uns** im Laufe der Jahre.

Er hat **sich** zu seinem Vorteil / Nachteil **verändert.**
He has changed for the better / worse.

Note the following equivalents of *to change.*

sich um·ziehen (ie, o, o)	to change clothes
sich (*dat.*) etwas **anders überlegen**	to change o.'s mind about s.th.
um·steigen (ei, ie, ie; ist)	to change trains, planes, etc.
Geld / Kleidung wechseln	to change money / clothes
Das muß **anders** werden.	That will have to change.
Das ist **anders geworden.** / Das **ist** jetzt **anders.**	That has changed.

Vervollständigen Sie die Sätze.

1. Meine Heimatstadt hat _____ in den letzten Jahren ziemlich _____ . Überall sieht man jetzt postmoderne Gebäude.

2. Die Zeiten haben _____ halt _____ .

3. Das läßt sich nicht _____ .

4. Mein Großvater hat _____ überhaupt nicht _____ . Er sieht noch genauso aus wie vor 10 Jahren.

5. Meine Einstellung zu meinen Eltern hat _____ .

6. Deshalb habe ich auch meine Pläne _____ .—Tatsächlich?

7. Ja, ich habe es mir _____ überlegt. Ich werde im Sommer nun doch bei meinen Eltern wohnen und im Geschäft meiner Mutter arbeiten.

8. Das _____ natürlich nichts dar____ , daß ich lieber an der Uni einen Job gefunden hätte.

D. To know: **wissen, Bescheid wissen, kennen, sich auskennen in**

wissen (u, u): to know, have knowledge of (facts, answers, details, results, etc.)

Keiner **weiß,** wie alt er ist.

Davon **wußte** ich ja gar nichts.

Soviel ich **weiß,** kommen sie morgen.

Bescheid wissen (über): to know, be informed about; know a lot about a subject

Unsere Freunde **wissen** schon **Bescheid.** Wir haben es ihnen schon gestern gesagt.

Angela **weiß** über Fotoapparate / die Wirtschaft **Bescheid.**

kennen (kannte, gekannt): to know, be acquainted / familiar with

Kennt ihr Frankfurt?

Diese Leute **kannten** meinen Neffen gut.

Dieses Bild **kenne** ich doch. Das ist doch ein Picasso.

sich aus·kennen in (*dat.*): to know one's way around, know a region well; be knowledgeable in a field or discipline

Wir **kennen uns in** München **aus.**

Katja **kennt sich in** europäischer Geschichte **aus.**

Auf deutsch.

1.   My sister knows all about cars.

2.   Do you (*fam.*) know her well?

3.   Hans already knows.

4.   They know their way around in Berlin.

5.   Hans-Jakob knows German literature (*die Literatur*) well.

E.   Difficult: **schwierig, schwer**

Although **schwer** and **schwierig** are frequently used interchangeably, the following distinctions can serve as useful guidelines.

schwer: difficult, hard, tough

Das ist eine **schwere** Aufgabe / Arbeit / Prüfung / Frage / Entscheidung.

Heute war ein **schwerer** Tag für uns.

Du hast aber auch einen **schweren** Beruf / ein **schweres** Amt.

It is difficult to is generally expressed by **es ist schwer . . . zu** + infinitive.

Es ist schwer, dieses Hindernis zu überwinden.

Es ist schwer zu sagen, wer recht hat.

The equivalent of *to be difficult for someone to do something* is **schwer·fallen.** The person experiencing the difficulty is in the dative.

Zuerst **fiel es** mir **schwer,** mich den neuen Verhältnissen anzupassen (*to adjust to*).

Es **ist** den Einwanderern **schwergefallen,** die alten Gewohnheiten abzulegen (*to give up*).

schwierig: difficult, complex, complicated, intricate, involved

Schwierig—note the spelling **schwierig**—is also used when referring to a person who is difficult to deal with.

Das ist eine **schwierige** Aufgabe / Arbeit / Prüfung / Frage / Entscheidung.

Karls und Inges Jüngster soll recht **schwierig** sein.

Angelika hat einen **schwierigen** Boß.

Auf deutsch.

1. It is difficult to convince all students of it.

2. My boy friend is difficult.

3. It was difficult for Karin to get used to my bad habits (*Angewohnheiten*).

4. That was a difficult time for us.

5. It is difficult for most people not to be jealous or envious of others.

6. We have to consider (*berücksichtigen*) all aspects (*der Aspekt,-e*) of this difficult problem.

F. Different: **ander-, anders, verschieden**

ander-: different when *from* or *than* follows or can be supplied

Wir haben **andere** Gründe als Sie.

Ich **bin** da **anderer Meinung.**

Das ist ja etwas **anderes.**
That is something different / else.

Remember the form is **anders** (no **-e** before the **-s**), when **ander-** is used as a predicate adjective or as an adverb.

Karlheinz ist **anders** als sein jüngerer Bruder.

Anders gesagt, zwischen ihnen bestehen große Unterschiede.

Das ist **anders** geworden.

verschieden: different from one another; different in the sense of *various*

Die Brüder sind sehr **verschieden.**

Diese Sender bringen ganz **verschiedene** Programme.

Es gibt **verschiedene** Gründe für unsere Zweifel.

Setzen Sie das passende Wort ein.

1. In der Autobiographie sind die Ereignisse _____ beschrieben als in der Geschichte.

2. Die Geschichte enthält _____ Ereignisse, die in der Autobiographie nicht zu finden sind.

3. Fiktive Literatur ist ja auch etwas _____ als ein Lebensbericht.

4. Die zwei Brüder haben ganz _____ Eigenschaften.

5. _____ gesagt, der eine ist weltmännisch, während der andere eher schüchtern ist.

6. Sie haben bestimmt _____ Eigenschaften als ihr Vater.

7. In Ostdeutschland sind die Verhältnisse nach der Wende _____ geworden.

G. The uses of **eben**

Eben functions as an adjective, adverb, or as a modal particle (see p. 266). Used as an adjective, it means *level, flat*.

Der Weg ist schön **eben**.

As an adverb, **eben** is stressed and means *(just) now*. A synonym is **gerade.**

Gretchen war **eben** noch hier.
Ich wollte dich **eben** anrufen.

Eben can express affirmation or validation in the sense of *exactly, precisely*. A synonym is **genau.**

Du hattest recht. Das wäre zu teuer geworden.—**Eben! / Genau!**

Das ist es ja **eben**.
That's just it.

Eben is never an equivalent of the emphatic *even*. **Selbst** or **sogar** is used for emphasis (see p. 95).

Setzen Sie das passende Wort ein, und drücken Sie es anschließend mit einem Synonym aus.

1. Kein Wunder, daß du verlegen bist. Das ist aber auch eine peinliche Angelegenheit.— _____!

2. Ich muß _____ mal in die Bibliothek. Ich bin gleich wieder da.

3. In Norddeutschland ist das Land _____ .

4. _____ der Erzähler ist nicht sicher, ob sein Bruder tatsächlich wieder da ist.

5. Jemand hat _____ nach dir gefragt. Er wird später wiederkommen.

Wiederholungsübungen

A. Setzen Sie die in Klammern stehenden Wörter in ihrer richtigen Form ein. In manchen Sätzen ist ein bestimmter oder unbestimmter Artikel hinzuzufügen.

1. Im „_____ Merkur" stand kürzlich _____ _____ Artikel über _____ _____ Thema (*n.*) der Geschwisterrivalität. (Rheinisch-, lang, interessant)

2. Bekanntlich haben Geschwister oft _____ _____ Verhältnis (*n.*) zueinander während der Kindheit. (kein, gut)

3. Die _____ fühlen sich leicht _____ _____ Brüdern und Schwestern unterlegen. (Jünger-, ihr, älter-)

4. Deshalb bilden sich manche ein, ihre Eltern seien nur auf _____ _____ stolz. (Groß-)

5. Umgekehrt sind _____ Geschwister häufig eifersüchtig auf _____ _____ Kind in der Familie. (älter-, jüngst-)

6. Es fällt _____ _____ Geschwistern schwer, diese Rivalität zu überwinden. (meist-)

7. Obwohl _____ _____ Rivalität (*f.*) anscheinend nie ganz überwunden wird, haben _____ _____ Geschwister _____ _____ Beziehung zueinander. (alt, viel, erwachsen, gut)

8. Oft sind _____ _____ Feinde gar nicht auf _____ _____ Freundschaft (*f.*) vorbereitet. (ehemalig, neu)

9. Denn als Kinder und _____ waren sie überzeugt, an _____ Verhältnis würde sich nie etwas ändern. (Jugendlich-, ihr, schlecht)

10. Wenn sie dann als _____ auf einmal feststellen, daß sie sich gut verstehen, freuen sie sich über _____ _____ Veränderung. (Erwachsen-, dies-, unerwartet)

B. Setzen Sie die fehlenden Präpositionen ein oder die Zusammenziehungen von Artikel und Präposition.

1. Die Erzählung handelt _____ einem Mann, der träumt, daß Karlheinz, sein älterer Bruder, der _____ vielen Jahren vermißt ist, plötzlich wieder da ist.

2. Er hat Karlheinz _____ Jahre 1944 _____ letzten Mal gesehen.

3. Das war _____ zweiundzwanzig Jahren.

4. Allem Anschein _____ denkt er noch viel _____ ihn.

5. Er hat ihn noch gut _____ Erinnerung, und er ist noch _____ seinen Gesichtszügen vertraut.

6. Im Traum ist der jüngere Bruder gerade da___, Milch zu holen, als der Vermißte auf ihn zukommt.

7. Er ist ja _____ Karlheinz' Rückkehr völlig unvorbereitet.

8. Der Jüngere freut sich irrsinnig dar____, und er ist immer noch sehr stolz _____ seinen großen Bruder.

9. Aber er erinnert sich auch _____ das alte Unterlegenheitsgefühl, das er jetzt auch wieder spürt.

10. Dar___ läßt sich nichts ändern.

C. Vervollständigen Sie die Sätze.

1. _____ ihr eigentlich schon Bescheid? Uwe ist aus Amerika zurück.

2. Ich nehme _____, er freut sich darauf, uns wiederzusehen.—Das glaube ich auch.

3. Rufen wir ihn doch _____ mal an und fragen ihn, ob er 'rüberkommen möchte.

4. Vielleicht hat er Lust, sich mit uns ein paar neue CDs ____ zuhören.

5. Der Vorschlag hört _____ gut _____ .

6. Ob er _____ wohl in Amerika sehr verändert hat?

7. Anscheinend ja. Er soll jetzt irgendwie ander____ sein als vor seiner Abreise.

8. In einer Hinsicht hat er sich wohl _____ . Annemarie meint, er sei zwar selbstsicherer, aber auch arroganter geworden.

9. Daran _____ _____ halt nichts ändern. Wir müssen ihn _____ so nehmen, wie er jetzt ist.

10. Aber wahrscheinlich kommt _____ uns am Anfang nur so _____, als ob er ein anderer geworden wäre. Er wird wohl im Kern (*at the core*) der alte Uwe sein.

D. Auf deutsch.

1. In his dreams, the narrrator was convinced that his older brother had indeed returned home.

2. The brothers had been separated for twenty-two years.

3. The younger brother wasn't prepared for this return (*die Rückkehr*).

4. It seemed strange to him to see Karlheinz again after so many years.

5. Karlheinz' family was disappointed that he had never written them all these many years.

6. Karlheinz seemed so sophisticated (*weltmännisch*) to him.

7. He still felt inferior to his older brother.

8. A couple of times Karlheinz even laughed at him.

9. The younger brother didn't like that because his children were present.

10. The uncle didn't know his nephew, because the boy was born during his absence (*die Abwesenheit*). (Use the **werden**-passive.)

E. Ersetzen Sie das kursiv Gedruckte durch sinnverwandte Ausdrücke, und machen Sie die erforderlichen Änderungen.

1. Der Erzähler träumte etwas *Verrücktes*.

2. Sein Bruder Karlheinz war *tatsächlich* wieder zu Hause.

3. Er *sah noch genau so aus wie früher*.

4. Die Familie *hörte sich* seine abenteuerlichen Geschichten *an*.

5. Sie fanden es *gar nicht gut*, daß Karlheinz sie all die Jahre ohne Nachricht gelassen hatte.

6. Aber sie mußten sich *eben* damit abfinden.

7. Der Erzähler träumte, daß Karlheinz wieder nach Siberien mußte. Daran *konnte man* nichts ändern.

8. Der Erzähler *fand es* schwer, Wirklichkeit und Unwirklichkeit auseinanderzuhalten.

9. *Vermutlich* hatte er schon oft von der Rückkehr seines Bruders geträumt.

10. Jedenfalls *implizieren* der Titel und der erste Satz *das*.

F. Sprechen Sie miteinander.

1. Unterhalten Sie sich über die Wahrscheinlichkeit oder Unwahrscheinlichkeit, daß Sie nach beendetem Studium ein abenteuerliches Leben führen werden. Verwenden Sie die Redemittel dieses Kapitels.

2. Erzählen Sie jemandem, was Sie in den letzten Tagen zum Heulen, Lachen oder Verrücktwerden gefunden haben.

3. Sprechen Sie darüber, wann die wichtigsten Ereignisse in Ihrem Leben stattgefunden haben, wobei Sie das Äquivalent für *in + date of year* verwenden.

4. Erzählen Sie jemandem über eine mißliche (*difficult, unfortunate*) Situation, in der Sie sich befinden oder befunden haben, und drücken Sie Ihre resignierte Annahme des Zustandes aus. Die andere Person entgegnet unter anderem mit Äquivalenten von *that sounds not so good / bad, that's enough to make you cry,* and *that just can't be helped.*

5. Unterhalten Sie sich über die Musik, die Sie gern beim Joggen / Arbeiten / Aufwachen hören. Fragen Sie einander, welche Musiker Sie sich gern in Konzerten anhören.

6. Wen oder was halten Sie für schlecht, und was kommt Ihnen schlimm vor im gegenwärtigen Weltgeschehen (*world happenings*)?

7. Sprechen Sie darüber, in welcher Hinsicht Sie sich während des Studiums geändert / oder verändert haben.

8. Erzählen Sie jemandem, was Ihnen manchmal oder oft schwerfällt oder schwergefallen ist.

9. Erklären Sie, warum Sie einen nahestehenden Menschen (*a person you are close to*) als schwierig empfinden.

10. Vergleichen Sie sich mit anderen in Ihrer Familie, wobei Sie die passenden Äquivalente für *different* und *to be / look similar* verwenden.

Zusätzliche Übungen

A. Setzen Sie die Modalpartikel **eben** oder **halt** ein, und drücken Sie den Satz auf englisch aus. Achten Sie dabei auf den Ton.

1. Du Kerstin, wenn wir weiterhin so viele Beziehungsprobleme haben, dann müssen wir uns trennen.

2. Es ist schwer, wenn zwei grundverschiedene Menschen wie wir versuchen, miteinander auszukommen (*to get along*).

3. Na ja Rüdiger, ich habe ganz andere Interessen als du.

B. Ergänzen Sie die Sätze.

1. _____ eines Tages in ihre Heimat zurückkehren. (*presumably many refugees will*)

2. _____, daß eine Anzahl der Flüchtlinge hier nicht glücklich ist. (*it can be assumed*)

3. _____ in die Heimat _____, was für ein Leben erwartet sie wohl dort? (*assuming they will return*)

4. _____ viele lieber hier bleiben würden. (*it looks as if*)

5. Aber _____, ob sie bleiben dürfen. (*it is doubtful*)

C. Ergänzen Sie die Sätze.

1. Ich _____ Familie anscheinend _____, seitdem ich in Berlin studiere. (*appear different to my*)

2. Es ist interessant, _____ meine neuen Lebensgewohnheiten zu beobachten. (*my family's reactions to*)

3. Sie hatten _____ eben _____ . (*remembered me differently*)

4. _____ ich mir bewußt war. (*presumably I changed more than*)

5. Jedenfalls waren sie nicht _____, daß ich dieser Tage lieber vegetarisch esse. (*prepared for*)

6. Meine Eltern versuchen zwar, mich so zu nehmen wie ich jetzt bin, aber ich merke trotzdem, daß sie manche Reaktionen vor mir _____ . (*to hide / conceal*)

7. Und mein kleiner Bruder Jochen hat _____, als er meine goldene Halskette sah. (*laughed at me*)

8. Und _____ meinen langen Haaren scheint keiner in meiner Familie begeistert zu sein. (*by*)

9. Es gibt eben immer wieder kleine Vorfälle (*incidents*), an denen ich merke, daß ich zu Hause _____ Unverständnis _____, was meine Gewohnheiten und mein Äußeres betrifft. (*to meet with / encounter*)

10. _____, was mich stört, ist die Art, wie mein älterer Bruder sich dieser Tage mir gegenüber verhält. (*something else*)

11. Er scheint sich _____ zu fühlen, weil ich jetzt studiere. (*inferior to me*)

12. Ich glaub' kaum, daß er _____ . (*is jealous of me*)

13. Es liegt wahrscheinlich daran, daß er nicht _____ genug ist. (*self-assured*)

14. Er hat ja nicht studiert, weil er in der Schule eigentlich nur _____ war. (*mediocre*)

15. Ich finde, er _____, daß er so ein guter Mechaniker geworden ist. (*should be proud of* [*the fact*])

16. Früher haben wir uns immer so gut verstanden, aber jetzt _____, so richtig mit ihm ins Gespräch zu kommen. (*it is difficult for me*)

17. Das ist doch _____ . (*bad / terrible*)

18. Ich muß _____ versuchen, sein Vertrauen wieder zu gewinnen. Mehr kann ich wohl nicht tun. (*modal particle*)

19. Wir sind zwar sehr _____, aber das sollte uns doch nicht daran hindern, ein gutes Verhältnis zueinander zu haben. (*different*)

20. Da wir im Grunde beide nicht _____ sind, besteht die Hoffnung, daß wir eines Tages wieder eine engere Beziehung haben werden. (*difficult*)

D. Ergänzen Sie die Sätze. Verwenden Sie das Perfekt für die Verben in der Vergangenheit, außer wo eine andere Zeitform obligatorisch ist.

1. Horst und Katarina Ebert _____ gleich nach dem Mauerbau _____ in den Westen _____ . (*had fled, in 1961*)

2. Sofort _____ die Öffnung der Mauer _____, stiegen sie ins Auto und fuhren an die Stelle, wo sie vor achtundzwanzig Jahren _____ in die Freiheit _____ . Unterwegs sprachen sie viel von der abenteuerlichen Nacht. (*after, had been reported, the escape, had dared*)

3. Du, Horst, zum Glück _____ im Dunkeln gut in der Gegend _____, nicht? (*we knew our way around even*)

4. Was für eine _____ Angst hat mich überfallen, als wir einen Hund
   _____ . (*tremendous, heard barking* [*to bark:*
   bellen])

5. Katarina, ich muß gestehen (*confess*) auch ich _____ das Herz
   _____ . (*felt pounding* [*to pound:* klopfen])

6. Weißt du noch, dann _____ wir Werner uns das Signal
   _____, daß keine Grenzpolizisten in Sicht waren,
   und wir sind losgeschwommen. (*heard give*)

7. _____, dir nicht auch Katarina? (*it all seems so
   familiar to me*)

8. Das stimmt. Die Gegend _____ . (*hasn't changed
   very much*)

9. Wie lange _____ eigentlich _____, bis
   wir drüben angekommen sind? (*did it take*)

10. Ich _____, mindestens eine halbe Stunde. (*presume*)

11. Weißt du noch, was am nächsten Tag in den Schlagzeilen (*headlines*)
    _____ gestanden hat?—Na klar doch: „Gelungene
    Flucht. Willkommen im Westen!" (*of the "Lower Saxon Observer"*: „Der
    Niedersächsische Beobachter")

E. Ersetzen Sie das kursiv Gedruckte durch einen ähnlich bedeutenden Ausdruck, und
    machen Sie die notwendigen Änderungen.

1. Grüß dich, Natascha. Wie geht's denn zwischen dir und dem Dieter?—*Weißt
   du denn noch nicht Bescheid*, Jan?

2. Wir sind doch vor ein paar Wochen *auseinandergegangen*. (ausein-
   ander·gehen: *to separate*)

3. *Es ist zum Heulen*, daß er so schnell aufgegeben hat.

4. Dieter ist ja *nicht leicht*.

5. Aber ich hänge trotzdem *irrsinnig* an ihm. (hängen an: *to be attached to*)

6. Dieter hat überhaupt nicht versucht, an unserer Beziehung zu arbeiten. Das ist
   doch *schrecklich*.

7. Wenn wir Probleme hatten, hat er fast nie versucht, *sich* auch mal *meine Seite
   anzuhören*.

8. *Es ist nicht leicht für mich*, aber ich will doch noch mal versuchen, mit ihm zu
   sprechen.

9. *Das klingt gut*, Natascha. Vielleicht könnt ihr eure Probleme doch noch lösen.

Chapter 12

East and West Germans did not automatically become one people when the two Germanies were united on October 3, 1990. The euphoria many Germans experienced when the wall came down on November 9, 1989 soon gave way to feelings of distance, distrust, and resentment. For many, a 'Mauer im Kopf' replaced the physical wall. The feelings of East and West Germans toward one another in the years immediately following unification has been studied closely. One such study was conducted simultaneously in West and East Germany in November and December of 1991, the findings of which were published in 1992.[1] In the excerpt below, the authors discuss the images East and West Germans had of themselves and the "other" Germans. As you read this text, you might want to ask yourself if and to what extent these attitudes have changed since the study was conducted.

Die Mauer im Kopf
Wie West- und Ostdeutsche sich selbst und ihre neuen Mitbürger sehen
Ulrich Becker

Von beiden Seiten der ehemals unüberwindlichen Grenze rückten die Bagger und Bulldozer an, um die Mauer binnen weniger Stunden niederzulegen. Tonnenweise wurden die Bruchstücke abtransportiert, und angesichts der Mühelosigkeit dieses Zer-
5 störungswerks wirkte die emsige Arbeit der „Mauerspechte", die seit Wochen mit Hammer und Meißel winzige Gucklöcher, schmale Scharten in den Wall gehämmert und gehackt hatten, auf eine fast klägliche Weise sinnlos. Indem das Symbol der deutschen Teilung mit grandioser Geste zertrümmert wurde,
10 schien auch die Realität der deutschen Spaltung in triumphalem Stil für immer ausgelöscht.
Mit unzweifelhaftem Recht galt die Mauer als *das* Symbol der gewaltsamen und widersinnigen Teilung West- und Ostdeutschlands, des westlichen und östlichen Europa insgesamt. Jedoch
15 findet der problematische und langwierige Prozeß der Wiedervereinigung in der beharrlichen Kleinarbeit der „Mauer-

der Bagger,- excavator
an'rücken to move in
binnen within

wirken appear/seem
emsig busy, industrious
der Mauerspecht,-e wallpecker from **Specht** woodpecker
die Meißel,-n chisel
winzig tiny
die Scharte,-n chink
kläglich pitiful
zertrümmern to demolish

aus'löschen to erase

langwierig lengthy

beharrlich persevering, stubborn

[1]Ulrich Becker, Walter Ruhland, Horst Becker, *Zwischen Angst und Aufbruch. Das Lebensgefühl der Deutschen in Ost und West nach der Wiedervereinigung* (Dusseldorf, Wien, New York, Moskau Econ Verlag, 1992), pp 23–38. The chapter has been shortened, but the wording has not been changed in any way

spechte" einen sehr viel genaueren symbolischen Ausdruck als
im reibungslosen Einsatz der Bagger und Bulldozer. Diese vermitteln dem Betrachter den trügerischen Eindruck, als sei
20   „Wiedervereinigung" ein rein technisches Problem, das sich dank
der wirtschaftlichen und technologischen Überlegenheit des
Westens rasch und mühelos lösen ließe. Dagegen erweist sich die
deutsch-deutsche Teilung immer deutlicher auch als psycho-
gisches Faktum, das von jedem einzelnen eben jene beharrliche
25   und zuversichtliche Kleinarbeit der „Mauerspechte" erfordert.
Jeder von uns trägt seine kleine deutsch-deutsche Mauer unsichtbar mit sich herum. Während die sichtbare Mauer unwiderruflich zertrümmert wurde, besteht die gleiche Mauer in unseren
Köpfen fort—ein häßliches Bauwerk, wie ehedem furchtein-
30   flößend und schwer zu überwinden, das weiterhin den Blick des
Menschen in Ost und West verstellt und unsere Wahrnehmung
noch immer verzerrt und behindert.
„Die Mauer im Kopf"—das ist aus ost– wie aus westdeutscher
Sicht vor allem die Angst vor Veränderung, der furchtsame
35   Widerstand gegen die unwägbare Wandlung vertrauter Verhältnisse. Dieses Unbehagen äußert sich bei den westdeutschen
Befragten erwartungsgemäß als Angst vor einer Schmälerung des
gewohnten Wohlstandes.

Das Fremdbild der Ostdeutschen: „Faul und unsagbar spießig"

Die westliche Sorge um eine Schmälerung des Wohlstandes er-
40   klärt sich wohl nicht allein mit den seit Beginn der Wiedervereinigung von West nach Ost transferierten und künftig noch zu
überweisenden Milliardensummen. Hinzu kommt ein spezifisches
Mißtrauen der Westdeutschen: Ihren neuen Mitbürgern trauen
sie eine Reihe von Eigenschaften, die als wichtige Vorausset-
45   gen für beruflichen Erfolg und marktwirtschaftliche Entwicklung
gelten, nur in sehr geringem Maße zu, während die Ostdeutschen
selbst sich entschieden positiver einzuschätzen scheinen:
Als fleißig stufen sich 85 Prozent der Ostdeutschen ein, während
nur 34 Prozent der Westdeutschen dieser Einschätzung zustim-
50   men. 80 Prozent der Ostdeutschen halten sich für anpassungsfähig, wovon in Westdeutschland nur 40 Prozent der Befragten
überzeugt sind. Und während immerhin 75 Prozent der ostdeutschen Bürger sich ein ausgeprägtes Pflichtbewußtsein
bescheinigen, mochten sich lediglich 28 Prozent der West-
55   deutschen dieser Einschätzung anschließen. (Infas / Mitte 1991)
Im Gegenteil zeigen sich 73 Prozent der Westdeutschen davon
überzeugt, daß die Ostdeutschen es sich zu einfach machten: „Sie
wollen leben wie im Westen, aber arbeiten wie bisher im Osten."
60 Prozent der Ostdeutschen weisen diese Behauptung zurück.
60   Dagegen erklären 81 Prozent der westdeutschen Befragten, ihre

der reibungslose Einsatz smooth employment
vermitteln to convey
trügerisch deceptive

zuversichtlich confident

ehedem formerly
furchteinflößend terrifying
verstellen to obstruct
verzerren to distort

unwägbar imponderable
das Unbehagen uneasiness
die Schmälerung reduction

das Fremdbild the image of the stranger/other, i.e., of the East Germans
spießig narrow-minded

die Schmälerung diminishing

künftig . . . überweisenden in future still to be transferred

in . . . Maße to a very small extent

ein'stufen to rate

ausgeprägt marked, distinct
sich bescheinigen to attest
lediglich merely
sich an'schließen to agree with
Infas name of an opinion poll institute

Mitbürger in den neuen Bundesländern seien „dem westlichen Leistungsdruck nicht gewachsen"—eine Vorstellung, die in Ostdeutschland auf vehemente Ablehnung stieß (73 Prozent).

gewachsen up to, equal to

auf Ablehnung stoßen (ö,ie,o) to meet with rejection

Das Selbstbild der Ostdeutschen: Gebrochene Identität

Unsere Grundlagenuntersuchungen aus dem Jahr 1991 bestätigen die in früheren Umfragen gewonnenen Befunde und differenzieren sie zugleich. Obwohl die Ostdeutschen sich hinsichtlich Fleiß, Pflichtbewußtsein und anderer, in beiden Landesteilen hochgeschätzter Eigenschaften sehr positiv einstufen, zeigt die Mehrzahl der Schilderungen, die wir zum Selbstbild der Menschen in den neuen Bundesländern gesammelt haben, eine deutlich abwertende Tendenz.

abwertend pejorative

Viele Ostdeutsche halten sich demnach für „naiv, gutgläubig und harmlos", für „vertrauensselig, schüchtern, unerfahren", gar für „hilflos, tapsig und primitiv". Sie attestieren sich selbst, daß sie „verbissen, geduckt und unsicher" seien, und schätzen sich als Menschen ein, die „mit gesenktem Kopf gehen".

vertrauensselig overly credulous, gullible

tapsig clumsy

verbissen dogged, grim, determined
geduckt cowed

Offenbar haben jahrzehntelange Unterdrückung, Gängelung und Fremdbestimmung in Verbindung mit dem allgegenwärtigen Bild des strahlenden und erfolgreichen großen Bruders im Westen bei den Menschen in der ehemaligen DDR zu tiefsitzenden kollektiven Minderwertigkeitsgefühlen geführt. Durch die krisenhafte Entwicklung des Wiedervereinigungsprozesses werden diese Inferioritätsgefühle, so scheint es, noch verstärkt. Und wenn die Ostdeutschen gleichwohl auf „typisch deutschen" Attributen wie Fleiß, Pflichtbewußtsein und Anpassungsfähigkeit beharren, so erklärt sich dies vielleicht auch als Trotz- oder Verzweiflungsreaktion auf die „Überheblichkeit" der Westdeutschen, die ihren neuen Mitbürgern just jene Eigenschaften bestreiten.—Die Mauer im Kopf der Ostdeutschen—eine Barrikade aus Selbstzweifeln und Unterlegenheitsangst.

die Gängelung domination, control
die Fremdbestimmung lack of self-determination
strahlend radiant

gleichwohl nevertheless, nonetheless

beharren auf to insist on

Trotz- oder Verzweiflungsreaktion reaction born out of defiance or desperation
die Überheblichkeit arrogance

Tatsächlich positiver schätzen die Menschen in der ehemaligen DDR sich lediglich im Hinblick auf bestimmte soziale Qualitäten ein. So halten sie sich, im Vergleich mit den Bürgern aus den alten Bundesländern, für „hilfsbereiter, solidarischer und bescheidener", für „freundlicher, ehrlicher und aufrichtiger", auch für „natürlicher, offener und einfacher",—ein Selbstbild, aus dem ex negativo bereits das Fremdbild des gerissenen, egoistischen und heuchlerischen „Wessis" abgelesen werden kann.

ex negativo inverted
gerissen crafty, cunning, shrewd
heuchlerisch hypocritical

Das Fremdbild der Westdeutschen: Licht und Schatten des goldenen Westens

Auffällig ist, daß gerade die jüngeren Ostdeutschen, die in hohem Maße durch die Ideologie des SED-Staates geprägt waren,

der SED-Staat state run by the *Sozialistische Einheitspartei Deutschlands*

vielfach von einer positiven Wandlung ihres Bildes der alten Bundesrepublik berichten:

„Früher war's der Feind, heute habe ich ein gutes Bild vom
Westen, dort ist es ordentlich und sauber."—„Auch dort gibt es ja
105   soziale Hilfestellungen."-„Andere Lebens- und Ausdrucksweisen
werden eher toleriert und akzeptiert."—„Die Marktwirtschaft ist
in vielen Bereichen sozialer, als man dachte."

Die verbreitet positive Einschätzung Westdeutschlands und der
Marktwirtschaft erstreckt sich allerdings in der Regel nicht auf
110   das Bild der Westdeutschen selbst. Das Fremdbild der „Wessis"
hat sich im Gegenteil dramatisch verschlechtert:

Den meisten Bürgern aus den neuen Bundesländern gelten die
Westdeutschen als „arrogant, überheblich und angeberisch", als
„oberflächlich, gestellt und gestylt", gar als „Pappmaché"-Fi-
115   guren, die „ichbezogen, egoistisch, selbstsüchtig und gefühlskalt"
seien.

Dieses negative Bild der alten Bundesrepublik und insbesondere
der Westdeutschen selbst, das sich teils als rabenschwarze Ironie,
teils als Abwehr und Rückzug manifestiert, findet sich
120   erwartungsgemäß überwiegend bei den Ostdeutschen, die in
akuter Angst vor sozialem Abstieg leben oder sich im Zuge der
Wiedervereinigung bereits auf der Verliererseite wiederfinden.

„Der Wessi steht über uns und guckt von oben, herablassend
guckt er uns arme Bittsteller an." So die Einschätzung des „typi-
125   schen" Westdeutschen durch einen ostdeutschen Lagerarbeiter,
der im Gefolge der Wiedervereinigung seinen Arbeitsplatz verloren hat und sich—eher widerwillig—zum Landschaftsgärtner
umschulen läßt.

Bislang noch manifestiert sich die innere Grenze zwischen Ost-
130   und Westdeutschen, die Mauer in den Köpfen von „Ossis" und
„Wessis" bereits in diesen—wechselseitig abwertenden—Voka-
beln selbst.

„Ossi und Wessi"" erklärt der zum „Unternehmensberater"
gewandelte ehemalige NVA–Offizier „solche Begriffe schaffen nur
135   Barrieren, freiheitliche Barrieren, das ist, als wollte man wieder
Mauern setzen."

Mauern in den Köpfen der Menschen in Ost und West. Mauern,
die einzig—jeder sein eigener Mauerspecht—durch beharrliche
Kleinarbeit niedergelegt werden können.

vielfach frequently

sich erstrecken to extend

angeberisch ostentatious
gestellt und gestylt posed and artificia

die Abwehr, der Rückzug resistance,
    retreat
im Zuge in the course of

herablassend condescendingly

im Gefolge as a result of

wechselseitig abwertend mutually
    disparaging

die NVA = Nationale Volksarmee
    National People's Army
freiheitlich in a free state

Wortschatz

angesichts (*gen.*)	in the face / in view / in light of
anpassungsfähig	adaptable
sich an·passen (*dat.*)	to adapt, adjust, conform
die **Behauptung,-en**	claim, assertion
behaupten	to claim, assert
berichten über	to report about / on
der **Bericht,-e**	report

beruflich	professional, job / career oriented
der **Beruf,-e**	occupation, profession, job
berufstätig sein	to be working / employed
bescheiden	modest, unassuming
die **Bescheidenheit**	unpretentiousness
bestätigen	to confirm, bear out, corroborate
die **Bestätigung,-en**	confirmation, bearing out, corroboration
bislang	until now
der **Bürger,-**	citizen
der **Mitbürger,-**	fellow citizen
dagegen (*coord. conj.*)	however, but, on the other hand, whereas; (*adv.*) in contrast to that, as opposed to that
ehemalig	former
die **Eigenschaft,-en**	quality, characteristic, feature
die **Einschätzung**	assessment, evaluation; estimation
ein·schätzen	to assess, evaluate, estimate
erwartungsgemäß	as expected, according to expectations
sich erweisen (ie,ie) als (*nom.*)	to prove to be, turn out to be
fleißig	hardworking, industrious, diligent
der **Fleiß**	diligence
das **Gegenteil,-e**	the opposite
im Gegenteil	on the contrary
die **Grenze,-n**	border
künftig	future
das **Minderwertigkeitsgefühl,-e**	feeling of inferiority
das **Mißtrauen**	distrust
mißtrauen (*dat.*)	to distrust
trauen (*dat.*)	to trust
das **Vertrauen zu**	trust in
oberflächlich	superficial
die **Oberfläche,-n**	surface
prägen	to shape, mold; coin
schätzen	to estimate, assess; regard highly, value
hoch·schätzen	to regard / respect highly
die **Schilderung,-en**	description
schildern	to describe (events, experiences), portray
schüchtern	shy
das **Selbstbild,-er**	self-image
selbstsüchtig	selfish
sorgfältig	careful
die **Spaltung,-en**	split, division
spalten	to split, separate, divide
teils . . . teils	partly . . . partly
die **Teilung,-en**	division
teilen	to divide; share
die **Überlegenheit**	superiority
überlegen sein (*dat.*)	to be superior to
überzeugen	to convince

überzeugt sein von	to be convinced of
die **Überzeugung,-en**	conviction
die **Umfrage,-n**	poll
eine **Umfrage machen**	to carry out a poll
die **Wahrnehmung,-en**	perception
die **Wandlung,-en**	change, transformation
der **Wohlstand**	affluence
zu·trauen (*dat.*)	believe / think s.o. capable of doing s.th.

Stichworte für die Diskussion

die **ehemalige DDR**	the former GDR
die **Einheit**	unity
der **Umbruch**	radical change
die **Vereinigung / Einigung**	unification
das **Volk**	people, nation
der **Weg zur inneren Einheit**	path to inner unity
die **Wende**	changeover from the communist system to the democratic system
vereint / vereinigt	united
zusammen·wachsen (ä,u,a;ist)	to grow together

Zur Diskussion des Textes

1. Was für ein Bild machen sich die befragten Westdeutschen von den Ostdeutschen und umgekehrt (*vice versa*)? Vergleichen Sie diese Bilder mit den Selbstbildern der Ost- und Westdeutschen. Wie erklären Sie sich die unterschiedlichen Einschätzungen der Deutschen?

2. Welche Stellen im Text helfen die abwertenden (*derogatory*) Wörter **Besserwessi** und **Jammerossi** erklären, die bald nach der Wende geprägt wurden? Das eine leitet sich ab (*is derived*) von dem Wort **der Besserwisser** (*know-it-all*), und **jammern** bedeutet *to whine, yammer*.

3. Erklären Sie, wie die Autoren das Bild der Mauerspechte verwenden.

4. Inwiefern erhellt (*shed light on*) dieser Text de Bruyns Erzählung „Eines Tages ist er wirklich da"?

5. Der Satz „Wir sind ein Volk" wurde zum Motto der Demonstrationen, die zu der Auflösung der DDR führten. Sind die Deutschen Ihrer Meinung nach mittlerweile „ein Volk" geworden, oder sind sie nur eine Bevölkerung?

Kommunikative Situationen

1. Rollenspiel: Teilen Sie sich in eine ost- und eine westdeutsche Gruppe auf, und spielen Sie eine Sitzung (*session*) einer Familientherapie. Eine/r übernimmt die Rolle der Therapeutin oder des Therapeuten. Verwenden Sie einige Satzadverbien.

2. Denken Sie sich eine Situation aus, in der zwei Deutsche aus Ost und West ein Gespräch führen, in dem sich „Ossi" / „Wessi" Vorurteile widerspiegeln. Zum Beispiel: Eine Ostdeutsche bewirbt sich um (*applies for*) eine Stelle in einer westdeutschen Firma. Ein westdeutscher Besucher spricht mit dem Besitzer eines ostdeutschen Restaurants / Geschäfts. Verwenden Sie die Redemittel dieses Kapitels.

3. In kleinen Gruppen diskutieren Sie darüber, was für „Mauern im Kopf" in Ihrem eigenen Land bestehen. Wie versucht man, diese Mauern abzubauen?

Aufsatzthemen

1. Erklären Sie die Gefühle des Erzählers in de Bruyns Geschichte seinem älteren Bruder gegenüber in Hinblick auf die Einstellung der Ostdeutschen zu den Westdeutschen. Was für Parallelen fallen Ihnen auf? Verwenden Sie einige Satzadverbien und Redemittel dieses Kapitels.

2. Schreiben Sie eine Geschichte, in der Sie das Leben einer ostdeutschen Familie seit der Wende schildern.

3. Äußern Sie sich ausführlich zu # 3 der Kommunikativen Situationen. Verwenden Sie einige Satzadverbien.

Redemittel

Comparing and contrasting

im Vergleich zu
in comparison with / compared with

verglichen mit
compared with

vergleichbar mit
comparable to

Das läßt sich nicht vergleichen.
That cannot be compared.

Die beiden sind nicht miteinander zu vergleichen.
There is no comparison between the two.

im Gegensatz zu
in contrast to, unlike, as opposed to, by / in comparison

im Unterschied zu
in contrast to, unlike

sich unterscheiden von
to be different (from), to differ

was . . . von . . . unterscheidet, ist
what differentiates . . . from . . . is

Vervollständigen Sie die Sätze.

1. Wie unterscheidet _____ die erste deutsche Republik
   _____ der zweiten?

2. Die Situationen sind eigentlich nicht vergleich____ .

3. _____ Vergleich _____ der Weimarer Republik ist
   die Bundesrepublik viel stabiler.

4. _____ Gegensatz _____ der Weimarer Republik ist
   die Demokratie in der Bundesrepublik gefestigt.

5. Denn _____ Unterschied _____ den Deutschen der
   zwanziger und dreißiger Jahre haben die heutigen Deutschen einen aus-
   geprägten (*well-developed*) Sinn für Demokratie.

6. Also lassen sich die beiden Republiken im Grunde nicht _____ .

7. Verglichen _____ den politischen Problemen der Weimarer
   Republik sind die gegenwärtigen Probleme der BRD gering.

Die Modalpartikeln vielleicht, etwa

The modal particle **vielleicht,** like the particle **aber,** makes exclamations more emphatic.
The English equivalent is *ever.*

Ich hab' **vielleicht** 'nen [einen] Durst!
Am I ever thirsty!

Die war **vielleicht** wütend!
Was she ever angry!

Ich bin **vielleicht** sauer auf Andreas!
Am I mad at Andreas! / I am so mad at Andreas!

In yes / no questions, the modal particle **vielleicht** indicates that the speaker expects a
negative answer from a positive question, and vice versa, a positive answer from a negative question. English equivalents are *don't tell me* or *you don't mean to tell me.* A synonym for **vielleicht** used in this context is **etwa.**

Findest du es **vielleicht / etwa** in Ordnung, daß Heinz nie kocht?—Natürlich nicht!
Don't tell me you think it's all right that Heinz never cooks?—Of course not!

Soll ich Günther **vielleicht / etwa** nicht anrufen?—Doch, doch!
*You don't mean to tell me I shouldn't call Günther?—By all means, do call
him!*

Setzen Sie die Modalpartikel **vielleicht** oder **etwa** ein, und drücken Sie den Satz auf
englisch aus. Achten Sie dabei auf den Ton.

1. War das 'ne Hitze während der Wanderung!

2. Wir haben geschwitzt in der prallen (*blazing*) Sonne!

3.   Hat dir die Wanderung keinen Spaß gemacht?—Doch!

4.   Das kalte Bier im Berggasthof hat geschmeckt!

Grammatik

A.   Extended adjective modifiers

Adjectives preceding nouns can be extended by additional modifiers. In English, such modifiers follow the noun in relative clauses. In German, the extended adjective modifier precedes the noun it modifies.

> Dieser Bericht bestätigt die **in früheren Umfragen gewonnenen** Befunde.
> *This report confirms the findings obtained in previous polls.*

Extended modifiers are frequently used in German expository prose, particularly in journalistic and academic writing, to include more information in the sentence without using a series of relative clauses. While it is not necessary for you to learn to use such constructions, you should be able to identify them and express them in idiomatic English. The steps outlined below will help you do so.

To identify the beginning and end of the construction, find:

1.   The **der-** or **ein-**word. It is very often followed by a preposition.

2.   The noun that goes with the **der-** or **ein-**word.

3.   The adjective to the left of the noun or noun-adjective combination. This adjective most often is derived from a past participle or less frequently from a present participle. The present participle is formed by adding **-d** to the infinitive of the verb, e.g., das **weinende** Kind. While the present participle describes an action in progress, the past participle describes a completed action.

4.   The modifier preceding the adjective.

> Das bestätigt die **in früheren Umfragen gewonnenen** Befunde.

> Die **von Monat zu Monat steigenden** Preise deuten auf eine Inflation hin.
> *The prices, rising from month to month / which are rising from month to month, indicate inflation.*

To express the extended adjective construction in English translate:

1.   The **der-** or **ein-**word

2.   The noun

> **die Befunde**
>
> **die Preise**

3.   The remaining elements of the extended adjective construction following the noun in either a relative clause or an extended adjective construction, but in reverse order of the German word order

in früheren Umfragen gewonnenen
obtained in previous polls / which were obtained in previous polls

von Monat zu Monat steigenden
rising from month to month / which are rising from month to month

Unterstreichen Sie die erweiterten (*expanded*) Partizipialkonstruktionen, und übertragen Sie sie in Relativsätze.

1. Der Mann lag wie eine vom Himmel gefallene Marionette auf dem Asphalt.

2. Die durch die Umweltverschmutzung verursachten Probleme müssen gelöst werden.

3. Die in den Medien oft gebrauchte Bezeichnung „Gipfelkonferenz" ist eine Übersetzung von „summit conference".

4. Sie nehmen die für ihre Erkenntnisse benötigten Bezeichnungen aus anderen Sprachen.

5. Der daraus entstandene Schaden (*damage*) beläuft sich auf (*amounts to*) viele Millionen.

6. Viele in Krakow lebende Menschen klagen über die Umweltverschmutzung.

7. Die von Westen nach Osten transferierten Milliardensummen erklären die Sorge der Westdeutschen.

8. Wir müssen uns unserer Verantwortung gegenüber der von Technik und Industrie bedrohten Natur bewußt werden.

B. The two-part conjunctions **sowohl . . . als / wie auch, entweder . . . oder,** and **weder . . . noch**

sowohl . . . als / wie auch: both . . . and, as well as

Both . . . and can never be expressed with **beide.**

Sowohl Ostdeutsche **als / wie auch** Westdeutsche müssen sich den neuen Verhältnissen anpassen.

If singular subjects are connected, the verb usually is in the plural, but the singular is used as well.

Sowohl eine Westdeutsche **als / wie auch** eine Ostdeutsche **haben / hat** mir das gesagt.

entweder . . . oder: either . . . or; **weder . . . noch:** neither . . . nor

These sets of conjunctions can connect sentence elements in the same sentence or two clauses. When **entweder . . . oder** connect two clauses, **entweder** may precede or follow the inflected verb or it may precede the first syntactical element and not affect word order. **Oder,** because it is a coordinating conjunction, has no influence on word order. It precedes the first syntactic element. When two clauses are connected, the second clause is separated by a comma.

> **Entweder** paßt man sich an, / Man paßt sich **entweder** an, / **Entweder** man paßt sich an, **oder** man bleibt ein Außenseiter.

When **entweder . . . oder** connect two third-person singular subjects, the verb is singular. When the subjects are in different persons, the verb agrees with the subject closest to the verb.

> **Entweder** der Bericht **oder** der Artikel **stimmt** nicht.
>
> **Entweder** meine Kollegin **oder** ich **werde** Ihnen davon berichten.
>
> **Entweder** meine Vorgesetzte **oder** Sie **schätzen** die Lage falsch **ein**.

Weder . . . noch precede the sentence elements they connect. When connecting clauses, **weder** precedes or follows the verb, and **noch** counts as the first element. When **weder . . . noch** connect singular subjects, the verb can be singular or plural. If the subject following **noch** is plural, the verb is in the plural also.

> **Weder** Sonja **noch** ihr Freund **ist / sind** oberflächlich.
>
> Sonja ist **weder** oberflächlich **noch** arrogant.
>
> **Weder** Erfolg **noch** Mißerfolg der Vereinigung **wird / werden** in dem Bericht untersucht.
>
> **Weder** Westdeutschland **noch** die neuen Bundesländer **haben** diese Probleme bisher gelöst.
>
> Die Vereinigung hat **weder** sofort zur inneren Einheit geführt, **noch** hat sie den neuen Bundesländern über Nacht Wohlstand gebracht.
>
> **Weder** hat die Vereinigung bisher zur inneren Einheit geführt, **noch** hat sie den neuen Bundesländern über Nacht Wohlstand gebracht.

Auf deutsch.

1. Neither my father nor my mother speaks German.

2. Either my friend (*m.*) or his girl friend has to adapt to the situation.

3. Either her brother or I will come.

4. Both my grandfather and my grandmother come from Germany.

5. These people either trust strangers or distrust them totally (*ganz und gar*).

6. The study (*die Untersuchung*) has neither confirmed nor disproven (*widerlegen*) our assumptions.

7. Ms. Krämer is both adaptable and conscientious.

C. The preposition **wegen**

Wegen (*because of, on account of, due to*) takes the genitive, but in informal German the dative is used as well. It may either precede or follow the noun or pronoun it refers to.

> Ich kann **wegen** meiner Mutter nicht kommen.

> Sie tut es ihres Vaters **wegen** nicht.

Meinetwegen / deinetwegen / seinetwegen / ihretwegen / unseretwegen / euretwegen / ihretwegen are the equivalents of *for my / your sake, on my / your*, etc., *account, because of me / you*, etc.

> Es war mir **ihretwegen / seinetwegen** peinlich.
> *I was embarrassed on her / his account.*

> Das machen wir doch nicht nur **euretwegen.**
> *We are not only doing it for your sake.*

The idiom **meinetwegen** means *as far as I am concerned* or *for all I care.*

> **Meinetwegen** kann er ruhig bleiben.
> *As far as I am concerned / For all I care, he can stay.*

Auf deutsch.

1. We did it for his sake.

2. We stayed home because of the rain.

3. Due to his illness he wasn't able to go to work.

4. As far as I am concerned, you needn't come along.

D. German adverbial constructions as the equivalents of English subordinate clauses

Instead of using subordinate clauses, idiomatic German frequently expresses the same idea more succinctly with sentence adverbs, such as the ones listed in Chapter 1 (see p. 8) and those introduced in subsequent chapters, such as **allerdings, anscheinend, bekanntlich, erwartungsgemäß, möglichst, vermutlich,** and **zweifellos.** Compare the following sentences.

> Es gibt **zweifellos** viele Ursachen für die Spannungen (*tensions*).
> **Es besteht kein Zweifel, daß** es viele Ursachen für die Spannungen gibt.

Many sentence adverbs are formed with the suffix **-erweise.**

bedauerlicherweise	regrettably, unfortunately, we regret, it is unfortunate that
begreiflicherweise	understandably, it is understandable that
beispielsweise	for example

dummerweise	stupidly, unfortunately, it is unfortunate that
erstaunlicherweise	astonishingly enough, it is amazing that
fälschlicherweise	incorrectly, erroneously, by mistake
glücklicherweise	fortunately, it is fortunate that
interessanterweise	interestingly enough, it is interesting that
merkwürdigerweise	strangely enough, strange to say
möglicherweise	possibly, it is possible that
seltsamerweise	strangely enough, it is odd that
verständlicherweise	understandably, it is understandable that

Bedauerlicherweise trennt eine Mauer im Kopf Ost- und Westdeutsche. Beide Politiker sind **erstaunlicherweise** derselben Ansicht.

Ersetzen Sie das kursiv Gedruckte durch Satzadverbien, und machen Sie alle notwendigen Änderungen.

1. Die Bürger eines Landes sind gewöhnlich nicht durch eine Mauer im Kopf getrennt.

2. *Es ist verständlich,* daß es nach so einer langen Trennung Probleme gibt.

3. *Es war falsch anzunehmen,* daß die innere Einheit schnell zustande kommen würde.

4. *Man vermutet,* daß es noch Jahre dauern wird.

5. *Man kann nur hoffen,* daß inzwischen viele der Klischeevorstellungen abgebaut worden sind.

6. *Es hat den Anschein,* daß sich junge Menschen den neuen Verhältnissen leichter angepaßt haben.

7. *Es ist interessant,* daß sie weniger Vorurteile haben.

8. *Es ist erstaunlich,* wie schnell sich ihr Denken geändert hat.

Das passende Wort

A. On the contrary: **im Gegenteil**; in contrast to: **im Gegensatz zu;** meanings of: **dagegen**

das Gegenteil,-e: opposite, reverse; **im Gegenteil:** on the contrary, far from it; **ganz im Gegenteil:** quite the reverse

The phrase **im Gegenteil** emphatically contradicts what has been stated or suggested. It normally precedes the element in first position and is set off by a comma or period, but it may also follow the verb. In this position, the phrase sounds less emphatic.

Die Chefin scheint bescheiden zu sein. **Im Gegenteil,** sie ist eher arrogant.

Hat dich der Besuch denn nicht gestört? **Ganz im Gegenteil!** Es hat mich gefreut, meine Cousine wiederzusehen.

Die Ostdeutschen schätzten die Westdeutschen nach der Wende nicht positiver ein. Ihr Bild der Westdeutschen hat sich **im Gegenteil** verschlechtert.

im Gegensatz zu: in contrast to, as opposed to, unlike

This phrase forms one syntactical unit with its noun or pronoun object. It is usually in first position, and it is not set off by a comma.

Im Gegensatz zu den Westdeutschen halten sich die Ostdeutschen für solidarischer.

Im Gegensatz zu unseren negativen Erwartungen waren die Ergebnisse äußerst positiv.

The coordinating conjunction **dagegen** means *however, but, on the other hand.* Synonyms for **dagegen** are **hingegen, aber,** and **jedoch. Dagegen** is in first position when it contrasts the following statement with the preceding one.

Manche hielten den Prozeß der Vereinigung nur für ein technisches Problem. **Dagegen** erweist es sich auch als psychologisches Problem.

Die meisten Ostdeutschen sind der Meinung, daß sie hart arbeiten. **Dagegen** meinen die Westdeutschen, die Menschen in den neuen Bundesländern seien nicht besonders fleißig.

When **dagegen** contrasts the subject with the subject of the preceding statement, it follows the subject and forms one syntactical unit with it. **Dagegen** may also follow the verb, and then states the contrast less emphatically.

Die jüngeren Ostdeutschen haben gute berufliche Aussichten. Die älteren Ostdeutschen **dagegen** haben schlechte Aussichten.

Die jüngeren Ostdeutschen haben gute berufliche Aussichten. Die älteren Ostdeutschen haben **dagegen** schlechte.

The adverb **dagegen** means *in contrast to that, as opposed to that.*

Die meisten Befragten im Osten wiesen diese Behauptung zurück. **Dagegen** bejahte sie die Mehrheit im Westen.

Der Kanzler versprach einen schnellen wirtschaftlichen Aufschwung. **Dagegen** warnten andere vor zu großen Erwartungen.

Auf deutsch.

1. Unlike the Germans in the West, the East Germans have a feeling of inferiority.

2. The report claims the opposite of that which we experienced.

3. In contrast to the report our experiences are more positive.

4. The report is pessimistic. The article, on the other hand, is more optimistic.

5. Was the project (*das Projekt*) successful? On the contrary, it was a failure (*der Mißerfolg*).

6. Are they self-confident? Quite the reverse! They lack self-confidence (*das Selbstvertrauen*).

7. In contrast to / as opposed to that we have a lot of self-confidence.

B. The meanings of **Glück** and **glücklich**

The primary meaning of **Glück** is *luck* or *fortune*.

> Viel **Glück!**
> *Good luck!*

> Was für / welch ein **Glück!**
> *How lucky / fortunate you are!*

> Es war **ein Glück,** daß wir ihn noch vor der Abfahrt erreicht haben.
> *It was fortunate that we reached him before his departure.*

> Wir hatten **das Glück,** die Autorin persönlich kennenzulernen.
> *We were fortunate enough / had the good fortune to meet the author in person.*

Der / die **Glückliche** is an adjective noun and means *the lucky one / person*.

> Du **Glückliche/r,** Ihr **Glücklichen!**
> *You lucky thing/s!*

Zum Glück is a sentence adverb and a synonym of **glücklicherweise.**

> **Zum Glück / Glücklicherweise** ist Matthias wieder gesund.
> *Fortunately / Luckily Matthias is well again.*

Glück haben means *to be fortunate* or *lucky*.

> **Glück gehabt!**
> *You were lucky!*

> Da hast du wieder mal **Glück gehabt.**
> *You lucked out / were in luck again.*

The opposite of **Glück haben** is **Pech haben.**

> Leider hat die Mannschaft **Pech gehabt.**
> *Unfortunately the team had bad luck.*

> So ein **Pech!**
> *Just my / your / his, etc. luck!*

> Mein Onkel hatte das **Pech,** all sein Geld zu verlieren. Er ist ein richtiger **Pechvogel.**
> *My uncle had the misfortune of losing all his money. He always has bad luck.*

Glück can also mean *happiness,* and **glücklich** always means *happy,* never *lucky.* *To be happy* in the sense of *to be glad / pleased with / about* is **zufrieden sein mit.**

> Jeder sehnt sich nach privatem **Glück.**
> *Everyone longs for personal happiness.*

> Man konnte dem Paar ihr **Glück** ansehen.
> *One could see the happiness of the couple.*

> Ich bin ja so **glücklich!**
> *I am so very happy!*

> Susanne machte ein **unglückliches** Gesicht, als sie die Nachricht hörte.
> *Susanne made an unhappy face / looked unhappy when she heard the news.*

> Bist du **zufrieden** mit den Ergebnissen?
> *Are you happy / pleased with the results?*

Auf deutsch.

1. Christine was lucky, and she looked happy.

2. Renate, in contrast, had bad luck again.

3. You lucky ones! You are going to Germany.

4. We are very happy about that.

5. We were fortunate enough to meet an East German family.

6. They seem to be happy with their lives. (use *sg.*)

7. Luckily they are doing well (*gut gehen*).

C. To finish: **fertig** + verb, **zu Ende** + verb, **fertig sein (mit)**

fertig + verb: to finish doing something

A number of commonly used verbs can be preceded by **fertig** to indicate that the activity expressed by the verb has been brought to an end. Among these verbs are **bauen, essen, lesen, machen,** and **schreiben.**

> Ich habe die Seite noch nicht ganz **fertig gelesen.**
> Helena will den Brief noch eben **fertig schreiben.**
> Das Haus ist letzte Woche **fertig gebaut** worden.

A synonym for **fertig** in such constructions is **zu Ende.**

> Laß mich **zu Ende essen.**
> *Let me finish eating.*

> Wir haben die Arbeit eben **zu Ende gemacht.**
> *We just finished the work.*

fertig sein (mit): to have / be finished / done (with)

> Wir **sind fertig.**
> *We are / have finished. / We are done.*

> Das Projekt **ist fertig.**

> Ich **war** schon gestern **mit** der Arbeit **fertig.**

> **Bist** du **fertig mit** dem Saubermachen?
> *Have you finished cleaning?*

Fertig werden means *to get finished.*

> Meistens können wir nie pünktlich **fertig werden.**

> Aber diesmal sind wir zum Glück rechtzeitig **fertig geworden.**

Auf deutsch.

1. Have you finished writing your essay, Katrin?

2. Renate is finished with her education.

3. We finished the job (*Arbeit*).

4. I suspect they won't get finished.

5. When will you be finished cooking?

D.   Ready: **fertig, bereit**

fertig sein: to be ready, prepared

> Das Essen **ist fertig.**
> Das Projekt **ist** noch nicht ganz **fertig.**
> **Seid** ihr **fertig?**
> Wart' mal eben, Lisa und Maria **sind** noch nicht ganz **fertig.**

Note that according to the context, **fertig sein** in the last two examples can mean *have / be finished* or *be ready.*

sich **fertig·machen:** to get oneself ready

> Ich **mache mich** jetzt **fertig.**
> Klaus, es ist Zeit, **dich fertigzumachen.**

Note the following idiomatic expression.

> **Sind** Sie **soweit?** Ja, wir **sind soweit.**
> *Are you ready (to go / start, etc.)? Yes, we are ready.*

bereit sein zu: to be ready for, prepared / willing to do something

> Wir **sind bereit (dazu),** ihnen zu helfen.

Anneliese **ist zu** allem **bereit.**
Anneliese is ready for anything.

Auf deutsch.

1. Are you ready to work hard?

2. We are ready for everything.

3. We are ready (to start).

4. Breakfast is ready.

5. Marie is getting ready.

6. Rüdiger wasn't ready (willing) to tell Karla everything.

E. Right: **richtig, recht,** and other equivalents

richtig: right, true, correct, appropriate, morally right

Das ist **richtig,** was Sie sagen.

Das ist die **richtige** Antwort / Lösung / Aussprache.

Sie haben die Frage **richtig** beantwortet.

Wir warten den **richtigen** Zeitpunkt / Augenblick ab.

Halten Sie unsere Entscheidung für **richtig?**

Es scheint **richtig,** ihnen die Wahrheit zu sagen.

An alternate form of **richtig** in the sense of *morally right* or *appropriate* is **recht.**

Es ist nicht **richtig / recht,** Vorurteile gegen Ausländer zu haben.

Es ist doch nicht **richtig / recht** zu lügen.

Dies ist nicht der **rechte** Ort, über die Frage zu diskutieren.

The adjective **recht** is also used in idioms, such as **mir ist es recht** *it's all right / OK by me.* The expression **recht haben** is the equivalent of *to be right* when the grammatical subject is a person. The equivalent of *to be wrong* + a personal subject is **unrecht haben.**

Stimmt das, was Patrick gesagt hat?—Ich glaub' schon. Er **hat** wohl **recht.**

Josef dagegen **hat unrecht.**

Vervollständigen Sie die Sätze. Wo zwei Ausdrücke angebracht (*appropriate*) sind, setzen Sie beide ein.

1. Meiner Meinung nach ist es nie _____, unehrlich zu sein. Was meinst du dazu, Thomas?

2. Jawohl Franz, du hast ganz _____ .

3. Ich finde, du hast die _____ Einstellung.

4. Ich bin da ganz andrer Meinung als ihr zwei. Ich halte eure Ansicht nicht für _____ . Meiner Meinung nach habt ihr _____ . Manchmal darf man einfach nicht die Wahrheit sagen.

5. Ist es euch _____ , wenn wir das Thema wechseln?

F. Careful: **sorgfältig, vorsichtig**

sorgfältig: careful, painstaking, taking care in doing something

Lesen Sie den Text bitte sehr **sorgfältig.**

vorsichtig: careful, cautious

Bei Schnee und Eis muß man **vorsichtig** fahren.

Setzen Sie das passende Wort ein.

1. Meistens machen wir unsre Aufgaben recht _____ .

2. Wenn wir _____ arbeiten, dann ist das ein Zeichen dafür, daß wir _____ sind. Wir wollen uns eben nicht im Labyrinth der deutschen Sprache total verirren.

G. To use: **verwenden, benutzen, gebrauchen,** and **verbrauchen**

Although the various equivalents of *to use* are used interchangeably in some contexts, the following distinctions can serve as guidelines for understanding the differences and similarities in the meanings of these verbs.

verwenden: to use, put to use, utilize, employ

Verwenden has the most general meaning. It refers to something that is not intended for one specific purpose. Frequently the object of **verwenden** contributes to the creation of something.

Wir haben Ihren Vorschlag / Ihre Idee in der zweiten Auflage (*edition*) **verwendet.**

Bitte **verwenden** Sie das Passiv in diesen Übungen.

Ich suche eine Stelle, in der ich meine Kenntnisse und Erfahrungen **verwenden** kann.

Verschiedene Stoffe werden in diesem Prozeß **verwendet.**

Wir haben viel Zeit / Energie / Geld / Mühe **auf** dieses Projekt **verwendet.**

Man **verwendet** fortgeschrittene Studenten als Assistenten.

benutzen: to use, make use of, take advantage of

Benutzen occurs in two contexts: to use something according to the specific purpose for which it is intended and to use something for a specific purpose. The form **benützen** has the same meaning. It is primarily used in Southern Germany and Austria.

Der Bus wird hauptsächlich von älteren Leuten **benutzt.**

Dürfte ich Ihr Telefon **benutzen?**

In Berlin habe ich die Universitätsbibliothek viel **benutzt.**

Wir **benutzen** das Arbeitszimmer auch als Gästezimmer.

Firmen **benutzen** ihre Angestellten natürlich für ihre Zwecke.

Ich habe die Gelegenheit / die Zeit / meine Ferien **benutzt,** um an dem Projekt zu arbeiten.

Bitte **benutzen** Sie Sekundärliteratur für Ihre Arbeiten.

Ich werde diese Fakten für den Aufsatz **benutzen.**

When **benutzen** conveys the meaning *to use for a specific purpose*, it is generally synonymous with **verwenden,** especially if the object of the verb results in something new, such as the project, the papers, and the composition in the last three example sentences.

gebrauchen: to use, find / see some use for

Gebrauchen is generally used for objects which have been produced for a definite purpose and which one owns or regularly has at one's disposal.

Welche Seife **gebrauchst** du?

Die Tasche kann ich gut **gebrauchen.**

Meine Wanderschuhe sind nicht mehr zu **gebrauchen.** Ich brauche neue für unsere Bergtour.

Ich könnte auch ein Paar neue Socken **gebrauchen.**

verbrauchen: to use, use up (supplies); consume

Wir haben leider schon das ganze Geld **verbraucht.**

Bei uns wird viel zu viel Energie **verbraucht.**

Setzen Sie ein passendes Verb ein. Wo mehr als ein Verb paßt, setzen Sie beide ein.

1. Wir _____ diese Maschine für verschiedene Zwecke.

2. Könntet ihr diesen Tisch _____?

3. Das Sofa kann auch als Bett _____ werden.

4. Die Amerikaner _____ mehr Energie als die Deutschen.

5. Auf meiner Europareise habe ich meine Deutschkenntnisse oft

   _____ .

6. Welches Benzin (*gasoline*) _____ Sie für diesen Wagen?

7. Bitte erklären Sie mir, wie man diesen Ausdruck _____ .

8. Welches Buch _____ Sie eigentlich in diesem Kurs?

9. Bei dieser Arbeit kann ich meine Erfahrungen gut _____ .

10. Ich habe leider kein Geld mehr, weil ich schon alles _____ habe.

Wiederholungsübungen

A. Setzen Sie die in Klammern stehenden Wörter in ihrer richtigen Form ein. In
   manchen Sätzen ist ein bestimmter oder unbestimmter Artikel hinzuzufügen.

1. Die Verhältnisse haben sich in _____ _____ Bundesrepublik verändert. (neu)

2. In _____ Teilen Deutschlands mußten sich die Bürger _____
   _____ Verhältnissen anpassen. (beid-, verändert)

3. Das fiel sowohl _____ _____ Bürgern als auch _____
   _____ schwer. (neu, alt)

4. Die Wiedervereinigung kostete _____ _____ (*acc.*) im
   Westen sehr viel. (Deutsch-)

5. Sie waren zum _____ Teil nicht bereit, _____ Opfer für
   ihre Schwestern und Brüder im Osten zu bringen. (groß, riesig)

6. _____ _____ Bürger dagegen erwarteten _____
   _____ Anstieg (*m.*, *rise*) des Lebensstandards. (viel, ostdeutsch,
   rasch)

7. Im Gegensatz zu ihren _____ Hoffnungen ging es _____
   _____ in _____ _____ Jahren nach der Vereinigung schlechter. (groß, viel, Ostdeutsch-, erst-)

8. Angesichts _____ _____ Probleme im _____
   Land verschlechterte sich _____ _____ Verhältnis (*n.*)
   der West- und Ostdeutschen. (wirtschaftlich, ganz, schwierig)

9. Manche meinen, daß das Verhältnis der Amerikaner im Norden und Süden
   nach _____ _____ Bürgerkrieg _____
   _____ Vergleich ist. (schrecklich, passend-)

10. _____ Ansicht sind Sie? (welch-)

B. Setzen Sie die Präpositionen ein oder die Zusammenziehungen von Artikel und Präposition.

1. In den ersten Jahren nach der Vereinigung unterschieden sich die Ostdeutschen _____ den Westdeutschen in manchen Hinsichten.

2. _____ Vergleich _____ den Westdeutschen hatten viele
   Ostdeutsche weniger Selbstvertrauen.

3. Das ist ganz verständlich _____ ihrer unterschiedlichen Vergangenheit seit dem Ende des Zweiten Weltkrieges.

4. _____ Gegensatz _____ den Bürgern der alten Bundesrepublik hatten es die Menschen in den neuen Bundesländern viel schwerer.

5. Denn sie mußten sich erst _____ das neue Gesellschaftssystem
   gewöhnen.

6. Die Lage der neuen Bundesländer war aber nicht vergleichbar _____ der Lage anderer osteuropäischer Staaten.

7. Denn _____ Glück unterstützte die Bundesregierung den deutschen Osten.

8. _____ Unterschied _____ den Ländern in Osteuropa half man Ostdeutschland viel intensiver.

9. Viele Westdeutsche waren aber nicht da____ bereit, große finanzielle Opfer zu bringen.

10. _____ Gegenteil. _____ der allgemeinen Wirtschaftskrise wollte man weniger an den Osten abgeben.

C.   Vervollständigen Sie die Sätze.

1. Viele Leser der Erzählung „Eines Tages ist er wirklich da" sind _____ Ansicht, daß sich die zwei Brüder _____ den zwei getrennten Teilen Deutschlands vergleichen lassen.

2. Ihr____ Meinung nach ist der ältere Bruder vergleichbar _____ dem großen Bruder im Westen.

3. Solche Überlegungen gründen _____ teilweise _____ die Tatsache, daß Karlheinz weltmännisch ist, weil er schon viel von der Welt gesehen hat.

4. Das erinnert diese Leser _____ _____ reiselustigen Westdeutschen, die viel in der Welt herumkommen.

5. Karlheinz' weißes Nylonhemd vergleichen sie _____ dem Wirtschaftswunder und der Modernität des Westens in den Fünfzigern und Sechzigern.

6. _____ solchen Vergleichen folgern sie, daß die erhoffte Rückkehr des Bruders symbolisch für die erhoffte Wiedervereinigung der getrennten Ost- und Westdeutschen ist.

7. Denn genau wie die Ostdeutschen gegenüber den Westdeutschen Minderwertigkeitsgefühle haben, so fühlt _____ der zu Hause gebliebene Bruder d____ weitgereisten und erfolgreichen Bruder unterlegen.

8. Der ältere Bruder steht in dieser Lesart teils für die arroganten und _____ für die etwas selbstsüchtigen „Besserwessis".

9. Die Sehnsucht des jüngeren Bruders nach dem älteren Bruder _____ also mit der Sehnsucht der Ostdeutschen nach Wiedervereinigung mit den Westdeutschen _____ vergleichen.

10. Genau wie der Wunsch des Erzählers sich nur im Traum erfüllt, so erwies _____ die Sehnsucht der Deutschen nach Vereinigung lange ebenfalls nur _____ Wunschtraum.

D. Auf deutsch. Verwenden Sie das Präteritum.

1. Many polls were carried out in the new Federal Republic.

2. Both West- and East Germans reported on their self-image.

3. Many East Germans considered themselves both hardworking and adaptable.

4. However, the West Germans considered them neither self-assured nor capable.

5. The East Germans also stated that their lives (*sg.*) were better than before the changeover (*die Wende*).

6. Some were lucky, for they found new jobs.

7. They could put their experience to use. (Use *pl.* of *experience*.)

8. On the other hand, some were not so happy with their new lives.

9. On the contrary. They felt inferior to their employed fellow citizens.

10. Nevertheless, most people felt unification (*die Einigung*) turned out to be the right thing.

E. Ersetzen Sie das kursiv Gedruckte durch sinnverwandte Ausdrücke, und machen Sie die erforderlichen Änderungen.

1. *Es ist verständlich,* daß vieles auf dem Weg zur inneren Einheit nicht erwartungsgemäß abgelaufen ist.

2. Wegen der langen *Teilung* Deutschlands gibt es eine Mauer im Kopf der Deutschen.

3. *Es war falsch,* daß man sich diesen Weg leichter vorgestellt hat.

4. Konnte das Zusammenwachsen der Deutschen *etwa* über Nacht geschehen?— Natürlich nicht!

5. Wegen ihrer falschen Versprechungen *trauen* viele Bürger den Politikern *nicht*.

6. Nach der Einigung waren in den neuen Bundesländern weniger Frauen *berufstätig* als in der ehemaligen DDR.

7. Im *Unterschied* zu Männern haben mehr Frauen ihre Stellen verloren.

8. *Glücklicherweise* werden die wirtschaftlichen Aussichten für den Osten immer besser.

9. Viele westdeutsche Experten sind in die neuen Bundesländer gegangen, wo sie ihre beruflichen Erfahrungen *anwenden (apply)* können.

10. Die allmählichen positiven *Wandlungen* in den neuen Bundesländern werden helfen, die Mauer im Kopf der Deutschen abzubauen.

F.   Sprechen Sie miteinander.

1.   Vergleichen Sie Ihr Bild der Deutschen mit den Selbstbildern der Ost- und Westdeutschen, die in dem von uns gelesenen Text dargestellt werden. Verwenden Sie die Redemittel dieses Kapitels.

2.   Rollenspiel: Sie streiten sich (*have an argument*) mit Ihrem Freund / Ihrer Freundin. Verwenden Sie die Modalpartikeln **vielleicht** und **etwa.**

3.   Unterhalten Sie sich sowohl über die Ähnlichkeiten zwischen Karlheinz in de Bruyns Geschichte und den Westdeutschen als auch über die Ähnlichkeiten zwischen dem Erzähler und den Ostdeutschen. Verwenden Sie das Äquivalent für *both and.*

4.   Sprechen Sie darüber, was Sie eigentlich nur tun, weil Ihre Eltern oder Freunde es von Ihnen erwarten. Verwenden Sie die Äquivalente für *for the sake of / because of.*

5.   Erzählen Sie jemandem von einem ungewöhnlichen Erlebnis. Verwenden Sie möglichst viele adverbiale Konstruktionen, die auf Seiten 294–95 aufgelistet sind.

6.   Jemand spielt die Rolle des Teufels Advokaten. Sie / er behauptet Unerhörtes (*outrageous things*) über die Deutschen, mit dem Sie überhaupt nicht übereinstimmen. Verwenden Sie das Äquivalent für *on the contrary.*

7.   Erzählen Sie jemandem über eine positive Entwicklung in Ihrem Leben. Verwenden Sie die Äquivalente für *to be lucky, it was lucky* und *to be happy.*

8.   Rollenspiel: Sie und zwei Freunde / Freundinnen wollen ausgehen. Eine/r macht sich im Schneckentempo (*at a snail's pace*) fertig, was Sie aufregt (*drives you mad*). Spielen Sie den Dialog, und verwenden Sie die Äquivalente für *to be / get ready* und die Modalpartikeln **vielleicht** und **etwa.**

9.   Sprechen Sie über Dinge, die auf Ihrem Campus oder in der Politik vor sich gehen, die Sie nicht für richtig / recht halten. Verwenden Sie die passenden Äquivalente für *right.*

10. Beschreiben Sie ein Hobby, wobei Sie erklären, was für Gegenstände Sie dafür gebrauchen. Verwenden Sie die passenden Äquivalente für *to use.*

Zusätzliche Übungen

A.   Setzen Sie die Modalpartikeln **etwa, doch, ja, nur, schon** und **vielleicht** ein, und drücken Sie den Satz auf englisch aus. Achten Sie dabei auf den Ton.

1.   Nun mach _____, Klaus! Soll ich _____ den ganzen Abend auf dich warten?—Quatsch, Karin!

2.   Ich hab _____ 'ne Wut im Bauch (*am seething*)!

3.   Was ist _____ los mit dir? Du bist _____ so aufgeregt.

4.   Ich bin _____ sauer auf meine Mitbewohner!

5. Findest du es _____ in Ordnung, daß ich immer den Dreck der anderen in der Küche saubermachen muß? Keiner rührt (*lifts*) einen Finger außer mir.

6. Sprich _____ mal mit den anderen, und laß sie's wissen, daß du es satt bist (*fed up with*), die Putzfrau (*cleaning lady*) für alle zu spielen.

B. Ergänzen Sie die Sätze.

1. _____ den ersten Jahren des neuen Deutschlands ist die innere nationale Einigung heute weiter vorangeschritten (*progressed*). (*compared with*)

2. _____ dem tiefen gegenseitigen Mißtrauen der vergangenen Jahre vertrauen sich die Deutschen in Ost und West heute schon mehr. (*in contrast to*)

3. _____ Westdeutsche _____ Ostdeutsche sind sich einig, daß es jetzt um die Herstellung (*creation*) gleicher Lebensbedingungen geht. (*both . . . and*)

4. _____ liberale _____ konservative Westdeutsche mißtrauen den Fähigkeiten der Ostdeutschen so sehr wie in den ersten Jahren nach der Vereinigung. (*neither . . . nor*)

5. Es ist anzunehmen, daß sich die Ost- und Westdeutschen in Zukunft immer weniger _____ . (*to be different from one another*)

6. Die gegenwärtigen Probleme _____ wohl _____ gleich nach der Wende _____ . (*cannot be compared to the problems*)

7. _____ . Deutsche in den alten und neuen Bundesländern empfinden sich mehr als Bürger eines Landes. (*on the contrary*)

C. Unterstreichen Sie die erweiterten (*extended*) Adjektivkonstruktionen, und übertragen Sie sie anschließend in Relativsätze.

1. Die 1993 gegründete „Deutsche Nationalstiftung" (*National Foundation*) ist zu ihrer Jahrestagung (*annual meeting*) zusammengekommen.

2. Die die innere Einigung fördernde (*promoting*) Stiftung will zugleich die europäische Integration vorantreiben (*expedite*).

3. Die von vielen Politikern betonte politische Pflicht der Deutschen besteht darin, eine europäische Gesinnung (*way of thinking*) zu entwickeln.

4. Der Bundespräsident forderte die aus dem Osten und Westen stammenden Mitglieder auf, das Erbe (*legacy*) der Vergangenheit anzunehmen.

5. Er warnte vor der zum Nationalismus entarteten (*degenerated*) Liebe zur Nation. (Adapted from *Deutschland Nachrichten*)

D.   Ergänzen Sie die Sätze.

1.   Am Ende unseres Studiums _____ einen Job. (*normally we look for*)

2.   _____ freuen sich die meisten von uns darauf, _____ . (*without a doubt, to be employed*)

3.   _____ wirtschaftlicher Probleme ist die Jobsuche _____ nicht immer leicht. (*in view of, understandably*)

4.   _____ ist uns das Arbeitsvermittlungsamt der Universität dabei behilflich. (*fortunately*)

5.   Vor den Vorstellungsgesprächen (*interviews*) _____ Hinweise, wie wir uns zu _____ haben. (*we are given* [Use a substitute construction for the passive.], *to behave*)

6.   Wir bereiten uns natürlich _____ auf das Vorstellungsgespräch vor. (*carefully*)

7.   Oft _____ aufgefordert, sein Selbstbild zu beschreiben. (*one is for example*)

8.   Wir versuchen den Interviewer davon zu überzeugen, daß _____ . (*we are both responsible and adaptable*)

9.   _____ Firmen _____ . (*it is well known that, value such qualities*)

10. _____ wird geraten, _____ aufzutreten (*behave*). (*we, as self-confidently as possible*)

11. Obwohl _____ oft _____ ist, _____ die meisten Interviewer die Eigenschaften der Jobsuchenden ziemlich realistisch _____ . (*the first impression, superficial, assess*)

E.   Ergänzen Sie die Sätze.

1.   Jürgen ist hier, Renate. _____? (*are you ready*)

2.   Ich komme gleich. Ich will nur noch eben eine Aufgabe _____ . (*to finish*)

3.   Sag ihm, ich _____ gerade die letzten paar Sätze _____ . (*to finish writing*)

4.   Na Renate, da bist du ja schon! Du _____ aber schnell _____ ! Hast du dich nur _____ so beeilt? (*to get finished, on my account / for my sake*)

5.   Na klar, Jürgen. _____ würde ich mich wie Kusenbergs Herr Schnellgelebt beeilen. Jetzt _____ ich _____ aber erst mal schnell _____ . (*for your sake, to get ready*)

6.   So, das wär's. Ich _____ . (*to be ready to go*)

F.   Ergänzen Sie die Sätze mit Äquivalenten von *to use*.

1.   Man hat mich aufgefordert, mehr Zeit darauf zu _____, in der Marketingabteilung auszuhelfen.

2.   Der Manager der Marketingabteilung will die Gelegenheit _____, von meinen Erfahrungen zu profitieren.

3.   Erfreulicherweise kann ich meine Kenntnisse dabei gut _____ .

4.   Man hat schon mehrere meiner Vorschläge _____ .

5.   Mit was für einem Computer arbeitest du eigentlich in der Marketingabteilung?—Zur Zeit _____ ich den alten Computer von meinem Chef.

6.   Eigentlich könnte ich einen neuen _____ .

G.   Ersetzen Sie das kursiv Gedruckte durch sinnverwandte Ausdrücke, und machen Sie die erforderlichen Änderungen.

1.   Ich bin ja so *froh*.

2.   Ich habe meine Dissertation fast *fertig* geschrieben. Jetzt kann ich mir endlich einen richtigen Job suchen.

3.   *Es war ein Glück,* daß ich zu einem Vorstellungsgespräch mit einem Vertreter von Siemens aufgefordert wurde.

4.   Er fragte mich, ob ich *gewillt* sei, ein paar Jahre in München zu arbeiten.

5.   Ich sagte ihm, daß ich gern so lange *wie möglich* in Deutschland tätig sein würde.

6.   Mein Verlobter *dagegen* findet die Idee nicht so toll, denn er spricht kein Wort Deutsch.

7.   *Es besteht kein Zweifel,* daß er verhältnismäßig schnell Deutsch lernen könnte.

8.   Informatiker finden *bekanntlich* in Deutschland leicht eine Stelle.

Eine kleine Briefschule

The main points of German letter writing conventions are explained below. They are followed by suggestions for practicing personal and business letters.

A. der Briefkopf *(heading)*

In the date, the day precedes the month. There is no comma separating the month from the year. In business letters, the writer's street address appears below the city and date. The recipient's address is on the left side.

```
                              Berlin, den 2. Oktober 199. . .
                              Friedrich-Wilhelmstr. 18

DIE ZEIT
Pressehaus
Speersort 1
D-200095 Hamburg
```

In personal letters, the date is frequently abbreviated.

```
                              Rostock, (den / d.) 28. Mai 199. . .
                              Rostock, 28.5.199. . .
```

B. Anredeformen *(salutation forms)* und Grußformeln *(closing forms)*

The choice of salutation and ending depends on the degree of familiarity between the writer and the recipient. Regardless of which forms you use, place a comma after the name of the addressee. (The comma has generally replaced the traditional exclamation point.) Unlike English, there is normally no comma after the complimentary close. In a personal letter, the ending appears on the right side of the page. In business letters, it may be aligned with the left margin or it may be written on the right half of the page.

In personal letters, the most common salutations and closings are as follows:

```
Liebe Erika, lieber Max,

                              Herzliche / Viele liebe Grüße
                              Love,
                              Eure
```

```
Lieber Herr Winter,
```

> Mit besten Grüßen
> *With kind regards,*
> Ihr

The most common formal salutation and ending, used in business letters and in personal letters written in a formal tone are as follows:

```
Sehr geehrte(r) Frau (Herr) Reimers,
```

> Mit freundlichen Grüßen
> *Sincerely / Yours truly / Cordially*

The salutation for a person whose name you don't know is:

```
Sehr geehrte Damen und Herren,
```

> Mit freundlichen Grüßen

When writing to an office rather than to a specific person, omit the salutation. Below the inside address write Betreff (*regarding*): + the subject of your letter.

```
Betreff: Zimmersuche
```

C.   der Brieftext

Unlike English, the first word of the opening paragraph is not capitalized unless it is a noun or it is preceded by an exclamation mark. All pronouns, including possessive and reflexive pronouns, referring to the person(s) addressed (Du, Ihr, Dein, Euer, Dich, Euch, etc.) are capitalized. There is no indentation except for the closing.

```
Liebe Franziska,

ich habe mich ja so sehr über Deinen langen Brief gefreut. Besonders
interessant fand ich Deine Beschreibung von Eurem Urlaub. Wie lange
wart Ihr eigentlich in Griechenland? Ich kann mir gut vorstellen, daß
Ihr Euch dort richtig gut erholt habt.
```

Commonly used phrases in personal letters are:

Herzlichen Dank für Deinen / Ihren lieben Brief.
Many thanks for your nice / kind letter.

Entschuldige, daß ich so lange nichts von mir habe hören lassen.
Forgive me for not having written for so long.

Die herzlichsten Glückwünsche (alles Gute) zu Deinem Geburtstag.
Best wishes on your birthday.

Ich wünsche Euch / Ihnen ein frohes Weihnachtsfest und ein glückliches Neues Jahr.
I wish you a Merry Christmas and a Happy New Year.

Ich hoffe, es geht Dir / Euch allen gut.
I hope you are/all well. / I hope that everything is all right with you.

Schreib, wenn Du Zeit und Lust hast.
Write when you have time and you feel like it.

Frequently used phrases in business letters are:

Ich danke Ihnen für Ihr Schreiben vom 10. August.
Thank you for your letter of August 10.

Ich beziehe mich auf Ihr Inserat (Ihre Anzeige) in der „Süddeutschen Zeitung".
I am writing with regard to your ad in the "Süddeutsche Zeitung."

Bitte teilen Sie mir mit, wann (ob, wie, etc.) . . .
Please let me know when (if, how, etc.) . . .

Für die Zusendung Ihrer Broschüre wäre ich Ihnen dankbar.
I would appreciate your sending me your brochure.

Ich kann Ihnen deutsche und amerikanische Referenzen geben.
I can supply you with German and American references.

Ich danke Ihnen im voraus für Ihre Bemühungen.
I thank you in advance for your trouble.

Mit bestem Dank im voraus
Thanking you in advance

The last phrase may replace the complimentary close.

A.   Schreiben Sie einen Privatbrief.

1.   Ein Freund hat Ihnen vorgeschlagen, eine(n) seiner Bekannten in Deutschland / Österreich / der Schweiz aufzusuchen (*look up*) während Ihrer
bevorstehenden Reise durch Mitteleuropa. Schreiben Sie etwas über sich,
stellen Sie der Person Fragen, und machen Sie Pläne für einen Besuch.

2.   Sie sind aus Europa in die Heimat zurückgekehrt. Schreiben Sie einem
Menschen, den sie drüben näher kennengelernt haben, über Ihre Ein-
drücke von Ihrem Aufenthalt in Deutschland / Österreich / der Schweiz und
berichten Sie über Ihr jetziges Leben.

B.   Schreiben Sie einen Geschäftsbrief.

Betreff: Zimmersuche
Freie Universität Berlin
Abt. (*Abteilung: division*) Außenangelegenheiten
Kaiserswerther Str. 16-18
D-14195 Berlin

Amerikaner(in) / 21 Jahre alt / ab Oktober 199. . . zwei Semester an der Freien
Universität studieren / behilflich sein bei der Zimmersuche / Adressen der
Studentenwohnheime mitteilen (*send*) / Namen und Adressen von privaten
Vermietern (*persons renting out rooms*) / Zimmer teilen mit einem / einer
deutschsprachigen Studenten / Studentin

Goethe Institut
Wilhelmstr. 17
D-79098 Freiburg

Betreff: <u>Auskunft über Sprachkurse</u>

Amerikaner(in) / 20 Jahre alt / Deutschkenntnisse verbessern / Kurse für
Fortgeschrittene mitmachen / Unterlagen (*papers*) und Einschreibungsformulare
(*registration forms*) senden / Unterkunftsmöglichkeiten (*accommodations*)

Ludwig-Maximilians-Universität München
Referat für das Auslands- und Ausländerstudium
Geschwister-Scholl-Platz 1
8000 München

Betreff: <u>Einschreibung</u> (*registration*) <u>an der Universität</u>

Amerikaner(in) / 22 Jahre alt / an der Michigan Universität in Ann Arbor, Michigan /
Geschichte studieren / Studium in Deutschland fortsetzen / sich einschreiben (*enroll*)
für das Wintersemester / Antragsformulare (*application forms*) für die Zulassung
(*admission*) / Sprachprüfung ablegen (*take*) / Studiengebühren (*fees*)

Vocabulary

The English equivalents given here are limited to the meaning(s) of the German words as they appear in the context of the readings and the rest of the chapters. Words that are glossed and appear only once are not listed. Also omitted are numerals, articles, pronouns, and some obvious cognates. The boldface numbers following certain entries indicate the chapter numbers of the *Wortschatz* where those words are introduced as active vocabulary. The lightface numbers following entries refer to the active vocabulary introduced in the sections *Grammatik* and *Das passende Wort*.

Nouns

Nouns are listed with their gender and plural forms. Nouns for which no plural is indicated are rarely or never used in the plural. **N**-nouns are indicated as **Junge(n), Mensch(en).**

Verbs

The vowel changes are indicated by the vowels in parentheses. Verbs that have changes in their vowels and consonants are spelled out. The auxiliary **sein** is indicated by **ist.** Separable prefixes are indicated by a raised dot: **an·kommen.**

Reflexive Verbs

Only the dative case of the reflexive pronoun is indicated. If no case is given, the accusative must be used.

Prepositional Case

The prepositional case is indicated only if a two-way preposition (dative / accusative) is used.

Adjectives and Adverbs

For adjectives that can also be used as adverbs, only the adjectival meanings are given.

Adjective Nouns

Adjective nouns are indicated as **der (ein) Fremde(r).** Adjective nouns that are only feminine or neuter are indicated by the abbreviation *adj. noun:* **die Illustrierte** (*adj. noun*), **das Deutsche** (*adj. noun*).

Particles

Modal particles are followed by *modal particle* and the number of the chapter in which they are introduced.

Abbreviations

acc.	accusative
adj. noun	adjective noun
coll.	colloquial
conj.	coordinating conjunction
dat.	dative
f.	feminine
gen.	genitive
m.	masculine
n.	neuter
nom.	nominative
o.'s	one's
o.s.	oneself
pl.	plural
sg.	singular
sl.	slang
s.o.	someone
s.th.	something
sub. conj.	subordinating conjunction
v.i.	intransitive verb
v.t.	transitive verb

ab und zu now and then **8**
ab·bauen to reduce, cut back
der **Abend,-e** evening
eines Abends one evening 6
das **Abendessen,-** dinner
abends evenings
das **Abenteuer,-** adventure
abenteuerlich adventuresome
aber (*conj.*) but; (*adv.*) however 1, 12; modal particle 5
ab·fahren (ä, u, a; ist) to leave, depart 3
die **Abfahrt,-en** departure
die **Abfahrtszeit,-en** departure time
der **Abfall,-e** garbage
sich ab·finden (a, u) mit to accept, come to terms with
die **Abgase** *pl.* exhaust fumes
ab·geben (i, a, e) to hand in
ab·halten (hält, ie, a) von to keep from

ab·hängen von (i, a) to depend on **10**
das hängt ganz davon ab it all depends **10**
sich **ab·hetzen** to rush around to the point of exhaustion
ab·holen to pick up
die **Abkürzung,-en** abbreviation
ab·laufen (äu, ie, au; ist) to come off
ab·lehnen to decline (invitation)
die **Ablehnung** refusal, rejection, disapproval
ab·lesen (ie, a, e) to read, gauge, tell, see from
ab·nehmen (nimmt, nahm, genommen) to take off; decrease; lose weight **7**
abonnieren to subscribe
ab·räumen to clear the table
die **Abreise,-n** departure

der **Abschied,-e**   farewell, parting **1**
   zum Abschied   on parting **1**
das **Abschiedsfest,-e**   farewell party
ab·schießen (o, o)   to fire
ab·schließen (o, o)   to end,
   terminate, complete, conclude 8;
   lock **6**
der **Abschluß,·sse**   conclusion,
   termination, ending **6**
   zum Abschluß   in conclusion, finally
   6
der **Abschnitt,-e**   section
die **Absicht,-en**   intention
   mit Absicht   intentionally, on
      purpose
   in der Absicht, zu   with the
      intention of
absichtlich   intentionally, deliberately
ab·springen (a, u; ist)   to jump off
der **Abstieg**   decline
ab·transportieren   to transport, take
   off / away
ab·warten   to wait (and see) **5**, 5
ab·waschen (ä, u, a)   to do the dishes
abwendbar   avoidable
ab·wenden (wandte, gewandt)   to
   turn away, avert (glance)
ab·werfen (i, a, o)   to throw off
abwertend   pejorative
ach   oh
achten (*gen.*)   to pay attention to,
   heed
achten auf (*acc.*)   to see to, pay
   attention to **5**
die **Agenturnachricht,-en**   news
   reported by a news agency
agitieren   to agitate
ahnen   to suspect, sense, know 9
ähneln (*dat.*)   to resemble **10**
ähnlich   similar **10**
ähnlich sein / sehen (*dat.*)   to
   be / look like **10**
die **Ähnlichkeit,-en**   similarity **10**
aktuell   current, relevant to the
   current situation, of topical interest
akzentfrei   without any / an accent
all-   all 2
allein(e)   alone
allerangenehmst-   the utmost pleasant

allerdings   although, mind you, to be
   sure, admittedly **10**, 10
allerhand   all kinds of things; all
   sorts / kinds of **8**
   das ist allerhand   that's really
      something / not bad at all **8**
   das ist ja / doch allerhand   that's
      the limit / too much **8**
allermeist-   by far the most, utmost
allgegenwärtig   ubiquitous
allgemein   general
   im allgemeinen   in general 2
die **Allgemeinbildung**   general / all-
   around education
das **Allgemeinwohl**   public
   good / welfare
alljährlich   every year
allmählich   gradually
das **Alltagsleben**   everyday life
die **Alltagssprache**   everyday
   language **10**
allzu   all too
die **Alpen**   Alps
der **Alpenverein,-e**   Alpine
   mountaineering club
als   (*sub. conj.*)when, 3 as; than 6
als ob   (*sub. conj.*) 3
also   so, therefore, thus 1
alt   old
das **Altenheim,-e**   old people's home
altern   to age
das **Altersheim,-e**   old people's home
das **Amerikabild,-er**   image of
   America
der **Amerikaner,-;** (*f.*) die
   Amerikanerin, -nen   American
   (person) 4
amerikanisch   American
das **Amerikanisch**   American language
   (specific context) 10
das **Amerikanische** (*adj. noun*)
   American language (in general) 10
das **Amt,·er**   office, post **8**
amüsant   amusing
amüsieren   to amuse
an (*prep. dat. / acc.*)   at, on, to
an·bieten (o, o)   to offer 9
der **Anblick**   sight 3
an·blicken   to look at

andauernd continuous, continual
ander- other, different 2, 3, 11
andermal
  ein andermal some other time
ändern to change, alter 11
sich **ändern** to change 11
anders different 11
anders werden to change
die **Änderung,-en** change
an·deuten to indicate, suggest,
    intimate 9, 10
an·drehen to turn on
andrerseits on the other hand
an·erkennen (erkannte, erkannt)
    to recognize, acknowledge 10
anerzogen acquired
der **Anfang,ᵉe** beginning **6**
  am Anfang in the beginning **6**
  von Anfang an from the very
    beginning **6**
an·fangen (ä, i, a) to begin
anfangs in the beginning **6**
der **Anfangsbuchstabe(n)** first letter
an·geben (i, a, e) to indicate
angeboren innate
das **Angebot,-e** offer
angebracht appropriate, reasonable
an·gehen (ging, gegangen; ist) to go
    on (light)
an·gehören to belong 9
die **Angelegenheit,-en** matter, affair,
    business 2
angeln nach to fish for
angenehm pleasant, comfortable **8**, 8
angenommen assuming
angesichts (*prep. gen.*) in the
    face / in view / in light of **12**
der (ein) **Angestellte(r)** employee,
    white-collar worker 2
die **Angewohnheit,-en** habit
an·greifen (griff, gegriffen) to
    attack
die **Angst,ᵉe** fear 3
Angst bekommen (bekam, o) to get
    scared 3
Angst haben vor (*dat.*) to be afraid
    of 3
  vor Angst out of fear 3
an·gucken to look at

an·halten (hält, ie, a) to stop 9
sich (*dat.*) **an·hören** to listen to, hear
    11
an·kommen (kam, o; ist) to arrive
es kommt darauf an it depends on
an·lassen (ä, ie, a) to start up
    (motor)
die **Annahme,-n** assumption;
    acceptance 3
**an·nehmen (nimmt, nahm,
    genommen)** to assume, suppose;
    accept **3**
sich **an·nehmen (nimmt, nahm,
    genommen)** (*gen.*) to look after
sich **an·passen an** (*dat.*) to
    adapt / adjust / conform to **12**
anpassungsfähig adaptable **12**
die **Anpassungsfähigkeit** adaptability
der **Anruf,-e** telephone call
an·rufen (ie, u) to call (on the
    phone)
sich (*dat.*) **an·schaffen** to buy, get,
    acquire **9**
die **Anschaffung,-en** acquisition,
    buying **9**
an·schauen to look at, examine
sich (*dat.*) **an·schauen** to look / have a
    look at
der **Anschein** appearance **3**
  allem Anschein nach apparently **3**
  es hat den Anschein, als ob it
    appears as if **3**
anscheinend apparently **3**
der **Anschlag,ᵉe auf** (*acc.*)
    attack / onslaught on
anschließend afterward, following,
    ensuing
der **Anschlußzug,ᵉe** connecting train
die **Anschrift,-en** address
an·sehen (ie, a, e) to look at, view,
    regard, consider
sich (*dat.*) **an·sehen (ie, a, e)** to see,
    watch
die **Ansicht,-en** view, opinion 10
  **zu der Ansicht kommen (kam, o;
    ist)** to decide, come to the
    conclusion 4
  **eine Ansicht vertreten (vertritt,
    a, e)** to be of an opinion

die **Ansichtskarte,-n**   picture
  postcard
an·spielen auf (*acc.*)   to allude to
die **Anspielung,-en auf** (*acc.*)
  allusion to
an·sprechen (i, a, o)   to speak to,
  address; to appeal to **1**
(an)statt (*prep. gen.*)   instead of **9**
anstatt . . . zu / anstatt daß   instead
  of + verb + -*ing* **9**
an·stecken   to light (candles)
an·streben   to aim at, aspire to, strive
  for
der **Anteil,-e**   share **4**
die **Antwort,-en**   answer
antworten (*dat.*) **(auf)** (*acc.*)   to
  answer, reply **7**
anwachsend   growing, increasing
die **Anweisung,-en**   instruction, order
an·wenden (wandte, gewandt)   to
  apply, use
die **Anzahl**   number **7**
an·ziehen (zog, gezogen)   to dress;
  attract
die **Apparatur,-en**   apparatus
appellieren an (*acc.*)   to appeal to
der **Aprilabend,-e**   evening in April
die **Ära, Ären**   era
die **Arbeit,-en**   work, job, paper
arbeiten   to work; study **8**
der **Arbeiter,-;** (*f.*) die **Arbeiterin,-nen**
  worker **4**
der **Arbeitgeber,-**   employer
die **Arbeitserlaubnis,-se**   permission
  to work
die **Arbeitsgemeinschaft (AG)**
  study group
arbeitslos   unemployed
der (ein) **Arbeitslose(r)**   unemployed
  person **2**
die **Arbeitslosigkeit**   unemployment
die **Arbeitsmoral**   work ethic **2**
der **Arbeitsplatz,ᵉe**   place of work,
  work place
am Arbeitsplatz   at work
die **Arbeitsstelle,-n**   job
das **Arbeitsvermittlungsamt, ᵉer**
  employment / placement office
das **Arbeitszimmer,-**   study

der **Ärger**   annoyance, anger
ärgerlich über (*acc.*)   annoyed about
arm   poor
die **Armbinde,-n**   armband
ärmlich   shabby
die **Armut**   poverty
die **Art,-en**   manner, way, kind; species
  6
  auf . . . Art in . . .   way / manner **6**
der **Artenreichtum**   wealth of species
der **Artikel,-**   article **4**
der **Arzt,ᵉe;** (*f.*) die **Ärztin,-nen**
  physician
der **Arzttermin,-e**   doctor's
  appointment
der **Asylant(en)**   asylum seeker **1**
der **Atem**   breath
Atem holen   to catch o.'s breath
atemlos   breathless
atmen   to breathe
die **Atomkraft**   atomic energy
attestieren   to confirm, acknowledge
auch   also; modal particle **9**
auch . . . nicht   not even **4**
auf (*prep. dat. / acc.*)   on, upon, at
auf einmal   suddenly, all of a sudden **6**
auf·bauen   to build up, construct
auf·brechen (i, a, o)   to break open
der **Aufenthalt,-e**   stay
auf·fallen (ä, fiel, a; ist)   to notice,
  strike
  mir ist aufgefallen   I noticed, it
  struck me
auffallend   conspicuous
auffällig   conspicuous
auf·fassen   to interpret, understand
auf·fliegen (o, o; ist)   to fling open
auf·fordern   to ask / order s.o. to do
  s.th; invite s.o. to do s.th. **9**
auf·fressen (i, fraß, e)   to eat up
  (said of animals)
auf·führen   to list
die **Aufgabe,-n**   task; homework
Aufgaben machen   to do homework,
  study **8**
auf·geben (i, a, e)   to give up
aufgeklärt   enlightened
aufgeregt   excited
aufgrund (*prep. gen.*)   on the basis of

auf·haben (hat, hatte, gehabt)   to have on, wear

sich **auf·halten (hält, ie, a)**   to stay 9

auf·heben (o, o)   to pick up

auf·hören   to stop, cease **8**, 9

auf·listen   to list

die **Auflösung,-en**   dissolution

auf·machen   to open

aufmerksam   attentive **5**

aufmerksam machen auf (*acc.*)   to call attention to **5**

die **Aufmerksamkeit**   attention **5**

sich **auf·opfern**   to sacrifice o.s. **8**

auf·passen   to pay attention

auf·passen auf (*acc.*)   to look after, watch, keep an eye on, supervise

aufrecht   upright

sich **auf·regen**   to get excited / worked up

sich **auf·richten**   to sit up

aufrichtig   honest, upright

auf·rufen   to call (number or name); to appeal to

der **Aufsatz,·e**   composition

das **Aufsatzthema, -themen**   essay topic

auf·schreiben (ie, ie)   to write down

die **Aufschrift,-en**   inscription, label

der **Aufschwung**   upswing, upturn

auf·sehen (ie, a, e)   to look up

auf·stehen (stand auf, aufgestanden; ist)   to get up

auf·steigen (ie, ie; ist)   to rise

sich **auf·stellen**   to station o.s.

die **Aufstiegschance,-n**   prospect of promotion

auf·teilen   to divide up

auf·wachen (ä, u, a; ist) (*v.i.*)   to wake up

auf·wachsen (ä, u, a; ist)   to grow up

auf·wecken (*v.t.*)   to wake up 2

auf·werfen (i, a, o)   to raise, bring up

das **Auge,-n**   eye

der **Augenblick,-e**   moment

im Augenblick   at the moment

  jeden Augenblick   any moment

aus (*prep. dat.*)   out of, of, from

aus·arbeiten

  schriftlich ausarbeiten   to formulate in writing

aus·beuten   to exploit 7

die **Ausbeutung**   exploitation 7

aus·bilden   to educate, train **8**

die **Ausbildung**   education, training **8**, 8

sich (*dat.*) **aus·denken (dachte aus, ausgedacht)**   to think up, devise

der **Ausdruck,·e**   expression **2**

  der **treffende Ausdruck**   appropriate expression 2

aus·drücken   to express 2

der **Ausdrucksschatz**   vocabulary

die **Ausdrucksweise,-n**   way of expressing o.s.

auseinander·halten (hält, ie, a)   to distinguish between, keep apart

aus·fahren (ä, u, a; ist)   to put to sea

aus·fallen (ä, fiel, a; ist)   to turn out to be

aus·führen   to execute

ausführlich   in detail, detailed

aus·geben (i, a, e)   to spend money

aus·gehen (ging, gegangen; ist)   to go out

ausgenommen   except, apart from

ausgesprochen   really, extremely

ausgestorben   extinct

ausgezeichnet   excellent

aus·händigen   to hand over

aus·helfen (i, a, o)   to help out

sich **aus·kennen (kannte, gekannt)**   to know o.'s way around, be an expert on a subject **11**, 11

aus·kommen (kam, o; ist)   to get along

die **Auskunft**   information

aus·lachen   to laugh at, ridicule

das **Ausland**   foreign countries **4**

  im / ins Ausland   abroad **4**

der **Ausländer,-**; (*f.*) die **Ausländerin,-nen**   foreigner, alien 4

ausländerfeindlich   hostile toward foreigners, xenophobic

ausländisch   foreign, from abroad

aus·lesen (ie, a, e)   to finish reading **1**

aus·machen (*dat.*) (*v.i.*)   to matter

aus·machen (*v.t.*)   to detect
die **Ausnahme,-n**   exception
ausnahmsweise   just this once
aus·nutzen   to make use of
aus·packen   to unpack
aus·probieren   to try out
sich **aus·ruhen**   to rest
die **Aussage,-n**   statement
der **Aussagesatz,¨e**   declarative
   sentence
aus·sehen (ie, a, e)   to look
das **Aussehen**   appearance
der **Außenseiter,-**   outsider
außer (*prep. dat.*)   except (for),
   besides, apart / aside from
außerdem   besides, moreover 1
das **Äußere** (*adj. noun*)   outward
   appearance
außergewöhnlich   out of the ordinary,
   remarkable
außerhalb (*prep. gen.*)   outside
äußern   to say, express
sich **äußern**   to show, manifest itself
sich **äußern zu**   to address o.s. to, say
   s.th. about
äußerst   extremely, exceedingly
die **Aussicht,-en**   view; prospect 10
die **Aussprache**   pronunciation
aus·sprechen (i, a, o)   to pronounce
aus·steigen (ie, ie; ist)   to get off
das **Aussteigeverbot,-e**   ban on
   getting off the train
aus·tauschen   to exchange
die **Austauschstudentin,-nen**
   exhange student
der **Ausweis,-e**   identification card
sich **aus·weisen (ie, ie)**   to identify
   o.s. **9**
das **Ausweispapier,-e**   identification
   papers
sich **aus·wirken auf** (*acc.*)   to have an
   effect on **7**
die **Auswirkung,-en auf** (*acc.*)   effect
   on **7**
aus·ziehen (zog, gezogen; ist)   to
   move out **3;** to take off
die **Autobahn,-en**   freeway
der **Autor,-en;** (*f.*) die **Autorin,-nen**
   author

die **Autoreise,-n**   car trip
autoritär   authoritarian

die **Bahn,-en**   train
backen (ä, backte / buk, a)   to
   bake
der **Bäcker,-**   baker
die **Badewanne,-n**   bathtub
der **Bahnhof,¨e**   train station
das **Bahnhofshotel,-s**   hotel by the
   station
der **Bahnhofsvorplatz,¨e**   square in
   front of the train station
die **Bahnhofszelle,-n**   station
   detention cell
der **Bahnpolizist(en)**   train station
   policeman
der **Bahnsteig,-e**   station platform
bald   soon
der **Balkan**   the Balkans **4**
der **Band,¨e**   volume
die **Band,-s**   band
die **Bank,¨e;-en**   bench; bank
der **Bauch,¨e**   belly
bauen   to build
der **Bauer(n);** (*f.*) die **Bäuerin,-nen**
   farmer **1**
das **Bauernhaus,¨er**   farmhouse
der **Bauernhof,¨e**   farm
der **Baum,¨e**   tree
bäurisch   clumsy
das **Bauwerk,-e**   construction, building
(das) **Bayern**   Bavaria
bayrisch   Bavarian
beachten   to note
die **Beachtung**
Beachtung schenken (*dat.*)   to pay
   attention to, take notice of
der (ein) **Beamte(r);** (*f.*) die
   Beamtin,-nen   official, civil
   servant **2**
beantworten   to answer **7**
bedauerlich   regrettable
bedauerlicherweise   regrettably **12**
bedenken (bedachte, bedacht)   to
   remember, keep in mind
bedeuten   to mean; indicate
bedeutend   important, significant,
   considerable **5**

die **Bedeutung,-en**   meaning;
   significance
bedienen   to wait on, serve
die **Bedingung,-en**   condition **5**
bedrohen   to threaten **7**, 7
bedrohlich   dangerous, alarming,
   threatening **7**
die **Bedrohung,-en**   threat **7**
bedrücken   to depress **4**
das **Bedürfnis,-se nach**   need for **7**
sich **beeilen**   to hurry up **5**
beeindrucken   to impress **3**
beeindruckt sein von   to be
   impressed by **3**
beeinflussen   to influence **10**
beenden   to end, finish
sich **befassen mit**   to deal with
sich **befinden (a, u)**   to be, find o.s. **9**
befolgen   to follow, act in accordance
   with, comply with 7
befragen   to question, consult
der (ein) **Befragte(r)**   interviewee,
   person asked
sich **befreunden mit**   to make friends
   with
befriedigend   satisfactory, adequate,
   satisfying
der **Befund,-e**   results, findings
befürchten   to fear **9**
die **Befürchtung,-en**   fear **9**
begegnen (ist) (*dat.*)   to meet,
   encounter 4
die **Begegnung,-en**   encounter,
   meeting
begeistert von   enthusiastic / excited
   about, thrilled by **2**
die **Begeisterung**   enthusiasm **2**
der **Beginn**   beginning
beginnen (a, o)   to begin
der **Begleiter,-**   companion **6**
begleiten   to accompany **6**
begreifen (begriff, begriffen)   to
   understand, grasp, realize **5**, **10**
begreiflicherweise   understandably,
   it is understandable that 12
begrenzt   restricted, limited
der **Begriff,-e**   concept, idea **5**
begründen   to give reasons for, justify
   9, 9

die **Begründung,-en**   reason,
   justification **9**
behalten (behält, ie, a)   to keep
behandeln   to treat
behaupten   to claim, say, maintain,
   assert 9, **12**
die **Behauptung,-en**   claim, assertion
   12
beherrschen
   eine Sprache beherrschen   to be
      fluent in a language
behilflich sein (*dat.*)   to help s.o.
behindern   to hinder
bei (*prep. dat.*)   by, near, at; while +
   verb-*ing*; with, in case of, during
bei·bringen (brachte, gebracht)
   (*dat.*)   to teach a skill **8**, 8
beid-   both
beieinander·stehen (stand,
   gestanden)   to stand together
das **Bein,-e**   leg
beinah(e)   almost
das **Beispiel,-e**   example
der **Beispielsatz,·e**   example
   (sentence)
beispielsweise   for example 12
der **Beitrag,·e**   contribution **7**
   einen Beitrag leisten zu   to make
      a contribution to **7**
bei·tragen (ä, u, a) zu   to contribute
   to **7**
bejahen   to affirm
bekämpfen   to fight, combat **7**
bekannt   well known, famous, familiar
der (ein) **Bekannte(r)**   acquaintance,
   friend 2
bekanntlich   as everybody knows, as
   you know **8**
sich **beklagen über**   to complain about
   1
bekommen (bekam, o)   to get
belegen
   einen Kurs belegen   to take a class
      8
belehren   to enlighten
beliebt   popular
bellen   to bark
bemannt   manned
bemerken   to note, remark; notice **1**, 9

bemerkenswert remarkable **1**

die **Bemerkung,-en** remark **1**

　eine Bemerkung machen über to remark about, comment on **1**

sich **bemühen** to try hard, endeavor **6**

die **Bemühung,-en** effort, endeavor **6**

benachrichtigen to inform, notify **4**

sich **benehmen (benimmt, benahm, benommen)** to behave **7**

beneiden to envy **2**

benötigen to need, require

benutzen / benützen to use, make use of, take advantage of 12

das **Benzin** gasoline

beobachten to observe, watch **3**

der **Beobachter,-** observer

die **Beobachtung,-en** observation **3**

bequem comfortable; easy; idle 8

berechtigen to entitle

der **Bereich,-e** area, sphere, realm **10**

bereichern to enrich

bereit sein zu to be ready / prepared / willing 12

bereiten

　Vergnügen bereiten (*dat.*) to give pleasure to

bereits already

der **Berg,-e** mountain

bergig hilly

der **Bergsteiger,-** mountain climber

die **Bergsteigerschuhe** mountaineering boots

die **Bergtour,-en** mountain tour / hike

die **Bergwanderung,-en** hike in the mountains

der **Bericht,-e** report

berichten to report

berichtigen to correct

der **Beruf,-e** profession

beruflich professional

berufstätig sein to be working / employed gainfully

beruhigen to reassure

berühmt famous

die **Berührung**

　in Berührung kommen mit to come into contact with

sich **beschäftigen mit** to consider, deal with

beschäftigt busy

beschämt ashamed

der **Bescheid**

Bescheid sagen (*dat.*) to let s.o. know **4**

Bescheid wissen über / in to know about, be knowledgeable 11

bescheiden modest

beschimpfen to swear at, abuse **1**

beschleunigen to accelerate

beschließen (o, o) to decide, resolve **4**

beschreiben (ie, ie) to describe

die **Beschreibung,-en** description

sich (*dat.*) **besehen (ie, a, e)** to look at

der **Besitzer,-** owner

besonder- special

besonders especially

besorgt sein um to be worried about

besprechen (i, a, o) to discuss

besser better

sich **bessern** to improve

der **Bestandteil,-e** component **4**

bestätigen to confirm **12**

die **Bestätigung,-en** confirmation, corroboration, bearing out **12**

bestehen (bestand, bestanden) auf (*dat.*) to insist on 9

bestehen (bestand, bestanden) aus to consist of **8**, 9

bestehen (bestand, bestanden) in (*dat.*) to consist in **9**

besteigen (ie, ie) to climb 7

bestimmen to determine; define; decide 4

bestimmt definite, certain

bestreiten (bestritt, bestritten) to dispute, contest, deny

der **Besuch,-e** visit

besuchen to visit

der **Besucher,-** visitor

die **Betätigung,-en** activity

sich **beteiligen an** (*dat.*) to take part, participate in

der (ein) **Beteiligte(r)** person involved

beten to pray 9

betonen to emphasize, stress 9

der **Betrachter,-** viewer
betreffen (i, betraf, o) to concern **7**
  was mich betrifft as far as I am
    concerned **7**
betreten (betritt, a, e) to enter
betrübt saddened, distressed
betrunken drunk
das **Bett,-en** bed
die **Bettdecke,-n** blanket, comforter
beurteilen to judge, assess, give an
    opinion
die **Bevölkerung** population **7**
die **Bevölkerungsexplosion,-en**
    population explosion
bevor (*sub. conj.*) before **3**
bewältigen to come to terms with
bewegen to move
die **Bewegung,-en** movement
der **Beweis,-e** proof, evidence
beweisen (ie, ie) to prove, show
sich **bewerben (i, a, o) um / bei** to
    apply for / at
bewirken to effect, produce, bring
    about
der **Bewohner,-** dweller, inhabitant
bewundern to admire
bewundernswert admirable
sich (*dat.*) **bewußt sein / werden**
    (*gen.*) to be / become aware of,
    realize **7, 10**
das **Bewußtsein** awareness,
    consciousness **7**
bezahlen to pay
bezeichnen to label, call **10**
die **Bezeichnung,-en** label, name **10**
sich **beziehen auf** (*acc.*) to refer to
die **Beziehung,-en** relationship
Beziehungsprobleme problems in
    o.'s relationship
bezug
in bezug auf (*acc.*) regarding, with
    regard to, concerning
bezüglich (*prep. gen.*) regarding,
    with regard to, concerning
bezweifeln to doubt **6**
die **Bibel,-n** Bible **9**
die **Bibliothek,-en** library
das **Bier,-e** beer
bieten (o, o) to offer **9**

das **Bild,-er** picture, image
bilden to form
die **Bildung** education, knowledge **8**
billig inexpensive, cheap
binnen (*prep. gen. / dat.*) within
    (time period)
die **Biologin,-nen** biologist
bis (*prep. acc.*) until, to, as far as, by;
    (*sub. conj.*) until **3**
bis an (*acc.*) **/ nach** as far as **4**
bisher up to now **7**
bisherig prior, previous **7**
bislang up to now **12**
bißchen a bit, little
die **Bitte,-n um** request for **1**
bitten um (bat, gebeten) to ask for,
    request, beg **1, 6, 9**
der **Bittsteller,-** supplicant
blaß pale
das **Blatt,-̈er** sheet of paper, leaf
blau blue
bleiben (ie, ie; ist) to stay, remain **1,
    9**
der **Bleistift,-e** pencil
der **Blick,-e** look, glance **2**
der **Blick auf** (*acc.*) view of **2**
auf den ersten Blick at first glance **2**
blicken auf (*acc.*) to look at **2**
blindlings blindly
blitzschnell quick as lightning
blöd(e) stupid, silly
bloß only; modal particle **6**
die **Blume,-n** flower
die **Blutwurst,-̈e** blood sausage
der **Boden,-̈** ground, floor
das **Boot,-e** boat **2**
der **Bootsrand,-̈er** rim of the boat
böse angry, mad; bad, evil **11**
die **Botschaft,-en** message
der **Braten,-** roast
brauchbar useful
brauchen to need
die **Braue,-n** (eye)brow
braun brown
die **Braut,-̈e** bride
die **BRD (Bundesrepublik
    Deutschland)** FRG (Federal
    Republic of Germany) **4**
brechen (i, a, o) to break

breit broad
der **Brief,-e** letter
der **Briefkasten,-** mailbox
die **Brieftasche,-n** billfold **1**
die **Brille,-n** glasses
bringen (brachte, gebracht) to
    take, bring
  mit sich bringen to involve, entail
die **Brise,-n** breeze, light wind
das **Brot,-e** bread
das **Bruchstück,-e** fragment
der **Bruder,-** brother
die **Brust,-e** chest
das **Buch,-er** book
das **Bücherbrett,-er** bookshelf **9**
der **Bücherfreund,-e** book lover
die **Buchhälterin,-nen** bookkeeper
der **Buchhändler,-**; (*f.*) die
    Buchhändlerin,-nen bookseller **1**
die **Buchhandlung,-en** bookstore **1**
sich **bücken** to bend (down), stoop **1**
büffeln to cram (study) **8**
der **Bundeskanzler,-** federal
    chancellor
das **Bundesland,-er** federal state
der **Bundespräsident(en)** federal
    president
die **Bundesregierung** federal
    government
die **Bundesrepublik** Federal Republic
der **Bundestag** lower house of the
    German parliament
bunt brightly colored
der **Bürger,-** citizen **12**
der **Bürgerkrieg,-e** civil war
das **Büro,-s** office
der **Busfahrer,-** bus driver
die **Bushaltestelle,-n** bus stop
bzw. = beziehungsweise
    respectively, or

der **Chef,-s**; (*f.*) die **Chefin,-nen**
    boss, head
die **Chemie** chemistry
die **Chemikerin,-nen** chemist
der **Chinese(n)**; (*f.*) die **Chinesin,-**
    nen Chinese (person) **4**
der **Christ(en)**; (*f.*) die **Christin,-nen**
    Christian **1**

da there; (*sub. conj.*), since, as, seeing
    that, given the fact that **3**
dabei at the same time
dabei sein to be present **11**
dabei sein + zu + infinitive to be in
    the process of **11**
das **Dach,-er** roof
dagegen (*adv.*) in contrast to that, as
    opposed to that; (*coord. conj.*)
    however, but, on the other hand,
    whereas **12,** 12
daher therefore, for that reason, that's
    why, because of that **1**
dahin there
damalig- at that / the time, in those
    days
damals then, at that time
damit (*sub. conj.*) so that **3, 9**
danach afterward **3**
der **Däne(n)**; (*f.*) die **Dänin,-nen**
    Danish (person) **4**
der **Dank** thanks
dankbar thankful
danken (*dat.*) to thank
dann then **1**
dar·stellen to depict, represent
die **Darstellung,-en** depiction,
    representation
darum therefore, for that reason,
    that's why, because of that **1**
das **Dasein** existence
dasjenig- that
daß (*sub. conj.*) that **3**
datieren to date
das **Datum**, *pl.* **Daten** date; *pl.* data
der **Dauerklavierspieler,-** pianist
    who plays continually
dauern to last, take (time) **11**
dauernd continually, continuously
davon·gehen (ging, gegangen; ist)
    to walk away
davon·schießen (o, o; ist) to
    dart / zoom off
die **DDR (Deutsche Demokratische**
    Republik) GDR (German
    Democratic Republic)
die **Debatte,-n** debate
  zur Debatte stehen (stand,
    gestanden) to be at issue

die **Decke,-n**　surface (of a street)

defekt　defective

deinetwegen　on your account, for
　　your sake, 12

demnach　therefore; accordingly

demnächst　soon

der **Demonstrant(en)**　demonstrator
　　1

demonstrieren　demonstrate

denken (dachte, gedacht) an (*acc.*)
　　to think of / about **1**, 1

denken über (*acc.*)　to think of
　　(opinion) 1

die **Denkgewohnheit,-en**　habitual
　　way of thinking

die **Denkpause,-n**　break, recess,
　　adjournment

denn (*conj.*)　for, because 1; modal
　　particle 4

dennoch　nevertheless, yet 1

deprimieren　to depress

derjenig-　the one; *pl.* those

derselbe　the same 4

deshalb　therefore, for that reason,
　　that's why, because of that 1

desto
　　je + comparative **desto** + comparative
　　the + comparative the +
　　comparative

deswegen　therefore, for that reason,
　　that's why, because of that 1

deuten auf (*acc.*)　to indicate, point to

deutlich　clear

deutsch　German

das **Deutsch**　German language
　　(specific context) **10**

das **Deutsche** (*adj. noun*)　German
　　language (in general) **10**

der (ein) **Deutsche(r)**　German
　　(person) 2

die **Deutschkenntnisse** *pl.*
　　knowledge of German

der **Deutschkurs,-e**　German
　　class / course

(das) **Deutschland**　Germany

deutschlernend-　learning German

deutschsprachig　German-speaking

das **Deutschstudium**　German major,
　　studying German

dicht　close, near

der **Dienstbote(n)**　servant

diesmal　this time

differenzieren　to differentiate

die **Diktatur,-en**　dictatorship

diktieren　to dictate

das **Ding,-e**　thing 4

die **Disko,-s**　disco

die **Diskussionsfrage,-n**　discussion
　　question

das **Diskussionsthema,** -*pl.* **themen**
　　discussion topic

diskutieren über (*acc.*)　to discuss

doch　(*conj.*) but, but still, yet 1, 3;
　　(*adv.*) after all 3; modal particle, 3

der **Dom,-e**　cathedral

der **Doppelsinn**　double meaning

doppelt　double

dort　there

dorther　from there

dorthin　to there

dösen　to doze 2

das **Drama,** *pl.* **Dramen**　drama

der **Dramatiker,-**　dramatist

dramatisch　dramatic

dramatisieren　to dramatize

draußen　outside

der **Dreck**　dirt

dreimal　three times

die **Dreißiger**　thirties

dreißiger　thirties

dreitägig　lasting for three days

drin: darin　in it

dringen (a, u; ist)　to make o.'s way
　　into

drin·stehen (stand, gestanden)　to
　　be listed, appear

drittens　third

drohen (*dat.*)　to threaten **2**, 7

die **Drohung,-en**　threat **2**

drüben　over there

der **Druck**　pressure 4

drücken　to press; pinch 4

dumm　stupid, dumb

dummerweise　stupidly, foolishly,
　　unfortunately 12

dunkel　dark 2
　　im Dunkeln　in the dark

dünn　thin

durch (*prep. acc.*)   through, by
durch·arbeiten   to work through
durchaus   absolutely, definitely
durcheilen   to rush through **5**
durch·machen   to go through
durchschnittlich   average
der **Durchschnittsamerikaner,-**
  average American
die **Durchschnittsnote,-n**   grade
  point average
durchsuchen   to search through
dürfen (darf, durfte, gedurft)   to be
  allowed **6**
der **Durst**   thirst
dürsten   to be thirsty
durstig   thirsty
duschen   to shower
das **Dutzend,-e**   dozen

eben   even, level; just (now); exactly;
  modal particle **2, 11**
die **Ebene,-n**   level **10**
ebenfalls   likewise
ebenso   just as **6**
echt   genuine; (*sl.*) really **4**
die **Ecke,-n**   corner **3**
das **Eckhaus,-er**   corner house
egal sein (*dat.*)   to care **4**
  das ist egal   that doesn't matter **4**
  das ist mir ganz egal   I don't care,
    it's all the same to me **4**
  ich bin ihnen nicht egal   they care
    about me **4**
ehe (*sub. conj.*)   before **3**
die **Ehe,-n**   marriage
ehemalig-   former **12**
ehemals   formerly, previously
das **Ehepaar,-e**   married couple
eher   rather
ehrlich   honest
eifersüchtig auf (*acc.*)   jealous of **11**
eifrig   eager, enthusiastic **2**
eigen   own **5**
eigennützig   selfish
die **Eigenschaft,-en**   quality,
  characteristic **12**
eigentlich   really **8**; modal particle **8**
die **Eile**   hurry **5**
in Eile sein   to be in a hurry **5**

eilen   to hurry **5**
eilig
es eilig haben   to be in a hurry **5**
einander   one another
sich (*dat.*) **ein·bilden**   to imagine
  (falsely) **2**
der **Einbrecher,-**   burglar
ein·dringen (a, u; ist)   to find o.'s
  way into
der **Eindruck,-e**   impression **3**
einen Eindruck machen auf (*acc.*)
  to make an impression on **3**
einerseits   on the one hand
einfach   simple
ein·fallen (ä, fiel ein, a; ist) (*dat.*)
  to occur to, think of; remember **6, 6**
der **Einfluß,-sse auf** (*acc.*)   influence
  on **10**
einflußreich   influential
die **Einführung,-en**   introduction
der **Eingang,-e**   entrance, entry
das **Eingeständnis,-se**   admission
  (guilt), confession
einheimisch   local, native
der (ein) **Einheimische(r)**   local
  person
die **Einheit**   unity
einig-   a few **1, 5**
sich **einig sein**   to be in agreement
sich **einigen**   to agree, reach an
  agreement
ein·kaufen   to shop, go shopping
ein·klammern   to put in brackets
ein·laden (lädt, u, a)   to invite
ein·lullen   to lull
einmal   once
  auf einmal   suddenly, all of a
    sudden, all at once **6**
  nicht (ein)mal   not even **4, 4**
sich **ein·mischen**   to interfere
ein·packen   to pack up
ein·schätzen   to assess, evaluate,
  estimate **12**
die **Einschätzung**   assessment,
  evaluation, estimation **12**
ein·schlafen (ä, ie, a; ist)   to fall
  sleep
die **Einschränkung,-en**   limitation
ein·setzen   to insert

die **Einsichtsfähigkeit** ability to gain insight / understanding, be reasonable

die **Einstellung,-en zu / gegenüber** attitude toward

einstimmig unanimously

der **Eintrag,ːe** entry

einundzwanzigjährig twenty-one-year-old

einverstanden sein mit to agree to, be in agreement with

das **Einverständnis** agreement

der **Einwanderer,-** immigrant

einzeln- (*pl.*) some, a few (people) **6**

der **einzelne** individual **6**

ein·ziehen (zog, gezogen; ist) to move in **3**

einzig only (one), sole, single **5, 5**

einzigartig unique **5**

das **Eis** ice cream

eisern iron

eitel vain

die **Eltern** parents

empfehlen (ie, a, o) to recommend

die **Empfehlung,-en** recommendation

empfinden (a, u) to feel, sense, perceive **6**

die **Empfindung,-en** feeling; sensation; impression **6**

das **Ende,-n** end

zu Ende + verb to finish **12**

endlich finally **6**

endlos endless

die **Endung,-en** ending

die **Energiekrise,-n** energy crisis

die **Energiequelle,-n** energy source

eng close; narrow

eng befreundet sein to be close friends

der **Engländer,-;** (*f.*) die **Engländerin,-nen** English (person) **4**

das **Englisch** English language (specific context) **10**

das **Englische** (*adj. noun*) English language (in general) 10

entdecken to discover **3**

die **Entdeckung,-en** discovery **3**

die **Entfernung,-en** distance **11**

entführen to abduct

entgegen·laufen (äu, ie, au; ist) (*dat.*) to run toward

entgegnen (*dat.*) to reply, return 8

enthalten (enthält, ie, a) to contain

entlang (*prep. acc.*) along

entlassen (ä, ie, a) to fire, dismiss

entlaufen (äu, ie, au; ist) to run away from

sich **entscheiden (ie, ie)** to decide **4**

die **Entscheidung,-en** decision

eine **Entscheidung treffen (i, traf, o)** to make a decision **4**

sich **entschließen (o, o)** to decide, make up o.'s mind **4**

der **Entschluß,ːsse** decision

einen Entschluß fassen to make a decision **4**

entschuldigen to excuse **1**

sich **entschuldigen bei** to apologize to **1**

die **Entschuldigung,-en** excuse **1**

sich **entspannen** to relax 7

entsprechen (i, a, o) *dat.* to correspond

entstehen (entstand, entstanden; ist) to arise, come about

enttäuschen to disappoint **5**

enttäuscht sein von to be disappointed by **5**

die **Enttäuschung** disappointment **5**

entweder . . . oder either . . . or 12

entwickeln to develop 7

die **Entwicklung,-en** development 7

das **Entwicklungsland,ːer** developing country 7

erbringen (erbrachte, erbracht) to produce

die **Erde** Earth

erdgeschichtlich in terms of the history of the earth

das **Ereignis,-se** event

erfahren (ä, u, a) to experience; learn, find out **5**

die **Erfahrung,-en** experience 5

die **Erfahrung machen** to have an experience **5**

erfinden (a, u) to invent **5**

die **Erfindung,-en** invention **5**

der **Erfolg,-e** success **6**
Erfolg haben to be successful **6**
erfolgreich successful **6**
erforderlich required, necessary
erfreulicherweise happily
erfüllen to fulfill
die **Erfüllung**
  in Erfüllung gehen (ging,
    gegangen; ist) to come true
ergänzen to complete
sich **ergeben (i, a, e) aus** to result
  from
das **Ergebnis,-se** result, consequence,
  upshot
ergreifen (ergriff, ergriffen) to
  seize, take (up)
erhalten (erhält, ie, a) to get,
  receive; to preserve, maintain **7**
erhalten bleiben (ie, ie; ist) to
  survive
die **Erhaltung** preservation,
  conservation **7**
erhitzt heated
sich (*dat.*) **erhoffen** to hope for
erhöhen to raise, increase
sich **erholen** to recover **7**
sich **erinnern an** (*acc.*) to remember,
  recall **6, 11**
die **Erinnerung,-en an** (*acc.*)
  memory of **11**
  in Erinnerung haben to remember
  11
sich **erkälten** to catch cold **7**
die **Erkältung,-en** cold
erkennen (erkannte, erkannt) to
  recognize, understand **10**, 10
die **Erkenntnis,-se** knowledge,
  understanding, recognition **10**
erklären to explain **9**
die **Erklärung,-en** explanation
sich **erkundigen nach / über** (*acc.*)
  to ask / inquire about **9**
die **Erlaubnis,-se** permission
erleben to experience
das **Erlebnis,-se** experience **5**
erledigen to take care of (task, duty)
  5, 5
erleichtern to make easier
erleuchten to light up

ermöglichen to make possible
erneut anew, once more, again
ernst serious
ernsthaft serious, earnest
eröffnen to open up (a business)
erregen to cause; attract; excite
erreichen to reach, attain
die **Ersatzkonstruktion,-en**
  substitute construction
das **Ersatzteil,-e** (spare) part 4
erscheinen (ie, ie; ist) to appear
erschöpft exhausted
ersehnt longed-for
ersetzen durch to replace by,
  substitute with **10**
ersparen
erspart bleiben (ie, ie; ist) to be
  spared
erst first; only (so far) 4; not until **3**, 3
erst als not until, only when **3**
erstaunlich astonishing
erstaunlicherweise astonishingly
  enough, it is amazing 12
erstaunt astonished
das **erstemal** the first time
erstens first 3
erstklassig first-class, first-rate
erwachen (ist) to awaken, wake up 2
erwachsen grown-up, adult
der (ein) **Erwachsene(r)** grown-up,
  adult 2
erwähnen to mention 9
erwarten to expect; wait 5
die **Erwartung,-en** expectation
erwartungsgemäß as expected **12**
erwecken to arouse, raise
sich **erweisen (ie, ie)** to turn out to
  be, prove to be **12**
erwerben (i, a, o) to acquire, obtain
  2
erwidern to reply, return, answer 9
der **Erzählabschnitt,-e** narrative
  segment
erzählen to tell, narrate 9
der **Erzähler,-**; (*f.*) die **Erzählerin,-**
  nen narrator
der **Erzählstil,-e** narrative style
die **Erzählung,-en** story
der **Erzieher,-** educator, teacher

die **Erziehung**   education, upbringing
  8
das **Erziehungssystem,-e**   educational
  system 8
die **Erziehungswissenschaft,-en**
  education (academic field) 8
essen (ißt, aß, gegessen)   to eat
das **Essen,-**   meal; food; cooking
etwa   modal particle 12
etwas   something
euretwegen   because of you, on your
  account, for your sake 12
europäisch   European
die **Europäische Gemeinschaft**
  European Community
die **Europareise,-n**   trip to Europe
ewig   eternal
existieren   to exist
exportieren   to export
das **Expreßgutauto,-s**   fast freight
  delivery vehicle
der **Extremist(en)**   extremist 1

das **Fach,-̈er**   subject area, branch of
  knowledge 10
der **Fachbereich-e**   (special) field 10
fachbezogen   on technical
  (specialized) subjects
das **Fachgebiet,-e**   (special) field 10
das **Fachgespräch,-̈e**   discussion
  among experts
die **Fachkreise** (*pl.*)
  in Fachkreisen   among experts
die **Fachfrau;** (*m.*) der **Fachmann,** *pl.*
  die **Fachleute**   expert(s) 10
fachlich   technical 10
die **Fachliteratur**   professional
  literature
der **Fachwortschatz**   jargon, lingo 10
fähig zu   capable of 7
die **Fähigkeit,-en**   ability, capability 7
die **Fahne,-n**   flag
fahren (ä, u, a; ist)   to drive
der **Fahrer,-**   driver
der **Fahrkartenschalter,-**   ticket
  window
der **Fahrplan,-̈e**   train schedule
das **Fahrrad,-̈er**   bicycle
der **Fall,-̈e**   case 5

auf jeden Fall   in any case, at any
  rate 5
auf keinen Fall   by no means, on no
  account 5
fallen (ä, fiel, a; ist)   to fall, drop
falls   in case 3, 5
falsch   wrong
fälschlicherweise   incorrectly,
  erroneously, by mistake 12
das **Familienfest,-e**   family (dinner)
  party
das **Familienmitglied,-er**   member of
  a family
das **Familientreffen,-**   family reunion
der **Fang,-̈e**   catch
fangen (ä, i, a)   to catch
die **Farbe,-n**   color
der **Farbfilm,-e**   colored film
fassen see *Entschluß*
fast   almost, nearly
faul   lazy, idle 8
die **Faulheit**   laziness
die **FDJ (Freie Deutsche Jugend)**
  youth organization in the GDR
fehlen(*dat.*)   to lack; miss 5
der **Fehler,-**   mistake
feiern   to celebrate, hold a party
fein   fine
der **Feind,-e**   enemy
feindlich   hostile
feindselig   hostile 1
das **Fenster,-**   window 4
die **Ferien** (*pl.* only)   vacation 9
Ferien machen   to vacation, take
  vacation 9
  in die Ferien fahren   to go on
  vacation 9
fern   distant, far away
die **Fernperspektive,-n**   long-range
  prospects
fern·sehen (ie, a, e)   to watch TV
das **Fernsehen**   television 4
  im Fernsehen   on TV 4
der **Fernseher,-**   TV set 4
die **Fernsehmoderatorin,-nen**   TV
  moderator
das **Fernsehprogramm,-e**   TV
  program
die **Fernsehsendung,-en**   TV program

der **Fernsehturm,-e** TV tower
der **Fernsehzuschauer,-** TV viewer
fertig ready, finished, done 12
fertig sein (mit) to have / be finished / done (with); be ready 12
fertig werden (wird, wurde, geworden; ist) to get finished 12
fertig·machen to finish
fest tight, firmly
fest gehen mit (ging, gegangen; ist) to go (steady) with
fest·halten (hält, ie, a) an (*dat.*) to hold / stick to
fest·legen to fix, lay down
fest·stellen to detect, realize, discover 10
die **Feststellung,-en** observation, assessment
die **Fete,-n** party
fett fat
der **Fettansatz** layer of fat
fettarm low-fat
das **Feuerzeug,-e** cigarette lighter
die **Figur,-en** figure, character
filmisch cinematic
finden (a, u) to find
der **Finger,-** finger
    keinen Finger rühren not to lift a finger
finster dark 3
die **Firma,** *pl.* **Firmen** firm, company 5
der **Fischer,-** fisherman
das **Fischerboot,-e** fishing boat
die **Fischermütze,-n** fisherman's cap
der **Fischkasten,-** fish container
der **Fischschwarm,-e** school of fish
die **Flasche,-n** bottle
flattern to flutter, flap
das **Fleisch** meat
der **Fleiß** diligence, industriousness 12
fleißig hard-working, industrious 12
fliegen (o, o; ist) to fly
fliehen (o, o; ist) to flee 11
fließen (o, o; ist) to flow
flink quick, fast
die **Flucht,-en** flight, escape 11
flüchten (ist) to escape, flee 11

der **Flüchtling,-e** refugee 11
der **Flug,-e** flight
der **Flügel,-** wing
die **Flugkarte,-n** plane ticket
der **Flugplatz,-e** airport
das **Flugzeug,-e** airplane
der **Flugzeugkellner,-** steward
der **Fluß,-sse** river
die **Folge,-n** consequence 5
folgen (*dat.*) **(ist)** to follow 7
folgen (*dat.*) to obey, do as one is told 7
folgern aus to conclude from 9
folglich consequently 1, 5
fordern to demand, call for
die **Forderung,-en** demand
das **Formular,-e** printed form
formulieren to formulate
die **Forschung** research
fort away; gone
fortan henceforth
der **Fortbestand** survival
fort·bestehen (bestand, bestanden) to continue to exist
die **Fortbewegung** locomotion
fort·fahren (ä, u, a; ist) to continue 9
fortgeschritten advanced
fort·schreiten (schritt, geschritten; ist) to progress, advance, develop 10
der **Fortschritt,-e** progress 10
fortschrittlich progressive 10
fort·setzen to continue
fortwährend continually, continuously, constantly 5
der **Fotoapparat,-e** camera 1
fotografieren to photograph
die **Frage,-n** question
    eine Frage stellen to ask a question
    in Frage stellen to call into question
fragen to ask 6
fragen nach to ask for (way, time, person) 6
der **Fragesatz,-e** interrogative sentence
fraglich questionable, uncertain, doubtful

der **Franzose(n)**; (*f.*) die **Französin,
-nen** French (person) 1
französisch French 4
das **Französisch** French language
(specific context) 10
das **Französische** (*adj. noun*)
French language (in general) 10
die **Frau,-en** woman
frei free
die **Freiheit** freedom
sich **frei·machen** to free o.s.
die **Freizeit** free / leisure time
fremd foreign; unfamiliar; strange 1, 3
fremdartig strange
das **Fremdbild,-er** the image of the
other
der (ein) **Fremde(r)** stranger 2
die **Fremdenfeindlichkeit** hostility
toward foreigners, xenophobia
die **Fremdheit** foreignness,
strangeness
die **Fremdsprache,-n** foreign
language
das **Fremdwort,⸗er** foreign word
fressen (i, a, e) to feed, eat
(animals)
die **Freude,-n** joy, pleasure, delight 4
Freude haben an (*dat.*) to
get / derive pleasure from, enjoy 4
freudig joyfully
freuen to please 1
sich **freuen auf** (*acc.*) to look forward
to 1
sich **freuen über** (*acc.*) to be pleased
about 1
der **Freund,-e**; (*f.*) die **Freundin,-nen**
friend
der **Freundeskreis,-e** circle of
friends
freundlich friendly
die **Freundschaft,-en** friendship
der **Friede(n)** peace
der **Friedenspreis,-e** peace prize
friedlich peaceful
frisch fresh
froh happy, glad, pleased; joyful
fröhlich happy, cheerful, merry
früh early; premature
früher at one time, in the past 2

früher mal + a past tense used to +
infinitive 2
der **Frühling** spring
das **Frühstück,-e** breakfast
frühstücken to eat breakfast 5
frustrierend frustrating
(sich) **fühlen** to feel 2
führen to lead
Krieg führen to wage war
die **Führung** leadership
das **Fünfmonatskind,-er** five-month
baby
fünfziger fifties
die **Fünfzigergruppe,-n** group of fifty
funktionieren to work
für (*prep. acc.*) for
furchtbar terrible, awful, dreadful
fürchten to fear
sich **fürchten vor** (*dat.*) to be afraid
of 7
furchtsam timid
der **Fuß,⸗e** foot
der **Fußball** soccer
der **Fußballer,-** soccer player
das **Fußballspiel,-e** soccer game
der **Fußboden,⸗** floor
der **Fußgänger,-** pedestrian
das **Futter** feed

der **Gang,⸗e** passage, hallway; manner
of walking
die **Gangart,-en** manner of walking
ganz quite; entire, all 2
gar even
gar nicht(s) not / nothing at all
der **Garten,⸗** garden
die **Gasse,-n** street (Austrian)
der **Gast,⸗e** guest
der **Gastarbeiter,-**
immigrant / foreign worker
das **Gästezimmer,-** guest room
das **Gasthaus,⸗er** inn
die **Gastmutter,⸗** host mother
die **Gaststätte,-n** restaurant
gebären (ie, a, o) to give birth, bear
das **Gebäude,-** building
geben (i, a, e) to give
es gibt there is / are 8
das **Gebiet,-** area, region; branch

das **Gebirge,-** mountains
geboren
bin / wurde geboren was born 10
der **Gebrauch** use, usage
gebrauchen to use, find / see some
use for 12
der **Gebrauchtwagen,-** used car
die **Geburt,-en** birth
der **Geburtsort,-e** place of birth
der **Geburtstag,-e** birthday
zum Geburtstag gratulieren (*dat.*)
to wish s.o. a happy birthday
das **Gebüsch,-e** bushes
das **Gedächtnis,-se** memory (faculty)
gedämpft muted; muffled
der **Gedanke(n)** thought 1, **4**
auf einen Gedanken kommen
(kam, o; ist) to have / get an idea
4
gedankenlos thoughtless
das **Gedicht,-e** poem
gedrängt crowded
geeignet suitable
die **Gefahr,-en** danger **7**
gefährden to threaten
gefährdet endangered; at risk
die **Gefährdung** endangering **7**
gefährlich dangerous **7**
der **Gefallen,-** favor **3**
Gefallen finden an (*dat.*) to derive
pleasure from
gefallen (ä, gefiel, a) (*dat.*) to like,
be pleased with, appeal to 3
gefälligst kindly
der (ein) **Gefangene(r)** prisoner 2
gefestigt established
geflickt patched
das **Gefühl,-e** feeling
gefühlskalt cold
gegen (*prep. acc.*) against; toward
die **Gegend,-en** area
gegeneinander·stellen to position
o.s. against one another
der **Gegensatz,-e** contrast
im Gegensatz zu in contrast to, as
opposed to/unlike 12
gegenseitig one another, each
other
der **Gegenstand,-e** object, thing

das **Gegenteil,-e** opposite 4, **12**, 12
im Gegenteil on the contrary **3, 12**
gegenüber (*adv.*) opposite / across
(the street); (*prep. dat.*) **3**
across / opposite from; toward **3**
gegenüber·liegen (a, e) (*dat.*) to be
opposite, face
gegenüber·stehen (stand,
gestanden) (*dat.*) to stand
opposite, face
die **Gegenwart** present **7**
gegenwärtig present, current **7**
der **Gegner,-** opponent, adversary **5**
geheim secret
der **Geheimdienst** secret service
gehen (ging, gegangen; ist) to go,
walk
es geht um it is about / at stake, it
concerns **5, 7**
gehorchen (*dat.*) to obey **8**
gehören (*dat.*) to belong to 9
gehören zu to belong to; be part of **9,**
9
der **Gehorsam** obedience **8**
gehorsam obedient **8**
der **Geist** mind, intellect
die **Geisteswissenschaften**
humanities 10
geistig mental
das **Geklingel** tinkling, ringing
gelangweilt bored **5**
das **Geld,-er** money
geldkräftig able to pay well
der **Geldschein,-e** bill, banknote
die **Gelegenheit,-en** opportunity **2**
bei Gelegenheit when there is a
chance, sometime **2**
gelegentlich occasional, sometime **2**
gelingen (*dat.*) **(a, u; ist)** to succeed
3
gelten (i, a, o) als (*nom.*) to be
considered 1, 1
gelungen successful
gemeinsam common, joint
gemeinsam haben (hat, hatte,
gehabt) to have in common
die **Gemeinschaft,-en** community
die **Gemeinschaftszelle,-n** common
cell

die **Gemeinsprache** standard language
gemischt mixed
das **Gemüse** vegetables
gemütlich cozy
die **Gemütlichkeit** coziness
genau exact
genauso . . . wie just as . . . as 6
genießen (o, o) to enjoy 3
genug enough
genügen to suffice
die **Genußkultur,-en** pleasure-loving culture
genußvoll highly enjoyable
das **Gepäck** luggage
gerade just; level
geradeaus straight ahead
geradeso just as 6
das **Geräusch,-e** noise 2
gerecht just
die **Gerechtigkeit** justice
gereizt strained
das **Gericht,-e** dish, meal
gering little, slight, negligible
die **Germanistik** German studies
gern(e) + verb to like / enjoy + verb + -ing 3
gern haben (hat, hatte, gehabt) to like 3
gern mögen (mag, mochte, gemocht) to like, be fond of 3
das **Geschäft,-e** store, business
die **Geschäftserfahrung,-en** business experience
die **Geschäftsleute** business people
die **Geschäftswelt** business world
geschehen (ie, a, e; ist) to happen 2
das **Geschenk,-e** present
die **Geschichte,-n** story
geschichtlich historic, historical
geschieden divorced
das **Geschirr** dishes
die **Geschwindigkeit,-en** speed
die **Geschwister** siblings
die **Geschwisterrivalität** sibling rivalry
die **Gesellschaft,-en** society 7
gesellschaftlich social, societal 7

der **Gesellschaftskritiker,-** social critic
das **Gesellschaftssystem,-e** social system
gesenkt
 mit gesenktem Kopf gehen (ging, gegangen; ist) to walk with o.'s head hanging down
das **Gesetz,-e** law
das **Gesicht,-er** face
der **Gesichtsausdruck,-̈e** facial expression 2
die **Gesichtszüge** (*pl.*) features
das **Gespräch,-e** conversation
 ins Gespräch kommen (kam, o; ist) to strike up a conversation
der **Gesprächspartner,-** conversation partner
die **Gestalt,-en** figure, character
gestatten (*dat.*) to permit, allow
die **Geste,-n** gesture
gestehen (gestand, gestanden) to confess
gestern yesterday
gestern abend last night / evening 6
gestreßt stressed
gesund healthy
das **Getränk,-e** beverage, drink
gewaltig colossal, immense, tremendous 8
gewaltsam forcible
das **Gewichtsverhältnis,-se** balance
gewillt sein to be willing to do s.th.
gewinnen (a, o) to win; gain
gewiß certain
das **Gewissen** conscience 7
sich **gewöhnen an** (*acc.*) to become used to 10
die **Gewohnheit,-en** habit
gewöhnlich usually, customarily
gewohnt usual 10
es gewohnt sein to be used to 10
gewöhnt sein an (*acc.*) to have become / be used to 10, 10
der **Giftmüll** toxic waste
die **Gipfelkonferenz,-en** summit conference
das **Gitarrespielen** guitar playing
das **Gitterbett,-en** crib

das **Glas,**ᵕ**er** glass
glauben an (*acc.*) to believe in **8**
der **Glaube(n)** belief, faith 1
gläubig religious
gleich same 4; similar; right away;
  equal **8**
das **Gleichgewicht** balance,
  equilibrium **7**
die **Gleichheit** equality **8**
gleichwertig equal, of the same value
gleichzeitig at the same time,
  simultaneously
die **Glocke,-n** bell
das **Glück** luck 12
Glück haben to be fortunate/lucky 12
  zum Glück fortunately, luckily 12
glücklich happy 12
der (ein) **Glückliche(r)** lucky person
  12
glücklicherweise luckily, fortunately,
  it is fortunate that 12
die **Grammatik,-en** grammar
das **Gras,**ᵕ**er** grass
gratulieren (*dat.*) to congratulate
grau grey
grausam cruel 1
die **Grausamkeit,-en** cruelty 1
das **Gremium, die Gremien**
  committee
die **Grenze,-n** border 12
grenzen an (*acc.*) to border on
der **Grenzsoldat(en)** border guard
der **Grieche;(n)** (*f.*) die **Griechin,-nen**
  Greek (person) 4
(das) **Griechenland** Greece
groß big, large, great
  im großen und ganzen by and
  large 2
großartig wonderful, great, fantastic
  2
die **Großeltern** grandparents
die **Großmutter,**ᵕ grandmother
der **Großteil** large part
größtenteils in the main, for the most
  part
der **Großvater,**ᵕ grandfather
großzügig generous
grün green
der **Grund,**ᵕ**e** reason **9**

es besteht kein Grund . . . zu
  there is no reason for **9**
aus . . . Grund for . . . reason **9**
im Grund(e) basically,
  fundamentally **9**
gründen to found
sich **gründen auf** (*acc.*) to be
  based / founded on 9
die **Grundlagenuntersuchung,-en**
  basic research
grundverschieden totally / entirely
  different
die **Gruppe,-n** group
grüßen to greet, say hello, give
  greetings to
gucken to look
das **Guckloch,**ᵕ**er** peephole
günstig favorable, advantageous,
  convenient **2**
gut good
gutgläubig trusting, credulous
gut·tun (a, a) (*dat.*) to do s.o. good

das **Haar,-e** hair
haben (hat, hatte, gehabt) to have
hacken to hack
der **Hafen,**ᵕ port, harbor **2**
die **Hafenstadt,**ᵕ**e** seaport
der **Hai(fisch),-e** shark **8**
der **Haifischrachen,-** jaws of a
  shark
die **Haigesellschaft,-en** society of
  sharks
halb half (a / the), halfway **4, 4**
die **Halbkugel,-n** hemisphere
die **Hälfte,-n** half **4, 4**
der **Hals,**ᵕ**e** neck, throat
  um den Hals fallen (ä, fiel, a; ist)
  to fling o.'s arms around s.o.'s neck
halsbrecherisch breakneck
die **Halskette,-n** necklace
halt modal particle 11
halten (hält, ie, a) to hold; stop 9;
  keep
halten für (hält, ie, a) to think,
  consider, regard as 1
halten (hält, ie, a) von to think of 1
die **Haltestelle,-n** bus stop
hämmern to hammer

handeln   to act, take action, carry out an action **7, 7**
  richtig / falsch handeln   to do the right / wrong thing **7**
handeln von   to deal with, be about 7
es handelt sich um   it involves, it concerns 7
die **Handlung,-en**   action
der **Handschuh,-e**   glove
die **Handtasche,-n**   purse
der **Hang zu**   tendency to
hängen (i, a) (*v.i.*)   to hang
hängen (*v.t.*)   to hang
harmlos   harmless
hart   hard
der **Haß**   hatred
hassen   to hate
häßlich   ugly
hastig   rushed, hurried
häufig   frequently
Haupt-   main + noun
die **Hauptgestalt,-en**   main character
der **Hauptgrund,ᵉe**   main reason 8
die **Hauptidee,-n**   main idea
die **Hauptsache,-n**   main thing 8
hauptsächlich   mainly, mostly, primarily 6, **8**
der **Hauptsatz,ᵉe**   main clause
die **Hauptstadt,ᵉe**   capital
der **Hauptunterschied,-e**   main difference **8**
das **Hauptziel,-e**   main goal
das **Haus,ᵉer**   house
die **Hausarbeit,-en**   housework
die **Hausaufgabe,-n**   assignment, homework
der **Haushalt,-e**   household
häuslich   domestic
die **Hausnummer,-n**   street / house number
die **Haustür,-en**   front door
der **Hausvater,ᵛ**   family man
heftig   vehement; fierce
heilen   to cure
das **Heim,-e**   home
die **Heimat**   home, homeland, native region / country
der **Heimatort,-e**   hometown
die **Heirat,-en**   marriage

heiraten   to marry, get married 5
heiß   hot
heißen (ie, ei)   to call, be called
der **Held(en)**   hero 1, **8**
heldenmütig   heroic
helfen (i, a, o) (*dat.*)   to help
hell   light
das **Hemd,-en**   shirt
her   3
  es ist + time expression + **her**   it's been + time expression
  von . . . her   from
herab·steigen (ie, ie; ist)   to climb down
herauf·treiben (ie, ie; ist)   to come / drift up (breeze)
die **Herausforderung,-en**   challenge
heraus·kommen (kam, o; ist)   to come out
sich **heraus·stellen**   to turn out
der **Herbst,-e**   fall
der **Herdenmensch(en)**   person who runs with the crowd
herein·lassen (ä, ie, a)   to let in
herein·rollen   to roll in
her·kommen (kam, o; ist)   to come here
die **Herkunft**   origin, background
der **Herr(n),-en**   gentleman, Mr. 1
herrlich   magnificent, grand
herüber·nicken   to nod across to s.o.
herüber·winken   to wave from across the street
herum·kommen (kam, o; ist)   to get around
herum·reisen (ist)   to travel around
herum·sitzen (saß, gesessen)   to sit around
herum·tragen
  mit sich herum·tragen (ä, u, a)   to carry around with o.s.
  um . . . herum   around
herunter·kommen (kam, o; ist)   to come down
hervor·bringen (brachte, gebracht)   to produce, bring forth
das **Herz,-en**   heart **1**
der **Herzinfarkt,-e**   heart attack
heulen   to howl, bawl

heute   today
heute abend   tonight 6
heute nacht   last night / tonight (after bedtime) 6
heutig-   today's, modern, contemporary
heutzutage   nowadays, these days
hier   here
hierher   here
hierher·kommen (kam, o; ist)   to come here
hierzulande   in our country / region
die **Hilfe,-n**   help
Hilfestellung geben (i, a, e)   to support, back up
hilflos   helpless
hilfreich   helpful
hilfsbereit   helpful, ready to help
die **Hilfsbereitschaft**   helpfulness, readiness to help
der **Himmel**   sky; heaven
hin und her   back and forth
hinauf·gehen (ging, gegangen; ist)   to go up
hinauf·heben (o, o)   to lift (o.'s eyes)
hinaus·fliegen (o, o; ist)   to fly out
der **Hinblick**
in / im Hinblick auf (*acc.*)   in view of, with regard to
hindern an (*dat.*)   to prevent from
das **Hindernis,-se**   obstacle, hindrance
hin·deuten auf (*acc.*)   to point to
sich **hinein·fressen (i, a, e) in** (*acc.*)   to eat o.'s way into
hinein·laufen (äu, ie, au; ist)   to run in(to)
hinein·sprechen (i, a, o) in (*acc.*)   to speak into
hin·fahren (ä, u, a; ist)   to drive / go there
hin·fallen (ä, fiel, a; ist)   to fall down
hingegen   however, but, on the other hand 12
hin·gehen (ging, gegangen; ist)   to go there
hin·hören   to listen
hin·legen   to lay / put down 2
sich **hin·legen**   to lie down
die **Hinsicht,-en**   regard, respect 5

hinsichtlich (*prep. gen.*)   with regard to 5
hinten   behind
hinter (*prep. dat. / acc.*)   behind
hinterher·kommen (kam, o; ist)   to follow
hinterher·schleichen (i, i; ist) (*dat.*)   to sneak behind
hinterlistig   cunning
hinüber·kommen (kam, o; ist)   to come across
hinüber·sehen (ie, a, e)   to look across the street
hinüber·werfen (i, a, o)   to throw across the street
hinunter·laufen (äu, ie, au; ist)   to run down
hinweg·sehen (ie, a, e) über   to see over s.o.'s head
der **Hinweis,-e**   pointer, tip, piece of advice 10
der **Hinweis,-e auf** (*acc.*)   reference / allusion to 10
hin·weisen auf (ie, ie) (*acc.*)   to refer / allude to 10
hinzu·fügen   to add 9
hinzu·kommen (kam, o; ist)
   hinzu kommt   there is also
der **Historiker,-**   historian
die **Hitze**   heat
hoch   high
hochinteressant   most interesting
hoch·schätzen   to esteem highly, value greatly 12
die **Hochschule,-n**   postsecondary academic institution, college, university 8
der **Hochschullehrer,-**   college / university teacher
höchst-   highest
höchst   highly, very, extremely
höchstens   at (the) most, at best 6
die **Höchstleistung,-en**   best performance 5
der **Hof,*·*e**   courtyard
hoffen auf (*acc.*)   to hope for
hoffentlich   I hope, hopefully 1
die **Hoffnung,-en**   hope
die **Höflichkeit,-en**   politeness

die **Höhe,-n**   height
der **Höhepunkt,-e**   high point / light
höher   higher
holen   to get
hören   to hear, listen 11
hören auf (*acc.*)   to listen to, heed 11
die **Hosentasche,-n**   pants pocket
hübsch   pretty, handsome; lovely, nice
der **Hummer,-**   lobster
humorvoll   humorous, amusing
der **Hund,-e**   dog
Hunderte von   hundreds of
hundertmal   a hundred times
der **Hundertmeterlauf,-e**   hundred-
   meter dash
der **Hungerkünstler,-**   hunger artist
hungern   to go hungry, starve
der (ein) **Hungernde(r)**
   hungry / starving person
der **Hut,-e**   hat
die **Hütte,-n**   hut, cabin

ichbezogen   self-centered, egocentric
das **Idealbild,-er**   ideal
der **Idealfall,-e**   ideal case
im Idealfall   ideally
die **Idee,-n**   idea
ihretwegen   because of her/them 12
illustrieren   to illustrate
die **Illustrierte** (*adj. noun*)   magazine
immer   always
immerfort   continually
immerhin   nevertheless, anyhow, at
   any rate **6**
implizieren   to imply
in (*prep. dat. / acc.*)   in, into, inside
indem (*sub. conj.*)   while; by + verb +
   -*ing*
der **Individualwortschatz**   individual
   vocabulary
die **Industriegesellschaft,-en**
   industrial society
der **Industriestaat,-en**   industrial
   nation
die **Industriewelt,-en**   industrial
   world
das **Inferioritätsgefühl,-e**   feeling of
   inferiority
der **Informatiker,-**   computer scientist

informieren   to inform
der **Ingenieur,-e;** (*f.*) die
   Ingenieurin,-nen   engineer **8**
der **Inhalt,-e**   content
die **Innenstadt,-e**   inner city
das **Innere** (*adj. noun*)   inside
insbesondere   especially **10**
die **Insel,-n**   island
insgesamt   altogether, in all
integrieren   to integrate
der (ein) **Intellektuelle(r)**
   intellectual 2
interessant   interesting
interessanterweise   interestingly
   enough, it is interesting that 12
das **Interesse,-n an** (*dat.*) **/ für**
   interest in **10**
Interesse haben an (*dat.*) **/ für**   to be
   interested in **10**
sich **interessieren für**   to be
   interested in **10**
interessiert sein an (*dat.*)   to be
   interested in **10**
interpretieren   to interpret
inwiefern   in what way
inzwischen   in the meantime
der **Irak**   Iraq 4
der **Iran**   Iran 4
irdisch   earthly
irgend-   some . . . or other; any . . . at
   all
irgendwann   sometime or other,
   sometime
irgendwie   somehow (or other)
irgenwo   somewhere (or other),
   someplace
sich **irren**   to be mistaken / wrong **7**
irritieren   to irritate
irrsinnig   tremendous; crazy **11**
der **Irrtum,-er**   mistake, error **7**
der **Irrweg,-e**   wrong path, mistake
isolieren   to isolate
(das) **Italien**   Italy
der **Italiener;** (*f.*) die **Italienerin,-nen**
   Italian (person) 4

ja   yes; modal particle, 1
die **Jacke,-n**   jacket
das **Jackett,-s**   suit jacket

jagen to chase
das **Jahr,-e** year **5**
  mit . . . Jahren at the age of **5**
die **Jahreszeit,-en** season
das **Jahrhundert,-e** century **10**
die **Jahrhundertwende,-n** turn of the century
Jahrmillionen (*pl.*) millions of years
das **Jahrzehnt,-e** decade
jahrzehntelang lasting for decades
der **Jähzorn** violent temper
der **Japaner,-;** (*f.*) die **Japanerin,-nen** Japanese (person) **4**
japanisch Japanese
jawohl yes, indeed
je ever **5**
je + comparative **desto / um so** + comparative the + comparative the + comparative **6**
jed- every
jedenfalls in any event
jedermann everyone, everybody
jedesmal every time
jedoch however, on the contrary **1, 12**
jemals ever **5**
jemand someone
jen- that (one), those (ones)
jetzig- present, current
jetzt now
der **Jude(n)** Jew
die **Jugend** youth
die **Jugendherberge,-n** youth hostel
der (ein) **Jugendliche(r)** young person, *pl.* young people, juvenile, youth **2**
die **Jugendlichkeit** youthfulness
jung young
der **Junge(n)** boy **1**

der **Kaffee,** *pl.* **Kaffeesorten** coffee
das **Kaffeehaus,-er** coffeehouse
der / das **Kajak-s** kayak
kalt cold
die **Kälte** cold
der **Kampf,-e um / für** fight, struggle for **7**
kämpfen um / für to fight for **7**
der **Kämpfer,-** fighter, warrior
der **Kanzler,-** chancellor

kapital principally, mainly
das **Kapitel,-** chapter **4**
kaputt broken, ruined, shattered
die **Karte,-n** card; ticket
der **Kasten,-** box; (fish) container **8**
der **Kastenbau** building of containers
katastrophal catastrophic
der **Katholik(en)** Catholic **1**
das **Kätzchen,-** kitten
kaufen to buy
der **Käufer,-** buyer
die **Kaufhalle,-n** department store
kaum hardly, scarcely, barely
kein no, not a, not any
keineswegs not at all, by no means, not in the least
kennen (kannte, gekannt) to know **11**
kennen·lernen to meet, get to know **4**
die **Kenntnis,-se** knowledge
das **Kennzeichen,-** characteristic; license plate
der **Kerl,-e** fellow, guy
die **Kerze,-n** candle
die **Kettengeschichte,-n** chain story
das **Kind,-er** child
kinderlieb fond of children
der **Kinderstuhl,-e** highchair
die **Kindheit** childhood
das **Kino,-s** movie theater
kinoerfahren having seen a lot of movies
die **Kirche,-n** church
die **Kirschtorte,-n** cherry cake
das **Kissen,-** pillow **3**
die **Klage,-n** complaint; lamentation **1**
klagen über (*acc.*) to complain, lament about **1**
die **Klammer,-n** parenthesis
der **Klang,-e** sound **3**
klappen to work out, go smoothly
klar clear
sich (*dat.*) **klar sein / werden** to realize, be / become clear **10**
klar·machen (an) (*dat.*) to make clear, explain; illustrate with
die **Klasse,-n** class
klassifizieren to classify
der **Klatsch** gossip

das **Klavier,-e**　piano
das **Klavierkonzert,-e**　piano concert
das **Kleid,-er**　dress
kleiden　to dress
der **Kleiderständer,-**　hat-and-coat
　stand
die **Kleidung**　clothes, clothing
klein　small, little
die **Kleinarbeit**　detailed work
der **Klick** (Böll uses *n.* gender)　click
klicken　to click
das **Klima,-s**　climate
die **Klimakatastrophe,-n**　climatic
　disaster
klingen (a, u)　to sound **3**
klischeehaft　stereotyped
die **Klischeevorstellung,-en**　cliché,
　stereotype
klopfen　to knock, pat
das **Kloster,ˮ**　cloister, monastery
klug　smart
der **Knabe(n)**　boy
die **Kneipe,-n**　pub, bar
das **Knie,-**　knee
kochen　to cook
der **Koffer,-**　suitcase
der **Kollege(n);** (*f.*) die **Kollegin,-nen**
　colleague 1
komisch　funny 3
kommen (kam, o; ist)　to come
　kam und kam nicht　just didn't
　come
die **Kommune,-n**　municipality,
　community
kommunizieren　to communicate
kompliziert　complicated
die **Konferenz,-en**　conference
der **Kongreß,-sse**　congress,
　convention
können (kann, konnte, gekonnt)　to
　be able to; speak / know a language
　6
der (ein) **Konservative(r)**
　conservative 2
der **Konsum**　consumption
sich **konzentrieren auf** (*acc.*)　to
　concentrate on **6**
das **Konzert,-e**　concert

die **Konzerthalle,-n**　concert hall
der **Kopf,ˮe**　head
das **Kopfnicken**　nodding of the head
die **Kopfschmerzen** (*pl.*)　headache
das **Kopfschütteln**　shaking the head
kopfschüttelnd　shaking o.'s head
der **Korb,ˮe**　basket
körperlich　physical
kostbar　valuable, precious
kosten　to cost
köstlich　delicious
die **Kraft,ˮe**　strength, energy, power 7
der **Kraftfahrer,-**　driver
krank　sick, ill
der (ein) **Kranke(r)**　sick person 2
die **Krankenpflegerin,-nen**　nurse
die **Krankheit,-en**　illness
der **Kreis,-e**　circle **6**
die **Kreislaufstörungen** (*pl.*)
　circulation problems
kreuzen　to cross
kriechen (o, o; ist)　to crawl, creep
der **Krieg,-e**　war **8**
Krieg führen　to wage war **8**
kriegen　to get
die **Krise,-n**　crisis
krisenhaft　crisis-ridden
die **Kritik,-en**　criticism
der **Kritiker,-**　critic
kritisch　critical
kritisieren　to criticize
die **Küche,-n**　kitchen
der **Kuchen,-**　cake
das **Küchenfenster,-**　kitchen window
der **Küchentisch,-e**　kitchen table
der **Kugelschreiber,-**　ballpoint pen
die **Kuh,ˮe**　cow
kühl　cool
das **Kühlhaus,ˮer**　cold-storage depot
der **Kuhstall,ˮe**　cow barn
die **Kultur,-en**　culture, civilization **8**
die **Kulturgeschichte**　cultural history
kümmerlich　paltry, meager,
　wretched, miserable
sich **kümmern um**　to take care of,
　concern o.s. with 5
der **Kunde(n);** (*f.*) die **Kundin,-nen**
　customer **1**

künftig future **12**
die **Kunst,-̈e** art **8**
das **Kunsterlebnis,-se** art experience
der **Künstler,-**; (*f.*) die **Künsterlin,-nen** artist **8**
der **Kunstliebhaber,-** art enthusiast
das **Kunstwerk,-e** work of art
der **Kurs,-e** class, course
   einen Kurs belegen to take a class **8**
kursiv italicized
kurz short
   vor kurzem recently, a short while ago **7**
kürzlich recently **7, 7**
die **Kurzschrift** shorthand
kurzsichtig nearsighted
die **Küste,-n** coast
die **Küstenlandschaft,-en** coastal landscape
der **Küstenort,-e** coastal town
der **Kutter,-** cutter

lächeln to smile
lachen to laugh
der **Laden,-̈** store
die **Lage,-n** situation; location **2**
das **Lager,-** (prison) camp
der **Lagerarbeiter,-** stockroom / warehouse worker
die **Lampe,-n** lamp
das **Land,-̈er** country
die **Landessprache,-n** national language
der **Landesteil,-e** region, area
die **Landschaft,-en** scenery, landscape, countryside
der **Landschaftsgärtner,-** landscape gardener
lang(e) long
die **Langeweile** boredom
Langeweile haben to be bored
   aus Langerweile out of boredom
langjährig many years of
langsam slow
längst long ago / since **6**
langweilen to bore **5**
sich **langweilen** to be bored **5**

langweilig boring, dull **5**
der **Lärm** noise, racket, din **3**
lassen (ä, ie, a) to let, permit, have s.th. done **8**; leave **3**
sich **lassen (ä, ie, a)** + infinitive can be + infinitive **10**
die **Last,-en** burden
der **Lastträger,-** carrier
Laufe
   im Laufe in the course
laufen (äu, ie, au; ist) to run
die **Läuferin,-nen** female runner
die **Laune,-n** mood
die **Laus,-̈e** louse
laut loud
der **Laut,-e** sound
lauten to read; go (text)
lauter nothing but, purely
die **Lawine,-n** avalanche
leben to live **1**
das **Leben,-** life
die **Lebensart,-en** way of life
die **Lebensbedingung,-en** living conditions **5**
der **Lebensbereich,-e** area of life
der **Lebensbericht,-e** report on a life
die **Lebensführung** conduct of o.'s life
die **Lebensgewohnheit,-en** life-style habit **7**
das **Lebensmittelgeschäft,-e** grocery store
lebensnotwendig essential, vitally necessary
die **Lebensqualität** quality of life
das **Lebensstadium,** *pl.* **-stadien** stage of life
der **Lebensstandard,-s** standard of living
der **Lebensstil,-e** life-style
die **Lebensumstände** *pl.* circumstances
lebensverneinend negative approach to life
die **Lebensweise,-n** way of life
der **Lederrucksack,-̈e** leather backpack
leer empty

legen   to lay, put **2**
die **Legitimation,-en**   ID card
lehnen an (*dat.*)   to be leaning against **3**
das **Lehrbuch,¨er**   textbook
lehren   to teach 8
der **Lehrer,-**; (*f.*) die **Lehrerin,-nen** teacher 4
das **Lehrlingswohnheim,-e** apprentice dormitory
leicht   easy
leid tun (tat, a) (*dat.*)   to feel sorry
leiden (litt, gelitten)   to suffer
leider   unfortunately 1
leihen (ie, ie)   to borrow
leise   quiet
leisten   to achieve, accomplish **5**
sich (*dat.*) **leisten**   to afford **1**
die **Leistung,-en**   achievement **5**
der **Leistungsdruck**   pressure to produce/achieve **5**
leistungsfähig   able, capable; competitive, efficient, productive **7**
die **Leistungsfähigkeit**   productivity, competitiveness, efficiency **7**
leistungsorientiert   achievement oriented
leiten   to lead
das **Leitmotiv,-e**   leitmotif
die **Lektüre,-n**   reading (matter)
lernen   to learn 8
die **Lernmethode,-n**   method of learning
lesen (ie, a, e)   to read
der **Leser,-**   reader
die **Lesung,-en**   reading
letzt-   last
   zum letztenmal   for the last time
die **Leute**   people **1, 1**
   unter die Leute kommen (kam, o; ist)   to mix with people **1, 1**
der **Libanon**   Lebanon 4
der (ein) **Liberale(r)**   liberal 2
das **Licht,-er**   light
der **Lichtschein**   gleam of light
lieb   dear
die **Liebe**   love
lieben   to love
lieblich   lovely

der **Lieblingsautor,-en**   favorite author
das **Lieblingsfach,¨er**   favorite subject
der **Lieblingsfeiertag,-e**   favorite holiday
der **Lieblingsmonat,-e**   favorite month
liebst   favorite
   am liebsten   most / best of all
das **Lied,-er**   song
liegen (a, e)   to lie, be located **2**
liegen an (a, e) (*dat.*)   to be because of s.th. **4**
   das liegt daran, daß   that is because, the reason for that is **4**
   woran liegt das   what is the reason for that **4**
liegen·lassen (ä, ie, a)   to leave (behind)
der **Lindenbaum,¨e**   linden tree
literarisch   literary
loben   to praise
der **Löffel,-**   spoon
lösbar   soluable
lösen   to solve, resolve; loosen; detach, untie **6**
los·fahren (ä, u, a; ist)   to leave 3
los·gehen (ging, gegangen; ist)   to leave 3
sich los·reißen (i, i)   to tear o.s. away from
los·schwimmen (a, o; ist)   to start swimming
die **Lösung,-en**   solution **6**
die **Luft**   air
die **Luftverschmutzung**   air pollution
lügen (o, o)   to lie
die **Lust**
   Lust haben zu / auf (*acc.*)   to feel like + -*ing* **2**
lustig   jovial, merry, amusing 8

machen   to make, do
die **Macht,¨e**   power **7, 7**
der **Machthunger**   craving / hunger for power
machthungrig sein   to crave power
mächtig   powerful **7**
die **Machtstruktur,-en**   power structure

die **Mahlzeit,-en**   meal
der **Mai**   May
die **Majorin,-nen**   major
mal   modal particle 2
das **Mal,-e**   time, occasion 6
malen   to paint
man   you, they, one 1, 10
manch-   some, many a
manchmal   sometimes
der **Mangel,**   lack 4
mangeln an (*dat.*)   to lack
der **Mann,-er**   man
der **Mantel,**   coat
die **Manteltasche,-n**   coat pocket
die **Mappe,-n**   school bag
märchenhaft   fabulous, fantastic
die **Marinadenfabrik,-en**   cannery
die **Marketingabteilung,-en**
   marketing department
der **Marktplatz,-e**   market
   place / square
die **Marktwirtschaft**   market economy
marktwirtschaftlich   free enterprise
der **März**   March
die **Masse,-n**   masses
die **Massenbewegung,-en**   mass
   movement
die **Massenmedien**   mass media **10**
der **Massenmord,-e**   mass murder
das **Massensterben**   widespread
   deaths
die **Maßnahme,-n**   measure **7**
Maßnahmen ergreifen / treffen
   (ergriff, ergriffen / trifft, traf,
   getroffen)   to take
   measures / steps **7**
die **Mathematikaufgabe,-n**   math
   problem
die **Mathematikprüfung,-en**   math
   test
die **Mauer,-n**   wall
der **Mauerbau**   construction / building
   of a wall
der **Mauerspecht,-e**   wall pecker
der **Mechaniker,-**   mechanic
meckern (*coll.*)   to complain
die **Medien**   media
medizinisch   medical
das **Meer,-e**   ocean **2**

der **Meeresgrund,-e**   bottom of the
   ocean
mehr   more 6
mehrer-   several 2
die **Mehrheit**   majority
mehrmals   several times 6
die **Mehrzahl**   majority
meinen   to mean; think; say 9
meinetwegen   for my sake; for all I
   care, as far as I am concerned 12
die **Meinung,-en**   opinion, view
   meiner Meinung nach   in my
   opinion
meist-   most 6
meistens   mostly, most of the time 6
melden (*dat.*)   to report (to
   authorities) **8**
sich **melden**   to respond; to answer
   (phone)
die **Menge,-n**   crowd **3**
eine Menge   lots, plenty of **3**
die **Mensa, Mensen**   students' dining
   hall, commons
der **Mensch(en)**   human being,
   person; *pl.* people **1**, 1
menschengeschichtlich   in terms of
   human history / the human race
die **Menschenmenge,-n**   crowd of
   people
die **Menschenzahl**   number of people
die **Menschheit**   humanity
menschlich   human
die **Menschlichkeit**   humaneness
merken   to notice, 10
sich (*dat.*) **merken**   to remember (in
   the future), make a mental note of 6
das **Merkmal,-e**   characteristic, feature
merkwürdig   strange, odd, peculiar **3,**
   3
merkwürdigerweise   strangely
   enough, strange to say 12
meßbar   measurable
das **Messer,-**   knife 4
die **Metapher,-n**   metaphor
mieten   to rent
die **Milch**   milk
die **Milliardensumme,-n**   a sum total
   of billions
die **Minderheit,-en**   minority

das **Minderwertigkeitsgefühl,-e**
feeling of inferiority **12**
der **Minderwertigkeitskomplex,-e**
inferiority complex
mindestens at least **4**
die **Ministerin,-nen** minister (in
government)
sich **mischen in** (*acc.*) to meddle,
interfere in **2**
mißbrauchen to misuse
der **Mißerfolg,-e** failure, flop
mißlingen (*dat.*) to fail, be
unsuccesful **3**
der **Mißstand,ᵛe** bad state of affairs
mißtrauen (*dat.*) to distrust **12**
das **Mißtrauen** distrust **12**
mißtrauisch distrustful; suspicious **9**
das **Mißverständnis,-se**
misunderstanding
mit (*prep. dat.*) with; by
mit·arbeiten an (*dat.*) to work on
der **Mitarbeiter,-;** (*f.*) die
Mitarbeiterin,-nen colleague,
employee, collaborator
der **Mitbewohner,-;** (*f.*) die -
Mitbewohnerin,-nen
housemate, roommate
mit·bringen (brachte, gebracht) to
bring along
der **Mitbürger,-** fellow citizen **12**
mit·fahren (ä, u, a; ist) to go along
mit·gehen (ging, gegangen; ist) to
go along
das **Mitglied,-er** member
mit·helfen (i, a, o) to help
mit·kommen (kam, gekommen; ist)
to come along
der **Mitläufer,-** person who goes along
(without dissenting)
das **Mitleid** pity, compassion **2**
Mitleid haben mit to pity, have
compassion for **2**
der **Mitmensch(en)** fellow human
being **1**
mit·nehmen (nimmt, nahm,
genommen) to take along
die **Mittagspause,-n** lunchbreak
die **Mitte,-n** middle
mit·teilen to inform, communicate
mittelmäßig mediocre, average **11**

mitten in the middle
mitten ins Gesicht smack in the face
mittlerweile in the meantime
möchten would like to
modernistisch modernist
die **Modernität** modernity
modisch fashionable
mögen (mag, mochte, gemocht) to
like to **6**
möglich possible
möglicherweise possibly, it is
possible that **12**
die **Möglichkeit,-en** possibility
möglichst + *adv* as . . . as possible
der **Monat,-e** month
der **Montag,-e** Monday
die **Moral** morals, morality
moralisch moral
der **Mörder,-** murderer
morgen tomorrow
morgen früh tomorrow morning
morgens mornings
die **Morgenstunde,-n** morning hour
das **Moslemland,ᵛer** Moslem country
der **Motorenlärm** noise of the / an
engine
müde tired
die **Mühe,-n** trouble, effort **6**
sich (*dat.*) **viel / große Mühe geben**
to go to a lot of trouble **6**
mühelos effortless, easy **6**
die **Mühelosigkeit** effortlessness,
ease **6**
der **Müll** garbage, trash, refuse
der **Mund,ᵛer** mouth
mündlich oral
der **Musiker,-** musician
der **Muskel,-n** muscle
müssen (muß, mußte, gemußt) to
have to **6**
die **Mußestunde,-n** hour of leisure
der **Mut** courage
mutig courageous
die **Mutter,ᵛ** mother
der **Muttertag,-e** Mother's Day
die **Mütze,-n** cap, hat **2**

na well
nach (*prep. dat.*) after; to, toward;
according to **4**

nach·ahmen   to imitate

der **Nachbar(n)**; (*f.*) die **Nachbarin,-nen**   neighbor 1

das **Nachbarskind,-er**   child next door

nachdem (*sub. conj.*)   after 3

nach·denken über (dachte nach, nachgedacht (*acc.*)   to think about, reflect, ponder 1

nachdenklich   thoughtful

die **Nachforschung,-en**   investigation

nach·gehen (ging, gegangen; ist) (*dat.*)   to follow; pursue

nachher   afterward; later 3

die **Nachkriegszeit**   postwar era

der **Nachmittag,-e**   afternoon

nachmittags   afternoons

der **Nachname(n)**   surname

die **Nachricht,-en**   news; communication 4

Nachrichten hören   to listen to the news 4

das **Nachrichtenmagazin,-e** newsmagazine

nach·spielen   to play

nach·sprechen (i, a, o)   to repeat

nächst-   next

die **Nacht,ӱe**   night

   eines Nachts   one night 6

der **Nachteil,-e**   disadvantage 4

nachts   nights

die **Nachwelt**   posterity

nagelneu   brand-new 9

nah(e)   close

die **Nähe**   vicinity

der **Name(n)**   name 1

nämlich   namely

die **Nase,-n**   nose

naß   wet

natürlich   natural; of course 1

die **Naturschätze** *pl.*   natural resources

das **Naturvolk,ӱer**   primitive people

die **Naturwissenschaft,-en**   natural sciences **10**

naturwissenschaftlich   scientific

neben (*prep. dat. / acc.*)   beside, next to

nebenan   next door

der **Nebensatz,ӱe**   dependent clause

nee   no, nope

der **Neffe(n)**   nephew **11**

nehmen (nimmt, nahm, genommen) to take

der **Neid auf** (*acc.*)   envy / jealousy of **2**

neidisch sein auf (*acc.*)   to be envious / jealous of **2**

neigen zu   to be inclined, tend toward **5**

die **Neigung,-en**   inclination, tendency; preference, liking **5**

nennen (nannte, genannt)   to mention, name

die **Nervosität**   nervousness

nett   nice

neu   new

neuerdings   lately, as of late 7

die Neugier   curiosity **1**

neugierig sein auf (*acc.*)   to be curious about, inquisitive; nosy **1**

neulich   recently, the other day 7

neunziger   nineties

die **Neuorientierung,-en** reorientation

das **Neuwort,ӱer**   new word / coinage

nicht   not

nicht (ein)mal   not even **4**

nicht mehr   not any more, no longer 5

nichts   nothing

nicken   to nod

nie   never

nieder·fahren (ä, u, a; ist)   to run over

die **Niederlande** (*pl.*)   Netherlands 4

nieder·legen   to tear down (wall)

niemals   never

niemand   no one

der **Nobelpreisträger,-**   Nobel prize winner

noch   still

noch ein   another 3

noch nicht / kein   not yet 5

noch nie   never before 5

das **Nomen,-**   noun

der **Norden**   north

die **Nordsee**   North Sea

normalerweise   normally 1, 12

die **Note,-n**   grade

nötig   necessary

die **Notiz,-en**   note

notwendig   necessary **4**
die **Notwendigkeit**   necessity
die **Nummer,-n**   number 7
nummerieren   to number
nun   now
nur   only 4; modal particle 6
nützen   to be of use
nützlich   useful
die **Nützlichkeit**   usefulness
das **Nylonhemd,-en**   nylon shirt

ob (*sub. conj.*)   if, whether 3
oben   above, upstairs
der **Ober,-**   waiter
oberflächlich   superficial **12**
die **Oberfläche,-n**   surface **12**
oberhalb (*prep. gen.*)   above
oberst-   upper
obgleich (*sub. conj.*)   although 3
die **Obrigkeit**   authorities
obwohl (*sub. conj.*)   although 3
oder (*conj.*)   or 1
offen   open
offenbar   apparently 1
offensichtlich   clearly, evidently,
   obviously 1
öffentlich   public **10**
die **Öffentlichkeit**   public **10**
öffnen   to open (up)
die **Öffnung,-en**   opening
oft   often, frequently, many times 6
öfter(s)   on occasion, every once in a
   while, from time to time 6
oftmals   often, oft 6
ohne (*prep. acc.*)   without 9
das **Ohr,-en**   ear
der **Ökologe(n); (**f.**) die Ökologin,-**
   nen   ecologist
ökologisch   ecological, environmental
ökonomisch   economic
die **Olympiasiegerin,-nen**   Olympic
   winner
der **Omnibus,-se**   bus
der **Omnibusfahrer,-**   bus driver
der **Onkel,-**   uncle 4
die **Oper,-n**   opera
der (ein) **Operierte(r)**   person
   operated on
das **Opfer,-**   sacrifice; victim **8**

Opfer bringen   to make sacrifices
die **Oppositionspartei,-en**
   opposition / minority party
ordentlich
ordentlich feiern   to celebrate in
   style
der **Ordner,-**   marshal
die **Ordnung**   order
organisieren   to organize
originell   original, witty
der **Ort,-e**   place, village, town **5,** 5
der **Ossi,-s**   East German
der (ein) **Ostdeutsche(r)**   East
   German
(das) **Ostdeutschland**   East Germany
der **Osten**   East
die **Osterferien**   Easter vacation
(das) **Österreich**   Austria
der **Österreicher,-;** (f.) die
   Österreicherin,-nen   Austrian
   (person) 4
österreichisch   Austrian
der **Osteuropäer,-**   East European
östlich   east
die **Ostsee**   Baltic Sea
das **Ozonloch,-̈er**   hole in the ozone
   layer
die **Ozonschicht,-en**   ozone layer

das **Paar,-e**   pair, couple 8
paar
ein paar   a few, several **8,** 8
paarmal
   ein paarmal   a few times 6
packen   to pack
pädagogisch   pedagogical, educational
die **Pädagogische Hochschule**
   school / college of education;
   teacher training college
das **Papier,-e**   paper
das **Pappmaché,-s**   papier-mâché
der **Parkplatz,-̈e**   parking lot, parking
   space
der **Parkweg,-e**   path leading through
   a park
die **Partei,-en**   party (political,
   judicial)
der **Paß,-̈sse**   passport 9
das **Paßbild,-er**   passport photo

passen (*dat.*)   to fit, suit, be
    appropriate / suitable / to o.'s liking
    1
passen zu   to go with, match **1**
passieren (ist)   to happen
pauken   to cram (study) **8**
das **Pech**   bad luck **12**
der **Pechvogel,**⸴   person who (often)
    has bad luck **12**
peinlich   embarassing, awkward
der **Pelztierjäger,-**   trapper
die **Pension,-en**   bed-and-breakfast inn
das **Periodensystem**   periodic table
der **Personalausweis,-e**   identification
    card **9**
persönlich   personal
die **Persönlichkeit,-en**   personality
die **Pfeife,-n**   pipe
der **Pfiff,-e**   whistle
die **Pflanze,-n**   plant
pflegen   to take care of, nurse
die **Pflegerin,-nen;** (*m.*) der **Pfleger,-**
    practical nurse **4**
die **Pflicht,-en**   duty, task,
    responsibility **5**
pflichtbewußt   conscientious **5**
das **Pflichtbewußtsein**   sense of duty
    5
das **Pfund,-e**   pound
der **Plan,**⸴**e**   plan
planen   to plan
planmäßig   as planned, according to
    plan; as scheduled
der **Platz,**⸴**e**   place; room **5**
plaudern   to chat, talk
plötzlich   suddenly
das **Plusquamperfekt**   past perfect
(das) **Polen**   Poland
die **Politik**   politics; policies
der **Politiker,-;** (*f.*) die **Politikerin,-**
    nen   politician
die **Politikwissenschaft**   political
    science
politisch   political
die **Polizei**   police **3**
der **Polizeistaat,-en**   police state
die **Polizeiwache,-n**   police station
der **Polizeiwagen,-**   police car
der **Polizist(en)**   policeman **1, 3**

die **Post**   mail
das **Postamt,**⸴**er**   post office
der **Postbote(n)**   mail carrier
der **Posten,-**   post, position
die **Postkarte,-n**   postcard
prägen   to shape, mould **12**
das **Praktikum,** *pl.* **Praktiken**
    internship
praktisch   practical
das **Präsens**   present tense
der **Präsident(en)**   president **1**
das **Präteritum**   past tense
der **Preis,-e**   price; prize
pressen   to press
prima   fantastic, great
die **Primitivisierung**   regression to a
    more primitive stage of civilization
das **Prinzip,-ien**   principle
der **Privatfriede(n)**   private peace
das **Privatleben,-**   private life
die **Projektleiterin,-nen**   project
    leader
das **Pronomen,-**   pronoun
der **Protestant(en)**   protestant
provisorisch   temporary, provisional
provozieren   to provoke
das **Prozent,-e**   percent, percentage
der **Prozeß,-sse**   process
die **Prüfung,-en**   examination
psychologisch   psychological
der **Punkt,-e**   point
Punkt . . . Uhr   at . . . o'clock sharp
pünktlich   punctual, on time
pur   sheer
putzen   to clean
die **Putzfrau,-en**   cleaning woman

qualifiziert   qualified
die **Qualität,-en**   quality
der **Quatsch**   nonsense
die **Quelle,-n**   source **10**

rabenschwarz   pitch-black
der **Rachen,-**   jaws
das **Rad,**⸴**er**   bicycle
rad·fahren (fährt Rad, fuhr Rad,
    radgefahren; ist)   to bike
der (ein) **Radikale(r)**   radical **2**
die **Radtour,-en**   bike tour

die **Rakete,-n** rocket 5
der **Raketenbau** rocket
building / projects
rasant rapidly
rasch quick, fast 5
rasen (ist) to race
der **Rat** advice
raten (rät, ie, a) to advise
die **Ratgeberin,-nen** adviser
das **Rathaus,-er** town / city hall
ratsam advisable
rauchen to smoke
'raus·kommen (kam, gekommen; ist)
to get out
reagieren auf (*acc.*) to react to 7
die **Reaktion,-en** auf (*acc.*) reaction to
rechnen mit to count on 10
die **Rechnung,-en** bill
recht right; quite, rather, fully
recht haben (hat, hatte,
gehabt) / behalten (behält, ie,
a) to be right 9, 12
recht sein (*dat.*) to be all right / OK
with s.o. 12
die **Rechtfertigung,-en** justification
der **Rechtsanwalt,-e** lawyer
der (ein) **Rechtsradikale(r)** right-
wing radical
der **Rechtsstaat,-en** state under the
rule of law
rechtzeitig on time
recycelbar recyclable
die **Rede,-n** speech, discourse
das **Redemittel,-** verbal expression
reden to speak
die **Redensart,-en** idiom, expression,
saying
die **Redewendung,-en** idiom
die **Rednerin,-nen** speaker
das **Regal,-e** shelf 1
die **Regel,-n** rule
regelmäßig regularly
der **Regen** rain
der **Regenwald,-er** rain forest
die **Regierung,-en** government
die **Regierungsprecherin,-nen**
government spokesperson
der **Regimegegner,-** opponent of the
regime

die **Regionalnachrichten** local news
regnen to rain
reich rich
reichen to hold out, extend; suffice
reif ready, ripe, mature
die **Reihe,-n** row
rein pure
die **Reise,-n** trip
der **Reisebericht,-e** travelog
das **Reisefoto,-s** travel photo, picture
from a trip
der **Reiseführer,-** guidebook
reiselustig keen on traveling
reisen (ist) to travel
der (ein) **Reisende(r)** traveler 2
die **Reiseroute,-n** itinerary
das **Reiseziel,-e** destination
reizend charming
der **Relativsatz,-e** relative clause
die **Religion,-en** religion 8
rennen (rannte, gerannt; ist) to
run, race 5
der **Rennfahrer,-** racing driver
renommiert renowned, famed
reparieren to repair
der **Repräsentant(en); (*f.*) die**
Repräsentantin,-nen
representative 1
respektabel respectable
das **Resultat,-e** result
retten to save (from
death / extinction) 7
die **Rettung** saving; rescue; salvation 7
revidieren to revise; check
richtig correct, right 12
die **Richtigkeit** correctness
die **Richtung,-en** direction
riechen (o, o) nach to smell like
der **Riese(n)** giant 8
die **Riesenfreude** immense joy
riesig huge, enormous, tremendous,
immense 8
die **Rivalität,-en** rivalry
der **Rohstoff,-e** raw material
die **Rolle,-n** role
das **Rollenspiel,-e** role play
der **Roman,-e** novel
der **Rostbraten,-** roast
rot red

röten turn red, flush
rüber·kommen (kam, gekommen; ist) to come over
der **Rücken,-** back
die **Rückenschmerzen** *pl.* back pain
rückwärts backward **6**
der **Rückwärtsgang** walking backward
rückwärts·gehen (ging, gegangen; ist) to walk backward
der **Ruf,-e** call
rufen to call
die **Ruhe** calm, rest
 zur Ruhe kommen to rest
ruhig calm, quiet; modal particle 6
rührend touching
rund·fliegen (o, o; ist) to fly around
runter down
der **Russe(n);** (*f.*) die **Russin,-nen** Russian (person) 4
russisch Russian 4
(das) **Rußland** Russia

die **Sache,-n** thing, matter, concern, cause 4
sachlich objective
der **Sachzwang,-e** practical constraint
sagen to say 9
sammeln to collect **10**
die **Sammlung,-en** collection **10**
der **Samstag,-e** Saturday
die **Samthose,-n** velvet pants
sämtlich all **5**
sanft gentle; peaceful **6**
sanftmütig gentle
die **Sängerin,-nen** singer
der **Satz,-e** sentence
das **Satzadverb,-ien** sentence adverb
die **Satzart,-en** type of sentence
das **Satzelement,-e** sentence element
das **Satzpaar,-e** pair of sentences
der **Satzteil,-e** part of a / the sentence
sauber clean
sauber·machen to clean
sauer annoyed; sour
die **S-Bahn [Stadtbahn]** city railroad
die **Schachtel,-n** box
schade too bad

schaden to harm
der **Schaden** damage
schädigen to damage, harm
schaffen (schuf, a) to create **10**
schaffen to manage to do s.th.
der **Schal,-s/-e** shawl
sich **schämen** to be ashamed 7
scharf sharp
die **Schärfe,-n** sharpness
der **Schatten,-** shadow
der **Schatz,-e** treasure
schätzen to estimate, assess; regard highly, value **12**
schaudern to shudder
schauen to look
das **Schaufenster,-** display / shop window
der **Schauplatz,-e** scene
sich **scheiden lassen (ä, ie, a)** to get divorced 7
die **Scheidung,-en** divorce
scheinbar apparently
scheinen (ie, ie) to seem, appear
scheitern (ist) to fail
schenken to give (a present)
schick chic, stylish, smart
schicken to send
schieben (o, o) to push, shove
schießen (o, o) to shoot
das **Schild,-er** shield
schildern to describe, portray **12**
die **Schilderung,-en** description **12**
der **Schinken,-** ham
der **Schlaf** sleep
schlafen (ä, ie, a) to sleep
schläfrig sleepy
schlagen (ä, u, a) to hit
schlecht bad, poor 11
schlecht werden (*dat.*) to get sick to o.'s stomach
schleichen (i, i; ist) to creep, sneak, steal
schließen (o, o) to close
schließen (o, o) aus to conclude from 7
schließlich finally, at the end, eventually; after all **6**, 6
die **Schließung,-en** closing
schlimm bad **11**, 11

der **Schluß,⸗sse**   end, ending,
   conlusion 7
  **einen Schluß ziehen (zog,
   gezogen) aus**   to draw a
   conclusion from 7
  zum Schluß   at/in the end; in
   conclusion, finally
der **Schlüssel,-**   key
die **Schlußfolgerung,-en**   conclusion,
   inference
schmal   narrow
schmecken   to taste 8
der **Schmelztiegel,-**   melting pot
der **Schmerz,-en**   pain
schmerzen   to hurt
schmerzhaft   painful
schmutzig   dirty
schnappen   to catch
das **Schneckentempo**   snail's pace
der **Schnee**   snow
schneeweiß   snow-white
schneiden (schnitt, geschnitten)   to
   cut
schneien   to snow
schnell   fast
schnellebig   fast moving
das **Schnellgericht,-e**   meal that can
   be prepared quickly
die **Schnelligkeit**   speed, speediness,
   quickness
die **Schnellzugfahrkarte,-n**   express
   train ticket
schon   already 5; modal particle 7
schon einmal   ever 5
schön   pretty, beautiful
der **Schrank,⸗e**   closet, wardrobe
schrecklich   terrible, awful
der **Schrei,-e**   scream
schreiben (ie, ie)   to write
der **Schreibtisch,-e**   desk
schreiten (schritt, geschritten; ist)
   to walk, stride
die **Schrift,-en**   document
schriftlich   written
der **Schriftsteller,-;** (*f.*) die
   Schriftstellerin,-nen   writer
der **Schritt,-e**   step
die **Schublade,-n**   drawer

schüchtern   shy 12
der **Schuh,-e**   shoe
die **Schuld,-en**   fault, guilt; (*pl.*) debt
   6
Schuld haben an (*dat.*)   to be at fault,
   be responsible for 6
schuld sein an (*dat.*)   to be at
   fault / responsible 6, 7
schulden   to owe, be indebted to
schuldig   guilty 6
der (ein) **Schuldige(r)**   guilty person
die **Schule,-n**   school 8
der **Schüler,-;** (*f.*) die **Schülerin,-nen**
   student 8
die **Schulklasse,-n**   (school) class
die **Schulter,-n**   shoulder
schultern   to shoulder
schütteln   to shake
sich **schütteln**   to shudder
schützen   to protect
der **Schutzpolizist(en)**   policeman
schwarz   black
der **Schweigemönch,-e**   monk
   committed to perpetual silence
schweigen (ie, ie)   to be / keep silent,
   say nothing 6
die **Schweiz**   Switzerland 4
der **Schweizer,-;** (*f.*) die **Schweizerin,-
   nen**   Swiss (person) 4
schwer   difficult, hard, tough; heavy 11
schweratmend   breathing heavily
schwer·fallen (ä, ie, a; ist) (*dat.*)   to
   be difficult for 11
schwerhörig   hard of hearing
die **Schwester,-n**   sister
schwierig   difficult, complex;
   troublesome 11
die **Schwierigkeit,-en**   difficulty
schwimmen (a, o; ist)   to swim
der **Schwimmer,-**   swimmer
schwitzen   to sweat
der **Sechstagefahrer,-**   driver in a six-
   day race
die **Sechziger**   sixties
die **SED Sozialistische
   Einheitspartei Deutschlands**
   Socialist Unity Party of Germany
   (GDR)

der **See-n** lake **2**
die **See,-n** sea, ocean **2**
die **Seele,-n** soul
sehen (ie, a, e) to see
die **Sehenswürdigkeit,-en** sight
sich **sehnen nach** to long for
die **Sehnsucht,⸚e** longing, yearning
sehr very (much) **1**
die **Seife,-n** soap
sein (ist, war, gewesen; ist) to be **1**
es ist / sind there is / are **8**
seinetwegen for his sake, on his account **12**
seit (*prep. dat.*) since; for (temporal meaning) **3**
seit(dem) (*sub. conj.*) (ever) since **3**
seitdem (*adv.*) since then **1, 3**
die **Seite,-n** side, page
von verschiedenen Seiten from various sources
seither since then **1**
die **Sekunde,-n** second
selber myself, yourself, etc. (emphatic)
selbst even **4**; myself, yourself, etc. (emphatic)
selbständig independent
das **Selbstbild,-er** self-image **12**
die **Selbstcharakterisierung,-en** self-characterization
die **Selbstfindung** finding o.'s self
selbstsicher self-assured **11**
die **Selbstsicherheit** self-assurance, self-confidence
selbstsüchtig selfish **12**
selbstverständlich of course, naturally
das **Selbstvertrauen** self-confidence
der **Selbstzweifel,-** self-doubt
selten rare
seltsam strange, peculiar **3**
seltsamerweise strangely enough, it is odd that **12**
die **Semesterferien** (*pl.*) vacation (from college) **9**
der **Sender,-** radio / television station **11**
der **Senf** mustard

senken to lower **2**
die **Senkung,-en** lowering **2**
sensationslüstern sensation / thrill seeking
servieren to serve
setzen to put, place, set **2**
sicher safe, secure; certain, for sure; certainly, surely **1**
die **Sicherheit** sureness, confidence
das **Sicherheitsorgan,-e** security agent
sicherlich certainly, surely **1**
sichern to safeguard
die **Sicht** sight, visibility; (point of) view, slant **4**
aus meiner Sicht from my point of view, as I see it **4**
sichtbar visible
die **Silbe,-n** syllable
das **Silber** silver
silbergrau silver grey
singen (a, u) to sing
der **Sinn,-e (für)** meaning, sense (of) **7**
sinnlos senseless, pointless
sinnverwandt synonymous
sinnvoll meaningful, sensible, useful
die **Sitte,-n** custom
sitzen (saß, gesessen) to sit
die **Sitzung,-en** meeting
der **Sketch,-e** sketch
der Ski,-er- ski
Ski fahren (ä, u, a; ist) to ski
Ski laufen (äu, ie, au; ist) to ski
das **Skilaufen** skiing
der **Skiläufer,-** skier
der **Skorpion,-e** scorpion **1**
die **Slowakei** Slovakia **4**
sobald (*sub. conj.*) as soon as **3, 3**
der **Socke(n)** sock
sofort at once
sogar even **4**
sogleich at once
der **Sohn,⸚e** son
solange (*sub. conj.*) as long as **3**
solch- such
der **Soldat(en)** soldier
solidarisch solidary

sollen   to be (supposed) to 6
der **Sommer,-**   summer
die **Sommerkleidung**   summer clothes
sonderbar   strange, peculiar, odd 3
sondern   but, on the contrary, rather 1
die **Sonne,-n**   sun
der **Sonntag,-e**   Sunday
der **Sonntagmorgen,-**   Sunday
  morning
sonntags   Sundays
sonst   otherwise 1
sooft (*sub. conj.*)   whenever 3, 3
sorgen für   to see to, take care of 5
sich (*dat.*) **Sorgen machen um**   to
  worry about 5
sich **sorgen um**   to worry about 5
sorgfältig   careful 12, 12
die **Soße,-n**   sauce, gravy
soviel (*sub. conj.*)   as far as
soweit (*sub. conj.*)   as far as 3
soweit sein   to be ready 12
es ist soweit   it is all set
sowohl . . . als / wie auch   both . . .
  and, as well as 12
der **Sozialist(en)**   socialist 1
die **Sozialwissenschaften**   social
  sciences 10
der **Soziologe(n)**   sociologist 1
sozusagen   so to speak, as it were
spalten   to split, separate, divide 12
die **Spaltung,-en**   split, division 12
(das) **Spanien**   Spain
der **Spanier,-**; (*f.*) die **Spanierin,-nen**
  Spanish (person) 4
das **Spanisch**   Spanish language
  (specific context) 10
das **Spanische** (*adj. noun*)   Spanish
  language (in general) 10
spannend   suspenseful
die **Spannung,-en**   suspense, tension,
  excitement
sparen   to save (money, resources,
  time)
der **Spaß**   fun
Spaß machen (+ personal subject)   to
  kid, joke 3
Spaß machen (*dat.*)   to be fun for 3
spät   late
spätestens   at the latest 2

der **Spaziergang,-̈e**   walk
der **Speisewagenkoch,-̈e**   dining-car
  cook
der **Spezialausdruck,-̈e**   special
  expression
der **Spezialist(en)**   specialist 1
der **Spiegel,-**   mirror 4
spiegeln   to reflect
das **Spiel,-e**   game, play
spielen   to play
der **Spieler,-**   player
spielerisch   playful
der **Spielplatz,-̈e**   playground
der **Spielraum**   leeway
spitz   pointed
der **Spitzname(n)**   nickname
spontan   spontaneous
der **Sportler,-**   athlete
sportlich   athletic
der **Sportplatz,-̈e**   sports / playing
  field
der **Sportverein,-e**   sports club
sprachbegabt   good at languages
die **Sprache,-n**   language
der **Spracheinfluß,-̈sse**   linguistic
  influence
der **Sprachgebrauch**   usage
die **Sprachgemeinschaft,-en**
  language community
die **Sprachkenntnisse**   foreign-
  language proficiency
das **Sprachlabor,-s/-e**   language lab
sprachlich   linguistic
das **Sprachstudium, -studien**   study
  of a language / languages
sprechen (i, a, o)   to speak
die **Sprechstunde,-n**   office hour
das **Sprichwort,-̈er**   proverb
springen (a, u; ist)   to jump
die **Spur,-en**   trace
spüren   to feel, sense 4
der **Staat,-en**   state, government 4
staatlich   state, country, government
der (ein) **Staatsangehörige(r)**
  national, citizen 4
die **Staatsangehörigkeit,-en**
  nationality 4
der **Staatsbürger,-**   citizen, national
die **Staatsform,-en**   type of state

der **Staatsmann,⸚er** statesman

der **Staatssicherheitsdienst (Stasi)**
national / state security service of
the GDR

stabil stable, sound

der **Stachel,-** stinger

das **Stadion, Stadien** stadium

die **Stadt⸚e** city, town

die **Stadtgrenze,-n** town / city
boundary

die **Stadtmitte,-n** town / city center

der **Stadtrundgang,⸚e** sightseeing
walk

das **Stadtzentrum,-zentren**
town / city center

stammen aus to come / stem from **10**

ständig constant, continual

stark strong **10**, 10

starr glassy, fixed (gaze)

starren to stare

startbereit ready to start / go

die (der) **Stasi** see
Staatssicherheitsdienst

statt (*prep. gen.*) instead of 9

statt dessen instead 1, 9

statt·finden (a, u) to take place **9**

stecken to put, stick; be dressed in 2

stehen (stand, gestanden) to stand

es steht it says (in a text) 1

stehen·bleiben (ie, ie; ist) to stop
(moving) 9

stehen·lassen (ä, ie, a) to leave
(behind)

stehlen (ie, a, o) to steal

steigen (ie, ie; ist) (*v. i.*) to climb **4**,
7

steigern to increase

die **Steigerung,-en** increase

die **Stelle,-n** place, spot; job, position
5, 5

stellen to put 2

die **Stellung,-en** job, position

sterben (i, a, o; ist) to die

stetig steady

stets always

das **Stichwort,-e** key word

der **Stiefel,-** boot

der **Stil,-e** style

still quiet, silent, calm, still

das **Stilmittel,-** stylistic device

die **Stimme,-n** voice

stimmen to be right, correct

das **Stipendium,-ien** scholarship,
grant, fellowship

die **Stirn(e),-en** forehead

das **Stirnband,⸚er** headband

der **Stock, Stockwerke** *pl.* story,
floor **3**

stolz proud

stolz sein auf (*acc.*) to be proud of
11

der **Stolz** pride **11**

stopfen to stuff

stoppen to stop 9

stören to bother, disturb **2**

stoßen (ö, ie, o; ist) an (*acc.*)
run / bump into

stoßen auf (ö, ie, o; ist) (*acc.*) to
come upon / across, encounter, run
into,   meet with **11**

der **Strand,⸚e** beach

die **Straße,-n** street

die **Straßenbahn,-en** streetcar

der **Straßenrand,⸚er** roadside

der **Streich,-e** strike, blow

streichen (i, i) to stroke

der **Streifenwagen,-** patrol car

streiken to strike

der **Streit,-e** quarrel

sich **streiten (stritt, gestritten)** to
have an argument, fight

streng strict, stern 10

der **Streß** stress

stressig stressful

der **Strom,⸚e** current, stream

strömen (ist) to stream

das **Stück,-e** piece

der **Student(en);** (*f.*) die **Studentin,-
nen** student 1, 8

das **Studentenheim,-e** student
dormitory

das **Studentenleben** student life

die **Studentenschaft** students
(collective)

das **Studentenwohnheim,-e** student
dormitory

der **Studienplatz,⸚e** university place

studieren to study 8

das **Studium,** *pl.* **Studien**   study, course of studies, *sg.* college 8
die **Stufe,-n**   step
der **Stuhl,⸗e**   chair
stumm   dumb, mute
die **Stunde,-n**   hour
stundenlang   for hours (on end)
stündlich   every hour
stürmisch   stormy
die **Stütze,-n**   support, help
subordinierend   subordinating
die **Suche nach**   search for 9
suchen nach   to search for, seek 9
der **Sudan**   Sudan 4
der **Süden**   south
südländisch   southern, Mediterranean
südlich   south, southern
der **Südwesten**   southwest
süß   sweet
sympathisch   pleasant, nice, likable, simpatico 3
  er ist mir sympathisch   I like him
die **Szene,-n**   scene

der **Tabak**   tobacco
der **Tag,-e**   day
eines Tages   some / one day 6
das **Tagebuch,⸗er**   diary
tagelang   for days on end 6
der **Tagesablauf,⸗e**   day
täglich   daily
tagsüber   during the day
die **Tante,-n**   aunt
tanzen   to dance
die **Tasche,-n**   pocket, bag
die **Tasse,-n**   cup
die **Tat,-en**   deed
tätig sein   to work
die **Tätigkeit,-en**   activity; work, job, occupation 4
der **Tätigkeitsbericht,-e**   progress report
die **Tatsache,-n**   fact 2
tatsächlich   in fact, actually, really, believe it or not 2, 8
die **Taube,-n**   dove
tauschen   to exchange, change

täuschen   to deceive
die **Technik**   technology
der **Techniker,-**   engineer, technician
technisch   technical
technisieren   to mechanize
der **Tee**   tea
der **Teil,-e**   part 4
  zum Teil   partly 4
  zum großen / größten Teil   for the most part, mostly 4
teilen   to share; divide 12
der **Teilhaber,-**   partner
der **Teilnehmer,-**   participant
teils . . . teils   partly . . . partly; both . . . and 12
die **Teilung,-en**   division 12
teilweise   partly 4
der **Teilzeitjob,-s**   part-time job
telefonisch   by telephone
der **Teller,-**   plate
die **Tendenz,-en**   tendency
der **Tennisplatz,⸗e**   tennis court
das **Tennisspielen**   playing tennis
der **Tennisverein,-e**   tennis club
der **Teppich,-e**   rug
der **Termin,-e**   appointment, date 4
teuer   expensive
der **Teufel,-**   devil
die **Textstelle,-n**   place in the text
das **Theaterspielen**   playacting
das **Theaterstück,-e**   (stage) play
das **Thema, Themen**   theme, topic
der **Theologe(n)**   theologian
der **Therapeut(en);** (*f.*) die **Therapeutin,-nen**   therapist
tief   deep
tiefsitzend   deep-seated
das **Tier,-e**   animal
der **Tisch,-e**   table
die **Tochter,⸗**   daughter
die **Tochterfirma,** *pl.* **-firmen**   subsidiary (firm)
der **Tod,-e**   death
tolerieren   tolerate
toll   fantastic, great
das **Tonband,⸗er**   cassette tape
tonnenweise   by the ton
tot   dead

der (ein) **Tote(r)**   dead person 2
töten   to kill
sich **tot·lachen**   to die laughing
der **Tourist(en)**   tourist **2**
tragen (ä, u, a)   to carry; wear
trampen   to hitchhike
transferieren   to transfer
der **Transportpolizist(en)**
    policeman accompanying a
    transport
trauen (*dat.*)   to trust **12**
die **Trauer**   sorrow, sadness
der **Traum,·e**   dream
träumen von   to dream of
  schlecht träumen   to have bad
    dreams
der **Träumer,-**   dreamer
träumerisch   dreamy
die **Traumstadt,·e**   dream city
der **Traumurlaub,-e**   dream vacation
traurig   sad
der **Treff,-s**   get-together
treffen (i, traf, o)   to meet, run into;
    hit **4, 4**
sich **treffen (i, traf, o)**   to meet **4**
trennen   to separate, divide
die **Trennung,-en**   separation **11**
die **Treppe,-n**   stairs
treten (tritt, a, e; ist)   to step, enter
treu   loyal
die **Treue**   loyalty
trinken (a, u)   to drink
triumphal   triumphant
der **Triumphzug,·e**   triumph
trotz (*prep. gen.*)   despite, in spite of
trotzdem   nevertheless, inspite of that
    1
(das) **Tschechien**   Czech Republic
das **Tuch,·er**   scarf, kerchief
tun   to do
  (so) tun, als ob   to act as if,
    pretend **7**
  etwas tun für   to study for **8**
die **Tür,-en**   door
der **Türke(n)**; (*f.*), die **Türkin,-nen**
    Turkish person **1**
die **Türkei**   Turkey **4**
türkisch   Turkish **4**

der **Turm,·e**   tower
typisch   typical

übel   bad, evil; offensive **11**
üben   to practice
über (*prep. dat. / acc.*)   over, across,
    above; about
überall   everywhere
überallhin   everywhere
sich **überarbeiten**   to overwork o.s.
die **Überbevölkerung**   overpopulation
überbrücken   to bridge, overcome
**überdenken (überdachte,
    überdacht)**   to think over
überein·stimmen mit   to agree with,
    concur
das **Überfallauto,-s**   police car
überfallen (ä, überfiel, a)   to seize,
    come over
überführen   to take to
überfüllt   overcrowded
übergeben (i, a, e)   to give, hand over
    to
über·gehen (ging, gegangen; ist)   to
    switch over
**übergehen (übergeht, überging,
    übergangen)**   to pass over
überhaupt   in general; anyway,
    anyhow, at all **8,** 8
überheblich   arrogant
überhören   not to hear
überkommen (überkam, o; ist)   to
    come over (feeling)
(sich) (*dat.*) **überlegen**   to think,
    ponder **1**
überlegen sein (*dat.*)   to be superior
    to **12**
die **Überlegenheit**   superiority **12**
die **Überlegung,-en**   reflection,
    thought
übermittelgroß   above average in
    height
übermorgen   the day after tomorrow
übernachten   to spend the night **9**
**übernehmen (übernimmt,
    übernahm, übernommen)**   to
    adopt, take over
überprüfen   to check

überraschen   to surprise
überrennen (überrannte, überrannt)   to overwhelm, overrun
übersehen (ie, a, e)   to overlook
übersetzen aus . . . ins   to translate from . . . into **10**
der **Übersetzer,-**   translator
die **Übersetzung,-en**   translation **10**
überspringen (a, u; ist)   to skip a grade
übertragen (ä, u, a)   to translate, render
übertreiben (ie, ie)   to exaggerate
die **Übertreibung,-en**   exaggeration
überwinden (a, u)   to overcome **11**
überzeugen   to convince **12**
die **Überzeugung,-en**   conviction **12**
übrig   remaining
übrigens   by the way 1
die **Übung,-en**   exercise; practice
die **Uhr,-en**   watch, clock
um (*prep. acc*)   around; at
um . . . zu   in order to 9
umarmen   to embrace
der **Umbruch**   radical change
um·drehen   to turn around 1
um·fallen (ä, fiel, a; ist)   to fall over
die **Umfrage,-n**   survey, opinion poll **12**
  eine Umfrage machen   to carry out a poll **12**
umgangssprachlich   colloquial
die **Umgebung,-en**   environment
um·gehen (ging, gegangen; ist) mit   to treat, handle
umgekehrt   vice versa
die **Umkehr**   turning back; reversal
um·kehren (ist)   to turn around
um·schulen   to retrain
um so   the + comparative
die **Umwelt**   environment 7
umweltbewußt   environmentally / ecologically aware
der **Umweltfeind,-e**   enemy of the environment
umweltfeindlich   damaging / hostile to the environment
der **Umweltforscher,-; (**f.**) die**

Umweltforscherin,-nen   environmental researcher
der **Umweltfreund,-e**   friend of the environment
umweltfreundlich   environmentally friendly
die **Umweltgefährdung**   endangering the environment
die **Umweltkonferenz,-en**   conference on the environment
die **Umweltkrise,-n**   ecological crisis
der **Umweltminister,-; (**f.**)**
  Umweltministerin,-nen   minister of the environment
das **Umweltministerium**   Ministry of the Environment
das **Umweltproblem,-e**   environmental problem
der **Umweltschutz**   environmental protection
der **Umweltschützer,-**   conservationist, environmentalist
die **Umweltschutzmaßnahme,-n**   measure to protect the environment
die **Umweltstudie,-n**   environmental study
die **Umweltverschmutzung**   environmental pollution
die **Umweltzerstörung**   destruction of the environment
sich **um·wenden (wandte, gewandt)**   to turn around
um·ziehen (zog, gezogen; ist)   to move 3
der **Umzug,-̈e**   move
unabhängig   independent
die **Unabhängigkeit**   independence
unangenehm   unpleasant; awkward; uncomfortable 8
unangepaßt   nonconformist
unaufgefordert   without being asked, unsolicited
unbedingt   really, absolutely
unbemerkt   unnoticed
unbequem   uncomfortable 8
unberechtigt   unfounded
unbestimmt   indefinite
unbetont   unstressed
unblutig   bloodless, without bloodshed

und and 1
unehrlich dishonest
unentschlossen undecided
unerfahren inexperienced
unerfreulich unpleasant
unerfüllbar unrealizable
unerhört outrageous, incredible
unerlaubt forbidden, illegal
unersättlich insatiable
unerwartet unexpected
der **Unfall,-e** accident
die **Unfallstelle,-n** scene of the
accident
unfreundlich unfriendly
ungebunden fancy-free
ungeduldig impatient
ungefähr approximately, roughly
ungefangen not caught
ungemein enormous
ungenau inexact
ungerecht unjust
ungern + verb to do s.th. reluctantly
ungestört undisturbed
ungewöhnlich unusual
ungewohnt unusual, unfamiliar,
unaccustomed **10**
das **Unglück,-e** misfortune; accident
unglücklich unhappy
ungünstig unfavorable; inconvenient
ungut uncomfortable, uneasy **8**
das **Unheil** disaster **1**
unhöflich impolite
die **Universität,-en** university **8**
die **Universitätsbibliothek,-en**
university library
unmißverständlich unequivocal,
unambiguous
unmöglich impossible; not possibly **8**
der (ein) **Unprivilegierte(r)** person
not privileged economically or
socially
unnötig unnecessary
unrecht not right
unrecht haben to be wrong **12**
unsagbar unspeakable
unseretwegen for our sake, on our
account **12**
unsicher unsafe, unstable; unsure;
insecure **9**

die **Unsicherheit** uncertainty
unsichtbar invisible
der **Unsinn** nonsense
unsinnig nonsensical, foolish,
absurd
unstillbar unquenchable
unteilbar indivisible
unten down (below), downstairs
unter (*dat. / acc. prep.*) under,
beneath, below; among
unterbrechen (i, a, o) to interrupt
die **Unterbrechung,-en** interruption
unterdrücken to suppress
die **Unterdrückung** suppression;
oppression **2**
unterentwickelt underdeveloped **7**
der **Untergang** decline, destruction,
end
unterhalb (*prep. gen.*) below
sich **unterhalten (ä, ie, a) mit** to
talk to / converse with
unterhaltsam entertaining
unter·kommen (kam, o; ist) to find
a place to stay
sich **unterlegen fühlen** (*dat.*) to feel
inferior **11**
die **Unterlegenheit** inferiority **11**
die **Unterlegenheitsangst,-e** fear of
being inferior, fear resulting from a
feeling of inferiority
das **Unterlegenheitsgefühl,-e** feeling
of inferiority
unterminieren to undermine
unternehmen (unternimmt,
unternahm, unternommen) to
do, undertake
der **Unternehmensberater,-**
management consultant
der **Unterricht** instruction, teaching,
class **8**
  im Unterricht in class
unterrichten to teach, instruct;
inform **8**, **8**
das **Unterrichtsgespräch,-e** class
discussion
sich **unterscheiden (ie, ie) von** to
differ from
der **Unterschied,-e** difference **8**
  ein Unterschied besteht zwischen

(*dat.*)   there is a difference
between **8**
unterschiedlich   different
unterschreiben (ie, ie)   to sign **9**
die **Unterschrift,-en**   signature **9**
unterstellen   to assume; insinuate,
imply
unterstreichen (i, i)   to underline,
underscore
unterstützen   to support
die **Unterstützung,-en**   support
untersuchen   to examine, look into,
study
die **Untersuchung,-en**   examination,
investigation
unterwegs   on the / o.'s way; away (on
a trip)
unüberlegt   rash; ill-considered
unüberwindlich   insurmountable **11**
unverantwortlich   irresponsible
unvergeßlich   unforgettable
das **Unverständnis**   lack of
understanding
unvorbereitet   unprepared
unwahrscheinlich   improbable
die **Unwahrscheinlichkeit,-en**
improbability, unlikeliness
unwiderruflich   irrevocable
unwirklich   unreal
die **Unwirklichkeit,-en**   unreality
unwirksam   ineffective
unwohl   uncomfortable **8**
unzerstörbar   indestructible
der **Urlaub,-e**   vacation **9, 9**
Urlaub machen   to take a vacation, to
vacation **9**
**auf / im Urlaub sein (ist, war;
gewesen; ist)**   to be on vacation **9**
**auf / in Urlaub gehen / fahren (ging,
gegangen; ist / ä, u, a; ist)**   to go
on vacation **9**
das **Urlaubserlebnis,-se**   vacation
experience
die **Urlaubsreise,-n**   vacation trip
die **Ursache,-n**   cause
der **Ursprung,ꞏe**   origin
das **Urteil,-e**   opinion, judgment **4**
urteilen   to judge

der **Vater,ꞏ**   father
vegetarisch   vegetarian
verabreden   to arrange **6**
sich **verabreden mit**   to arrange to
meet with, arrrange an appointment
with **6**
verabredet sein mit   to have
arranged to meet s.o.
die **Verabredung,-en**   appointment,
engagement, date **6**
sich **verabschieden**   to take leave, say
goodbye **1**
sich **verändern**   to change **11,** 11
die **Veränderung,-en**   change **11**
veranschaulichen   to illustrate
die **Veranstaltung,-en**   event
verantwortlich   responsible **7,** 7
die **Verantwortung,-en**   responsibility
7
verantwortungsbewußt   responsible
(person, attitude) 7
das **Verantwortungsbewußtsein**
sense of responsibility
das **Verantwortungsgefühl,-e**   feeling
of responsibility
verantwortungslos   irresponsible **7**
verantwortungsvoll   responsible 7
die **Verarmung**   impoverishment
der **Verband,ꞏe**   bandage
verbergen (i, a, o)   to conceal, hide **11**
verbessern   to improve; correct
verbieten (o, o)   to forbid
verbinden (a, u)   to join
die **Verbindung,-en**   connection,
contact
in Verbindung mit   in conjunction
with
das **Verbot,-e**   ban
verbrauchen   to use (up), consume 12
verbreiten   to spread
die **Verbrennung,-en**   cremation
verbringen (verbrachte, verbracht)
to spend (time) **9**
der **Verdacht**   suspicion **9**
in / im Verdacht haben   to suspect
s.o. **9**
verdächtig   suspicious **9,** 9
verdächtigen   to suspect **9,** 9

verdienen   to deserve; earn **6**
verdoppeln   to double
der **Verein,-e**   club, organization, association
vereinigen   to unite
die **Vereinigten Staaten**   United States **4**
die **Vereinigung**   uniting
das **Vereinsmitglied,-er**   member of a club / an organization
sich **verengen**   to narrow
das **Verfahren,-**   process
verfehlen   to miss
verfilmen   to make a film of
verfolgen   to follow; pursue; persecute
vergangen   past
die **Vergangenheit**   past
vergessen (i, a, e)   to forget
vergeuden   to waste
der **Vergleich,-e**   comparison **9**
  im Vergleich zu   in comparison with **9**
vergleichbar   comparable
vergleichen (i, i)   to compare
verglichen mit   compared to **9**
das **Vergnügen,-**   pleasure, enjoyment, fun **3**
Vergnügen machen / bereiten (*dat.*) to give pleasure **3**
verhaften   to arrest
das **Verhalten**   behavior, conduct **7**
sich **verhalten (verhält, ie, a)**   to behave, act **7**
die **Verhaltensänderung,-en**   change in conduct / behavior **7**
die **Verhaltensweise,-n**   behavior
die **Verhaltenswissenschaft,-en** behavioral science **7**
das **Verhältnis,-se**   relationship; *pl.* conditions **7**
  im Verhältnis zu   in comparison with **7**
verhältnismäßig   relatively
verhandeln   to negotiate **5**
die **Verhandlung,-en**   negotiation **5**
der **Verhandlungsführer,-**   chief negotiator **5**

der **Verhandlungspartner,-** negotiation partner
verheiratet sein mit   to be married to **5**
verhindern   to prevent
das **Verhör,-e**   interrogation
sich **verirren**   to lose o.'s way
verkaufen   to sell
der **Verkäufer,-**; (*f.*) die **Verkäuferin,-nen**   salesperson
der **Verlag,-e**   publishing house / company
verlangen (von)   to demand, require (of) **6, 6**
verlangsamen   to slow down
verlassen (ä, ie, a)   to leave, depart **3, 3**
sich **verlassen (ä, ie, a) auf** (*acc.*)   to rely on **7**
verleben   to spend (time, vacation)
verlegen   embarrassed **2**
die **Verlegenheit**   embarrassment **2**
verletzen   to hurt, injure, wound; violate **8**
die **Verletzung,-en**   injury **8**
sich **verlieben in** (*acc.*)   to fall in love with **7**
verlieren (o, o)   to lose **7**
die **Verliererseite,-n**   losing side
sich **verloben**   to become engaged **7**
der (ein) **Verlobte(r)**   fiancé **2**
der **Verlust,-e**   loss **7**
vermehren   to increase; reproduce
die **Vermehrung,-en**   increase; reproduction
vermeiden (ie, ie)   to avoid
vermissen   to miss **5**
vermitteln   to convey
vermuten   to suspect **9**
vermutlich   presumably
die **Vermutung,-en**   supposition, assumption
verneinen   to negate
die **Vernunft**   reason, good sense **7**
vernünftig   reasonable, sensible, rational **7**
veröffentlichen   to publish
verpassen   to miss **2, 5**

sich **verpflichten**　to commit o.s. **9**
die **Verpflichtung,-en**　commitment **9**
sich **verpissen**　to piss off
verreisen (ist)　to go on a trip
verrückt　crazy
　zum Verrücktwerden　enough to
　　drive one mad / up the wall
die **Versammlung,-en**　meeting
versäumen　to miss, fail / neglect to do
　5, 5
verschieden　different 11
verschiedenes　several things
sich **verschlechtern**　to get worse,
　　worsen, deteriorate
verschlossen　reserved
verschmutzen　to pollute
die **Verschmutzung**　pollution
verschulden　to cause, be responsible
　　for
verschwenden　to waste
verschwinden (a, u; ist)　to
　　disappear **3**
sich **versetzen in**　to put o.s. in s.o.'s
　　position
verseuchen　to contaminate, poison
versprechen (i, a, o)　to promise
die **Versprechung,-en**　promise
verständigen　to inform, notify **3**
sich **verständlich machen**　to make
　　o.s. understood
verständlicherweise　understandably,
　　it is understandable that 12
das **Verständnis,-se**　understanding
verstärken　to intensify, increase,
　　reinforce
verstecken　to hide
verstehen (verstand, verstanden)
　　to understand
der **Versuch,-e**　attempt **6**
versuchen　to try, attempt **6**
sich **vertiefen in** (*acc.*)　to become
　　engrossed in
der **Vertrag,-e**　contract, agreement,
　　treaty
verträglich　compatible
vertrauen　to trust
das **Vertrauen zu**　trust in
vertraut sein mit　to be familiar with
　11

der **Vertreter,-**　representative
verursachen　to cause
vervollständigen　to complete
verwandt　related
der (ein) **Verwandte(r)**　relative 2
verwenden　to use, put to use, utilize,
　　employ 12
verwirren　to confuse **5**
die **Verwirrung,-en**　confusion **5**
verwundern　to amaze, astonish **5**
die **Verwunderung**　astonishment **5**
verzeichnen　to list
Verzeihung　I beg your pardon **6**
der **Verzicht**　doing without, sacrifice
verzichten auf (*acc.*)　to do without,
　　forgo **1**
verzweifeln　to despair **6**
die **Verzweiflung**　desperation **6**
die **Verzweiflungsreaktion,-en**
　　reaction born out of desperation
der **Vetter,-n**　male cousin
der **Viehwaggon,-s**　stock car
viel-　much, many 2
vielleicht　perhaps; modal particle 12
vielmals　**6**
　Ich bitte vielmals um
　　Entschuldigung!　I do apologize! **6**
Danke vielmals!　thank you very
　　much! **6**
vielmehr　rather
vielseitig interessiert sein　to have
　　varied interests
viermal　four times
viert-　fourth
die **Viertelstunde,-n**　quarter of an
　　hour
viertens　fourth
die **Vierziger**　forties
der **Vogel,-**　bird
die **Vokabel,-n**　word, vocabulary
das **Vokabellernen**　learning
　　vocabulary
das **Volk,-er**　people, nation
die **Volksarmee**　People's Army
das **Volkspolizeikreisamt,-er**　district
　　police office (GDR)
voll　full
　voll ins Gesicht sehen (ie, a, e)
　　to look straight in s.o.'s face

völlig   complete(ly) **4**

vollkommen   complete, absolute, perfect

vollständig   complete

von (*prep. dat.*)   from; of; by; about

vor (*prep. dat. / acc.*)   before, in front of; ago

vor allem   above all, most importantly **8**

voran·gehen (ging, gegangen; ist)   to walk / go ahead

die **Voraussetzung,-en**   assumption, presupposition

vorbei·gehen (ging, gegangen; ist) an (*dat.*)   to pass by

vorbei·kommen (kam, gekommen; ist)   to drop by

sich **vor·bereiten auf** (*acc.*)   to prepare for **11**; study **8**

die **Vorbereitung,-en**   preparation **11**

das **Vorbild,-er**   role model **10**

vor·datieren   to postdate

vorder-   front

vordringlich   urgent, pressing

voreilig

voreilige Schlüsse ziehen (zog, gezogen)   to jump to conclusions

voreilig urteilen   to be rash in o.'s judgment

voreingenommen   prejudiced, biased

der **Vorfall,·e**   incident, occurrence

der (ein) **Vorgesetzte(r)**   superior, boss **2**

vor·haben (hat, hatte, gehabt)   to plan, intend

vor·halten (hält, ie, a)   to hold up to

der **Vorhang,·e**   curtain

vorher   previously, in advance, beforehand **3**

vorig-   previous, last

der **Vorkämpfer,-**   pioneer, champion

vor·kommen (kam, o; ist) (*dat.*)   to seem, appear **11**

vor·legen   to present with

vor·lesen (ie, a, e)   to read to

die **Vorlesung,-en**   lecture **8**

vorletzt,-   next to last

die **Vorliebe**   predilection, special liking

vorn(e)   in front

vornehm   elegant

sich (*dat.*) **vornehmen (nimmt, nahm, genommen)**   to intend / mean to, have resolved to **7**

vornüber·fallen (ä, fiel, a; ist)   to fall forward

vorprogrammiert   preprogrammed

der **Vorraum,·e**   entry hall

der **Vorschlag,·e**   suggestion, proposal **6**

vor·schlagen (ä, u, a)   to suggest, propose **6**, **10**

die **Vorsicht**   caution

vorsichtig   careful, cautious **4**, 12

der (ein) **Vorsitzende(r)**   chairperson, president **2**

sich **vor·stellen**   to introduce o.s. **2**

sich (*dat.*) **vor·stellen**   to imagine **2**, 2

die **Vorstellung,-en**   idea, thought; performance **2**

  bei der Vorstellung   at the thought of

das **Vorstellungsgespräch,-e**   job interview

der **Vortag,-e**   day before, eve

der **Vorteil,-e**   advantage **4**

der **Vortrag,·e**   lecture

vor·tragen (ä, u, a)   to perform, play

vorüber sein   to be over / past

das **Vorurteil,-e**   prejudice

vorwärts   forward

der **Vorwärtsgang**   walking forward

vorwärts·gehen (ging, gegangen; ist)   to walk forward

vorwiegend   predominantly, mainly, chiefly

der **Vulkanausbruch,·e**   volcanic eruption

wach   awake

wach werden (wird, wurde, geworden; ist)   to awake **2**

wachen   to wake **2**

wachsen (ä, u, a; ist)   to grow

das **Wachstum**   growth

die **Waffe,-n**   weapon

wagen   to dare, venture **11**

der **Wagen,-**   car

die **Wahl,-en**   choice
der **Wahnsinn**   madness
wahr   true
während (*prep. gen.*)   during; (*sub. conj.*)   while 3
die **Wahrheit**   truth
wahr·nehmen (nimmt, nahm, genommen)   to perceive
die **Wahrnehmung,-en**   perception 12
wahrscheinlich   probably 1
die **Wahrscheinlichkeit,-en**   probability, likelihood
der **Wald,-er**   forest, woods
die **Wand,-e**   wall
wandeln   to change
die **Wanderkarte,-n**   trail map
wandern (ist)   to hike
die **Wanderstiefel,-**   hiking boots
der **Wanderweg,-e**   trail
die **Wandlung,-en**   change 12
wann   when 3
warnen   to warn
der **Warnschuß,-sse**   warning shot
warten auf (*acc.*)   to wait for 5
warum   why
was   what
die **Wäsche**   laundry
waschen   to wash
das **Wasser**   water
das **Wasserfest,-e**   water carnival
der **Wechsel,-**   change
wechseln   to change, trade 1
wechselseitig   reciprocal, mutual
wecken (*v.t.*)   to wake 2, 2
der **Wecker,-**   alarm clock
weder . . . noch   neither . . . nor 12
der **Weg,-e**   way, path
weg·bleiben (ie, ie; ist)   to stay away
wegen (*prep. gen.*)   because of, on account of, due to 12
weg·gehen (ging, gegangen; ist)   to leave, go away 3
weg·kaufen   to buy from under s.o.'s nose
weh tun (tat, a)   to hurt
wehen   to blow, flutter
sich **wehren**   to defend o.s.
sich **weigern** (*v.i.*)   to refuse to do s.th. 9

weil (*sub. conj.*)   because 3
das **Weilchen**   a little while, a bit
die **Weile**   while
der **Wein,-e**   wine
weinen   to cry
die **Weise,-n**   manner 6
auf (*acc.*) **. . . Weise**   in . . . manner 6
weisen (ie, ie) auf (*acc.*)   to point to
weiß   white
weit   far
bei weitem   by far 2
weiter- + verb   to continue + verb + -*ing*
weiterhin + verb   to continue + verb + -*ing* 9
weiter·kommen (kam, o; ist)   to make headway / progress
das **Weiterleben**   survival, continued existence
weiter·machen   to continue
weitgehend   to a great / large extent, largely
weitgereist   widely traveled
welch-   which
die **Welle,-n**   wave
die **Welt,-en**   world
weltberühmt   world famous
die **Weltbevölkerung**   world population
die **Weltfestspiele** (*pl.*)   World Festival
weltfremd   unworldly
der **Weltkrieg,-e**   world war
die **Weltläufigkeit**   cosmopolitanism
die **Weltliteratur**   world literature
die **Weltmacht,-e**   world power
weltmännisch   urbane, sophisticated
die **Weltmeisterin,-nen**   world champion
die **Wende**   turning point, change, dissolution of the GDR
wenden (wandte, gewandt)   to turn (round) 3
wenig   few, little 2
wenn (*sub. conj.*)   when, whenever 3
wer   who
werben (i, a, o)   to advertise 10
die **Werbung,-en**   advertisement 10
werden (i, u, o; ist)   to become 1

werfen (i, a, o) to throw

sich werfen (i, a, o) auf (*acc.*) to throw o.s. into

das Werk,-e work

der Wert,-e value

das Wertesystem,-e value system

wertvoll valuable

das Wesen nature

wessen whose

der Wessi,-s West German

westdeutsch West German

der Westen west

die Westküste,-n west coast

westlich western, westerly

das Wetter weather

wichtig important

widersinnig absurd, nonsensical

wider·spiegeln to reflect

widersprechen (i, a, o) to contradict

der Widerspruch,-e contradiction

der Widerstand,-e resistance

widerwillig reluctant, unwilling

wie as 6; like, how

wieder again

der Wiederaufbau reconstruction

die Wiederbegegnung,-en reunion

wieder·finden (a, u) to find again

wiederholen to repeat, review

die Wiederholung,-en repetition

die Wiederholungsübung,-en review exercise

wieder·kommen (kam, o; ist) to come back, return

wieder·sehen (ie, a, e) to see again

das Wiedersehen reunion

die Wiedervereinigung reunification

der Wiedervereinigungsprozeß,-sse reunification process

die Wiederverminderung decrease

wiederverwertbar recyclable

wieder·verwerten to recycle

wieso why, how come

wieviel- how many

der Wille(n) will 1

willig willing

das Willkommen,- welcome

windstill sheltered

winken to wave

der Winterschlaf hibernation

wirken auf (*acc.*) to have an effect on

wirklich really 8

die Wirklichkeit reality

in Wirklichkeit really 8

wirksam effective

die Wirksamkeit effectiveness

die Wirkung,-en effect

die Wirtin,-nen landlady

die Wirtschaft economy 10

der Wirtschaftler,- economist, leading business person

wirtschaftlich economic 10

Wirtschaftswissenschaft economics 10

wissen (weiß, wußte, gewußt) to know 11

nicht, daß ich wüßte not to my knowledge

die Wissenschaft,-en science 10

der Wissenschaftler,- (*f.*) die Wissenschaftlerin,-nen scientist 10

wissenschaftlich scientific 10

der wissenschaftliche Assistent(en) research assistant

die Wirtschaftskrise,-n economic crisis

das Wirtschaftswunder,- economic miracle

der Wissenschaftszweig,-e branch of knowledge

der Witz,-e joke

witzig funny

die Woche,-n week

das Wochenende,-n weekend

der Wochentag,-e weekday

wochentags on weekdays

die Wochenzeitung,-en weekly newspaper

woher where . . . from

wohin where . . . to

wohl well; happy; comfortable 8; modal particle   10

der Wohlstand affluence 12

wohnen to live, dwell 1, 9

die Wohngemeinschaft,-en co-op house / apartment

das Wohnheim,-e dormitory 9

die Wohnung,-en apartment 3

wollen (will, wollte, gewollt) to want, intend 6

das **Wort,·er/-e** word 10

das **Wörterbuch,·er** dictionary

der **Wortschatz** vocabulary

das **Wortspiel,-e** play on words

das **Wunder,-** wonder

wunderbar wonderful

wundern to astonish, surprise

sich **wundern über** (*acc.*) to be surprised / astonished about / at, be amazed at 7

wunderschön beautiful, lovely; wonderful

der **Wunsch,·e** wish

wünschen to wish

der **Wunschtraum,·e** dream, illusion

das **Würstchen,-** hot dog

wütend furious, enraged, angry

die **Zahl,-en** number 7

zahlen to pay

zählen to count

der **Zahn,·e** tooth

der **Zahnarzt,·e** dentist

zehnt- tenth

das **Zeichen,-** sign

die **Zeichensprache,-n** sign language

zeichnen to draw

zeigen to show

die **Zeile,-n** line

die **Zeit,-en** time

sich (*dat.*) **Zeit lassen (ä, ie, a)** to take o.'s time

in letzter Zeit lately, recently 7

das **Zeitalter,-** age

der **Zeitausdruck,·e** contemporary expression / expression of the times

zeitbedingt caused by the times or prevailing circumstances

die **Zeitform,-en** tense

das **Zeitmaß** pace

der **Zeitpunkt,-e** time, moment

die **Zeitschrift,-en** journal

die **Zeitung,-en** newspaper

der **Zeitungsbericht,-e** newspaper report

der **Zeitungskorb,·e** newspaper basket

zerfallen (ä, zerfiel, a; ist) to disintegrate

zerstören to destroy 7

die **Zerstörung** destruction 7

das **Zerstörungswerk,-e** work of destruction

ziehen (zog, gezogen) to draw, pull; raise (hat) 1, 3; (ist) move 3

das **Ziel,-e** goal 7

ziemlich rather

die **Zigarettenschachtel,-n** cigarette pack

das **Zimmer,-** room

die **Zimmersuche** hunting for a room

zögern to hesitate 3

der **Zorn** anger, rage

zu (*prep. dat.*) to; at; too

sich **zu·bewegen auf** (*acc.*) to move toward

zu·eilen auf (ist) (*acc.*) to rush / hurry toward

zuerst first 3

der **Zufall,·e** coincidence, chance, accident 4

durch Zufall by chance 4

zufällig by chance, coincidentally 4

zufällig + verb to happen to + verb 4

zufrieden content; happy, pleased 12

die **Zufriedenheit** contentment

der **Zug ,·e** feature, trait, characteristic; train 1

zu·geben (i, a, e) to admit 6

zugegeben admittedly 6

zu·gehen (ging, gegangen; ist) auf (*acc.*) to walk toward

zu·gehören (*dat.*) to belong to

zugleich at the same time

zugrunde liegen (a, e) (*dat.*) to form the basis, underlie

das **Zugunglück,-e** train accident

zu·hören (*dat.*) to listen to 11

der **Zuhörer,-**; (*f.*) die **Zuhörerin,-nen** listener

zu·kommen (kam, o; ist) auf (*acc.*) to come toward

die **Zukunft** future 8

zukünftig future

der **Zukunftsplan,·e** future plan

zuletzt   finally, last of all, lastly 6

zunächst   at first

zu·nehmen (nimmt, nahm, genommen)   to increase; gain weight 7

zurück·bleiben (ie, ie; ist)   to stay behind

zurück·denken (dachte, gedacht) an (*acc.*)   to think back to

zurück·fahren (ä, u, a; ist)   to drive back

zurück·gehen (ging, gegangen; ist)   to go back

zurück·kehren (ist)   to return

zurück·kommen (o, kam, o; ist)   to come back

zurück·stehen (stand, gestanden)   to be behind s.o. (in achievement)

zurück·stellen   to put back

zurück·treten (tritt, trat, e; ist)   to step back

zurück·weisen (ie, ie)   to reject

zusammen   together

zusammen·arbeiten   to work together, cooperate

zusammen·bleiben (ie, ie; ist)   to stay together

zusammen·fassen   to summarize

das **Zusammengehörigkeitsgefühl,-e**   sense of solidarity

der **Zusammenhang,ᵉe**   connection

ein Zusammenhang besteht   there is a connection

zusammen·kommen (kam, o; ist)   to meet, come together

zusammen·sitzen (saß, gesessen)   to sit together

der **Zusammenstoß,ᵉe**   collision; clash

zusammen·stoßen (ö, ie, o; ist)   to collide; touch

zusammen·wachsen (ä, u, a; ist)   to grow together/close

die **Zusammenziehung,-en**   contraction

zusätzlich   additional, in addition

zu·schauen (*dat.*)   to watch

der **Zuschauer,-;** (*f.*) **Zuschauerin,-nen**   spectator

der **Zustand,ᵉe**   state, condition, state of affairs, situation 7

zustande

zustande kommen (kam, o; ist)   to come about

zu·stimmen (*dat.*)   to agree

die **Zustimmung,-en**   agreement, consent, approval

zu·trauen (*dat.*)   to believe / think s.o. capable of doing s.th. 12

zu·treffen (i, traf, o)   to be true / correct / the case

zuviel   too much

zwanziger   twenties

zwar   (al)though, admittedly, to be sure, certainly, it may be true that 2, 2

der **Zweck,-e**   purpose 9

zu dem Zweck   for the purpose 9

das hat doch keinen Zweck   that's of no use 9

zwecklos   pointless, of no use

zweierlei   two things

der **Zweifel,-**   doubt 6

zweifelhaft   doubtful 6

zweifellos   doubtless, undoubtedly 6

zweifeln an (*dat.*)   to doubt 6

die **Zweigstelle,-n**   branch

zweimal   twice

zweisprachig   bilingual

zweit-   second

zum zweitenmal   for the second time

zweitens   second

zwingen (a, u)   to force 9

zwischen (*prep. dat. / acc.*)   between

der **Zwischenhändler-,**   middleman

die **Zwischenstation,-en**   (intermediate) stop

zynisch   cynical

Index